"十二五"职业教育国家规划教材
高职高专汽车类专业技能型教育系列教材

汽车维修企业管理

第 4 版

王一斐　主编

机械工业出版社

本书是"十二五"职业教育国家规划教材，也是高职高专汽车类专业技能型教育规划教材，主要内容包括汽车维修行业概况、汽车维修企业的建立、汽车维修企业生产管理、汽车维修企业技术管理、汽车维修企业的质量管理、汽车维修企业物资与备件的管理、汽车维修生产现场6S管理、汽车维修企业人力资源管理和汽车维修企业财务管理。

本书可供高职专科院校汽车类专业教学使用，也可供应用型本科院校汽车服务工程专业教学使用，还可作为汽车维修行业岗位培训教材使用。

图书在版编目（CIP）数据

汽车维修企业管理／王一斐主编. —4版. —北京：机械工业出版社，2021.3（2024.5重印）

"十二五"职业教育国家规划教材　高职高专汽车类专业技能型教育系列教材

ISBN 978-7-111-67505-1

Ⅰ. ①汽… Ⅱ. ①王… Ⅲ. ①汽车—修理厂—工业企业管理—高等职业教育—教材　Ⅳ. ①F407.471.6

中国版本图书馆CIP数据核字（2021）第024672号

机械工业出版社（北京市百万庄大街22号　邮政编码100037）
策划编辑：丁　锋　责任编辑：赵海青　丁　锋
责任校对：王　欣　封面设计：王　旭
责任印制：单爱军
北京虎彩文化传播有限公司印刷
2024年5月第4版第8次印刷
184mm×260mm·26.5印张·614千字
标准书号：ISBN 978-7-111-67505-1
定价：69.90元

电话服务　　　　　　　　　　　　网络服务
客服电话：010-88361066　　　机　工　官　网：www.cmpbook.com
　　　　　010-88379833　　　机　工　官　博：weibo.com/cmp1952
　　　　　010-68326294　　　金　书　网：www.golden-book.com
封底无防伪标均为盗版　　　　机工教育服务网：www.cmpedu.com

前言 Preface

《汽车维修企业管理》自 2008 年出版、2012 年修订、2014 年再版后，深受广大读者的欢迎和好评，并被教育部评定为"'十二五'职业教育国家规划教材"。近年来，我国汽车产业的发展和汽车售后服务需求发生了明显变化，汽车维修企业的经营管理由经营许可制变为经营备案制后，国家对《中华人民共和国道路运输条例》《机动车维修管理规定》《道路运输车辆技术管理规定》《道路运输车辆维护管理规定》等进行了修订。为了能及时将实际的变化情况融入教材，并能够适应新的教学要求，根据出版社的指导意见和同行的反馈意见，编写组进行了人员调整，重新分工，对本书进行了第 4 版修订。

本书主要有以下特点：

1. 紧跟政策变化，贯彻"新要求"。本次修订以现行的法规、标准、技术规范为依据，紧密结合汽车维修行业新形势，选择教材内容和展示企业生产管理过程。

2. 紧跟时代变化，利用"互联网+"手段提升教学方式。本书采用"二维码"链接，通过"互联网+"展示汽车维修生产过程和维修管理的实景、实情，使学生能在智能手机上随时随地查看维修生产管理场景，体验身临其境的感觉，提高学生的学习兴趣，感受工作氛围，了解工作场景。

3. 紧密结合实际，选取"真材实料"。本书不但使用了大量的实景照片，还收集了汽车维修企业管理实际使用的大量图表，能够使学生学以致用，并且能为从业者实际工作提供帮助。

4. 助力教学，助推教材活页化，提升教材对教学的适应性。本书突破传统的教材编排模式，采用"传统书稿+活页"形式，将主体内容以传统书稿的编排装订形式印刷出版，将学生训练工作页、教学辅助内容以活页形式与主体教材分开装订。这种形式便于学生学习，便于教师在教学中增补和删减教学内容，并且符合国家对职业教育教材改革的要求。

5. 真正的"立体化"。本书以"资源包"的方式，提供教学课件、电子版授课计划、授课教案、技能实训工单（学习活页册）、课后复习思考题、试题库、试卷库，还提供了相应的答案，对教师的教学工作有很大的帮助。读者可登录 www.cmpedu.com 注册后免费下载资源包。

本书由甘肃交通职业技术学院王一斐教授担任主编，烟台汽车工程职业学院闫春丽担任副主编，聘请甘肃永宁汽车销售服务有限公司总经理王军先生、甘肃民通汽车维修服务有限公司总经理赵东辉先生为本书编写组顾问，特聘兰州城市学院陈翔教授担任主审。参加编写的人员分别是甘肃交通职业技术学院王一斐、赵东辉（编写项目一、项目三、项目八）、烟台汽车工程职业学院闫春丽（编写项目二、项目六）、甘肃永宁汽车服务有限公司王军（编写项目四、项目七）、兰州职业技术学院张子成（编写项目五）、甘肃交通职业技术学院刘建梅

(编写项目九)。项目学习工作手册各部分由对应教材内容编写者编写,实际工作视频由甘肃永宁汽车销售服务有限公司提供。本书在编写过程中,还得到了兰州新奥驰泰汽车销售服务有限公司文鹏飞先生、甘肃交通职业技术学院汽车创客中心祁先学先生的大力支持,在此表示感谢!

由于水平有限,书中难免有不妥之处,敬请广大读者批评指正。

编 者

2020 年 12 月

目录 Contents

前言
项目一 汽车维修行业概况···1
  任务1 认知汽车维修行业现状···1
    1.1.1 汽车维修企业的特点···1
    1.1.2 汽车维修企业的作用···4
    1.1.3 汽车维修行业存在的问题···5
    1.1.4 我国汽车维修行业的机遇···6
    1.1.5 汽车维修行业发展趋势···9
  任务2 熟悉汽车维修企业的类型···10
    1.2.1 按照行业管理划分···10
    1.2.2 按照经营形式划分···11
    1.2.3 按经营项目分···15
  任务3 了解汽车维修行业管理···16
    1.3.1 行业管理基本原则···16
    1.3.2 汽车维修行业管理的任务···17
    1.3.3 汽车维修行业管理机构和管理内容···18
项目二 汽车维修企业的建立···20
  任务1 筹建汽车维修企业··20
    2.1.1 汽车维修企业规模的确定和厂址的选择······································20
    2.1.2 企业组织机构设置和厂区规划原则及设施要求····························25
    2.1.3 可行性分析···30
  任务2 熟悉汽车维修业开业条件···34
  任务3 熟悉汽车维修企业备案管理和特殊审批及开业庆典····················43
    2.3.1 汽车维修行业备案管理的基本规定···43
    2.3.2 备案条件和备案资料···45
    2.3.3 备案变更和其他规定···47
    2.3.4 备案方式和流程···47
    2.3.5 汽车维修企业的审批流程和开业庆典··48
  任务4 汽车维修企业经营战略和CIS策略··50
    2.4.1 汽车维修企业经营战略···50
    2.4.2 汽车维修企业CIS策略··56
项目三 汽车维修企业生产管理··62
  任务1 了解汽车维修生产的基础管理···62

3.1.1　维修生产计划 ……………………………………………………………… 62
　　　3.1.2　维修调度 …………………………………………………………………… 65
　　　3.1.3　生产进度与生产统计 ………………………………………………………… 69
　　　3.1.4　生产安全管理 ………………………………………………………………… 70
　　　3.1.5　生产劳动管理 ………………………………………………………………… 72
　任务2　汽车售后服务核心流程 ………………………………………………………… 73
　　　3.2.1　概述 …………………………………………………………………………… 74
　　　3.2.2　汽车售后服务核心流程的各个环节 ………………………………………… 76
　任务3　维修生产管理模式 ……………………………………………………………… 97
　　　3.3.1　维修生产管理原则 …………………………………………………………… 98
　　　3.3.2　维修生产管理模式 …………………………………………………………… 99

项目四　汽车维修企业技术管理 …………………………………………………………… 102
　任务1　了解汽车维修企业技术管理概况 ……………………………………………… 102
　　　4.1.1　汽车维修企业技术管理的基本任务 ………………………………………… 103
　　　4.1.2　技术管理的组织机构及岗位职责 …………………………………………… 104
　任务2　掌握汽车维护技术管理 ………………………………………………………… 104
　　　4.2.1　汽车维护制度 ………………………………………………………………… 104
　　　4.2.2　汽车维护的原则 ……………………………………………………………… 106
　　　4.2.3　汽车维护的分类 ……………………………………………………………… 106
　　　4.2.4　各级维护周期 ………………………………………………………………… 107
　　　4.2.5　汽车维护作业内容及技术要求 ……………………………………………… 109
　　　4.2.6　二级维护作业流程 …………………………………………………………… 116
　　　4.2.7　二级维护检测、检验及其他规定 …………………………………………… 117
　　　4.2.8　汽车维护工艺的组织形式 …………………………………………………… 119
　任务3　汽车修理技术管理 ……………………………………………………………… 120
　　　4.3.1　汽车修理的分类 ……………………………………………………………… 121
　　　4.3.2　汽车和总成送修前技术鉴定 ………………………………………………… 121
　　　4.3.3　汽车和总成的送修规定 ……………………………………………………… 122
　　　4.3.4　汽车和总成大修的送修标志 ………………………………………………… 122
　　　4.3.5　汽车修理方法 ………………………………………………………………… 123
　　　4.3.6　汽车修理工艺 ………………………………………………………………… 126
　任务4　汽车检测与诊断 ………………………………………………………………… 131
　任务5　技术责任事故及处理 …………………………………………………………… 133
　　　4.5.1　技术责任事故 ………………………………………………………………… 133
　　　4.5.2　技术责任事故处理 …………………………………………………………… 134

项目五　汽车维修企业的质量管理 ………………………………………………………… 136
　任务1　了解汽车维修质量管理的基础知识 …………………………………………… 136
　　　5.1.1　质量和质量管理 ……………………………………………………………… 136

目 录

    5.1.2 全面质量管理和质量管理小组 ··· 140
    5.1.3 质量管理小组 ·· 147
    5.1.4 汽车维修质量管理任务和管理机构 ·· 149
  任务2 汽车维修质量检验 ·· 153
    5.2.1 汽车维修质量检验的职能、方法及工作步骤 ·································· 153
    5.2.2 汽车维修质量检验的分类及内容 ·· 154
    5.2.3 汽车维修质量检验的要求与考核 ·· 157
  任务3 熟悉汽车维修竣工的出厂规定与验收标准 ·· 159
    5.3.1 维修竣工车辆和总成的出厂规定 ·· 159
    5.3.2 汽车维修竣工出厂验收标准 ·· 161
  任务4 了解汽车维修竣工出厂后的管理和行业监管 ······································ 164
  任务5 上海大众汽车维修质量检验管理实例 ·· 169
    5.5.1 自检责任及自检标准 ·· 169
    5.5.2 过程检验的责任及检验标准 ·· 170
    5.5.3 竣工检验的责任及检验标准 ·· 171
    5.5.4 最终检验的责任及检验标准 ·· 171
    5.5.5 安全项的抽检项目及检验标准 ·· 172

项目六 汽车维修企业物资与备件的管理 ·· 174
  任务1 汽车维修物资管理 ·· 174
    6.1.1 汽车维修物资管理的意义和任务 ·· 175
    6.1.2 汽车维修物资的分类、采购、发放的管理 ······································ 175
  任务2 汽车备件管理 ·· 180
    6.2.1 汽车备件和汽车备件管理的含义 ·· 180
    6.2.2 汽车备件分类 ·· 180
    6.2.3 汽车零部件编号 ·· 183
    6.2.4 汽车备件管理 ·· 186
  任务3 仓储管理 ·· 196
    6.3.1 备件库管理 ·· 196
    6.3.2 备件库存管理 ·· 207

项目七 汽车维修生产现场6S管理 ·· 216
  任务1 6S管理的基本理论 ·· 216
  任务2 6S管理的实施与检查 ·· 220
    7.2.1 6S管理的实施 ··· 220
    7.2.2 6S管理的检查与考核 ··· 227
  任务3 安全生产管理及安全操作规程 ·· 229
    7.3.1 安全生产管理概述 ·· 229
    7.3.2 汽车维修生产中的不安全因素及安全措施 ···································· 230
    7.3.3 安全教育与安全责任制 ·· 233

7.3.4　维修企业员工安全职责和岗位安全操作规程 233
　　7.3.5　作业现场的安全管理 235

项目八　汽车维修企业人力资源管理 238
　任务1　了解人力资源管理的基本知识 239
　　8.1.1　人力资源的定义及特性 239
　　8.1.2　人力资源管理概述 240
　任务2　掌握汽车维修企业岗位研究方法 244
　　8.2.1　岗位研究 244
　　8.2.2　岗位说明书的编写 245
　任务3　学会人力资源规划 245
　　8.3.1　人力资源规划的作用 245
　　8.3.2　人力资源规划原则 246
　　8.3.3　制定人力资源规划的程序 247
　　8.3.4　人力资源规划的方法 248
　　8.3.5　人力资源供求平衡方法 252
　　8.3.6　人力资源规划信息系统 253
　　8.3.7　汽车维修行业人力资源信息系统 254
　　8.3.8　人力资源规划的主要内容 255
　任务4　员工的招聘和培训 256
　　8.4.1　员工招聘 256
　　8.4.2　员工的培训 262
　任务5　绩效考核及薪酬管理 264
　　8.5.1　绩效考核 264
　　8.5.2　报酬 271
　　8.5.3　激励 274

项目九　汽车维修企业财务管理 281
　任务1　熟悉财务基本知识 281
　　9.1.1　现金管理 281
　　9.1.2　银行结算 282
　　9.1.3　支票结算 284
　　9.1.4　银行汇票结算 287
　　9.1.5　票据 291
　　9.1.6　税收 295
　　9.1.7　财务结算 296
　任务2　财务管理基础 297
　　9.2.1　财务管理原则 297
　　9.2.2　财务管理制度 298
　　9.2.3　财务管理的基本环节 300

目 录

  9.2.4 财务管理的基本价值观念 ·················301

任务3 汽车维修企业营业收入管理 ·················303
  9.3.1 汽车维修企业营业收入的内容 ·················303
  9.3.2 汽车维修企业收入的计算 ·················303
  9.3.3 汽车维修结算凭证的管理 ·················304

任务4 汽车维修企业成本费用管理 ·················306
  9.4.1 汽车维修企业成本费用的内容 ·················306
  9.4.2 汽车维修企业的成本管理 ·················307
  9.4.3 汽车维修企业成本控制 ·················308
  9.4.4 汽车维修企业成本分析 ·················312

任务5 汽车维修企业的利润和分配 ·················313
  9.5.1 汽车维修企业利润的内容 ·················313
  9.5.2 汽车维修企业利润的预测 ·················314
  9.5.3 企业利润的分配 ·················317

参考文献 ·················319

项目一
汽车维修行业概况

学习目标：
- 掌握汽车维修企业的特点和作用。
- 了解汽车维修行业存在的问题。
- 了解汽车维修行业的机遇和发展趋势。
- 熟悉汽车维修企业的类型、开业条件及备案程序。
- 了解汽车维修行业管理基本原则、任务和管理内容。

随着我国社会经济的发展，人们生活水平的提高，汽车的普及，特别是私家车的普及，汽车的保有量迅猛增加，随之就出现了大量的汽车维修企业，汽车维修企业是指从事汽车维护和修理的经济实体，所有汽车维修企业的集合，形成了汽车维修行业，两者是个体与整体的关系。汽车维修企业作为经济性组织，为了获取经济上的利益，必然要自主经营、独立核算、自负盈亏，在法律上必须具有"法人"地位，能够独立地同外部单位开展有关的经济联系。要想进入汽车维修行业就业、创业或成为汽车维修企业的经营者，就要对我国汽车维修行业的现状有所认知，对汽车维修行业管理有所了解。

任务1 认知汽车维修行业现状

对汽车维修行业现状的认知，就是要了解汽车维修企业的特点、作用、存在的问题和机遇以及发展趋势等。

1.1.1 汽车维修企业的特点

当前，我国的汽车维修业正处在向规范化、标准化、信息化、联合化、集约化转型的关键时期，如何认识当今汽车维修业和维修企业的特点，这对于提高汽车维修企业的地位，推动行业的发展和进行企业的变革是至关重要的。现代汽车维修业的服务对象和生产特点已经发生了变化，从而使维修企业形成了以下特点。

1. 汽车维修企业具有社会服务和工业生产双重特征

汽车维修企业既具有一般工业企业的基本特征，又区别于一般的工业企业，具有"服务性工业企业"的特征，归属于第三产业（即服务业）。汽车维修企业在车辆维护和修理过程中，以更换油液、更换零部件、进行技术监测、提供技术服务为主要业务，这就表现为"服务性"的特点。在汽车维修过程中，又存在对个别零件的修复加工情况，特别是钣金作业，表现为工业生产的特点。现代的汽车维修企业（特别是大型车辆维修企业），其主业虽然是汽车维修，但为了保证其维修业务的长期稳定，仍要与汽车运输企业建立长久而稳定的合同关系；同时也是某汽车制造厂或某品牌汽车或配件的专销点或售后服务点，从而使汽车维修业既依附于汽车运输业，也依附于汽车制造业，如果没有汽车制造业和道路运输业，也就没有汽车维修业。这些都反映出汽车维修企业具有社会服务和工业生产双重特征。

2. 汽车维修企业具有"点多、面广、规模小"的特点

汽车维修业在为汽车制造业和汽车运输业服务的过程中，其主业是汽车及配件的销售以及为在用汽车提供维修服务。由于在用汽车流动分散、遍布于城乡各地，汽车维修企业也必然随之分布于城乡各地，具有很大的分散性。这也决定了汽车维修企业的规模不可能很大，它具有"点多、面广、规模小"的特点。尤其是从事汽车维护、小修和专项维修的业户以及连锁经营维修企业更是如此。

3. 汽车维修企业的维修对象和服务对象具有高科技特征

"劳动对象"作为生产力的要素之一，在现代维修企业中已发生了根本变化。汽车作为维修企业的"劳动对象"，采用了大量的电子控制系统，一辆汽车上可能有多达几十个电脑、上百个传感器、上百个执行器，数据总线（CAN 总线、LIN 总线）控制已很普及，现代普通汽车已成为集电子计算机技术、光纤传导技术、新材料技术等为一体的高科技集成物，新能源汽车的蓄电池系统、电机结构、控制系统科技含量更高。服务对象已由传统的低文化、低素质、低层次的驾驶人或车主转变为高素质、高文化、高层次的知识型客户。对这个层次的车主进行服务时，必须要用现代维修业的一系列管理思想、服务理念和方法，不但要提高车辆的维修水平，更要提高对客户的服务意识。

4. 汽车维修企业的维修手段具有高科技特征

生产力的另一个重要因素"劳动资料"，也在转型中发生着重大变化。电子技术的发展已进入一个智能化的阶段，传统的维修手段（眼看、耳闻、手摸的经验维修）已完全不能适应发展需要。数百种电脑、数千个传感器控制的高新科技装备的智能化汽车，需要的是科学的维修手段、最新的维修资料和最先进的检测诊断仪器设备，没有这些劳动资料，技术人员有天大的本事也没有办法施展。科技含量高的汽车发生的故障往往是复杂的，因此排除故障必须有科学的检测诊断程序，否则就不能保证维修质量，也就不能保证行驶安全。科学的诊断又必须要借助资料、仪器设备和掌握高新技术的人才。

5. 维修技术的高科技特征

科学技术是最重要的生产力，汽车维修涉及的大量故障是电子控制方面的问题。目前世界上有几千种车型，几百种电脑控制形式，从电脑控制的部件来看，有发动机的、有底盘的、有车身的；涉及动力性、安全性、舒适性、经济性等方面。电脑控制的发动机、自动变速器、制动防抱死（ABS）、安全气囊、空气悬架、中控防盗、导航等系统及新能源汽车的蓄电池

系统、电机结构、控制系统都是高科技的结晶，要维修这样的装置，没有高层次的维修技术是不能完成的。

6. 汽车维修企业的维修人才具有高科技特征

生产力最重要的因素"劳动者"。在传统维修向现代维修转型的过程中，维修人才的标准发生了变化，企业对人才需求层次结构也发生了变化。由于汽车具有高科技特征、维修技术具有高科技特征、维修手段具有高科技特征，现代维修是高科技的维修，需要一大批有文化、懂原理、会电脑、懂外文，还要有一定实际经验的被称为"汽车诊断医生"的人才和熟练拆装零部件的被称为"汽车护士"的人才，同时还要有一批掌握现代企业管理知识的管理人才，不同层次的人才组合构成了现代维修企业现实的生产力。这种劳动者是高素质、高层次知识型的劳动者。

7. 维修管理的高科技特征

高科技的汽车，必然要有高科技的维修，高科技的维修必然要有高科技管理的支持。现代汽车维修企业管理必须要以知识型企业的管理制度来管理，要树立全员现代维修的理念，建立现代维修企业的品牌，创建一套科学合理有效的现代化管理系统。而且要想充分发挥现代化管理系统的作用，还需要借助于高科技的电脑、网络化、云数据等信息化手段，因此现代汽车维修企业在管理方面也具有高科技特征。

8. 汽车维修企业具有社会分散性

汽车维修业是为在用车服务的。在用车的特点是流动分散，遍布城乡各地。因而，汽车维修企业必然也会分布在城乡各地，具有很大的分散性。尤其是从事汽车维护小修和专项维修的业户，这种分散表现得更为突出。同时，汽车维修生产的特点也决定了其企业的规模不可能太大。

9. 汽车维修企业具有市场的调节性

随着汽车进入寻常百姓家庭，汽车维修业将是一个社会化的行业，汽车维修行业随着汽车后市场的发展而发展。由于汽车维修企业点多、面广、规模小及专项服务等特点，使汽车维修企业，特别是汽车美容、汽车维护和汽车小修企业的开业条件较低，只要有市场，就会有汽车维修企业开业。然而，现代汽车维修服务又需要高科技手段和高服务意识提供支持，否则，客户容易流失，企业经营状况也容易变差，甚至企业自行停业。另外，公路运输业、汽车制造业乃至整个国民经济的波动，都会对汽车维修市场需求产生至关重要的影响。随着汽车维修市场的变化，维修企业开业、停业在动态变化中自行调节，从而使汽车维修企业具有较强的市场调节属性。

10. 汽车维修企业具有很强的竞争性

由于汽车维修企业规模小、投资少、开业条件低，汽车维修业作为一个重要的经济增长点，更多地吸引着社会各方面的资金，越来越多的投资者进入该行业。与此同时，一些老的汽车维修企业，因经营体制落后、周转资金匮乏、员工素质低、营销手段落后、品牌意识淡薄、管理理念陈旧，无法适应新形势下汽车维修市场的巨大变化，被迫关、停、并、转。还有一些新建的汽车维修企业，没有对投资项目进行足够的可行性分析，由于工厂选址问题、人员设备配备问题、投资规模问题、车源问题、配件渠道问题、周边环境问题、整厂规划不合理问题、布局设计影响后续发展等，投资建厂后时间不长即被迫停产、转产。目前，我国的汽车维修企业数量增加迅速，根据社会调查资料显示，现有 62 万户汽车维修企业，行业竞争激烈，每年有近万家企业因各种原因而停产，同时又有更多的维修企业诞生，使汽车维修行业表现出强烈的竞争性和相当的风险性。

1.1.2　汽车维修企业的作用

汽车在使用过程中，由于磨损、变形、老化和意外损坏等原因，技术状况和性能会不断下降，致使车辆运行中的可靠性和安全性得不到保证，动力性、经济性变坏，运行消耗增加，故障率上升，影响车辆的运行效率。研究表明，目前国产汽车的无故障里程一般为 3000km 左右，车辆运行至 2000~4000km 时，要对车辆安全等各个系统进行一次全面检查、调整、紧固、润滑和修理。因此，汽车从投入使用到最后报废的整个寿命周期内，其动力、经济、安全和可靠等性能与能否科学、合理地进行维修密切相关。

1．汽车维修业是汽车运输业的重要组成部分，是保持和恢复车辆技术状况的保障基地

汽车维修就是对出现故障的汽车通过技术手段排查，找出故障原因，并采取一定的措施使其排除故障并恢复达到一定的性能和安全标准。车辆在运行中，为保持或恢复其完好的技术状况，就要不断地对车辆实施各种类别的维修作业，必然要花费大量的人力、物力和财力。目前，在专业汽车运输企业中，汽车维修（包括汽车大修）费用约占运输总成本的 25%左右，因此，如何适时、合理地安排和组织汽车维修生产，积极开发和采用维修新技术、新工艺、新材料，提高维修质量，降低维修费用，也是降低运输成本，提高运输效益，发展汽车运输事业的重要技术措施。汽车维修企业是延长车辆的使用寿命，减少行车故障，保障运输安全，节约能源，减少环境污染，降低运输消耗，提高运输质量的技术保障基地。

2．为解决社会就业起到不可忽视的作用，是社会就业的一个主要阵地

截至 2020 年年底，我国汽车保有量达到 2.81 亿辆，汽车维修市场规模超万亿元，全国拥有汽车维修企业 62 万家，由于汽车维修企业是技术密集和劳动密集型企业，具有很强的劳动力吸纳能力，据统计，汽车维修行业就业人数超过 600 万。

3．汽车维修企业对汽车新技术推广普及和发展起到极大的促进作用

由于汽车技术的高速发展，每年都有大量的新技术在汽车上被采用。作为新技术的拥有者，总是千方百计地延长对其知识产权的垄断，但这些新技术一旦被采用，其结构原理和核心技术总是最先在相关的汽车维修企业被公之于众。因而汽车维修企业又自然而然地成为汽车新技术的传播场所和从事汽车专业学习的学生甚至汽车技术研究人员极佳的实习基地。这无疑对汽车新技术的推广普及和发展起到极大的促进作用。

1.1.3 汽车维修行业存在的问题

1．品牌意识不强

根据相关统计，在我国 62 万户汽车维修企业中，特约维修服务站和具有一定品牌价值的企业占比只有 18%左右，大多数是传统型、小规模的汽修厂，甚至是路边店、修理铺。这些企业品牌意识不强，甚至无品牌意识，在汽车维修市场竞争激烈的时代，许多人认为只要抓住车源，就抓住了市场。为了抓住车源，他们采取不正当的手段，如采用偷工减料、高额回扣等方法，结果使企业经营成本增加，车源并未增加，而且损坏了整个维修企业的形象。汽车维修企业是服务性质的，其产品是服务，因此，服务水平的好坏是决定企业形象的关键因素，是留住车源的根本。作为现代维修企业的经营者一定要认识到"树品牌服务，创品牌企业"才是维修企业能够持续发展的道路。品牌是企业的无形资产，有时甚至超过有形资产。维修企业之间的竞争已经从价格竞争、生产竞争过渡到生产过程、产后服务、企业形象等综合实力的全方位竞争。传统汽修企业向品牌汽修企业转型，应在品牌、整厂设计规划、VI 视觉识别系统统一、企业文化与品牌文化的树立、现代化管理模式的应用等方面进行有针对性的设计和策划。

2．服务意识不强

汽车维修企业的服务对象表面看是车辆，实际上是对车主的服务，也就是对人的服务，因此这种服务要求以人为本，在维修企业的文化中一定要有表现，这就要求企业中的所有员工都要做好准备，随时为客户及其车辆提供必要的服务。在我们做这次维修企业的调查过程中，发现许多维修企业中的员工，对服务的认识非常有限，他们只为客户提供与自己岗位相关的基本服务，比如，有些修理工只修车，而不愿为车主倒杯水。这说明员工的人力资源价值未被有效利用，这不仅与员工的素质有关，更重要的是与企业的管理、企业的文化、企业管理者的人文素质有很大关系。如果企业不能解决最基本的服务意识问题，就不可能形成优质服务，创建品牌服务，就会使客户维护如履薄冰，企业总是处在生存危机中。

3．人才意识不强

人力资源是第一资源，汽车维修业务需要人来完成，高素质者可以提供高质量的服务产品。然而，许多汽车维修企业老板在人才培养和人才维护上不愿投入，企业不重视人员培训，在人员培训问题上总是有所顾虑，担心培训完了人就走了，致使人员培训欠缺、培训手段和机制落后、人员流失严重。现在还有许多维修企业不愿意为有学历的汽车维修人才提供较好的待遇，留不住人才，造成企业不使用、留不住有学历有能力的汽车维修人才的尴尬局面。因此，"人才难得、人才难留"成为许多汽车维修企业面临的共同问题。

4．管理不到位

企业要发展，除了要有资本，还要有合理的管理制度。有章可循，有律可依，员工才会尽心做事，企业才会长远发展。然而，我国的很多汽车维修企业无专业经理人，大部分的企业负责人是由维修企业的技术工人或中层管理人员成长转变过来的，大部分企业就是靠一两名业务能手在管理和运作,他们没有接受过系统的专业管理理论培训,缺乏现代管理理念和系统的管理思想,企业缺少程序化、系统化的管理体系,没有规范和完善的管理制度,往往会出现人浮于事、员工散漫、客户信息丢失、老板凭个人喜好做决定、企业无凝聚力和向心力等情况,甚至于有些维修企业各部门之间、部门内部、企业上下层之间、股东之间出现利益竞争和内部斗争。这些情况对一个处于竞争中的企业来说是致命的打击,不仅会拖垮企业,甚至会使企业在顾客心中的定位发生偏颇,严重影响企业的发展,甚至影响到企业的生存。在高度发达的信息化时代,许多汽车维修企业在利用网络资源、网络平台进行企业管理方面非常欠缺。

5. 经营不规范

由于汽车维修企业规模小、投资少、入门门槛低,汽车修理厂遍地开花,虽然大部分企业进行了登记备案,合法经营,但还有一些"路边店""修理铺""夫妻店"未进行登记,或者虽然进行了登记,但未进行备案,在经营过程中就会出现一些不规范的行为,还有一部分企业在经营过程中采用不正当的手段欺骗客户,如过度维修、诱导维修、偷工减料、以次充好、使用假冒伪劣零配件充当原厂配件等。

6. 分布不平衡

从现有汽车维修企业的数量和布局分析,可以看出,汽车维修企业虽然"点多面广",但分布仍然不平衡,大部分集中在大中城市,乡镇所在地只有个别的路边店,县城所在地规范的汽车维修企业也很少,造成大中城市汽车维修能力过剩,乡镇县的汽车维修能力不足。

7. 信息化应用不足

如今已是互联网+、大数据、云计算、5G 应用等信息化时代,汽车维修企业由于规模、资金、人才等原因,信息化技术手段的应用还是低水平、初级阶段,在客户管理、技术管理、配件管理、与汽车生产商的关系维持等方面有待用现代信息技术手段进行管理和维护。

1.1.4 我国汽车维修行业的机遇

1. 我国已成为全球最大汽车生产国和消费国

根据中国汽车工业协会发布的统计数据,2020 年,我国汽车累计产销量分别完成 2522.5 万辆和 2531.1 万辆,汽车的产销量蝉联全球第一。截至 2020 年年底,我国汽车保有量已达到 2.6 亿辆,按照三口之家计算,平均每两户居民就拥有一辆汽车,汽车销售和售后服务形成了巨大的消费市场。

2. 汽车售后服务市场巨大

汽车维修业是伴随汽车工业发展起来的传统行业。随着汽车的普及和道路运输业的发展,汽车保有量大幅度增加,汽车维修业将迅速发展。根据相关研究结论,发达国家在汽车行业每投资 1 元,会给下游创造 2.63 元的市场和大量的就业,目前我国汽车的下游市场只达到 1 元,还有很大的增长空间。下游市场包括汽车保养连锁店、零配件连锁店等。我国汽车维修业还有很多潜力可挖,市场前景广阔。

根据统计，我国运营性车辆，每辆车的年平均维修费为 6000~8000 元；非运营性车辆，年维修费用平均也达 2000~4000 元，2020 年我国汽车保有量已超过 2.6 亿辆，按此计算，为了维持全国在用车辆的正常运行，每年用于车辆维修的费用超过 10000 亿元。汽车维修市场表现出巨大的潜力和良好的成长性。我国汽车业已经完成了从"造汽车"到"卖汽车"的过渡，并随着国外先进服务理念和服务手段的不断引进将逐渐实现从"卖汽车"向"卖服务"的跨越，传统的赢利模式已开始向售后服务业转移。

根据统计分析，在发达国家，汽车产业利润中的整车销售利润约占 20%，零部件销售利润约占 20%，售后服务利润占 60%，这表明汽车售后服务市场是汽车产业中最稳定的利润来源，目前我国汽车销售利润占比仍然过大，随着整车销售市场的充分竞争，整车销售的利润逐渐下降，售后服务利润增大，售后服务业的潜力巨大，前景广阔。

3．新能源汽车的维修成为汽车维修市场新的增长点

2019 年，新能源汽车销量共计 120.4 万辆，其中纯电动汽车销量 97.2 万辆，插电式混合动力汽车销量 23.2 万辆。全国新能源汽车保有量达 381 万辆，占汽车总量的 1.46%，与 2015 年年底相比，增加 330 万辆，增长 688.725%，近几年处于快速增长期。其中，纯电动汽车保有量 310 万辆，占新能源汽车总量的 81.19%。

新能源汽车保有量的增长，带动了维修需求的增长，新能源汽车的维修成为汽车维修市场新的增长点。

4．国务院和交通运输部修订颁布了一系列法规，有利于汽车维修企业的创立和经营

1）《国务院关于取消一批职业资格许可和认定事项的决定》（国发〔2016〕5 号）、《国务院关于第二批取消 152 项中央指定地方实施行政审批事项的决定》（国发〔2016〕9 号）删除了机动车维修技术从业人员、机动车驾驶培训相关从业人员的从业资格考试认定的相关内容，取消了"道路运输经理人资格认定和许可""机动车维修厂技术人员从业资格证件颁发"事项。

2）《道路运输车辆技术管理规定》（2016 年 1 月 22 日交通运输部发布、根据 2019 年 6 月 21 日《交通运输部关于修改〈道路运输车辆技术管理规定〉的决定》修正）明确"道路运输经营者可以对自有车辆进行二级维护作业，保证投入运营的车辆符合技术管理要求，无须进行二级维护竣工质量检测。""道路运输经营者不具备二级维护作业能力的，可以委托二类以上机动车维修经营者进行二级维护作业。机动车维修经营者完成二级维护作业后，应当向委托方出具二级维护出厂合格证。"

3）依据《中华人民共和国道路运输条例》（2004 年 4 月 30 日中华人民共和国国务院令第 406 号公布）；根据 2012 年 11 月 9 日《国务院关于修改和废止部分行政法规的决定》第一次修订；根据 2016 年 2 月 6 日国务院令第 666 号《国务院关于修改部分行政法规的决定》第二次修订；为贯彻落实《国务院关于修改部分行政法规的决定》（国务院第 709 号令）和《国务院关于取消一批行政许可等事项的决定》（国发〔2018〕28 号）关于取消机动车维修经营许可、建立健全机动车维修经营备案制度等要求，根据 2019 年 6 月 21 日交通运输部《关于修改〈机动车维修管理规定〉的决定》（中华人民共和国交通运输部令 2019 年第 20 号），交通运输部对《机动车维修管理规定》进行了第三次修正，2019 年 6 月 21 日起施行。

2019 年修订的《机动车维修管理规定》是落实习近平新时代中国特色社会主义思想、深入推进机动车维修行业"放管服"改革的重要举措，建立了机动车维修经营备案制度、强化了相关事中事后监管措施，有助于激发机动车维修市场活力、加快政府监管方式转变、推动行业转型升级和高质量发展、提升机动车维修行业为民服务水平。

在《机动车维修管理规定》"经营备案"部分明确规定了机动车维修经营者的备案条件，有利于创新创业者创办汽车维修企业，在"维修经营"和"质量管理"中对配件、维修收费、维修档案、质量保证等给出了具体要求，有利于汽车维修企业规范经营。

4）由交通运输部等八部委联合公布，于 2016 年 1 月 1 日起实施的《汽车维修技术信息公开实施管理办法》（交运发〔2015〕146 号以下简称《办法》），打破此前经销商在汽车维修技术及市场方面的垄断，要求汽车维修信息强制免费公开。根据《办法》的内容，将强制汽车生产者应采用网上信息公开方式，公开所销售汽车车型的维修技术信息，公开的维修技术信息包括车辆识别代号的编码原则；汽车维修手册（含电路接线图、电子控制系统故障码表、排放控制系统信息、车身尺寸图、车轮定位参数的标准范围及调整方法等）；零部件目录（含汽车生产者提供的用于售后服务的原厂零部件名称、商标和编号）、零部件变更、升级、换代信息等；专用诊断、检测、维修工具和设备及其相关软件信息等（其中包括车辆定期维护、总成及零部件的拆装方法等）。该《办法》第十五条规定："自本办法实施之日起取得 CCC 认证的汽车车型，汽车生产者应在该车型上市之日起 6 个月内公开维修技术信息，并在信息公开网站上公布相关车型上市时间。"

新办法实施后，维修信息公开将使得 4S 店以外的汽车维修企业可以更加有效地获取汽车维修保养的相关技术信息。当然，4S 店的售后部门也可以更好地掌握维修其他品牌车辆的技术能力。此外，信息公开也一定程度上缓解消费者对汽车维修存在陷阱的忧虑，有利于汽车后市场的健康发展。

5）《汽车零部件的统一编码与标识》发布实施。国家标准化管理委员会于 2015 年 9 月 11 日批准发布了由中国物品编码中心、中国自动识别技术协会等单位起草的 CB/T 32007—2015《汽车零部件的统一编码与标识》国家标准，标准于 2016 年 1 月 1 日正式实施。标准规定了汽车零部件统一编码的编码原则、数据结构、符号表示方法及其位置的一般原则，适用于汽车零部件（配件）统一编码和标识的编制，以及汽车零部件（配件）的信息采集及数据交换。这对规范汽车维修市场，提高企业管理效率、降低运营成本，实现消费者配件查询、配件可追溯体系的建立提供了技术手段。制定《汽车零部件的统一编码与标识》国家标准，有利于规范并统一各类汽车零部件的编码与标识，提高汽车零部件管理的信息化水平，实现可追踪性与可追溯性，有助于零部件和整车企业对产品的全生命周期管理及缺陷产品召回；有利于汽车服务市场的转型、升级，促进我国汽车零部件生产企业、整车企业、维修和流通领域的诚信与品牌建设。同时，标准的出台为汽车配件生产、流通、维修，后市场的电子商务、移动互联网、质量保障体系、云服务平台的建立提供有力支撑。

6）《汽车维修业开业条件 第 1 部分：汽车整车维修企业》（GB/T 16739.1—2014）、《汽车维修业开业条件 第 2 部分：汽车综合小修及专项维修业户》（GB/T 16739.2—2014）这两个国家标准对汽车维修从业人员资格条件要求进行了修改，同时对汽车维修企业设备配备要求与维修企业实际需求和维修发展趋势脱节的部分进行了修改，将进一步促进汽车维修行业创新创业。

7)《道路运输从业人员管理规定》(交通运输部令 2019 年第 18 号)取消了从业资格考试,鼓励机动车维修企业优先聘用取得国家职业资格的从业人员从事机动车维修工作。这一调整,方便了汽车维修企业使用维修技术人员,也减轻了从事汽车维修技术人员的负担。

1.1.5 汽车维修行业发展趋势

1. 以汽车制造商为主体的汽车维修模式

以汽车制造商为主体的汽车维修模式一般分为特约维修店模式和专卖店维修模式两种。特约维修店模式一般是代表生产厂家在某地区为特定品牌的产品进行售后服务,特约维修企业的业务渠道比较固定,企业的知名度和品牌认知度也由相关汽车制造企业作为保证。目前这种特约维修企业发展较快,已经逐步形成了较为完善的网点布局。专卖店维修模式源于欧洲,这种专卖店负责销售、配件以及维修服务,是目前新车使用阶段的主流服务模式。以汽车制造商为主体的汽车维修模式是目前汽车维修的主流服务模式。这种模式涉及不同的投资、品牌、政策等方面的问题,同时维修费用也高,这些都制约了其在维修市场的进一步拓展。

2. 以汽车服务商为主的连锁经营模式

汽车服务将成为今后汽车维修服务的主流模式。与国际汽车维修行业比较,我国当前的汽车维修的市场形势还比较单一,4S 店等和国际接轨的服务模式虽然得到了一定的认可,但其固有的问题依然没有得到很好地解决。方便快捷的连锁经营模式不仅是行业维修健康协调发展的需要,也是社会的需求。连锁维修是近年迅速崛起的一种模式,这种模式整合了各种品牌汽车零配件的相应资源,进一步打破了制造企业的纵向垄断,在价格上更加透明,服务上更加系统,可以一站式解决保养、维修、快修、美容等需求,得到了广大车主的认可和好评。汽车维修向连锁经营方向发展的特点有以下几个方面。

1)品牌、运营和支持、体系是连锁经营的三大核心竞争力。

2)独立中小企业加入连锁体系,可与总部共享品牌、广告资源,获得相关先进理念的培训。

3)特许经营总部通过信息网络统配统送,降低成本、提高配送效率。

3. 汽车维修向"互联网+"发展

互联网的突飞猛进、汽车制造技术的发展,其电子化水平也不断提高,相关保养和维修变得更加复杂。仅凭个人的经验来判断汽车故障已经不能适应汽车维修技术发展的需要,很多高科技设备被逐步应用到汽车维修行为中,汽车维修业对电子信息、互联网的需求变得日益强烈,当前汽车维修行业中资料查询、技术培训、故障检测诊断的网络化趋势十分明显。美国汽车维修业在 20 世纪 80 年代就开始了网上查询资料、网上解答维修难题、网上进行维修。我国汽车维修专业的网络化探索起步较晚,但发展速度很快,目前通过手机 APP、QQ 群、微信群等方式进行技术讨论以及技术交流、网上预约维修已经非常普遍,汽车维修的互联网技术应用也得到了迅速拓展,并呈现出了较好的发展势头。

4．发展汽车维修大数据平台

大数据的应用，能够极大地提升工作效率。我国汽车维修行业存在行业管理难、维修资料查询难、配件及汽车用品信息短缺、人才培训成本高等问题。把全国汽车维修行业参与者企业信息、个人信息存入汽车维修大数据平台，会使信息查询方便、快捷；把汽车维修企业质量信誉考核、维修电子健康管理档案等管理手段嵌入汽车维修大数据平台，会使管理简单化、规范化；把优化后的人才培训资源置于汽车维修大数据平台，不但会提高培训质量、降低培训成本，还可以让受训人员随时在网上学习，能为行业发展提供极大的帮助。这种平台的建设目前还处于由政府或行业或企业进行开发、创新的阶段。

任务2　熟悉汽车维修企业的类型

汽车维修业属于技术密集和劳动密集型服务性行业，由于其经营规模、技术水平、设备条件、员工素质、厂房场地面积以及经营范围不同，为了使汽车维修行业管理实现系统化、规模化、科学化，有必要对汽车维修企业实行分类管理。

1.2.1　按照行业管理划分

根据《汽车维修业开业条件　第1部分：汽车整车维修企业》（GB/T 16739.1—2014）、《汽车维修业开业条件　第2部分：汽车综合小修及专项维修业户》（GB/T 16739.2—2014）的规定，我国的汽车维修企业分为汽车整车维修企业和汽车综合小修业户及汽车专项维修业户。

1．汽车整车维修企业

汽车整车维修企业（the enterprises for motor vehicle maintenance and repair）是指有能力对所维修车型的整车、各个总成及主要零部件进行各级维护、修理及更换，使汽车的技术状况和运行性能完全（或接近完全）恢复到原车的技术要求，并符合相应国家标准和行业标准规定的汽车维修企业。按照规模大小不同，汽车整车维修企业分为一类汽车整车维修企业和二类汽车整车维修企业。

2．汽车综合小修业户

汽车综合小修业户（the enterprises for vehicle comprehensive current repair）从事汽车故障诊断和通过修理或更换个别零件，消除车辆在运行过程或维护过程中发生或发现的隐患，恢复汽车工作能力的维修业户，也称为三类汽车维修企业，业务范围属于三类汽车维修经营业务。

3．汽车专项维修业户

汽车专项维修业户（the enterprises for vehicle maintenance and repair of special items）是从事汽车发动机维修、车身维修、电气系统维修、自动变速器维修、轮胎动平衡及修补、四轮定位检测调整、汽车润滑与养护、喷油泵和喷油器维修、曲轴修磨、气缸镗磨、散热器维修、空调维修、汽车美容装潢、汽车玻璃安装及修复等专项维修作业的业户，也为三类汽车维修企业，业务范围属于三类汽车维修经营业务。

1.2.2 按照经营形式划分

汽车维修企业按经营形式可分为特约维修站、连锁经营店和普通汽车维修厂。这里所说的普通汽车维修厂是指除了 3S 或 4S 特约维修站、连锁经营店外的汽车维修企业的统称，因大家对此已很了解，就不再多讲，在此只介绍特约维修站、连锁经营店。

1．特约维修站

特约维修站也就是特约维修服务站，是严格依据汽车整车生产企业的标准，统一企业视觉形象、统一订购原厂备件、统一接受培训、统一使用专用工具和检测诊断设备以及维修资料等，进行维修服务，并经过汽车整车生产企业授权的汽车维修服务商。

（1）类别

根据服务范围不同，特约维修站有 3S、4S、5S 之分，其中 4S 店最多。"4S" 是整车销售（Sale）、零配件供应（Spare part）、售后服务（Service）、信息反馈（Survey）四个英文单词的词头缩写。汽车 4S 店，就是指将这四项功能集于一体的汽车服务企业，汽车 3S 店指从事整车销售（Sale）、零配件供应（Spare part）、售后服务（Service）的服务企业，汽车 5S 店的经营范围比 4S 店多了二手车经营（Second-hand）项目。不管是汽车 3S 店、4S 店还是 5S 店，它的售后服务（Service）功能是一样的。由于 4S 特约服务维修站数量最多，影响最大，人们已经习惯把特约维修站通称为 4S 店。

（2）特约服务站应具备的条件

1）基本管理标准

① 独立的组织机构，独立法人代表，维修场地和设备独立，财务独立核算等。

② 必须配备有专职人员负责业务接待、配件管理、索赔管理和信息传递协调。

③ 按照汽车整车生产企业的要求，对店内员工进行各类业务培训。

④ 服务站内部、外部形象设施的建设要符合汽车整车生产企业建站的要求。

2）接待管理标准

① 员工要着装统一，并挂牌上岗，接待用语要统一、规范和礼貌，不得有任何有损厂家形象的行为。

② 收费合理，公布保养价格、常规修理价格和备件的价格目录，随时让顾客知道故障件情况和收费清单明细。

③ 耐心解释，说服有力；保证维修质量，并准时交付；随时指导用户如何正确保养和使用产品，并向用户宣传厂家的售后服务政策。

④ 实行 24 小时值班制度，随时处理突发事件。

⑤ 服务后建立客户维修档案，要有专人进行跟踪电话回访，随时掌握车辆使用情况和客户的新需求，提高故障一次性排除率。

3）维修管理标准

① 车间内设有专门的工具室，统一管理维修工具，并且做到定人、定位、定工具，不得错乱，有齐全的领用和交还手续。

② 场地保持清洁，与维修无关的工具和零件不得出现在维修作业场地，不允许客户进入维修车间。

③ 旧件要摆放整齐，不受水和油的腐蚀。维修结束后，要把维修部位的油污和水渍清洁干净。

④ 必须具有举升机的专用工位。

⑤ 维修场地必须整洁干净，并达到一定的面积要求，能容纳一定的维修车辆。

4）设备管理标准

① 对于一些维修用的检测工具（千分尺、游标卡尺、扭力扳手等），要有设备管理员定期到计量局进行校验，保证维修质量。

② 升降机、四轮定位仪等维修设备，要按照使用说明书的要求进行保养和操作，若有异常，由设备管理负责人协调维修，严禁自行处理。

5）信息管理标准。信息管理现在已经作为汽车生产厂家的一项重要内容来抓，反馈信息的质量直接影响到售后服务质量，也影响到销售公司整车销售的业绩。因此要求特约维修站做好以下工作：

① 要求信息反馈必须及时、准确。

② 设专人负责信息管理。

③ 临时出现的紧急质量信息，要求随时进行反馈。

6）基本设施

① 必须有客户休息室（或休息区），并配置家具和电视、报纸等娱乐设施。

② 周边场地应具备专用的停车泊位、维修车辆停放区、完工车辆停放区等。

③ 服务中心车辆出入口应能同时允许两辆车进出，有明显的方向标识；维修车间进、出口应有明显标识，最好进口和出口分开。

7）人员要求：服务经理、备件经理、索赔员、维修机工和电工等必须培训并考试合格方可上岗。

8）服务站必须具备相应的业务接待大厅，并有相应的标识。业务接待区设置业务接待、索赔、服务跟踪岗位。

9）备件、仓库及货架管理

① 配备专用的备件运输设施。

② 配备一定数量的货架、货筐等。

③ 配备必要的通风、照明及防火设备器材。

④ 仓库各工作区域应有明显的标牌，如备件销售出货口、车间领料口、发料室、备货区、危险品仓库等，应有足够的进货和发货通道以及备件周转区域。

⑤ 货架的摆放要整齐，仓库的每一过道要有明显的标识，货架应标有位置码，货位要有零件号、零件名称。

⑥ 备件储备定额达到要求。

10）服务中心的维修人员必须穿着指定的标准维修服装。

11）必须具有公开的对外 24 小时热线服务和 24 小时紧急救援功能。

12）服务中心必须拥有完整的客户档案，包括客户和维修车辆的相关信息。

13）服务站应该位于交通方便的主干道且临街，沿街长度 30m 以上。

2．连锁经营店

（1）连锁经营的含义

交通运输部令 2019 年第 20 号《机动车维修管理规定》提出，"鼓励汽车维修企业实行集约化、专业化、连锁经营，促进汽车维修业合理分工和协调发展。"

所谓连锁经营，就是将经营同类商品或同类服务的若干企业或店铺，以一定的形式组成联合体。汽车维修业的连锁经营，就是利用某汽车维修品牌效应，以战略联盟的形式统一经营、统一规划，将多个企业或店铺联合起来，完成汽车维修业务的经营形式。由于连锁经营模式不仅可以将原来的竞争对手转化为战略联盟，且可以实施集中管理和专业化分工，从而简化复杂的商务活动，其经营机制灵活、占领市场较快、获取共同规模效益更大。由此可知，连锁经营不仅是国内汽车维修市场竞争的必然结果，而且也是国内汽车维修企业走向国外的必然趋势。

（2）连锁经营模式

连锁经营模式有"直营连锁""特许连锁经营""自由连锁"三种。

1）直营连锁。直营连锁是指各连锁公司的所有店铺均由总公司全资或控股开设，在总公司的直接领导下，对各店铺的商流、物流信息流等实施集中管理合理布局、统一经营，以充分发挥其规模效应。

2）特许连锁经营。特许连锁经营是指总公司将自己所拥有的商标、商号产品、专利、技术以及经营模式等，通过特许连锁经营合同的形式并支付相应费用，特许连锁店按统一规定的形象、管理及经营模式开展经营活动。

3）自由连锁或自愿连锁。自由连锁或自愿连锁是指所连锁的各店铺虽然使用着共同的店名，但由于资产所有权关系仍然各自独立，只能根据自由或自愿的原则，在总公司统一指导下根据其签约合同与总公司共同经营。

（3）连锁经营的优点

1）连锁经营店可以享受总部的企业品牌效应。企业品牌是一种无形资产，顾客会受品牌影响前来消费，使连锁经营店获得好的经济效益。

2）连锁经营能以较小的投资取得较大的经济效益。连锁经营店可以享受总部长期的经营经验的支持，减少筹备阶段的投入，缩短了筹建时间，并可以利用总部的技术，这样能够以较少的投资、较少的人员、较小的规模、较快的速度获得较大的经济效益。

3）连锁经营可以引进先进的科学管理模式。总部大多是一些名牌汽车维修企业，他们有长期运作的成功管理经验、科学的管理方法、星级的服务方式等成形的管理模式，可以直接拿来应用。

4）连锁经营可以引进先进的维修技术。总部先进的维修技术和丰富的维修经验，可以源源不断地提供给连锁经营店，使其技术水平不断提升。

5）连锁经营可以从总部引进先进的设备和优质的配件。总部为了加强市场竞争力，必须要提供先进的设备和优质的配件给连锁经营店。

（4）连锁经营总部与连锁店的关系

汽车维修业的连锁经营与超市、餐饮业的连锁经营明显不同，也与汽车美容或轮胎油品的连锁经销明显不同。首先，要根据城市规模和汽车保有量，在城市的非繁华地段兴建1～2个相当规模和档次的总店。这些总店不仅建立有连锁经营的作业标准和管理手册，而且还具有一流的技术设备、场地、人员，一流的速度、环境、质量服务，可以对各连锁经营网点的经营行为加强监管和约束，以杜绝不规范的商业行为。连锁经营是连锁经营店与总部之间是一种经济协作关系，总部有义务对连锁经营店在设备投资、经营管理、人员培训、技术服务方面提供全方位的支援。连锁经营企业总部应当按照统一管理、统一采购、统一配送、统一标识、统一经营方针、统一服务规范和价格、统一的品牌宣传和远程诊断的要求，建立连锁经营的作业标准和管理手册。总店是各连锁分店的强大后盾，而各连锁店是总店的不断延伸，既可以发挥总店的低成本运作优势，也可以发挥各连锁分店的群狼战术优势、两者命运息息相关。连锁经营店在一个共同的经营模式下进行运作，有义务向总部交纳一定的连锁加盟费和品牌维护费。

（5）汽车维修连锁经营的现状

汽车维修连锁经营在美国比较普及，日本、德国、加拿大等国家也有成功的汽车维修连锁经营的品牌。美国汽车维修企业以连锁经营为主，在美国的50个州随处可见连锁经营模式的汽车维修保养店，并且在主要的公路和高速路沿途都布满这类连锁店。因此大多数美国人会到这种连锁店进行汽车维护和修理，在那里他们可以得到专业的服务，从而节省了他们本来就比较繁忙的时间，许多人把它形象地比作汽车售后服务行业中的"麦当劳"。美国的汽车维修连锁经营店大多数是10～25人的中小企业。美国的汽车维修连锁品牌主要有NAPA（全国汽车配件联盟）、AutoZone（汽车地带）、Advance Auto Parts（前进汽车）、Carquest（车探险）、Advance Discount Auto Parts（预付折扣汽车）和Western Auto（西部汽车）、O'Reilly（奥莱利）、ACDelco（AC德科）等。日本、德国等国家的汽车维修企业以快修店为主，有成功的汽车维修连锁经营品牌的企业，加拿大等国家的汽车维修企业以4S和独立经营模式为主，连锁经营为辅。日本汽车维修的连锁经营品牌主要有AUTOBACS（澳德巴克斯）、YELLOW HAT（黄帽子）等，以10人以下的小规模经营店为主。德国有BOSCH（博世）、aimir（埃米尔）等，加拿大有Boyd Group（博伊德集团）。连锁经营形式在我国汽车维修行业应用发展比较缓慢，2000～2015年，国外汽车维修连锁经营品牌巨头，蠢蠢欲动，纷纷来我国投资，开拓市场，结果由于生不逢时，水土不服，大部分以失败告终。随着我国经济社会的发展，私家车的大量增加，人们的生活节奏变快，车主对汽车维修认识的变化，汽车维修连锁经营模式在以4S为内容的高端汽车后市场服务和以维护、小修为主的快捷维修中放射出了强大的生命力。除了世界著名品牌的汽车维修连锁企业的进入之外，我国本土的汽车维修连锁品牌，如雨后春笋般地出现，到2020年3月，根据统计有320家之多，但形成一定规模，有一定影响力的品牌连锁企业却很少。主要品牌有中鑫之宝、小拇指、AC德科汽车维修、博世汽修、米其林驰加汽修、奔腾汽修、豪盾汽车改装、车爵仕汽车美容、百事特汽车快修、友友车友汽车服务、洗车人家等，其中中鑫之宝是集高端汽车销售、高端车售后服务、汽车保险销售与代理、汽车美容与改装等为一体的独立豪华汽车专业服务企业，已有直营及加盟店100多家。杭州小拇指以快修保养为主要业务、以漆面修补为主要特色，现已在全国有超过500家的连锁店。

知识拓展

《学习活页册》1-1 美国汽修业五巨头介绍

1.2.3 按经营项目分

现代维修企业已不再是传统意义上的汽车维修厂,它又被赋予了新的内涵,它的业务范围又有了新的拓展。现代汽车维修企业的经营项目十分广阔,按经营项目分为以下几类:

1. 专项维修

汽车专项维修主要有汽车发动机维修、车身维修、电气系统维修、自动变速器维修、轮胎动平衡及修补、四轮定位检测调整、汽车润滑与养护、喷油泵和喷油器维修、曲轴修磨、气缸镗磨、散热器维修、空调维修、汽车美容装潢、汽车玻璃安装及修复等。

【案例1-1】香港的出租车多为丰田或日产车,排量一般为2.8L或3.0L,其中相当一部分为自动变速器车型,这样就出现了以维修自动变速器为主的企业,维修车间装备了自动变速器综合性能实验台,将自动变速器安装上,前端接通动力,后端接通模拟负载,同时接通电路和油路,通过测试油压和读取数据流来诊断故障。这种汽车专项维修企业维修质量好、维修速度快,很受出租车驾驶员的欢迎。

2. 汽车养护

1)常规保养:更换机油、防冻液,更换"三滤"(俗称机滤、汽滤、空滤),蓄电池维护等。

2)季节保养:空调检测及加注制冷剂。

3)高级保养:电脑检测及解码、发动机不解体清洗、发动机维护、尾气排放检测保养、润滑系统免拆清洗、冷却系统免拆清洗等。

3. 汽车美容、护理

1)车表护理:无水洗车、全自动电脑洗车、漆面污渍处理、新车开蜡、氧化层去除、漆面封釉、漆面划痕处理、抛光、打蜡、翻新、金属件增亮、轮胎增亮防滑、玻璃抛光等。

2)内饰护理:顶棚清洗、车门衬板清洗、仪表板清洗护理、桃木清洗、丝绒清洗、地毯除臭、塑料内饰清洗护理、真皮座椅清洗、全车皮革养护、内饰消毒等。

4. 汽车装饰

1)新车装饰:全车贴膜、铺地胶、安装挡泥板、加装扶手箱、加装桃木内饰、加装轮眉、防撞胶条等。

2)高级装饰:真皮座椅加装等。

5. 汽车改装

1)外观改装:改装包围、更换转向盘、个性贴纸、车轮改装、仪表改装。

2)性能提升:改装天窗、改装氙气灯、改装电动车窗。

3)环保节能:在进气、点火、供油等系统上加装环保节能装置。

4) 影音系统：车载电视、CD、VCD、DVD、扬声器、功放、低音炮、显示器。

5) 先进电子装置：倒车雷达、中央门锁、车载电话、自动天线、车载冰箱、胎压检测器、后视系统。

6) 防盗装置：防盗器、档位锁、转向盘锁等。

6．轮胎服务

更换轮胎、轮胎动平衡、四轮定位、快速补胎、专业补胎、轮胎充氮气。

7．汽车俱乐部

1) 新车上牌、代办车辆证照、年检等。

2) 保险、理赔代理。

3) 协助处理本地或异地交通事故、交通违章。

4) 维修代用车、汽车租赁等。

5) 为到外地旅游的顾客争取购物、住宿、娱乐、航空机票、接送、预定等方面的折扣优惠。

6) 组织活动，如外驾车出游、试驾、大规模团购等。

7) 汽车救援，如拖车服务、快速抢修、提供24小时救援等。

8．二手车经营

1) 二手车翻新处理。

2) 二手车手续办理。

任务3 了解汽车维修行业管理

随着汽车进入家庭的步伐加快，汽车保有量的增加，汽车维修需求增加，汽车维修市场扩大。为规范机动车维修经营活动，维护机动车维修市场秩序，保护机动车维修各方当事人的合法权益，保障机动车运行安全，保护环境，节约能源，促进机动车维修业的健康发展，汽车维修行业管理机构，必须做好对汽车维修行业的监督、管理和服务工作，以便按照市场经济的客观要求，建立统一开放、竞争有序的维修市场，更好地为运输生产和人民生活服务，满足经济发展和社会发展需求。

1.3.1 行业管理基本原则

机动车包括汽车及汽车列车、摩托车及轻便摩托车、拖拉机运输机组、轮式专用机械车和电动车等，我国机动车中，汽车的数量最大，占大多数。汽车维修属于机动车维修，我国汽车维修行业管理按照机动车维修管理执行。

1．机动车维修经营者总则

机动车维修经营者应当依法经营，诚实守信，公平竞争，优质服务，落实安全生产主体责任和维修质量主体责任。

2．机动车维修管理总则

机动车维修管理应当公平、公正、公开和便民。

3．机动车维修的基本规定

1）任何单位和个人不得封锁或者垄断机动车维修市场。

2）托修方有权自主选择维修经营者。除汽车生产厂家履行缺陷汽车产品召回、汽车质量"三包"责任外，任何单位和个人不得强制或者变相强制指定维修经营者。

3）鼓励机动车维修企业实行集约化、专业化、连锁经营，促进机动车维修业的合理分工和协调发展。

4）鼓励推广应用机动车维修环保、节能、不解体检测和故障诊断技术，推进行业信息化建设和救援、维修服务网络化建设，提高机动车维修行业整体素质，满足社会需要。

5）鼓励机动车维修企业优先选用具备机动车检测维修国家职业资格的人员，并加强技术培训，提升从业人员素质。

6）交通运输部主管全国机动车维修管理工作。

7）县级以上地方人民政府交通运输主管部门负责组织领导本行政区域的机动车维修管理工作。

8）县级以上道路运输管理机构负责具体实施本行政区域内的机动车维修管理工作。

1.3.2 汽车维修行业管理的任务

1．贯彻政策法规，做好监督检查

针对汽车维修行业具有技术性强、工艺复杂，且与安全密切相关的特点，国家出台了《汽车维修合同实施细则》《汽车维修质量纠纷调解办法》和《汽车维修业开业条件》（GB/T 16739.1—2014、GB/T 16739.2—2014）、《机动车维修管理规定》（2019年6月修正）、《汽车维修术语和定义》（GB/T 5624—2019）、《中华人民共和国道路运输条例》（2019年修订）、《道路运输车辆技术管理规定》（2019年修正）、《道路运输车辆维护管理规定》等法规及标准规范性文件，逐步规范并促进了汽车维修行业的发展。

贯彻执行国家有关的方针、政策法规、规范包含两层含义。

1）根据国民经济发展和管理的总方针、总任务，研究制定汽车维修行业的方针、政策，研究制定汽车维修行业的各级各类技术、经济标准和作业工艺规范，实现政令、管理内容、标准的统一。这项任务主要由中央和省级汽车维修行业管理机关承担。

2）正确贯彻执行汽车维修行业的方针、政策法规、规范。这项工作主要由市（地）、县、乡级汽车维修管理机关承担。

监督检查汽车维修企业的经营备案范围、经营行为、维修质量和收费情况，对汽车维修市场秩序进行监督、检查、指导，可以保证国家有关汽车维修的方针、政策、法规、制度和标准等得到正确的贯彻执行。

2．制定维修行业的发展规划

汽车维修行业管理要以道路运输业的发展现状以及社会需求为基础，根据本地区的汽车保有量和分布情况、车辆运行范围和条件、车辆使用情况、道路交通条件及今后的发展趋势等因素，制定本行业长、中、短期发展规划，逐步形成本地区种类齐全、科学布局、质量保证、经济快捷的汽车维修网，使汽车维修业的发展与道路运输和国民经济的发展相适应。鼓励汽车维修企业实行集约化、专业化、连锁经营，以促进汽车维修业的合理分工与协调发展。

3. 执行技术标准，提高维修质量

汽车维修业是技术很强的行业，在维修质量、工艺保证以及安全、环保等方面都有严格的国家标准和行业标准。汽车维修技术标准和相关标准是实施汽车维修质量统一管理的有效措施，汽车维修行业管理部门必须坚持质量第一的原则，贯彻执行技术标准，强化汽车维修质量的统一管理，建立健全汽车维修质量的监督体系，落实汽车维修企业质量信誉考核制度，完善检验手段，严格保证汽车维修质量。

4. 做好协调服务工作

汽车维修行业管理的一个重要任务就是把管理和服务有机地结合起来，协调好各方面的关系。

1）协调各维修业户间的关系，促进行业内的合理分工、正当竞争。既要按专业化分工的原则，使各种汽车维修业户合理分工，走专业化发展道路，提高其经济效益，也要按横向联合的原则，广泛开展技术、设备、人才、信息等合作，以充分挖掘行业潜力，促进行业协调发展。

2）协调企业和用户间的关系。保持双方正常、融洽的合作状态，调解和处理合同纠纷，保护双方合法权益。

3）协调维修业户和管理部门的关系。督促维修业户严格遵守各方面的管理法规，履行应尽义务；努力疏通渠道，以便及时反映情况和意见，为经营者创造良好的外部环境。

4）开展技术培训和信息交流。随着汽车产销量和经济的高速增长，我国汽车保有量大幅提高，汽车维修企业及维修从业人员的数量也不断增加，汽车维修行业管理部门要采取各种措施，加强对汽车维修从业人员的培训，以满足各种车辆对维修技术的需求；鼓励推广汽车维修环保、节能、不解体检测和故障诊断技术。信息交流是行业发展的必要条件，是促进企业自我完善的重要措施。汽车维修行业管理部门要注意发挥信息的引导作用，推进行业信息化建设和救援、维修服务网络化建设，提高汽车维修行业整体素质，满足社会需要。

1.3.3 汽车维修行业管理机构和管理内容

1. 汽车维修行业管理机构

根据国务院和地方政府各职能部门的工作职责，并依据《中华人民共和国道路运输条例》《机动车维修管理规定》等法规文件规定，交通运输部主管全国机动车维修管理工作，县级以上地方人民政府交通运输主管部门负责组织领导本行政区域的机动车维修管理工作。

汽车维修行业的管理工作由县级以上地方人民政府交通主管部门负责组织、领导，县级以上道路运输管理机构负责具体实施。

2. 汽车维修行业管理对象

汽车维修行业管理对象是所有从事汽车维修经营的各种经济实体以及摩托车维修经营者。包括所有特约维修站、连锁经营企业及连锁经营点、普通的汽车维修企业；既包括已备案企业，也包括未备案企业和非营业性企业。

3. 管理内容

汽车维修行业管理的主要内容包括以下六个方面。

1) 负责汽车维修企业经营备案管理，包括各类汽车维修企业和连锁经营服务网点的备案，有效期满的审核换证，汽车维修企业的名称、法定代表人、地址的变更或停业等方面的管理。

2) 负责汽车维修企业的维修经营管理。包括企业行为、车辆改装、安全作业、环境保护、费用结算、连锁经营的监管等方面的管理。

3) 负责汽车维修企业的质量监督管理。包括建立健全质量监督管理体系，监督管理汽车维修质量，调解和处理质量事故纠纷等。

4) 负责汽车维修企业的技术人员管理。如汽车维修技术工人、检验人员及工程技术人员的培训和考核等方面的管理。

5) 负责汽车维修合同管理。规范汽车维修合同的签订和范围，调解和仲裁合同纠纷以及合同文本管理等。

6) 负责汽车维修技术的咨询。为汽车制造业及汽车维修业提供技术咨询服务，组织信息交流，推广汽车维修新技术、新工艺、新设备、新材料等。

复习思考题（《学习活页册》1-2）

复习思考题参考答案（《学习活页册》1-3）

项目二
汽车维修企业的建立

学习目标：
- 学会确定汽车维修企业的规模。
- 掌握汽车维修企业厂址选择注意事项。
- 了解汽车维修企业筹建过程中的注意事项。
- 了解汽车维修企业组织机构设置和厂区规划原则及设施要求。
- 会对汽车维修企业的创办进行可行性分析。
- 了解汽车维修企业的开业条件。
- 知道特约维修服务站应具备的条件。
- 熟悉汽车维修企业的备案管理及备案条件和备案资料要求。
- 了解汽车维修企业经营战略。
- 掌握汽车维修企业CIS策略。

要想成功创办汽车维修企业，就要根据市场环境和投资人的实力确定合适的企业规模，选择适宜的厂址、场地，进行充分的可行性分析，做出正确的决策；要熟悉汽车维修企业工商登记、经营备案和开业条件，按照规定进行工商登记和备案后，满足开业条件时，才可以正式开业经营；还要利用企业CIS战略理念，创建优秀的企业文化和良好的企业形象。

任务1 筹建汽车维修企业

筹建汽车维修企业的前期准备工作对企业成立后的运营起着至关重要的作用，甚至于影响到企业的成败，在明确了企业规模、确定了厂址之后，必须进行可行性分析，根据可行性分析的结果决定是否继续企业的筹建工作。汽车维修企业的筹建包括企业规模的确定、厂址的选择、可行性分析、工商登记、经营备案、开业宣传、正式开业等环节。

2.1.1 汽车维修企业规模的确定和厂址的选择

建立汽车维修企业，首先要考虑企业规模、选择合适的位置，不能因为有资金就盲目投资，也不能因为资金有限就胡乱支个摊，干到什么样算什么样。企业规模的确定和厂址的选择要通过正确的途径和科学的方法，一般需要进行市场调研和商圈分析，才可以确定。

项目二　汽车维修企业的建立

1．市场调研

（1）市场调研的含义

市场调研是运用科学的方法，有目的、有计划地收集、整理、分析有关供求双方的各种情报、信息和资料，把握供求现状和发展趋势，为制定营销策略和企业决策提供正确依据的信息管理活动，它是市场预测和经营决策过程中必不可少的组成部分。

（2）市场调研的意义

我国汽车维修市场巨大，但现有企业数量已经很多，市场竞争也很激烈，在这种经营环境条件下，要想创办一家汽车维修企业，并能成功生存和取得发展，必须做好企业创建前的市场调研，做出正确决策。市场调研在汽车维修企业筹建及经营管理中有着很重要的意义。

1）明确企业发展方向。通过市场调研，有利于企业了解汽车维修市场的现状和趋势，了解市场和供求关系，结合自身情况，建立和发展差异化竞争优势，明确和调整企业的发展方向，形成自己鲜明独特的形象。

2）进行服务产品定位。对于汽车维修企业来说涉及服务质量、服务态度、工期长短、服务价格等几个方面。只有在以上几个方面与竞争者有所差别，才能让消费者有所偏爱。当然通过调研了解消费者需求，也将促进新的服务产品的开发，开拓新的利润增长点。例如，有的地区总是汽油紧缺，但天然气资源较为丰富，一些汽车服务企业得到这样的市场信息后，就开展了汽车使用天然气的改装业务，迅速抢占市场，取得了良好的经营成果。

3）进行消费者分析。维修企业希望拥有尽可能多的消费者，通过调研可以了解消费者的集中程度、盈利能力、对于价格的敏感程度，以及企业产品对于消费者的影响程度以及消费者掌握信息的情况等。

4）进行竞争者观察。通过调研，了解竞争对手的情况，如本行业中竞争者数量、竞争者的异同点、本行业中大部分企业经营现状以及其他行业对于本企业的影响等。

（3）市场调研的方法

1）资料收集。进行市场调研时，从成本效益来考虑，首先要进行的不是实地调查，而是资料收集。可以先行搜集、整理和分析本企业已经掌握的本地区、市场的信息，利用网络、图书馆，搜集统计部门、咨询公司发布的行业市场统计数据和情报以及一些学者所发表的相关的学术研究成果等。

2）实地调查。实地调查无论对于企业准备、实施或是调整经营战略和经营决策，都是必不可少的。仅靠资料收集的结果，就匆忙进行经营决策，往往会失之偏颇。实地调查可以按照企业的迫切需要进行设计，具有很强的针对性和实用性。实地调查的方法有询问法、观察法、试验法。

① 询问法。调查人员通过各种方式向被调查者发问或征求意见来搜集市场信息。询问法分为面谈询问、电话询问、书信询问、留置问卷调查、入户访问、街头拦访等多种形式。

询问法的特点是调查人员将事先准备好的调查事项，以不同的方式向调查对象提问，将获得的反应结果收集起来，进行认真分析。采用询问法调查时，所提问题确属必要，被访问者有能力回答，访问的时间不能过长，询问的语气、措辞、态度、气氛必须合适。

② 观察法。观察法是调查人员在调研现场，直接观察、记录调查对象的言行以获取信息的一种调研方法。这种方法是调查人员与调查对象直接接触，可以观察了解调查对象的真

实反应，但无法了解调查对象的内心活动及其他情况，如收入情况、潜在购买需求和爱好等，也会因调查者的判断失误导致信息准确性差。

③ 试验法。试验法在消费品市场被普遍采用。向市场投放一部分产品，进行试验，收集顾客的反馈意见。它是通过实际的、小规模的营销活动来调查关于某一产品或某项营销措施执行效果等市场信息的方法。试验的主要内容有产品的质量、品种、商标、外观、价格、促销方式及销售渠道等。它常用于新产品的试销和展销。

（4）市场调研的步骤

市场调研分为准备、实施、总结、分析结果四个阶段。

1）准备阶段。准备阶段需要完成两个步骤：第一步，确定市场调研目标和范围；第二步，确定所需信息资料。

2）实施阶段。在实施阶段有四个步骤：第一步，决定搜集资料方式；第二步，设计调查方案；第三步，组织实地调查；第四步，进行询问、观察或试验调研。

3）总结阶段。在总结阶段，主要有两个步骤：第一步，整理分析资料；第二步，准备研究报告。

在总结阶段，对获得的信息和资料，调研人员要用客观的态度和科学的方法，进行数据整理，分类汇总、统计分析，以获得高度概括的市场动向指标，揭示市场发展的现状和趋势。调研的最后阶段是根据比较、分析和预测结果写出书面调研报告，内容一般为调查目的和调查结论的比较，针对既定目标所获结果，建立在这种结果基础上的经营思路和可执行的行动方案。

4）分析结果。对于调研结果进行统计、分析和预测后所获得的信息，一定要达到以下几个要求：

① 准确性。要认真鉴别信息的真实性和可信度。

② 及时性。任何市场信息都有严格的时间要求。

③ 针对性。根据调研目的要求，有的放矢，才能事半功倍。

④ 系统性。调研的资料要加以统计、分类和整理，并提炼为符合事物内在本质联系的情况。

2. 商圈分析

（1）商圈的内容

商圈是指以维修企业厂址为中心向外延伸一定距离而形成的一个空间范围，是店铺吸引顾客的地理区域。商圈有商业区、住宅区、住商混合区、住办混合区几个形态。商圈由核心商业圈、次级商业圈和边缘商业圈构成。

商圈的要素主要包括消费人群、有效经营者、有效的商业管理、商业发展前景、商业形象、商圈功能。

商圈按功能分为传统商圈、主题商圈、概念商圈，如北京王府井商圈属于传统商圈，而像北京中关村数码城、北京亚运村汽车交易市场、石家庄汽车工业园区等属于主题商圈。

（2）商圈的分析内容

商圈的分析内容主要包括以下部分。

1）人口规模及特征。了解所在商圈的人口总量和密度、收入、教育水平、年龄分布、购买力以及相关的汽车保有量，据此进行人口特征分析。

2）劳动力保障。管理层、居民学历工资水平、普通员工的学历和工资水平。

3）供货来源。运输成本，运输与供货时间，可获得性与可靠性。

4）促销。促销手段以及可传播性，成本与经费情况。

5）经济情况。了解所在商圈的主导产业、季节性经济波动、经济增长点。对商圈内经济状况进行分析，若商圈内经济很好，居民收入稳定增长，汽车保有量逐渐增多，汽车服务消费逐渐增加，就表明在商圈内建立企业的成功率较高。

6）竞争情况。了解现有竞争者的商业形式、位置、数量、规模、经营风格、服务对象，了解新店开张率。一定要认真据此进行竞争分析，分析所有竞争者的优势与弱点，长期和短期的企业变动及饱和情况等。

任何商圈都可能会处于企业过少、过多和饱和的情况。饱和指数表明一个商圈所能支持的商店（或企业）不可能超过一个固定数量，饱和指数公式如下：

$$IRS = C \times RE/RF$$

式中　IRS——商圈的零售饱和指数；

　　　C——商圈内的潜在顾客数量；

　　　RE——商圈内消费者人均零售支出；

　　　RF——商圈内商店的营业面积。

【案例2-1】假设在某地区汽车维修服务企业每年每平方米营业面积的营业额为2000元，一商圈内有10000辆车，每车每年的维修保养费为5000元，共有10个汽车服务企业在商圈内，共有营业面积20000m²。则该商圈的饱和指数IRS值为

$$IRS = 10000 \times 5000/20000 = 2500$$

这表明按现有企业服务能力和营业面积进行服务，每平方米营业额还有500元（2500-2000=500）的空间，该商圈内汽车维修企业不能完成所有的维修服务工作，需要有新的企业满足市场需求。这就显示出，该数字越大，饱和指数越高，意味着该商圈内的饱和度越小；该数字越小，饱和指数越小，意味着该商圈内的饱和度越高。在不同的商圈中，应选择零售饱和指数较高的商圈开店。

7）法规。要了解和分析包括税收、办理执照、环境保护制度等方面的法规。

8）其他。租金、投资的最高金额、四周交通的情况等。

3. 汽车维修企业位置类型及特点

汽车维修企业位置类型分为市郊孤立汽车服务经营区域、半饱和汽车服务经营区、汽车城或汽车服务中心三类。

1）市郊孤立汽车服务经营区域。经营区域内汽车服务商较少，企业单独坐落在市郊公路旁，其优点是竞争压力相对较小，租金相对便宜，在选择地点、场地规划上也相对自由。但比较难吸引顾客，宣传成本高，零配件运送费高，经营业务需求比较杂。

2）半饱和汽车服务经营区。半饱和汽车服务经营区内客流比较大，在经营业务方面各个企业间可互补，但同时也有竞争，还会导致地租成本高、仓储难、交通紧张、停车配套设施缺乏统一规划等。

3）汽车城或汽车服务中心。这是经过统一的规划而建设在一起的汽车经营区域，管理相对集中，配套设施较齐全，公共成本较低，宣传力度、广度大，客流群体多为车主，各服务商的互补相对充分。但也会导致企业缺乏经营灵活性，而企业间的竞争更加激烈。

4．企业规模的确定

1）确定经营方向。经营方向是根据客户需要确定的，能否确定好经营方向是汽车维修企业成败的关键。企业可根据自身的优势和维修市场定位初步确定经营方向：是想开一个综合性修理厂，还是开一个汽车维护厂；是想开一个电器维修店，还是开一个汽车美容店；是以维修捷达车为主，还是以维修奥迪车为主，等等。

2）确定所要维修车的社会保有量。从公安车管部门档案或通过市场调查，获取所要维修车的社会保有量。

3）预测维修量。根据现有维修厂、维修市场状况及发展趋势，预测自己开办的维修厂的年维修量。

4）确定车位数和建厂面积。按照单车位效率计算出所需车位数，单车位效率可以根据现有的行业平均值来确定。一般以修理为主的单车位效率为300～500辆/年，以保养维护为主的为500～800辆/年（仅供参考）。根据车位数确定建厂面积。

5）确定采用人员数。按照维修人员维修效率计算出所需人数。技术维修效率可以根据行业平均值确定，也可根据采用人才的能力来确定。一般以修理为主的技术维修效率为300～500辆/（年·人），以保养维护为主的为500～800辆/（年·人）（仅供参考）。

6）确定维修厂规模。根据建厂面积、采用人员数、市场发展前景确定维修厂的规模。规模要确保与5年后维修需要量相适应。

【**案例2-2**】在美国，年营业额在5万～10万美元的小厂，年赢利率为27.3%；而年营业额在45万～55万美元的大厂，年赢利率仅为9.3%。

【**案例2-3**】1998年，兰州市某汽车维修中心有36名维修工，年营业额650万元，年赢利率达到26.5%，到2019年10月为止，该企业已发展成为有22家4S店的企业集团，而兰州市某国营小汽车修理厂，无论厂房还是工人均是该汽车维修中心的3倍，2000年时的经济效益还比较好，早在2005年就破产了。

因此，企业规模大小与赢利率没有关系，办企业不可贪大图洋，关键是管理措施要与市场经济相适应。

5．厂址的选择

(1) 厂址选择原则

厂址选择要根据国民经济计划和城市规划的要求以及该厂生产性质考虑。厂址选择得适当与否，将直接影响建厂的投资、建厂速度、生产发展、产品成本和经营管理费用等。同时，厂址直接关系到工艺、土建、动力和卫生等。

1）够用、方便、低成本原则。汽车维修企业可以分为单位内部服务的维修厂和面向社会的维修厂，为本单位服务的维修厂，应该设置在单位车辆比较集中的位置附近。面向社会的维修厂，应该根据自己规模的大小，维修车型合理地选择厂址。规模比较大的一类维修企业二类维修企业不宜设置在市中心和繁华街区，以设置在市区周边的公路干线附近为宜。规模小的二类维修企业及三类维修企业，如综合小修企业、汽车美容店、快修店，则要考虑方便用户，按照车辆的分布，应设置在车辆比较集中的地带，如社区、大型住宅区、大型企业和办公密集区。面向社会服务的重型、中型汽车的维修企业，应设置在郊区的公路干线附近。

建厂用地的选择应考虑区域规划、土地性质，尽量选择具有特殊优惠政策的土地和区域，如工业开发区周边、经济技术开发区周边、城乡接合部，土地性质方面，尽量选用撂荒地、集体用地、临时规划用地等，如果能用农地，就用农地，农地成本低，但存在政策风险。租用厂房场地的企业，应选择可用场地较大、可用建筑物较多且不需要大幅度改选的，并且容易设置工作区和生活区的独立区块，如废弃的小厂、院落、车间、仓库等。

2）既要节约用地又要预留企业发展空间原则。企业的土建成本或厂房场地租金在企业成本中是占比最大的，用地要紧凑，少占地面，尽量少拆房屋，场地面积和形状应满足各建筑物及构筑物的布置要求，使生产工艺过程得到合理组织，场地面积、厂房结构，要考虑当前够用，预留3~5年的发展空间。

（2）确定企业厂址

经过市场调研和企业位置类型的选择后，应该从以下几个方面对候选的厂址方案进行仔细评估。

1）经营区域内的人口情况和消费购买力。
2）区域房租和投资成本。
3）交通进出的便捷性和周围停车位多少。
4）区域竞争情况和竞争者地址。
5）地势可视性好，更容易看到企业标识。
6）区域的政府规划和限制。

2.1.2 企业组织机构设置和厂区规划原则及设施要求

1．组织机构的设置

企业的组织机构就像人体的骨骼系统，是企业实现战时目标和构造核心竞争力的载体，也是企业员工发挥各自优势获得自身发展的平台。一个好的组织机构可以让企业员工步调一致，同心协力，向着一个目标迈进。一个不合理的组织机构则会使企业组织效率降低，内耗增加，并影响企业的成功和发展目标的实现。

（1）组织机构设置的原则

1）管理跨度原则。管理跨度指一个领导者直接指挥下级的数目。管理跨度原则要求一个领导人要有一个适当的管理跨度。管理跨度与管理层次成反比关系。管理跨度大，管理层次就少；反之，管理跨度小，管理层次就大。例如，组织最底层需要16人时，如果管理跨度为2，则需要4个管理层次；如果管理跨度为4，则需要2个管理层次。管理跨度大小间接影响各级干部的数量，但不是说管理跨度越大越好，因为管理跨度大，上级主管需要协调的工作量就大。

2）精简高效原则。精简高效原则是组织设计的最重要原则。机构精简、人员精干，才能实现高效率，同时实现管理成本的下降。部门绝不是越多越好，应以层级简洁、管理高效为原则。部门过多则效率低下，过少则残缺不全。

3）逐级管理原则。逐级管理原则是指上级对下级可以越级检查，但不可以越级指挥；下级对上级可以越级申诉，但不可以越级报告。

4）逐级负责原则。所谓逐级负责原则包含三层意思：首先是必须一级管理一级，各个管理层次有各个管理层次的工作和职责，各施其责，各尽其职，而不是越级管理，更不是一竿子插到底，责任不明；其次是必须一级管住一级，要保证政令畅通，做到有令就行，有禁就止，绝不允许各行其是；最后是必须一级对一级负责，把责任和压力落实到各级管理者身上，使各级管理者的责任和压力变成抓工作、抓落实的内在动力。逐级负责原则也是下级对上级负责并要有责任心，上级对下级的管理要严格，上级要为下级解决企业管理等方面的问题创造条件，使企业管理形成闭环，使企业管理始终处于受控状态。

5）扁平化原则。扁平化管理是通过增加管理幅度、减少管理层次，裁减冗余人员，从而建立一种紧凑、干练的扁平化组织结构。当管理层次减少而管理幅度增加时，金字塔状的组织形式就被"压缩"成扁平状的组织形式。

（2）组织机构设置的方法

1）工作划分。根据分工协作和效率优先的原则，将汽车维修企业的所有工作进行归类划分，汽车维修企业的工作上可划分为业务接待、维修服务、质量检验、配件采购管理、会计结算和生活接待等。

2）建立部门。把相近的工作归在一起，在此基础上建立相应部门。根据生产规模的大小一些部门可以合并设置，人员可以兼职。汽车维修企业常见的部门有业务接待部、配件部、维修车间、办公室和财务部等。

3）确定管理层次。确定上下级关系。明确部门负责人、分管领导、主管领导；明确上级部门。

4）确定职权关系。确定各级管理者的职务、责任和权利。

（3）常见组织机构

1）一类汽车整车维修企业组织机构。一类汽车整车维修企业规模较大、人员多、专业化程度高，其组织机构如图2-1所示。

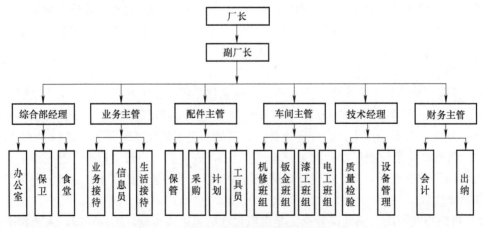

图2-1 一类汽车整车维修企业组织机构图

2）二类汽车整车维修企业组织机构。二类汽车整车维修企业组织机构如图 2-2 所示。

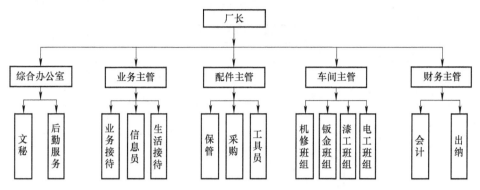

图 2-2　二类汽车整车维修企业组织机构图

3）汽车综合小修或专项维修业户组织机构。汽车综合小修或专项维修业户规模小、人员少，一人多职、一人多岗现象普遍，其组织机构比较简单，如图 2-3 所示。

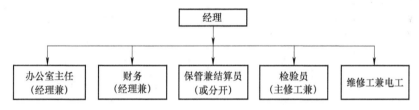

图 2-3　汽车综合小修或专项维修业户组织机构图

4）特约维修服务站的组织机构。不同品牌汽车的特约维修服务站组织机构设置可能有所不同，但基本组成是相同的。特约维修服务站的基本组织机构如图 2-4 所示。

2．厂区规划原则及设施要求

（1）厂区规划

厂区规划坚持以下原则：

1）设施布置要方便顾客、方便工作。

2）人和车的路线要分开。

3）顾客活动区和工作人员的活动区要分开。

4）各区间应标识清楚。

5）顾客要容易进入厂区。

6）维修车间要考虑通风、照明。

7）配件库的进出口应设在不妨碍车辆移动的地方。

（2）厂区设施要求

厂区设施应包括厂牌标识、业务接待大厅、客户休息区、办公区、维修车间、配件库、辅助设施区、停车区、厂区道路等。

1）厂牌标识

① 尺寸标准、规格统一、颜色搭配合理。

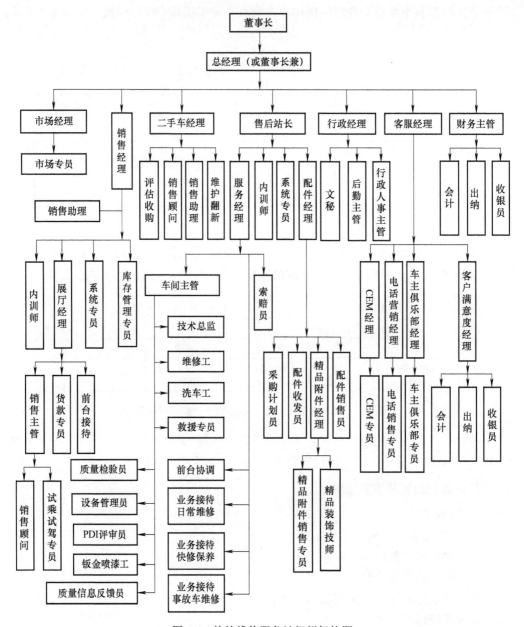

图 2-4 特约维修服务站组织机构图

② 可视性要好。远近均可看到，昼夜醒目。

③ 与周围环境协调，满足城市管理要求。

④ 门头字体应大方、端庄，字迹应清晰、明亮。

⑤ 厂牌标识、门牌标识安装的基础要牢固，安装要可靠。

2）业务接待大厅。业务接待大厅是客户进入的第一站，整体感觉要亲切、友好、舒适，它是客户透视企业文化内涵的最佳载体。

① 业务接待厅门口应张贴营业时间和 24 小时救援电话号码。

② 悬挂常用维修配件和工时价格。
③ 张贴车辆维修流程图和组织机构图。
④ 地面及墙面、玻璃干净、整洁。
⑤ 光线明亮，所有灯光设施完好有效。
⑥ 空气保持清新，空调及通风设施必须完好有效。
⑦ 业务接待大厅需要进行适当装饰性绿化。
⑧ 设置一定数量的消防器材，并标出位置。

3）客户休息区
① 电视等音像设备要保持完好有效。
② 配件展示架应放在显著位置，展示的零件必须充足、整齐、干净。
③ 客户休息区应保持明亮、干净、空气清新，无噪声，如有条件还应装有空调。
④ 休息区域应宽敞舒适，与接车区相连接，或有一个畅通的视角能看到接车区。
⑤ 应在休息区和车间之间设玻璃墙，使客户能从休息区看到车间的工作场景。
⑥ 客户的洗手间应该靠近休息区域和展厅，且容易找到。
⑦ 客户休息区域的所有物品应放在指定位置，与整体统一协调，不随意挪用。
⑧ 张贴企业 WiFi 号码和密码。
⑨ 张贴微信公众号二维码，方便客户扫描。

4）配件库
① 配件仓库进口处应留有可以让送配件车辆进出的通道，还要有一定面积的卸货处理区。
② 配件仓库应有足够的仓储面积和高度，以保证进货、发货通道畅通。
③ 配件仓库的地面强度应能承受一定的重压。
④ 库房内应单独设立危险品放置区，并要有明显标识，且与其他配件相隔离。
⑤ 配件仓库应有足够的通风、防盗设施，并保证光线明亮。

5）车间
① 工作灯应使用 36V 安全电压。
② 钣金车间，喷漆车间与维修车间应分开，以防噪声和其他污染。
③ 安全操作规程应上墙。
④ 灯光设施齐全。

6）停车区。停放场地要合理布局以减少交通混乱，提高场地利用率，以便给客户带来方便、有序的感觉。
① 车辆停放区域的标志应清晰规范，应清楚划分客户停车区、接待停车区域（接车区域、待修区域、竣工交车区域）。
② 停车区应保持干净、整洁，车辆摆放有序。
③ 各停车位都应在地面上用油漆画出。

7）厂区道路
① 厂区道路旁，要有厂区标识。
② 有车辆进、出标识，方便车辆出入。
③ 转弯处应设置反光镜。

④ 道路宽敞处应设置限速标识。

8）办公区

① 办公区设计布置既要经济实用、美观大方，又要满足实际使用需求。

② 体现企业文化，反映企业特色和形象。

③ 悬挂企业的资质证书

④ 展示企业获得奖牌、奖杯、荣誉证书，名人名家留言、赠言。

9）其他设施

① 空气泵房。

② 废料存放区。

③ 洗车区。

2.1.3 可行性分析

筹建汽车维修企业，需要进行前期可行性分析，可行性分析到位，才能使做出的决策正确。可行性分析内容主要包括车源分析、周边维修企业状况分析、经营定位分析、配件供应渠道及管理分析、投资状况及回报率分析。

1. 车源分析

车源是新建汽车维修企业首先要考虑的问题，它关系到企业的生存和发展。车源是相对复杂、不稳定的，但又是最主要的因素，不是单纯依靠某一方面的优势（宣传、硬件、软件）就能解决的问题。企业创建初期，为了保证企业的生存，就必须在企业创建初期对车源作详细的分析及预测。

（1）周边车源分析

根据经验与调查分析，首先要对厂址周围 15 km（经验数字）以内主要单位、个人群体的经济状况进行分析，对他们所拥有的车型、数量及维修管理情况进行调查统计，对该区域内保有车型的变化情况进行预测，为企业业务的拓展提供理论可能性。

（2）自带车源分析

对投资方自身所带的车源数量以及这些车辆的车型、使用年限、日常使用及维修保养要有一个准确的书面或电脑记录，这些车源是企业创建初期的主要支柱。

（3）潜在车源分析

对潜在的汽车购买力市场进行预测，主要包括该地区的发展趋势、规划、居民收入层次，以及该地区招商形式、道路发展趋势、有形市场及无形市场规模，这些都将成为企业今后发展的依据。

（4）企业发展车源分析

根据市场调研，找出市场的切入点，如建立特约维修站，或者创办与之相关的汽车俱乐部、汽车租赁、救援、汽车旅馆等都是潜在的发展车源。

2. 周边维修企业状况分析

新建维修企业，在对车源状况进行分析后，务必要对周边维修企业分布状况和经营状况

进行周密分析,才能做到知己知彼,百战不殆。主要包括以下几个方面内容:

(1) 周边维修企业的长期目标和战略分析

对周边维修企业的业务结构、主要客户群体、市场地位、组织结构进行分析,以掌握竞争对手的战略方向、市场布局、竞争地位以及组织结构所体现的战略重点。

(2) 技术经济实力和能力的分析

对周边维修企业的维修质量、最新业务开发项目、技术储备、设备先进程度、技术人员素质和数量、业务开发人员素质和经验、营销组织和跟踪服务体系等进行分析,以掌握竞争对手的维修技术水平、经营能力、营销能力及生产效益。

(3) 经营状况分析

对周边维修企业的投资、经营规模、经营特色、生产效益、维修车型及潜在的经营危机进行分析,从而找到市场突破口,确定自身差异经营战略。

(4) 领导者和管理者背景分析

分析周边维修企业的最高主管人员素质和能力及社会关系,管理阶层的素质和能力以及管理方式及竞争方式。

(5) 社会资源、土地、建筑成本分析

社会资源实际上就是企业投资者、管理者与方方面面的关系及与职能部门的上通下达。对土地的购置、租赁费、基建成本或是整体租赁的维修企业,其成本值必须放在首位考虑,这部分费用是成本的重要组成部分,直接影响到经营风险。当然,这部分土地的费用越低越好。

3. 经营定位分析

新建维修企业要想在市场中找到立足点,必须具备独一无二的经营特色。经营特色是指在企业经营管理中采用某些特色经营(产品或服务)来吸引客户并博得客户信任,以塑造独特的企业形象和竞争力。经营特色一旦建立起来,就具有很强的竞争力。

(1) 塑造经营特色

塑造经营特色应考察市场需求,进行市场细分和主要竞争者分析。可以从维修质量、技术素质、检修速度、服务水平、生产管理、品牌维修、专项维修等多方位、多角度开发,选择相应的专一化战略和差别化经营战略,使其在行业中独树一帜,成为与众不同的专业维修典型。

【案例2-4】马先生在一家公共汽车站附近开了一家汽车电器维修部,他的服务目标是公共汽车电器和一些零散车型的电器维修。因当地从事公共汽车维修的企业有好几家,企业的车源很少。于是他托关系,拉拢一些车主到他那里维修车辆。但这些公共汽车大部分是承包性质,车主既想修得好,又想修得快,马先生能力有限,因此过了一段时间,他的车源又减少了。后来,他仔细研究公共汽车运输的特点,车主对维修时间要求都特别急,希望尽快修好挣钱。于是,他就购置了新起动机、发电机等较易损坏的电器。当车主车上的电器发生故障后,他就换上新的电器,将旧的电器放在维修部进行维修。能修复的,只收取车主维修费,换下的电器修复后继续与其他故障车辆更换使用;不能修复的,向车主说明,收取配件费用(当然新件和修复旧件有区别)。他的这一经营策略,极大地方便了公共汽车车主,他的生意也越发兴隆起来。

（2）经营模式和经营规模档次

汽车维修企业的经营模式是对企业经营方式的定位,经营规模档次是对企业经营水平的定位。经营模式和经营档次决定着维修企业的基本框架,涉及今后企业的生存与发展。

目前我国汽车维修企业的经营模式主要有3S经营方式或4S经营方式、单品牌特约维修或专修、多品牌特约维修或专修、杂款车修理、快修、急修店和连锁店。

经营规模档次的确定应作为维修企业硬件管理范畴的首要问题,在投资经营之前,一定要对以下几个方面进行周密分析：

1) 确定市场战略范围内的维修车辆保有数。

2) 确定维修车型和日维修量。

3) 确定维修工位数量。

4) 确定聘用人员数量和素质要求。

最后根据企业开业条件、建厂面积、发展前景进行最终判断,确定3年后与当地汽车维修市场需要相符合的企业经营模式和经营规模档次。

国外很多汽车维修企业的规模并不大,大多为快修店和急修店,它们实行连锁经营,效益很好。企业在确定经营规模时应该量力而行。

4. 配件供应渠道及管理分析

目前汽车维修（特别是乘用车维修）通常以换件为主,零配件销售在汽车维修产值中占到60%以上,是企业获利的主要来源。零配件的备料速度、采购快慢、准确性及品质优劣不仅关系到维修工期、出厂质量和企业信誉,也会影响到企业经济效益。因此抓好配件渠道及管理具有十分重要的意义。

尽量选择相距最近、供货及时、服务周到、信誉好的配件经营商,这样,可以节省配件采购时间、减少流动资金占用、保证配件质量、减少配件带来的风险。

5. 投资状况及回报率分析

（1）投资状况分析

前期投资的资本流向直接关系着投资经营的成功与否。

1) 资金来源。资金来源主要有银行贷款、公司借债或行政拨款。如果资金来源是银行贷款,需要每月付息还贷,必须根据贷款数额,尽量缩短资金回报周期,降低投资风险。

如果投资来源于公司借债,需要物资抵押,那么就必须根据还款期限,合理配置资源,充分发挥资金的时间价值。如果投资来源于行政拨款,伸缩性较强,则需要利用资金来源这一优势,在资金回报周期内不断挖掘市场潜力,创造企业发展的原动力,真正达到投资目的。

2) 资本流向。要想充分发挥资本价值必须让资本良好地流动起来,缩短资金的回报期。汽车维修企业的前期投资应当重点放在塑造企业经营特色的实际项目上（如人力资源、技术力量、专业设备、车间改造等）,并能产生预期效果。

3) 成本分析。一般来说,前期投资的重点应放在塑造企业经营特色的实际项目上,尽管不能立即收回成本,但从企业长远利益来看,是有利于企业将获得更大的经济效益的。同时在进行新建汽车维修企业的前期费用预算时,不仅要考虑有形成本,如水电、劳动力、原材料、税收、折旧等，还要考虑无形成本。无形成本是不能量化的，包括未来雇员的素质和工作态度、社区对企业的态度、车源变化、政策影响、公关等。因此无形成本的分析既要重视，也要留有一定余地。

总之，投资状况分析是新建汽车维修企业可行性分析中最重要的环节，不仅要分析前期投资能否准时到位，还要预算各类运作资金、不可预见费用、工资准备金及开业准备金等，最好是分类做出详细报告。

（2）投资回报率分析

企业经营者投资追求的目标不仅是最大限度的利润，更是最大限度的投资回报率。在对车源分布、周边维修企业分布状况、经营特色、配件供应渠道及管理等以上几个方面进行科学准确的可行性分析后，应该对最后一个也是最关键的环节，即投资回报率进行系统的分析。投资回报率分析属于财务管理范畴，作为透视企业经营状况的窗口和企业管理的信息反馈中心，对它的分析至关重要。

在分析投资回报率时，必须根据汽车维修行业的发展趋势和新建企业自身的经营状况，预测投资资金的回报期，再参考投资者的资金返还意向，对投资回报率进行综合分析。经过模拟市场测算，如果企业处于亏损、持平或投资回报率低于同期银行利率，投资就是失败的。如果认为投资不能如期收回，那么经营者可以通过两种决策解决：调整投资或改变资金回报周期。投资回报率和资金回报周期是衡量企业投资成败的最关键因素。

6. 投资与回收估算

汽车维修企业的投资主要是厂房车间和仪器设备，另外还有一些不可预见费用。厂房车间可新建、改建或租赁，仪器设备根据维修业务需要进行购置。

（1）新建/改建厂房投资回收估算

1）总投资。汽车维修企业的总投资包括厂房车间、仪器设备、流动资金及一些不可预见费用。

2）年利润。年利润＝年营业额×利润率。利润率可按20%～30%计算。

3）年折旧。年折旧＝（本期投资+仪器设备投资）×年折旧率。年折旧率一般按10%计算。

4）投资回收期。投资回收期＝（总投资−流动资金）/（年利润+年折旧）

注：此种统计方法未记银行利息。

（2）租赁厂房投资回收估算

1）总投资。汽车维修企业的总投资包括仪器设备、流动资金及一些不可预见费用。

2）年利润。年利润＝年营业额×利润率−租金。利润率可按20%～30%计算。

3）年折旧。年折旧＝仪器设备投资×年折旧率。年折旧率一般按10%计算。

4）投资回收期。投资回收期＝（总投资−流动资金）/（年利润+年折旧）

注：此种统计方法未记银行利息。

【案例2-5】轮胎维修店。建一个轮胎维修店除了千斤顶、轮胎扳手和轮胎气压表等必备工具外，还需要一台性能优良的空气压缩机，价格约为700～1200元。维修大型车辆的轮胎维修店，应配备一支气动扳手，2000元左右。维修小型车辆的轮胎维修店，要配备轮胎拆装机和动平衡机,二者国产和进口的价格相差很大,目前国产设备就可胜任轮胎维修工作,轮胎拆装机和动平衡机的价格大都在4000~7000元之间。以上是建一个轮胎维修店所需的最基本设备,所需要的费用大约是1万~2万元。

【案例2-6】四轮定位+轮胎维修店。在轮胎维修店基础上还可以开展四轮定位业务。一台电脑式四轮定位仪的价格大约在5万~10万元之间,可根据经济实力选择。进行四轮定位四柱举升机是必备设备,而且必须具备二次举升功能,以便于定位时的操作,它的价格大约2万元。这样,一个功能齐全的四轮定位+轮胎维修店便初具规模了,所需要的费用大约是7万~15万元。

【案例2-7】空调维修店。维修汽车空调必须要有压力表、真空泵这两种设备,费用约在500~2500元之间。为空调泄漏检测方便,可以考虑添置荧光测漏设备,为环保和节省成本,可添加制冷剂循环处理设备,这些大约需要1.2万~4.0万元。

【案例2-8】装潢店。装饰所用的工具较少,安装防盗器等要有一套常用工具和一块万用表。如果铺地胶、贴膜、加工座套或进行个性化改装等,需要塑料焊枪、电吹风、缝纫机、电钻和吸尘器等工具,这些投资一般在1万元左右。

【案例2-9】保养换油中心。保养换油中心主要为客户提供日常的车辆养护服务。包括更换机油、加注添加剂以及汽车各大液压系统的清洗和维护等一些简单的工作。所需的设备中举升机是最常用且必不可少的设备。根据店面的规模大小,最少要有一台。另外,还需要常用工具等,所有这些大约需要2万元。现在很多品牌的商家都会以赠送设备作为一种营销策略,这样换油中心可以要求代理商赠送一定的设备以降低投资。

任务2 熟悉汽车维修业开业条件

汽车维修企业开业条件是指为各类汽车维修企业所必须具备的设备、设施、人员素质等条件,是根据各类汽车维修企业的经营范围确定的。

国家标准《汽车维修业开业条件》(GB/T 16739.1—2014,GB/T 16739.2—2014)中规定了汽车维修业必须具备的人员、组织管理、安全生产、环境保护、设施、设备等条件。

GB/T 16739.1—2014给出了汽车整车维修企业开业条件、GB/T 16739.2—2014给出了汽车综合小修及专项维修业户开业条件。

1. 汽车整车维修企业开业条件

(1) 人员条件

1) 应具有维修企业负责人、维修技术负责人、维修质量检验员、维修业务员、维修价格结算员、机修人员、电器维修人员、钣金(车身修复)人员和涂漆(车身涂装)人员。

2) 维修质量检验员数量应与其经营规模相适应,至少应配备2名维修质量检验员。

3) 机修人员、电器维修人员、钣金人员和涂漆人员,一类企业至少各配备2人;二类企业应至少各配备1人。

4) 其他岗位从业人员,一类企业应至少各配备1人,不能兼职。二类企业允许一人二岗,可兼任一职。

5)从事燃气汽车维修的企业,至少应配备 1 名熟悉燃料供给系统专业技术的专职作业、检验人员,并经培训合格,持证上岗。

6)鼓励汽车维修企业优先聘用获得国家职业资格的持证人员。

(2)组织管理条件

1)基本要求

① 应建立健全组织管理机构,设置经营、技术、业务、质量、配件、检验、档案、设备、生产和安全环保等管理部门并落实责任人。

② 应建立完善的质量管理体系。

③ 应有现行有效的与汽车维修有关的法律、法规、规章和标准等文件资料。

2)经营管理

① 应具有规范的业务工作流程,公开业务受理程序、服务承诺和用户抱怨受理程序等,并明示经营许可证、标志牌、配件价格、工时定额和价格标准等。

② 应建立并执行价格备案及公示、汽车维修合同、汽车维修费用结算清单、汽车维修记录、统计信息报送和安全生产管理等制度。

③ 维修过程、配件管理、费用结算和维修档案等应实现电子化管理。

3)质量管理

① 应建立并执行汽车维修质量承诺、进出厂登记、检验、竣工出厂合格证管理、汽车维修档案管理、标准和计量管理、设备管理、配件管理、文件资料有效控制和人员培训等制度。

② 汽车维修档案应包括维修合同,进厂、过程、竣工检验记录,竣工出厂合格证存根,维修结算清单、材料清单等。

③ 配件管理制度应规定配件采购、检查验收、库房管理、信息追溯、配件登记及台账、索赔等要求。

④ 应具有所维修车型的维修技术资料及工艺文件,确保完整有效并及时更新。

(3)安全生产条件

1)应建立并实施与其维修作业内容相适应的安全管理制度和安全保护措施。

2)应制定各类机电设备的安全操作规程,并明示在相应的工位或设备处。

3)使用与存储有毒、易燃、易爆物品和粉尘、腐蚀剂、污染物、压力容器等,均应具备相应的安全防护措施和设施。安全防护设施应有明显的警示、禁令标志。

4)生产厂房和停车场应符合安全生产、消防等各项要求,安全、消防设施的设置地点应明示管理要求和操作规程。

5)应具有安全生产事故的应急预案。

(4)环境保护条件

1)应具有废油、废液、废气、废水(以下简称"四废")、废蓄电池、废轮胎、含石棉废料及有害垃圾等物质集中收集、有效处理和保持环境整洁的环境保护管理制度,并有效执行。有害物质存储区域应界定清楚,必要时应有隔离、控制措施。

2)作业环境以及按生产工艺配置的处理"四废"及采光、通风、吸尘、净化、消声等设施,均应符合环境保护的有关规定。

3）涂漆车间应设有专用的废水排放及处理设施，采用干打磨工艺的，应有粉尘收集装置和除尘设备，并应设有通风设备。

4）调试车间或调试工位应设置汽车尾气收集净化装置。

(5) 设施条件

1）接待室（含客户休息室）

① 应设有接待室。一类企业的接待室面积不小于 $80m^2$，二类企业的接待室面积不小于 $20m^2$。

② 接待室应整洁明亮，明示各类证、照、主修车型、作业项目、工时定额及单价等，并应有供客户休息的设施。

2）停车场

① 应有与承修车型、经营规模相适应的合法停车场地，并保证车辆行驶通畅。一类企业的停车场面积不小于 $200m^2$，二类企业的停车场面积不小于 $150m^2$。不得占用公共用地。

② 租赁的停车场地应具有合法的书面合同书，租赁期限不得少于 1 年。

③ 停车场地面应平整坚实，区域界定标志明显。

3）生产厂房及场地

① 生产厂房面积应能满足表 2-1～表 2-4 所列设备的工位布置、生产工艺和正常作业，并与其经营业务相适应。一类企业的生产厂房面积不小于 $800m^2$，二类企业的生产厂房面积不小于 $200m^2$。

② 生产厂房内应设有总成维修间。一类企业总成维修间面积不小于 $30m^2$，二类企业总成维修间面积不小于 $20m^2$，并设置总成维修所需的工作台、拆装工具、计量器具等。

③ 生产厂房内应设有预检工位，预检工位应有相应的故障诊断、检测设备。

④ 租赁的生产厂房应具有合法的书面合同书，租赁期限不得少于 1 年。

⑤ 生产厂房地面应平整坚实。

⑥ 从事燃气汽车维修的企业，应有专用维修厂房，厂房应为永久性建筑，不得使用易燃建筑材料，面积应与生产规模相适应。厂房内通风良好，不得堆放可能危及安全的物品。厂房周围 5m 内不得有任何可能危及安全的设施。

⑦ 从事燃气汽车维修的企业，还应设有密封性检查、卸压操作的专用场地，可以设在室外。应远离火源，应明示防明火、防静电的标志。

(6) 设备条件

1）应配备表 2-1～表 2-4 要求的仪表工具、专用设备、检测设备和通用设备，其规格和数量应与其生产规模和生产工艺相适应。

2）从事营运车辆二级维护的企业，应配置满足 GB/T 18344—2016 规定的所有出厂检验项目的检测设备。

3）各种设备应能满足加工、检测精度的要求和使用要求，并应符合相关国家标准和行业标准的要求。计量器具及表 2-3 所列检测设备应按规定检定合格。

4）汽车举升机、喷烤漆房及设备等涉及安全的产品应通过交通产品认证。

5）允许外协的设备，应具有合法的合同书，其技术状况符合要求。

项目二　汽车维修企业的建立

表2-1　整车维修企业配备的仪表工具

序号	设备名称	序号	设备名称
1	万用表	8	外径千分尺
2	气缸压力表	9	内径千分尺
3	燃油压力表	10	量缸表
4	液压油压力表	11	游标卡尺
5	真空表	12	扭力扳手
6	空调检漏设备	13	气体压力及流量检测仪（针对燃气汽车维修企业）
7	轮胎气压表	14	便携式气体检漏仪（针对燃气汽车维修企业）

表2-2　整车维修企业配备的专用设备

序号	设备名称	大中型客车	大型货车	小型车	其他要求
1	废油收集设备		√		
2	齿轮油加注设备		√		
3	液压油加注设备		√		
4	制动液更换加注器		√		
5	脂类加注器		√		
6	轮胎轮辋拆装设备		√		
7	轮胎螺母拆装机	√	√	—	
8	轮胎动平衡机		√		
9	轮胎定位仪	—	—	√	二类允许外协
10	轮胎定位仪或转向轮定位仪	√	√	—	二类允许外协
11	制动鼓和制动盘维修设备	√	√		
12	汽车空调冷媒回收净化设备		√		大货车允许外协
13	总成吊装设备或变速器等总成顶举设备		√		
14	汽车举升设备		√		一类应不少于5个，二类应不少于2个，汽车举升机或具有安全逃生通道的地沟
15	汽车故障电脑诊断仪		√		一类不少于二个
16	冷媒鉴别仪		√		
17	蓄电池检查、充电设备		√		
18	无损探伤设备	√	—	—	
19	车身清洗设备		√		
20	打磨抛光设备	√	—	√	
21	除尘除垢设备		√		√
22	车身整形设备		√		
23	车身校正设备	—	—	√	二类允许外协
24	车架校正设备	√	√	—	二类允许外协

（续）

序号	设备名称	大中型客车	大型货车	小型车	其他要求
25	悬架试验台	—	—	√	允许外协
26	喷烤漆房及设备	√	—	√	大中型客车允许外协
27	喷油泵试验设备（针对柴油车）		√		允许外协
28	喷油器试验设备		√		
29	调漆设备	√	—	√	允许外协
30	自动变速器维修设备（见 GB/T 16739.2—2014 中 5.5.4）		√		允许外协
31	氮气转换装置（针对燃气汽车维修企业）	√	—	√	
32	气瓶支架强度校验装置（针对燃气汽车维修企业）	√	—	√	允许外协

注："√"表示要求具备；"—"表示不要求具备。

表 2-3　整车维修企业配备的检测设备

序号	设备名称	附加说明
1	尾气分析仪或不透光烟度计	
2	汽车前照灯检测设备	可用手动灯光仪或投影板检测
3	侧滑试验台	可用单板侧滑台
4	制动性能检验设备	可用制动力、制动距离、制动减速度的检验设备之一

表 2-4　整车维修企业配备的通用设备

序号	设备名称	序号	设备名称
1	计算机	5	气体保护焊设备
2	砂轮机	6	压床
3	台钻（含台虎钳）	7	空气压缩机
4	电焊设备（大中型客车、大型货车维修）	8	抢修服务车

2．汽车综合小修及专项维修业户开业条件

（1）通用条件

1）从事综合小修或专项维修关键岗位的从业人员数量应能满足生产的需要，从业人员资格条件应符合 GB/T 21338—2008 的规定，并取得行业主管及相关部门颁发的从业资格证书，持证上岗。

2）应具有相关的法规、标准、规章等文件以及相关的维修技术资料和工艺文件等，并确保完整有效、及时更新。

3）应具有规范的业务工作流程，公开业务受理程序、服务承诺、用户抱怨受理程序等，并明示各类证、照、作业项目及计费工时定额等。

4）停车场面积应不小于 30m²。停车场地界定标志明显，不得占用道路和公共场所进行作业和停车，地面应平整坚实。

项目二 汽车维修企业的建立

5)生产厂房的面积、结构及设施应满足综合小修或专项维修作业设备的工位布置、生产工艺和正常作业要求。

6)租赁的生产厂房、停车场地应具有合法的书面合同书,并应符合安全生产、消防等各项要求。租赁期限不得少于1年。

7)设备配置应与其生产作业规模及生产工艺相适应,其技术状况应完好,符合相应的产品技术条件等国家标准或行业标准的要求,并能满足加工、检测精度的要求和使用要求。检测设备及计量器具应按规定检定合格。

8)应配备安全生产管理人员,熟知国家安全生产法律法规,并具有汽车维修安全生产作业知识和安全生产管理能力。应有所需工种和所配机电设备的安全操作规程,并将安全操作规程明示在相应的工位或设备处。

9)使用与存储有毒、易燃、易爆物品和粉尘、腐蚀剂、污染物、压力容器等均应具备相应的安全防护措施和设施。作业环境以及按生产工艺配置的处理"四废"及采光、通风、吸尘、净化、消声等设施,均应符合环境保护的有关规定。

10)设置的接待室应整洁明亮,并有供客户休息的设施,各类别业户接待室面积要求。

(2)组织管理条件

汽车综合小修及专项维修业户组织管理条件见表2-5。

表2-5 汽车综合小修及专项维修业户组织管理条件

序 号	企业类别	组织管理条件
1	汽车综合小修业户	① 应具有健全的经营管理体系,设置技术负责、业务受理、质量检验、文件资料管理、材料管理、仪器设备管理、价格结算、安全生产等岗位并落实责任人 ② 应具有汽车维修质量承诺、进出厂登记、检验记录及技术档案管理、标准和计量管理、设备管理、人员技术培训等制度并严格实施 ③ 维修过程、配件管理、费用结算、维修档案等应实现电子化管理
2	发动机维修业户	
3	车身维修业户	
4	电气系统维修业户	
5	自动变速器维修业户	
6	轮胎动平衡及修补业户	无要求
7	四轮定位检测调整业户	
8	汽车润滑与养护业户	
9	喷油泵、喷油器维修业户	
10	曲轴修磨业户	
11	气缸镗磨业户	
12	散热器维修业户	
13	空调维修业户	
14	汽车美容装潢业户	
15	汽车玻璃安装及修复业户	

(3)人员条件

鼓励汽车综合小修及专项维修业户优先聘用获得国家职业资格的持证人员。

汽车综合小修及专项维修业户人员条件见表 2-6。

表 2-6 汽车综合小修及专项维修业户人员条件

序号	企业类别	人员条件
1	汽车综合小修业户	① 应有维修企业负责人、维修技术负责人、维修质量检验员、维修业务员、维修价格结算员、机修人员和电器维修人员 ② 维修质量检验员应不少于 1 名 ③ 主修人员应不少于 2 名
2	发动机维修业户	① 应有维修企业负责人、维修技术负责人、维修质量检验员、维修业务员、维修价格结算员、机修人员和电器维修人员 ② 维修质量检验员应不少于 2 名 ③ 发动机主修人员应不少于 2 名
3	车身维修业户	① 应有维修企业负责人、维修技术负责人、维修质量检验员、维修业务员、维修价格结算员、机修人员、钣金人员和涂漆人员 ② 维修质量检验员应不少于 1 名 ③ 车身主修及维修涂漆人员均应不少于 2 名
4	电气系统维修业户	① 应有维修企业负责人、维修技术负责人、维修质量检验员、维修业务员、维修价格结算员和电器维修人员 ② 维修质量检验员应不少于 1 名 ③ 电子电器主修人员应不少于 2 名
5	自动变速器维修业户	① 设置岗位及从业人员条件应符合 GB/T 16739.2—2014 中 5.1.1.1 的要求 ② 维修质量检验员应不少于 1 名 ③ 自动变速器专业主修人员应不少于 2 名
6	轮胎动平衡及修补业户	至少有 1 名经过专业培训的轮胎维修人员
7	四轮定位检测调整业户	至少有 1 名经过专业培训的汽车维修人员
8	汽车润滑与养护业户	至少有 1 名经过专业培训的汽车维修人员
9	喷油泵、喷油器维修业户	至少有 1 名经过专业培训的柴油机高压油泵维修人员
10	曲轴修磨业户	至少有 1 名经过专业培训的曲轴修磨人员
11	气缸镗磨业户	至少有 1 名经过专业培训的气缸镗磨人员
12	散热器维修业户	至少有 1 名经过专业培训的维修人员
13	空调维修业户	至少有 1 名经过专业培训的汽车空调维修人员
14	汽车美容装潢业户	至少有经过专业培训的 1 名维修人员和 2 名车身清洁人员
15	汽车玻璃安装及修复业户	至少有 1 名经过专业培训的维修人员

（4）设施条件

汽车综合小修及专项维修业户在除了应该满足通用条件中的设施要求外，还应符合接待室和生产厂房面积要求，具体见表 2-7。

项目二 汽车维修企业的建立

表 2-7 汽车综合小修及专项维修业户接待室和生产厂房面积要求 （单位：m²）

企业类别		接待室面积	生产厂房面积
汽车综合小修业户		≥10	≥100
汽车专项维修业户	发动机维修业户	≥20	≥100
	车身维修业户	≥20	≥100
	电气系统维修业户	≥20	≥120
	自动变速器维修业户	≥20	≥200
	轮胎动平衡及修补业户	—	≥15
	四轮定位检测调整业户	—	≥40
	汽车润滑与养护业户	—	≥40
	喷油泵、喷油器维修业户	—	≥30
	曲轴修磨业户	—	≥60
	气缸镗磨业户	—	≥60
	散热器维修业户	—	≥30
	空调维修业户	—	≥40
	汽车美容装潢业户	—	≥40
	汽车玻璃安装及修复业户	—	≥30

（5）设备条件

1）汽车综合小修企业应配备的主要设备见表 2-8。

表 2-8 汽车综合小修企业应配备的主要设备

序 号	设备名称	序 号	设备名称
1	压床	14	车轮动平衡机
2	空气压缩机	15	汽车空调冷媒回收净化加注设备
3	汽车故障电脑诊断仪	16	空调专用检测设备
4	温、湿度计	17	空调专用检漏设备
5	万用表	18	不解体油路清洗设备
6	气缸压力表	19	举升设备或地沟
7	真空表	20	废油收集设备
8	燃油压力表	21	齿轮油加注设备
9	尾气分析仪或不透光烟度计	22	液压油加注设备
10	轮胎漏气试验设备	23	制动液更换加注器
11	轮胎气压表	24	轮胎轮辋拆装、除锈设备或专用工具
12	千斤顶	25	汽车前照灯检测设备(可用手动灯光仪或投影板检测)
13	脂类加注器	26	制动减速度检验等制动性能检验设备

2）发动机维修业户应配备的主要设备见表 2-9。

表2-9 发动机维修业户应配备的主要设备

序号	设备名称	序号	设备名称
1	压床	13	汽油喷油器清洗及流量测量仪
2	空气压缩机	14	燃油压力表
3	发动机解体清洗设备	15	喷油泵试验设备（允许外协）
4	发动机等总成吊装设备	16	喷油器试验设备（允许外协）
5	发动机翻转设备	17	连杆校正器
6	发动机诊断仪	18	无损探伤设备
7	废油收集设备	19	立式精镗床
8	万用表	20	立式珩磨机
9	气缸压力表	21	曲轴磨床
10	真空表	22	曲轴校正设备
11	量缸表	23	凸轮轴磨床
12	正时仪	24	曲轴、飞轮与离合器总成动平衡机

3）车身维修业户应配备的主要设备见表2-10。

表2-10 车身维修业户应配备的主要设备

序号	设备名称	序号	设备名称
1	电焊及气体保护焊设备	11	车架校正设备
2	切割设备	12	车身尺寸测量设备
3	压床	13	喷烤漆房及设备
4	空气压缩机	14	调漆设备
5	汽车外部清洗设备	15	砂轮机和角磨机
6	打磨抛光设备	16	举升设备
7	除尘除垢设备	17	除锈设备
8	型材切割机	18	吸尘、采光、通风设备
9	车身整形设备	19	洗枪设备或溶剂收集设备
10	车身校正设备	20	车架校正设备

4）电气系统维修业户应配备的主要设备。主要设备包括空气压缩机、汽车故障电脑诊断仪、万用表、充电机、电解液比重计、高频放电叉汽车前照灯检测设备、电路检测设备、蓄电池检测与充电设备。

5）自动变速器维修业户应配备的主要设备。主要设备包括自动变速器翻转设备、自动变速器拆解设备、变矩器维修设备、变矩器切割设备、变矩器焊接设备、变矩器检测（漏）设备、零件清洗设备、电控变速器测试仪、油路总成测试机、液压油压力表、自动变速器总成测试机、自动变速器专用测量器具、空气压缩机、万用表、废油收集设备。

6）轮胎动平衡及修补业户应配备的主要设备。主要设备包括空气压缩机、轮胎漏气试验设备、轮胎气压表、千斤顶、轮胎螺母拆装机或专用拆装工具、轮胎轮辋拆装与除锈设备或专用工具、轮胎修补设备、车轮动平衡机。

7）四轮定位检测调整业户应配备的主要设备。主要设备包括举升设备、四轮定位仪、空气压缩机、轮胎气压表。

8）汽车润滑与养护业户应配备的主要设备。主要设备包括不解体油路清洗设备、废油收集设备、齿轮油加注设备、液压油加注设备、制动液更换加注器、脂类加注器、举升设备或地沟、空气压缩机。

9）喷油泵、喷油器维修业户应配备的主要设备。主要设备包括喷油泵与喷油器清洗和试验设备、喷油泵与喷油器密封性试验设备、弹簧试验仪、千分尺、塞尺。从事电控喷油泵、喷油器维修还需配备：电控喷油泵与喷油器检测台、电控喷油泵、喷油器专用拆装工具、电控柴油机故障诊断仪、超声波清洗仪、专用工作台。

10）曲轴修磨业户应配备的主要设备。主要设备包括曲轴磨床、曲轴校正设备、曲轴动平衡设备、平板、V型架、百分表及磁力表座、外径千分尺、无损探伤设备、吊装设备。

11）气缸镗磨业户应配备的主要设备。主要设备包括立式精镗床、立式珩磨机、压床、吊装起重设备、气缸体水压试验设备、量缸表、外径千分尺、厚薄规、激光淬火设备（从事激光淬火必备）、平板。

12）散热器维修业户应配备的主要设备。主要设备包括清洗及管道疏通设备、气焊设备、钎焊设备、空气压缩机、喷漆设备、散热器密封试验设备。

13）空调维修业户应配备的主要设备。主要设备包括汽车空调制冷剂回收净化加注设备、空调电器检测设备、空调专用检测设备、万用表、制冷剂鉴别设备、空调检漏设备、数字式温度计、汽车故障电脑诊断仪。

14）汽车美容装潢业户应配备的主要设备。主要设备包括汽车外部清洗设备、吸尘设备、除尘、除垢设备、打蜡设备、抛光设备、贴膜专业工具。

15）汽车玻璃安装及修复业户应配备的主要设备。主要设备包括工作台、玻璃切割工具、注胶工具、玻璃固定工具、直尺、弯尺、玻璃拆装工具、吸尘器。

任务3　熟悉汽车维修企业备案管理和特殊审批及开业庆典

2.3.1　汽车维修行业备案管理的基本规定

建立汽车维修行业备案管理制度是2018年国务院在《国务院关于取消一批行政许可等事项的决定》（国发〔2018〕28号）明确提出的。该决定规定：取消机动车维修经营许可，建立健全机动车维修经营备案制度。

1. 备案管理的依据

我国汽车维修行业管理执行《机动车维修管理规定》。《机动车维修管理规定》（中华人民共和国交通部令2005年第7号）于2005年6月24日由交通部发布，2005年8月1日起实施，根据2015年8月8日交通运输部《关于修改〈机动车维修管理规定〉的决定》（中华人民共和国交通运输部令2015年第17号）进行了第一次修正，根据2016年4月19日交通运输部《关于修改〈机动车维修管理规定〉的决定》（中华人民共和国交通运输部令2016年第37号）进行了第二次修正。为贯彻落实《国务院关于修改部分行政法规的决定》（国务院第 709 号令）和《国务院关于取消一批行政许可等事项的决定》（国发〔2018〕28 号）关于取消机动车维修经营许可、建立健全机动车维修经营备案制度等要求，根据 2019 年 6 月 21 日交通运输部《关于修改〈机动车维修管理规定〉的决定》（中华人民共和国交通运输部令 2019 年第 20 号），交通运输部《机动车维修管理规定》进行了第三次修正，2019 年 6 月 21 日起施行。

2019 年修订的《机动车维修管理规定》是落实习近平新时代中国特色社会主义思想、深入推进机动车维修行业"放管服"改革的重要举措，建立了机动车维修经营备案制度、强化了相关事中事后监管措施，有助于激发机动车维修市场活力、加快政府监管方式转变、推动行业转型升级和高质量发展、提升机动车维修行业为民服务水平。

2. 经营备案总则

1）从事机动车维修经营业务的，应当在依法向市场监督管理机构办理有关登记手续后，向所在地县级道路运输管理机构进行备案，也就是通常所说的"先照后证"。

2）道路运输管理机构应当按照《中华人民共和国道路运输条例》和本规定实施机动车维修经营备案。道路运输管理机构不得向机动车维修经营者收取备案相关费用。

3）机动车维修经营依据维修车型种类、服务能力和经营项目实行分类备案。

3. 备案业务类型

（1）根据维修对象划分

机动车维修经营业务根据维修对象分为汽车维修经营业务、危险货物运输车辆维修经营业务、摩托车维修经营业务和其他机动车维修经营业务四类。

> **知识拓展**
>
> 机动车维修经营指以维持或者恢复机动车技术状况和正常功能，延长机动车使用寿命为作业任务所进行的维护、修理以及维修救援等相关经营活动。
>
> 危险货物运输车辆维修是指对运输易燃、易爆、腐蚀、放射性、剧毒等性质货物的机动车维修，不包含对危险货物运输车辆罐体的维修。

（2）根据经营项目和服务能力划分

汽车维修经营业务、其他机动车维修经营业务根据经营项目和服务能力分为一类维修经营业务、二类维修经营业务和三类维修经营业务。

摩托车维修经营业务根据经营项目和服务能力分为一类维修经营业务和二类维修经营业务。

（3）根据营业性质划分

机动车维修企业按营业性质分为营业性和非营业性。

营业性汽车维修业务是指为社会车辆服务并进行费用结算的汽车维修业务。

非营业性汽车维修业务是指仅为本单位内部车辆服务不进行费用结算的汽车维修业务。

4. 备案的业务范围

（1）一类、二类汽车维修经营业务或者其他机动车维修经营业务范围

一类、二类汽车维修经营业务或者其他机动车维修经营业务，可以从事相应车型的整车

修理、总成修理、整车维护、小修、维修救援、专项修理和维修竣工检验工作。

（2）三类汽车维修经营业务（含汽车综合小修）和三类其他机动车维修经营业务范围

三类汽车维修经营业务（含汽车综合小修）和三类其他机动车维修经营业务，可以分别从事汽车综合小修或者发动机维修、车身维修、电气系统维修、自动变速器维修、轮胎动平衡及修补、四轮定位检测调整、汽车润滑与养护、喷油泵和喷油器维修、曲轴修磨、气缸镗磨、散热器维修、空调维修、汽车美容装潢、汽车玻璃安装及修复等汽车专项维修工作。

（3）摩托车维修经营业务范围

1）一类摩托车维修经营业务，可以从事摩托车整车修理、总成修理、整车维护、小修、专项修理和竣工检验工作。

2）二类摩托车维修经营业务，可以从事摩托车维护、小修和专项修理工作。

（4）危险货物运输车辆维修经营业务范围

危险货物运输车辆维修经营业务，除可以从事危险货物运输车辆维修经营业务外，还可以从事一类汽车维修经营业务。

2.3.2 备案条件和备案资料

1．备案应满足的条件

（1）从事汽车维修经营业务者的备案应满足的条件

1）有与其经营业务相适应的维修车辆停车场和生产厂房。租用的场地应当有书面的租赁合同，且租赁期限不得少于1年。停车场和生产厂房面积按照国家标准《汽车维修业开业条件》相关条款的规定执行。

2）有与其经营业务相适应的设备、设施。所配备的计量设备应当符合国家有关技术标准要求，并经法定检定机构检定合格。从事汽车维修经营业务的设备、设施的具体要求按照国家标准《汽车维修业开业条件》相关条款的规定执行。

3）有必要的技术人员。从事一类、二类和三类维修业务者备案应满足的人员条件如下：

① 从事一类和二类维修业务的应当各配备至少1名技术负责人员、质量检验人员、业务接待人员以及从事机修、电器、钣金、涂漆的维修技术人员。技术负责人员应当熟悉汽车或者其他机动车维修业务，并掌握汽车或者其他机动车维修及相关政策法规和技术规范；质量检验人员应当熟悉各类汽车或者其他机动车维修检测作业规范，掌握汽车或者其他机动车维修故障诊断和质量检验的相关技术，熟悉汽车或者其他机动车维修服务收费标准及相关政策法规和技术规范，并持有与承修车型种类相适应的机动车驾驶证；从事机修、电器、钣金、涂漆的维修技术人员应当熟悉所从事工种的维修技术和操作规范，并了解汽车或者其他机动车维修及相关政策法规。各类技术人员的配备要求按照《汽车维修业开业条件》相关条款的规定执行。

② 从事三类维修业务的，按照其经营项目分别配备相应的机修、电器、钣金、涂漆的维修技术人员；从事汽车综合小修、发动机维修、车身维修、电气系统维修、自动变速器维修的，还应当配备技术负责人员和质量检验人员。各类技术人员的配备要求按照国家标准《汽车维修业开业条件》相关条款的规定执行。

4）有健全的维修管理制度。维修管理制度包括质量管理制度、安全生产管理制度、车辆维修档案管理制度、人员培训制度、设备管理制度及配件管理制度。具体要求按照国家标准《汽车维修业开业条件》相关条款的规定执行。

5）有必要的环境保护措施。环境保护措施具体要求按照国家标准《汽车维修业开业条件》相关条款的规定执行。

（2）从事危险货物运输车辆维修的汽车维修经营者备案应满足的条件

从事危险货物运输车辆维修的汽车维修经营者，除具备汽车维修经营一类维修经营业务的条件外，还应当具备下列条件：

1）有与其作业内容相适应的专用维修车间和设备、设施，并设置明显的指示性标志。

2）有完善的突发事件应急预案，应急预案包括报告程序、应急指挥以及处置措施等内容。

3）有相应的安全管理人员。

4）有齐全的安全操作规程。

2. 备案资料

（1）机动车维修经营者需要提交的备案资料

1）《机动车维修经营备案表》(《学习活页册》2-1）。

2）维修经营者的营业执照复印件。

3）企业法定代表人或个体经营者身份证。

4）经办人身份证、委托书（如非法定代表人或经营者前来办理的提交）。

5）经营场地（含生产厂房和业务接待室）、停车场面积材料、土地使用权及产权证明等相关材料。

6）技术人员汇总表，以及各相关人员的学历、技术职称或职业资格证明等相关材料。

7）维修设备设施汇总表，维修检测设备及计量设备检定合格证明等相关材料。

8）维修管理制度等相关材料。不同的备案管理机构对具体管理制度的要求可能不同，主要管理制度包括如下 22 个制度：质量管理制度；质量保证制度；安全生产管理机构网络图；三级检验制度；安全生产管理制度；应急预案文本；机动车维修业一般安全操作规程；救火常识及安全用电常识；业务流程；维修价格；车辆维修档案管理制度；设备及配件管理制度；标准和计量管理制度；零配件管理制度；职工培训制度；文明生产和卫生制度；服务承诺及用户抱怨制度；消防安全制度；危险废物污染环境防治责任制度；汽车维修电子健康档案管理制度；相关工种的安全生产操作规程；主要机电设备安全操作规程。

9）环境保护措施等相关材料。

（2）危险货物运输车辆维修经营者需要提交的备案资料

从事危险货物运输车辆维修经营者备案时，除了需要提交机动车维修经营者提交的九类材料外，还需要提交以下材料：

1）与其作业内容相适应的专用维修车间和设备、设施等相关材料。

2）突发事件应急预案。

3）安全管理人员汇总表。

4）安全操作规程材料。

（3）机动车维修连锁经营企业的备案

从事机动车维修连锁经营服务的，其机动车维修连锁经营企业总部应先完成备案。机动车维修连锁经营服务网点可由机动车维修连锁经营企业总部向连锁经营服务网点所在地县级道路运输管理机构进行备案，需要提交的材料如下：

1）《机动车维修经营备案表》。
2）连锁经营协议书副本。
3）连锁经营的作业标准和管理手册。
4）连锁经营服务网点符合机动车维修经营相应条件的承诺书。

连锁经营服务网点的备案经营项目应当在机动车维修连锁经营企业总部备案经营项目范围内。

（4）自愿报备的资料

1）机动车维修经营者即将执行的机动车维修工时单价标准。
2）机动车维修经营者即将执行的机动车维修工时定额和收费标准。

2.3.3 备案变更和其他规定

1. 备案变更

机动车维修经营者名称、法定代表人、经营范围、经营地址等备案事项发生变化的，应当向原办理备案的道路运输管理机构办理备案变更。办理备案变更时需要填写《机动车维修企业经营变更备案表》（《学习活页册》2-2）。

2. 其他规定

1）道路运输管理机构收到备案材料后，对材料齐全且符合备案要求的应当予以备案，并编号归档；对材料不全或者不符合备案要求的，应当场或者自收到备案材料之日起 5 日内一次性书面通知备案人需要补充的全部内容。
2）机动车维修经营者需要终止经营的，应当在终止经营前 30 日告知原备案机构。
3）道路运输管理机构应当向社会公布已备案的机动车维修经营者名单并及时更新，便于社会查询和监督。

2.3.4 备案方式和流程

1. 备案方式和流程

（1）到管理机构直接备案

注册工商营业执照，在工商营业执照上的经营范围一定要有"机动车维修项目业务"，当取得工商营业执照后 30 日内到机动车维修主管机构（运管处、修管处、运管所）提交备案资料，经办人员现场审核资料，并对于填写不规范，不合格以及缺少材料进行告知补齐，对于不符合备案条件的应告知退还报送材料，对于场地、设备、人员等到材料合格的应当现场拍照存档,按照高效政务原则的要求,为了减少办理备案企业人员的跑腿次数,有些管理机构,让备案办理人员填写资料真实承诺书,一次成功备案。对资料的真实性核对,待管理机构到企业进行实地考核时,再复核。

(2) 网上备案

申请人可以通过网站进行网上申报,在网上申报时,根据系统的提示,上传相关资料,资料提交成功后,可以直接进入备案下一步。

2. 备案流程

主管机构接收到经营业户的备案申请资料(或网上上传的申请资料)后,应进行实地考核,对照《机动车维修管理规定》《汽车维修业开业条件》及有关标准,对于符合维修备案的经营业户,在15个工作日内颁发盖有印章的《机动车维修经营备案证明》。

机动车维修经营主管机构应当通过门户网站或公开场所定期向社会公告辖区内通过备案的机动车维修经营者的名称、经营地址、经营范围等信息。以便于社会车辆所属人员查询合法机动车维修备案企业。

备案流程为

2.3.5 汽车维修企业的审批流程和开业庆典

汽车维修企业的工商登记与其他企业的登记是类似的,在市场监督管理机构登记,获得营业执照后,在企业登记注册地县级道路运输服务机构进行备案,备案完成后,可以开始正常经营。由于特约维修站和连锁店具有特殊性,设站或加盟连锁店时,需要由汽车生产厂家或连锁加盟总部进行审核审批。

1. 特约维修站审批流程

各个汽车生产厂家特约维修站审批流程有所不同,归纳起来主要审批流程如下:

(1) 候选单位填写申请表

申请表一般包括申请单位现状、经营历史及业绩、财务状况、经营管理状况以及为特约维修站提供的条件。

1) 申请单位现状:包括申请单位名称、地址、电话、法人形式、注册资本、申请单位合法经营范围及业务范围、经营面积、员工状况等。

2) 经营历史及业绩:包括前3年的维修车型、台次、顾客档案数、营业额等。

3) 财务状况:包括总资产、固定资产、流动资产、总负债、所有者权益等。

4) 经营管理状况:包括组织机构图、近3年业务发展计划、工资激励政策等。

5) 为特约维修站提供的条件:包括土地性质、厂房面积、筹资情况等。

知识拓展

《学习活页册》2-3 北京现代特约服务站申请书

---

(2) 厂家评分

汽车生产厂家根据候选单位的申请表评分。

(3) 实地访谈

汽车生产厂家根据候选单位得分初评，并对候选单位实地访谈。

(4) 访谈评分

汽车生产厂家根据对候选单位的实地访谈情况，对候选单位进行评分。

(5) 审核认定

汽车生产厂家网络发展委员会审核认定。

(6) 意向协议

汽车生产厂家与候选单位签订意向协议。

(7) 申请验收

候选单位按照汽车生产厂家的要求，进行基础建设、人员培训、形象建设等，完毕后，申请汽车生产厂家验收。

(8) 正式协议

汽车生产厂家验收合格，双方签订正式协议。

2．连锁店审批流程

1）有意加盟者向联盟总部提出书面申请。

2）联盟总部将申请列入加盟计划后，派员前往申请者所在地考察。

3）考察合格后联盟总部与申请加盟者协商，签订加盟合同。

4）签订加盟合同后，即开始全面履行合同，申请加盟者成为联盟的正式加盟成员。

3．开业筹备工作

企业的开业筹备工作在厂房建设（或租赁）前或过程中就应该开始了，随着厂房建设或租赁工作的进行，开业筹备工作也应在有条不紊地进行。当厂房建设（或租赁）结束时，大部分开业筹备工作应该结束了。具体筹备工作如下：

(1) 基础管理工作

1）各种规章制度的制定。

2）建立健全组织机构，明确每个部门的职责范围及从属关系。

3）技术资料、业务管理资料等准备完毕。

(2) 仪器及配件

1）仪器设备、工具订购完毕，并建立台账。

2）仪器设备安装到位并调试完毕，将实用效果、仪器设备的性能状况写成书面鉴定报告。

3）准备好配件库的货架。

4）理顺配件订购渠道，一些常用件应有一定的储备。

(3) 员工

1）招聘员工名单确定，同时明确每个人所负责的工作。

2）对员工进行安全、业务培训。

(4) 基础设施

1）维修车间、接待室、配件仓库、停车场地等基础设施准备完毕。

2）各种办公设施准备完毕。
（5）形象标识
1）按统一标准制作维修厂的厂牌、路标、车位指示等标识。
2）制作工作服，工作服可分为管理人员、维修人员、后勤人员等。
3）各种规章制度上墙。

4．开业庆典

企业开业时均要进行开业庆典，原因有二：第一，开业这一天对企业来说是一个值得纪念的日子；第二，利用开业庆典进行宣传，扩大企业的影响力，好的开业庆典还能产生轰动效应。

开业庆典一般可按如下程序进行：

1）请贵宾。贵宾包括维修企业的上级领导、当地有影响的企事业单位、政府机关的车管领导、顾客代表、新闻媒体等。邀请的贵宾要提前发放请帖，一些重点顾客需要企业老板亲自发放或电话邀请，由工作人员将请帖送去。

2）广告宣传

① 可请广播电台、报纸等新闻媒体进行宣传，也可自己印制宣传材料。

② 在维修企业门口悬挂横幅、气球、彩带等。

③ 庆典时安排录像、照相，并将有关资料保存。

3）安排开业车辆免费检测维修。

4）庆典会场布置。

5）仪式程序。开业庆典仪式可按如下程序进行：

① 宣布大会开始。

② 宣读贺电、贺信及前来祝贺贵宾的名单。

③ 维修企业领导讲话，来宾代表讲话。

④ 剪彩、挂牌仪式、鸣炮。

⑤ 组织参观维修厂，向贵宾介绍企业的经营业务、企业优势、优惠政策等。

任务4　汽车维修企业经营战略和 CIS 策略

2.4.1　汽车维修企业经营战略

1．经营战略

经营战略的形式有市场渗透战略、市场开发战略、产品开发战略、多样化经营战略。

（1）市场渗透战略

市场渗透战略是指企业在利用现有市场的基础上，采取各种改进措施，逐渐扩大经营业务，以取得更大的市场份额。这种战略的核心是提高原有的市场占有率。其具体的实施方法如下：

1）通过扩大宣传等促销活动，增加产品的知名度，使客户对本企业有更多的了解。一方面,可以让老客户多享受企业的服务;另一方面,也可以不断增加新的客户。

2)降低生产成本。例如,采取降价的办法吸引新客户,刺激老客户更多地消费。这种战略一般适用于市场需求较稳定、产品处于成长或刚进入成熟阶段的企业。

汽车维修业在生产淡季通过打折(如工时八折)、赠送小礼品(如换机油送机滤)等来吸引客户。

(2) 市场开发战略

市场开发战略是企业利用原有产品来争取新的市场和消费者群体,以达到发展的目的。这一战略的目的是在保持现有产品生产及销售的前提下,另辟蹊径,为现有产品寻找新用户、新市场。其具体的实施方法如下:

1)寻找新市场。将原有的产品投放到更广阔的地区,如原来主要在城市销售,现在可以开辟农村市场。采取的措施有在当地开辟新的销售网点和渠道,企业产品由城市推向农村,由北方推向南方等。

2)在当地寻找潜在客户。通过对客户群的研究分析,寻找可能购买本产品的消费者群体。

【案例2-10】B市地处A市和C市之间,B市距A市约80km,距离C市约100km,A市和C市都有某品牌的特约维修站。B市的车辆维修都要到A、C两个城市,而驾驶人大多喜欢到A市,因为来回可以少跑40多km,能省不少油。针对这种情况,C市的特约维修站的老板推出了新的服务举措,凡来站维修的车辆工时费一律八折,并免费赠送5L汽油票。由于这个品牌的车主大多为私家车,一时间很多B市的客户从A市转到C市的维修站维修车辆。

(3) 产品开发战略

产品开发战略是以不断改进原有产品或开发新产品的方法扩大企业在原有市场销售量的战略。其主要方法有改善老产品、开发新产品。

汽车维修企业在市场竞争中,应突出企业的优势和个性,展现企业的向市场提供的具有差异性的服务或产品。汽车维修企业可以在维修项目、服务、人员、渠道、时间、形象六个方面寻求差异化。

1)维修项目差异化。汽车维修企业在考虑客户需求和接受能力的前提下,开发一些特色项目,延伸服务链,相当于增加新产品,如免拆养护、快速修补、润滑系统清洗、添加润滑系统保护剂等。

2)服务的差异化。汽车维修服务差异化主要体现在预约的方便性、技术咨询的及时性、上门接送车、跟踪回访以及在维修服务期间为客户提供的延伸服务等。具体表现在利用互联网预约,客户可以随时随地进行,不受是否为工作时间的限制;通过QQ、微信、24小时服务电话等方式向客户及时提供技术咨询,甚至是救援服务;根据客户需要,提供上门接送车服务;在车辆维修客户等待期间,向客户提供上网、娱乐、健身等条件,甚至可以为客户提供熨西服、擦皮鞋等小服务。

3)人员差异化。人员差异化包括资历、能力、责任心、沟通协调能力等。企业可以在接待大厅醒目位置将骨干员工的照片、证书、资历材料、荣誉情况进行展示,突显人员的差异性,让客户对企业的人员产生信任感。

4) 渠道差异化。渠道差异化在企业建立时就要考虑。渠道差异化主要体现在企业的地理位置与覆盖区域及其经营网点的分布、用户报修与提车的方便性等。

5) 时间差异化。随着人们生活节奏的加快，车主希望在他自己有空时，能尽快完成车辆维修工作，因此，汽车维修企业要想办法能随时为客户提供服务，特别是美容、保养、快修这些小企业。

(4) 多样化经营战略

多样化经营是指企业同时提供两种以上的服务，以求达到最佳经济效益的一种经营战略。对大型汽车维修企业或4S店，可以在客户休息区增加小卖部、增加汽车美容装潢项目、代销保险、代办保险理赔手续、代办新车登记或二手车过户手续、代办违章处理、代售户外运动用品，建立车主俱乐部，增加特色服务，从而通过多样化的经营，增加服务项目，既方便了客户，满足了客户需求，还提升了企业的服务能力，增加了收入。对于小企业，可以代为客户从网上选购车辆用品，提供安装服务，既服务了客户，还会适当增加收入。

2. 适合汽车维修企业的六种经营战略

(1) "精、专"的经营战略

"精、专"经营战略是指企业的专业化经营，也就是单产品经营战略。对于资金实力、生产能力较弱的中小企业来说，可将有限的资源投入到"精、专"业务上，集中精力于目标市场的经营，以便更好地在市场竞争中站稳脚跟。具体地讲，企业可以集中人力、物力、财力将某项优势业务做精、做好、做细。通过采用新技术、新工艺、新方法、新材料、新设备等方式，不断进行管理和技术创新，在同行业中始终处于管理、技术、服务领先水平。

"精、专"的经营战略就是"小而专""小而精"战略，不搞小而全，但求精与专，力争产品的精尖化、专业化。采用这种战略的关键首先是要选准产品和目标市场；其次是要致力于提高维修质量和技术创新。

例如：专业从事高端汽车音响改装、专业从事四轮驱动改装、专业从事高端车辆漆面作业等。

(2) 寻找市场空隙战略

寻找市场空隙战略是采取机动灵活的经营方式，进入那些市场容量小，其他企业不愿意或不便于或尚未进入的行业或地区进行发展。此种经营方式尤其适合中小企业，在自身实力较弱、资源有限的情况下，开辟市场领域时，应在被大企业忽视的市场空隙和边缘地带寻觅商机，对客户确实需要的产品和项目，利用灵活的机制，去占领市场，赢得用户。进入空隙后，可根据具体情况，或是扩大生产，向集中化、专业化发展；或是在别的企业跟随进入后迅速撤离，另寻新的空隙。

【案例2-11】某县地处偏远山区，以盛产黄金闻名于世。很多人纷纷来投资开矿。老张原来是汽车维修工，还在一家事故车修理厂当过配件采购和保险专员，老张也想来此地寻找商机。由于开矿投资大、风险大，他只好打工。在打工时，他看到好多采矿矿主开着很多高档汽车，而当地却无高档汽车维修厂，车主只能到200～300km外的市里修车。他经过反复思考，决定还干老本行。他找了一位合伙人，在县城租了一间房，搞起了汽车维修。县城房租便宜、消费很低，各方面的成本较少。由于他经营有方，短短几年，靠给采矿主修车，企业发展起来了。于是他在当地买了块地,盖了大厂房,成了当地最大的维修厂。该县虽然偏远,但随着采金业不断发展,当地经济也发展起来,买车的人越来越多,老张凭借自己良好的信誉和技术水平,使得修理厂越做越大,结果他成了当地有名的老板。

(3) 经营特色战略

经营特色战略是企业充分发挥自身的优势,突出自己产品和服务的某方面特色、个性和风格,以独具特色的经营来吸引客户的战略。

经营特色战略的关键是能够表现出独特的差异性,因此经营特色战略也可以称为差异性战略。只有充分发挥自身的优势,扬长避短,闯出一条独特的经营之路,才能保持强劲的发展势头,使自己立于不败之地。

这种经营战略适用规模小,竞争能力较弱的小企业,为了能在市场中占有一席之地,应根据企业的经营条件和所处的经营环境,表现出独特的差异性。采用这种战略的做法有很多种,其中最典型的是针对当地或特定客户群的特殊需要,提供特色产品或服务,以吸引客户。

经营特色一旦建立起来,就能博得客户的信任,赢得竞争优势,并能获得长期稳定的发展。

(4) 联合经营战略

联合经营战略是企业间实行多种形式合作的战略。该战略适用实力弱,技术水平差,难以形成大企业规模优势的中小企业。联合经营的企业可在平等互利基础上联合起来,取长补短,共同开发市场,求得生存与发展。联合经营分为松散型和紧密型两种。

1) 松散型联合。松散型联合是指企业之间仅限于生产协作或专业化分工的联合,在人员、资金、技术等方面基本不合作,采用这种联合方式,企业之间比较自由,竞争力不强,但都从中获利。

【案例2-12】李先生开了一家小型汽车修理厂,生意倒也可以。后来他看到从事保险事故车很挣钱,上了钣金喷漆业务,雇了两个钣金工和油漆工,钣金工的手艺还可以,但喷漆工的手艺很一般。修了几辆事故车,车主纷纷回来找,不是这辆车的底漆没处理好,就是那辆车漆与原来的颜色相差太大,再不就是没过几天就脱漆了,对修理厂的声誉造成很大影响。李先生想找一位好的喷漆工,但一直没有合适的人选。他听说某喷漆店的喷漆水平很高,便找到店老板商量,钣金整形由他的修理厂做,而喷漆由喷漆店来做,并达成协议。就这样,开始合作经营,没想到这种松散型联合效果还特别好,两家企业都从中得到了利益。

2) 紧密型联合。所谓紧密型联合是指除生产协作外,还进行资金、人力和销售方面的联合,如相互持股、相互融资、联合销售等,由于相互间关系密切,容易形成凝聚力,因此紧密型联合可以提高整体竞争力。

【案例2-13】吴先生在县城开了一家修理厂,由于他经营有方,技术水平也不错,每天都客户盈门。他想扩大生产规模,但苦于资金有限。这时,一位搞房地产的大老板找到他,想跟他合伙,大老板出资金,吴先生出技术和管理,双方各占50%股份,吴先生同意了大老板的想法。他们在县城建起了一座当地最大规模的汽车修理厂。吴先生靠他灵活的经营头脑、精湛的维修技术和大老板雄厚的资金后盾,不到一年的时间,就占据了当地维修市场20%的份额,年收入100多万元。吴先生和房地产大老板靠这种联合方式,各自得到很大利益。

(5) 连锁经营战略

连锁经营是指经营同类商品或服务的若干个企业,在总部管理下,按照统一的经营模式进行的经营活动,以求得规模优势和共享规模效益的经营形式与组织形态。

连锁经营是近代世界经济和商业竞争的产物,它随着社会服务业的发展而发展。连锁经营在国外已成为汽车维修业成功的经营模式,它从根本上取代传统汽车维修企业以零散性为主的经营格局,具有成本低、速度快、反应及时、适应性强、方便快捷,以及生产技术、信息资源、专用设备共享的特点,是一种全新的经营理念和经营模式。

以中高档车辆为服务对象,以小型、方便、快捷、实惠、社区化服务为特色的汽车快修连锁店也是汽车维修发展的一种新兴模式,外在体现为所有连锁店标志统一,内外装潢统一,快修连锁店标志醒目且美观;连锁店内部装修简洁,布置颜色统一、服务人员身着统一的工作服,并佩戴明晰的服务标示牌,服务人员各种操作统一规范;连锁店服务项目简介及项目价格统一且对外公示。内在则体现为快修连锁店具有"价廉物美"的优势,一般投资在 20 万~50 万元,占地少、人员精简、配件和维修技术可以由总部统一供应与指导,昂贵的检测诊断设备可以共享;各连锁店在总部的统一管理下自主经营,技术人员和维修资料有保障,配件来源相对稳定。这些内外优势都增强了快修连锁店的可信度和社会认知度,从而成为目前广大车主修车的首选。

快修连锁店有强势的品牌作依托,因此整体形象好,通常有统一的服务规范、收费标准和服务质量的承诺,而且连锁企业网点多,能靠近车主活动区域设置。与 4S 店相比,在这些店接受服务可以省去不必要的工时费,而在汽车美容方面,快修快保店的收费通常比 4S 店便宜。汽车快修连锁店都有统一的管理体系,设备、零配件由总部统一提供,质量和配件渠道有保障。当前快修连锁店是美国人对汽车维护的首选,客户一般都能很方便地在公路沿途和附近找到快修连锁店,许多人把它形象地比作汽车售后服务行业中的"麦当劳""肯德基"。

近几年,汽车快修连锁如雨后春笋般出现,但加盟连锁也出现了一些问题,加盟汽车维修的快修连锁不是一个投资就可赚钱的简单问题,这与餐饮业的投资截然不同。例如,加盟肯德基,可能在大城市里边需要几百万的加盟费,但是你作为投资人把资金投进去了,几乎什么都不用管了,因为它专业的团队、标准化的运营,包括整个的营销推广都是完全一体的,所以它会给加盟商提供非常好的帮助。但汽车维修快修连锁最需要解决的问题就是品牌,在客户心里没有一个快修连锁的品牌,目前在国内,统治级的品牌还没有出现。如果经营了多年的汽修企业,客户很多,那在当地影响力会更高,就是一个品牌,加盟连锁只是提升了企业的形象。如果是新加入这个行业的,想靠连锁这个品牌带来客户,短期还可以,长期是做不到的。另外,就是运营成本高,加盟连锁提高运营成本,因为运营费用、加盟费用、规范化的管理费用等较高,还有员工的高工资、培训等。加盟之后,就需要更高的营业额来支撑,如果营业额不够,就无法支撑加盟连锁。

(6) 特许经营战略

特许经营战略是指大企业向小企业提供其产品、服务或品牌在特定范围内的经营权。

特许经营战略已成为大型企业与小企业之间合作的一种主要形式。在特许权经营中,大企业按照合同对小企业进行监督和指导,有时给予必要的资金援助;小企业也应按合同规定

项目二 汽车维修企业的建立

经营，不任意改变经营项目。特许权经营的最大优点是将灵活性与规模经营统一起来，将小企业的优势与大企业的专业能力和资源结合起来，小企业可以和大企业共享品牌、信息、客户资源，共同获利并扩张同一品牌的知名度。通过特许权经营，小企业的经营者得到培训，熟悉了市场，获得了业务知识和技术诀窍，从而使经营战略风险降低。

我们所熟悉的汽车特约维修服务站就属于特许经营。特约维修服务站特许经营是国际先进的经营模式，是汽车生产厂商低成本扩张的有效途径之，经营模式包含服务品牌的特许、经营模式的特许、修理技术的特许和原配件的特许。

汽车特约维修服务站车源稳定，收入可观，但目前汽车生产商绝大多数不单独设汽车特约维修服务站了，而是建立4S店。这种4S专卖店，有汽车厂家的支持和监督，其优势在于整体形象好、服务周到、专业。但4S店前期投资大，其投资上千万，甚至达到好几千万元，由此导致企业运营成本高，延长了投资回收期，增加了投资风险。

知识拓展

中国4S店服务方式的演化基本上走的与国外发达国家是同一条路子，1999年上海通用、广州本田等率先引进4S店模式，是代理商按照汽车主机厂的标准和要求全资承建，代理商需向汽车主机厂交纳保证金，以全额车款提车。知名汽车主机厂对4S代理有着非常苛刻的要求，紧俏汽车的厂家征集经销商的消息还是一呼百应，国产宝马当初在全国挑选24家经销商，更是曾让3000多个商家挤破了头，2000~2004年4S店在中国的发展达到了顶峰，有人称这几年4S店处于暴利时代。

与国内如火如荼兴建4S店的现象正好相反的是，美国、欧洲的专营店网络正因为各种原因不断缩水，这种专营方式正受到消费者的质疑，庞大的经销网络消耗了巨额运营成本，而最终却需要消费者买单，欧洲的专营网络则是害了自己，销售网点过于密集，利润空间逐年减少，经销商无利可图，只能合并或者破产。

在我国，4S店作为一种已运行二十多年的模式，显然已走过顶峰，开始走下坡路。走下坡的关键原因是市场供过于求、在市场供不应求的时候，4S店这种垄断整车与配件货源的方式自然是"赚钱机器"，现在产能已经开始过剩，垄断又被打破，日子难过在情理之中。经过走下坡路之后，4S店模式最后肯定会被颠覆。被谁颠覆？是汽车电商？还是连锁经营店？大家纷纷猜测，有人说是汽车主机厂。当初4S店这种模式是传统汽车主机厂发明的，是为其服务的。在那个靠电话座机和模拟手机与用户交流的时代，传统汽车主机厂需要经销商打品牌、集客流、卖汽车、修汽车，4S店这种集多功能于一体的模式应运而生。现在进入了移动互联时代，传统汽车主机厂开始向未来汽车主机厂转型，朝着电动化、智能化方向发展，将来卖车靠定制，修车靠换件，4S店模式自然就会土崩瓦解。传统汽车主机厂向未来汽车主机厂转型是一个相对比较长的过程，因此4S店也不会马上消亡，它将与新的业态并行共存，但此消彼长是一个趋势。

虽然4S模式将来的发展我们猜不透，但它们先进的经营和管理方法值得每一个汽车维修企业学习。这些先进的方法，如服务理念、服务礼仪、接待技巧、服务意识等，是不会过时的。

2.4.2 汽车维修企业 CIS 策略

企业 CIS（Corporate Identity Systems）策略，即企业形象系统，也叫企业识别系统。企业通过形象策划塑造出企业形象，将企业文化形成一个统一概念，并通过个性化、鲜明的视觉形象（图形、图案）表达出来，再传导给社会、公众和企业员工，使之在公众心目中留下良好的印象。企业形象系统由企业理念识别系统（Mind Identity Sytem，MIS）、企业行为识别系统（Behavior Identity Sytema，BIS）、企业视觉识别系统（Visual Identity System，VIS）三大部分组成。也可以简称理念识别、行为识别、视觉识别，英文缩写分别为 MI、BI、VI。

1. 企业理念识别系统（MIS）

（1）企业理念识别系统（MIS）的含义

企业理念识别系统是指企业的理想和信念，或者说是经营管理的观念，它属于思想、意识的范畴。是企业文化战略整合的核心识别系统。它由企业宗旨、企业目标、企业使命、企业作风、企业理念、企业精神、主题价值观、系列价值观、企业经营哲学、企业道德体系等几部分组成。理念识别系统主要用以确定企业的战略发展追求，以及为实现这一战略追求所规定的指导思想、精神规范、道德准则和价值取向。

企业理念识别系统是 CIS 的基本精神所在，也是整个系统动作的原动力。企业的经营理念影响企业的行为、经营方向以及企业与外界的联系，体现了企业的外显文化。典礼、仪式、企业英雄、管理仪式、工作仪式都是企业理念的外化。

> **知识拓展**
>
> 外显文化是企业文化的外在表现形式，是企业全体员工在协调、造就外界环境、社会变化、企业相互关系中逐步形成的企业风尚。主要指企业的物质文化、制度文化。包括企业的厂容厂貌、机器设备、产品（含服务）、文化设施、文化教育、规章制度、组织机构、礼仪习俗等文化形态和特质。外显文化是人们能够看得见、摸得着的文化，居于企业表层结构中。它是企业文化的物质载体、表现形式和传播方式，给人们以企业文化的直观感觉形象。
>
> 外显文化的最直接体现在于企业的国家特性、民族特性、企业名称、外观建筑特色、企业内外容貌、企业产品标识及标志、企业产品样式、颜色及包装、企业工作服装等，同时还有企业积极参与的社会活动，内部组织的业余文化活动。对企业的第一印象往往取决于企业的外显文化。企业外显文化主要通过企业的物质文化、文化教育、技术培训和文化娱乐等活动显现出来。

（2）企业理念识别系统的内容

1）经营理念。经营理念包括企业存在的意义、经营宗旨、经营方向、企业盈利及企业对社会承担的责任。

2）企业文化。企业文化包括企业精神、企业价值观的确立，企业物质文化、精神文化、制度文化建设。

3）管理原则。管理原则包括在人事、生产、民主等管理中都要体现人本管理的原则。

4）发展战略。发展战略包括人才资源战略、市场战略、竞争战略、产品质量战略、企业成长战略、科技战略、经营战略。经营战略原则又包括创新原则、服务原则、用户至上原则、盈利原则等。

5）企业伦理。企业伦理指企业伦理准则的制定和执行情况，反不正当竞争和反腐败的执行情况。

6）企业精神口号。企业精神口号即企业精神的浓缩，应具有战斗力，应全面体现企业的个性。

（3）企业理念识别系统的应用要素

企业理念识别系统的主要应用于信念、信条、警语、口号、标语、守则、企业歌等应用要素中。

2. 企业行为识别系统（BIS）的含义

（1）企业行为识别系统（BIS）的含义

企业行为识别系统（BIS）是指社会公众通过现代企业的经营行为进行动态识别。由于现代企业的经营行为会直接影响社会公众的感知和印象，因此是塑造企业形象的重要手段。

企业行为识别系统是企业所有工作者行为表现的综合，企业制度对所有员工的要求及各项生产经营活动的再现等。BIS是以企业精神和经营思想为内蕴动力，显现出企业内部的管理方法、组织建设、教育培训、公共关系、经营制度等方面的创新活动，最后达到塑造企业良好形象的目的。

（2）企业行为识别系统（BIS）的内容

企业行为识别系统分为内部行为识别系统和外部行为识别系统。外部行为识别系统包括市场调查、营销策略、促销活动、公共关系、广告传播、公益活动等；内部行为识别系统包括企业管理组织、行为规范、员工教育、福利激励以及产品开发和公害对策等。

企业的行为识别是动态识别企业的行为模式。由于该系统能够直接作用于公众，为公众所感知和留下深刻印象，体现着企业的经营理念。

3. 企业视觉识别系统（VIS）

（1）企业视觉识别系统（VIS）的含义

企业视觉识别系统（VIS）是企业识别系统CIS的视觉符号，是企业形象的视觉传递形式，它是CIS最有效、最直接的表达。

企业视觉识别系统将企业的品牌理念与核心价值通过视觉传播形式，有组织有计划地传递给客户、公众及企业员工，从而树立起统一的企业形象。

企业视觉识别系统是企业形象最直观的表现。企业的VIS系统需要保持内在的一致性和外在的差异性，即企业所有视觉设计都要严格地遵循统一的标准，同时要与其他企业保持鲜明的差异，以便促进客户产生强烈的共鸣。一个优秀的视觉识别系统可以使人们快速理解企业希望传递的信息。

企业视觉识别系统是在理念识别系统（MIS）和行为识别系统（BIS）的基础上，通过一系列形象设计，将企业经营理念、行为规范等企业文化内涵，传达给社会公众的系统策略，是企业全部视觉形象的总和。

(2) 企业视觉识别系统（VIS）的设计原则

1) 有效传达公司理念原则。与一般的商标设计不同，VIS 设计的核心和首要目的是有效传达公司理念和公司精神。因此，VIS 设计不能单纯追求所谓的技术美学效果，而必须以再现和传达公司经营理念及价值观为出发点，以增强传播力、感染力和认同感为归宿。

2) 视觉冲击原则。心理学研究表明，在人类通过视觉、听觉、嗅觉、味觉、触觉五官感觉器官所获得的全部信息中，通过视觉器官获得的信息占全部信息的83%以上，并且，通过视觉所接收的信息，具有较高的识记、再认知和回忆的价值。因此，在 VI 设计中，应当以视觉传达设计和增强视觉冲击力为重心，开发高品位、高效率的视觉符号传达系统。

3) 人性化的原则。现代工业设计，越来越重视人性化设计，以便消除现代工业产品带来的人性异化。特别是在 VIS 设计中，人们更加重视通过公司标志、字体、色彩、名称、象征图案、公司造型等视觉符号，来表现与消费公众之间的亲和力，增强人们的心理认同。

4) 简洁明快原则。由繁到简、由静到动、由具体到抽象符号，追求简洁明快和最佳传播效果，是 VIS 设计的基本趋势和重要原则。

5) 民族性原则。民族的才是世界的。每个民族都具有各自独特的思维定式、审美定势和语言差异，因此在 VIS 设计时，必须充分考虑在美感、素材、语言沟通上存在的民族差异和民族特色，增强民族个性。中华民族的审美定势表现为"写意"，即追求整体的和谐、对称和意境。而西方民族则表现为"写实"，即追求色彩、线条、构图的整体感性效果。

6) 员工参与原则。VI 开发要充分让员工参与，这样便于激发积极性和认同感。

7) 遵守法律法规的原则。公司视觉识别主要用于商业活动之中，因而必须遵守国际和国内的重要法规，以免给公司经营活动带来不必要的影响和损失。

(3) 企业视觉识别系统（VIS）的基本要素

企业视觉识别系统（VIS）的基本要素包括企业名称、企业标志、企业标准字、标准色、象征图案、标语口号、吉祥物等。

1) 企业名称。企业名称与企业形象有着紧密的联系，用文字表现识别要素。企业名称要反映企业的经营思想、体现企业经营理念；要有独特性，易识易读，注意谐音的含义，避免引起不佳联想；企业名称的确定不仅要考虑传统性，还要具有时代特色。

2) 企业标志。企业标志是特定企业的象征与识别符号，是 CIS 系统的核心。企业标志是通过简单的造型、生动的形象来传达企业的理念、产品特性等信息。企业标志应具有识别性、系统性、统一性、形象性、时代性 5 个主要特点。企业标志的表现形式有图形表现（包括再现图形、象征图形、几何图形）、文字表现（包括中外文字、阿拉伯数字的组合）、综合表现（图形和文字的结合）三种形式。

3) 企业标准字。企业标准字体包括中文、英文、其他文字字体。标准字体是根据企业名称、企业牌名和企业地址等进行设计的。企业标准字字体的笔画、结构和字形要体现企业精神、经营理念和产品特性；字形正确、富于美感、易于识读；字距和造型要适用于各种媒体和不同材料的制作和各种物品大小尺寸的应用。

4) 标准色。企业标准色是企业特定色彩，用以强化刺激，增强人们对企业的认识。标准色分为基本专用色和附属专用色。基本专用色一般由一两种色彩组成，是企业识别系统中最常用的色彩，在重要的信息传播媒体中都要指定使用基本专用色；附属专用色的作用是衬托、呼应、丰富基本专用色彩，可以和基本专用色同时运用，也可以单独应用。

5）象征图案。企业象征图案是为了配合基本要素在各种媒体上广泛应用而设计的，在内涵上要体现企业精神，起到衬托和强化企业形象的作用。通过象征图案的丰富造型，来补充标志符号，建立的企业形象，使其意义更完整、更易识别、更具表现幅度与深度。象征图案在表现形式上采用简单抽象并与标志图形既有对比又保持协调的关系，在与基本要素组合使用时，要有强弱变化的律动感和明确的主次关系，并根据不同媒体的需求进行各种展开应用的规划组合设计，以保证企业识别的统一性和规范性，强化整个系统的视觉冲击力，产生出视觉的诱导效果。

6）标语口号。企业提出的标语口号是企业理念的概括，是企业根据自身的营销活动或理念而研究出来的一种文字宣传标语。企业标语口号要文字简洁、朗朗上口。准确而响亮的企业标语口号在企业内部能激发职员为企业目标而努力，对外则能表达出企业发展的目标和方向，提高企业在公众心里的印象，其主要作用是对企业形象和企业产品形象的补充，以达到使社会大众在瞬间的视听中了解企业思想，并留下对企业或产品难以忘却的印象。

7）企业吉祥物。企业吉祥物是指企业为强化自身的经营理念，在市场竞争中建立良好的识别形象，突出产品的个性特征而选择有亲和力的、具备特殊精神内涵的事物，以富于拟人化的象征手法且夸张的表现形式来吸引消费者注意、塑造企业形象的一种具象化图形的造型符号。

（4）企业视觉识别系统（VIS）的应用要素

企业视觉识别系统主要包括生产生活中涉及的与企业形象相关的内容，主要应用要素有办公用品、标识标牌、交通工具类、事务性用品、广告载体类、商品及包装类、服饰类、展示陈列类等八大类。

1）办公用品。办公用品主要有信封、信纸、票证专用信封、专用便函便条、介绍信、名片、名片簿、名片盒、公司专用笔记本等。办公用品是企业与外界接触的媒体，需要用独特的形式表现企业的个性和理念，可以将企业的名称、标志、标准字、地址、电话、标语、宣传口号等印制在办公用品上，标志、文字、色彩要与公司基本要素统一，编排要精细，主次要分明。

2）标识标牌。标识标牌是企业的门面，是吸引顾客的重要媒体，要简洁醒目，还要与周边环境协调和谐、可辨认度高、视觉效果好。标识标牌主要有公司招牌、旗帜、各部门及科室铭牌、大门及各种出入口指示牌、楼层指示牌、路牌、禁令标志、建筑物外观、室外照明、铭牌霓虹灯。

3）交通工具类。交通工具是活动的广告媒体，企业要利用交通工具增加广告面和广告频度，加强企业形象的宣传效果。交通工具类要素包括各类货运车辆、大中小型客车、班车、小轿车、专用宣传广告车和特种车辆以及车上附属物品（如座垫、座套、脚垫等）。

4）事务性用品。主要包括公司简介、企业证照、文件类、规章制度汇编、公司专用请柬等。

5）广告载体类。广告宣传是企业向外宣传发送信息量最大的手段，是企业建立自身形象、促进商品销售的重要手段，广告宣传通过广告载体来实现，广告载体要有个性、要有吸引力。广告载体类主要有电视、杂志、报纸、QQ、微信等传媒和社交媒体，有展览会展位、陈列室、业务洽谈室，有贺卡、挂历、打火机、手提袋、手包、车辆模型、口杯等广告礼品，还有广告片头片尾设计、图案、单页广告宣传资料、广告海报、邮寄广告、广告手提袋、广告横幅等。

6) 商品及包装类。商品及包装类是客户接触商品或企业的第一观感，在企业视觉识别系统（VIS）占据关键地位，主要包括商品外形、商品结构、包装纸、包装袋、包装箱的形状和用料，企业的全貌、工作场所的装潢装饰等。

7) 服饰类。企业的服饰是企业内流动的视觉形象。美观整洁的企业服饰对内能鼓舞员工士气，对外能显示企业的整体形象。企业服饰按穿着人员类型分为技术工人服和管理人员服、辅助人员服；按照穿戴季节分为春秋服、夏服、冬服。主要包括工作服、工作鞋、帽、领带、胸针、皮带、广告衫、T恤等。

8) 展示陈列类。展示陈列是对外的窗口，是企业向社会展示自身实力和形象的有利渠道。许多有远见的企业都十分注重展示陈列，展示陈列要便于参观、要有吸引力、要展示特色和企业的历史、企业的文化等。主要包括企业门口、业务大厅、陈列馆、图书室、企业的官网、企业的微信公众号等。

【案例2-14】杭州小拇指汽车维修科技股份有限公司的商标如图2-5所示，基本专用色为黑和黄，黑色底色、黄色字体，附属专用色为蓝色。图2-6为其拓展的商标，基本专用色仍为为黑和黄，但底色为黄色、字体为黑色。附属专用色为蓝色。在商标中云状蓝色 e 代表云计算、互联网+、大数据等科技理念。

图2-5 小拇指商标

图2-6 小拇指拓展商标

知识拓展

小拇指 LOGO（商标）诠释

为了展现小拇指的内涵，小拇指在创立初始就设计了第一代 VI 形象。简洁的车身线条和轮胎构成了卡通风格的汽车造型，车身造型下搭配"小拇指汽车微修"的字样，这就形成了小拇指最初的 LOGO。

从率先提出"汽车微修"概念起家，到成为领跑汽车后服务市场的知名品牌，小拇指的规模日益扩张。而近年来市场日益膨胀、小拇指的品牌影响力和国际知晓度也不断上升，这对小拇指的 LOGO 提出了新的要求，它需要更直观地传达小拇指的诚信精神，更好地体现小拇指的企业规模和文化底蕴，于是小拇指新一代 LOGO 便应运而生。

2008 年 6 月，"小拇指 suremoov"全新登场，取代旧 LOGO，它蕴含着小拇指企业的精髓——讲诚信。"小拇指"三个字中专业设计过的勾，就如三个连成一排的坚实木桩，成为小拇指企业精神的核心支柱。三个勾构成一个帮，是一个合作的连锁网络，三个勾又对称呼应，符合了现代美学，又代表了"以小见大"和"网络发展"。

"suremoov"是属于小拇指的原创英文。"sure"有"可靠、确信"的含义，代表诚信。"moov"是"move"的谐音，指代汽车行业。"suremoov"发音接近于小拇指，意在表达小拇指是一家尤其看重诚信的汽车后市场服务企业。形变，宗旨从未变。全新中英结合的"小拇指 suremoov" 通过黑底黄字强烈的对比色，给人以较好的辨识度。黑色的包容与深邃，就如巨大又深厚的汽车后市场，而黄色的小拇指又充满了希望与活力。在黑色底的衬托下，仿佛小拇指正是一个黑夜中升起的闪耀之星。

针对互联网+的行业大背景，小拇指于 2015 年再次进行了品牌升级。在 suremoov 中植入 e 的品牌元素。云形状的 e 代表云计算、大数据，结合富有科技感和年轻时尚感的蓝色，标志着小拇指全面向互联网+转型，在智慧汽车服务体系引领下，小拇指已经成为新型的科技与互联网公司，开创智慧汽车服务 e 时代，开启新的划时代转型篇章。

复习思考题（《学习活页册》2-4）

复习思考题参考答案（《学习活页册》2-5）

项目三
汽车维修企业生产管理

学习目标：
- 知道车辆维修生产计划的作用、类型、编制原则和编制方法。
- 理解调度的概念、作用。
- 了解调度机构的设置、调度人员的要求。
- 熟悉安全生产责任制的要求。
- 熟悉维修车间的安全管理规定。
- 熟悉停车场的安全管理规定。
- 了解维修生产调度的基本任务和汽车维修企业的生产调度方式。
- 理解汽车售后服务核心流程的含义及作用。
- 了解常见品牌汽车售后服务核心流程的组成环节。
- 掌握售后服务标准核心流程七个环节的组成。
- 掌握售后服务标准核心流程各个环节的意义、实施规范、注意事项等。
- 理解维修生产管理的"三原则"。
- 知道维修生产管理模式的类别和特点。

汽车维修企业生产管理是指对汽车维修企业生产活动的计划、组织和控制所进行的管理，主要包括生产的基础管理、生产安全管理、售后服务的核心流程管理等。

任务1 了解汽车维修生产的基础管理

汽车维修生产的基础管理包括生产计划、生产调度、生产进度、生产统计、生产安全以及劳动管理等。它是汽车维修生产顺利、快速、高效完成的重要保障。

3.1.1 维修生产计划

所谓计划是运用脑力制定政策、方针、方案、程序及细则的过程。它就是为了实现未来目标的详细规划，是一种创新的思维活动。计划的作用是为了企业内部的管理系统与外部市场环境、企业的经营目标、企业的经营策略相适应。计划也能将经营目标和经营策略具体化，又能为组织职能提供要求,为控制职能提供检查标准。

车辆维修生产计划就是由生产管理部门编制的关于承担车辆维修作业的人员、物料、工位、维修设备、工具、维修仪器和时间等的安排,是企业组织生产的依据,也是进一步编制车辆维修工艺卡等技术文件的依据。

1. 车辆维修生产计划的作用

车辆维修生产计划能从时间上保证客户的维修车辆按期出厂,为客户节约时间,为企业增加信誉。科学合理的维修生产计划还可以提高人员、设备、工位、资金等的利用率,减少浪费,做到过程连续,生产均衡,质量保证。

2. 维修生产计划的分类

车辆维修生产计划按计划所辖的范围,可以分为厂或车间的维修生产计划、单车或单台总成的维修生产计划等;按计划时期可以分为年度、季度、月度、周或日的维修生产计划;一般生产计划还可以分为长期、中期、短期或阶段性等几种,也有以大日程、中日程、小日程来区分生产计划的。表3-1 所示为各种生产计划之间的关系。

表 3-1 各种生产计划之间的关系

类	别		车型和维修项目	计划时期	备 注
长期	大日程	长期生产计划表		2～3 年	用滚动计划方式
		年度生产计划表		年度	
中期	中日程	季度/半年生产计划表		季度或半年	
		月份生产计划表		月	
短期	小日程	周/旬生产计划表		周或 10 日	
		日生产计划表		1 日或 3 日	

3. 编制维修生产计划

制定计划的编制第一步就是要搞清楚自己的目标,没有目标就没有方向,无论是个人还是企业都是如此。车辆维修企业的目标就是满足客户需求,利润只是满足客户需求的副产品而已。计划就是为朝向自己的目标而确定的行动路线与步骤。

(1) 编制生产计划的依据

生产计划的依据是企业根据客户资料统计的维修量和预计的维修增量、季节性的维修需求、阶段性的活动安排、突发性的事件处理等对不同维修工种的工作量的需求,以及对企业的工位、人力、设备、设施和各工种的实际生产能力的需求。

由于车辆维修是多工种综合作业,所以在编制维修生产计划时,要注意各工种(环节)之间的"动态平衡",同时遵循以下原则:

1) 遵守维修工艺规程,保证维修质量,不得擅自变更和省略规定的工艺程序。
2) 压缩车辆维修在厂车日(或在厂车时),尽量妥善安排平行交叉作业。
3) 充分利用人力、工位、设备、设施等资源条件,提高维修生产效率和效益。
4) 做好生产调度,以应对各种因素(如待料、停电、故障和意外损坏等)对生产计划的影响。

（2）编制维修生产计划应考虑的因素

1）各种生产形态。订单维修生产与预约维修生产或小修、维护、大修等。

2）当地过去5年的车辆销售量（保有量）和销售量（保有量）增长率。

3）当地未来3年预计的车辆销售量（保有量）和销售量（保有量）增长率。

4）本企业去年的维修量和维修项目结构。

5）本企业的作业工位数量、场地面积、工具、设备和检测仪器的种类和数量。

6）车间、部门、班组人员的结构，管理人员和技师、技工的数量以及技能状况。

7）员工的工作时间和工作效率，客户送修车辆车况和需要维修作业的时间。

8）季节性的维修需求、时段性的活动安排、突发性的事件处理等对各工种的不平衡需求。

（3）生产计划的编制

汽车维修企业的生产计划是汽车维修企业中各项生产活动的行动计划，它通常根据市场经营管理部门按月或按周下达的《汽车维修合同》或由前台业务人员根据已经预约的和已经到位的汽车销售/维修合同，按照月份或周次进行编制。内容包括所销售或所维修的车型与台数、维修等级与生产进度要求等。

1）生产计划的编制方式。汽车维修企业的生产计划通常采用滚动编制方式。即不仅要考虑上个统计期（如上年或上月）尚未完成的旧生产计划，也要考虑统计期（如本年或本月）需要下达的新生产计划，特别要安排好预约客户车辆的维修计划。

2）生产计划编制的基本要求

① 生产作业计划尽可能地具体化和细化，以分解落实到每个车间、各个班组和各生产工人。

② 按照生产任务提前做好必要的生产工艺准备，以保证各生产环节（各工序和各工位）的相互协调，保持均匀有序的生产节奏。

4．生产计划的实施与检查

在维修作业实施过程中应通过各种方法、手段，分析计划的执行情况，要加强派工调度、维修统计、维修分析、进度检查，发现计划实施中存在的问题，以便及时更正计划的偏差，使它继续指导生产。

汽车维修企业的生产计划在编制后，先由生产计划部门邀请与产、供、销等各相关部门及各相关车间召开"计划联席会议"，商讨初拟的生产计划是否可行，并根据所商定编制的生产计划提前做好各项准备、以保证在实施生产计划的全过程中，各环节都能相互配合与协调，保证生产有节奏、均衡而有序。

为了能更好地实施生产计划，不仅应当加强预约维修来加强汽车维修的计划性，而且还应当加强生产过程中的派工调度、生产统计、生产进度检查等，以便能及时纠正生产计划的编制偏差，强化对汽车维修生产计划的控制。然而，不少汽车维修企业由于没有预约维修而只能守株待兔、等米下锅，无法编制生产计划，即使编制出生产计划也常常与实际情况严重不符，从而出现怠工待料或临时性突击加班而忙闲不均，生产均衡性极差，也使企业的生产经营管理比较混乱。

3.1.2 维修调度

执行车辆维修生产计划时，一个生产环节的变化，会引起一连串的问题，如后续工序待工、相邻工种待料等。因此，一个灵活而有经验的生产调度系统是生产计划顺利执行的必要保证。

维修调度是指根据所接车辆情况，协调车间维修情况、备件库备件供应情况，分派技工执行工作任务的过程。

1．对维修调度的基本要求

维修调度在组织维修生产过程中要做到"3 个确保"：确保维修工作过程的连续性、确保维修生产过程的协调性、确保维修生产过程的均衡性。

（1）确保维修工作过程的连续性

保证汽车维修过程的连续性，可使汽车维修工作在各个工序之间紧密衔接，确保维修工艺流程有效进行，提高汽车维修的生产效率。为此，在安排维修任务时应充分考虑汽车维修的工艺特点、维修技术、材料供应等因素。

（2）确保维修生产过程的协调性

在安排维修任务时，在维修生产能力（如技术水平、小组人数、诊断仪器、车型及材料供应等）方面要始终保持各工序、各工种之间的比例协调，消除生产薄弱环节，工艺流程方面不能出现瓶颈，从而使维修生产有序进行。

（3）确保维修生产过程的均衡性

在派工时，要保证承修小组的技术水平与所承担的维修任务相适应，要确保和维修小组的工作量基本平衡，以避免忙闲不均，保证所派承修班组的技术水平与所承修车辆相适应。

2．维修调度的具体职责

维修调度的基本职责为安排车间维修计划、派工、指挥生产活动及协调各小组、各部门的工作衔接，具体职责如下：

1）服务顾问将工单交给维修调度，由维修调度具体安排车间维修计划。

2）维修调度在工单上写明维修小组以及应完成工单的时间等内容后，将工单交给车间维修小组。维修小组对工单上的维修项目、故障原因等内容不清楚时，维修调度负责向维修小组具体说明情况。

3）维修调度负责统一指挥生产车间所有的生产活动，监督工单的进度及项目内容，协调各维修小组、工位、维修车间的关系。

4）维修调度负责组织召开维修调度会，每天开一次调度会。在维修调度会上主要解决前一天在执行生产计划过程中所出现的问题，逐项检查工单的执行情况，控制工单的执行进度，布置当天工作应注意的事项，做好各方面工作的协调准备工作。

5）由技术总监协同维修调度对前一天的典型故障案例进行案例分析，由主承修技师进行主讲，全体维修人员讨论并进行故障剖析，最终达到共同积累经验、共同提高技能的目的。

知识拓展

对维修调度人员的要求

维修调度人员良好的工作作风有助于增强调度工作的权威，以保证调度工作的顺利进行和管理目标的实现。没有好的工作作风，不仅会影响调度工作质量和工作效率，还会影响调度人员与职工的关系。

1）工作上要从严从细，坚持"严、细、快"的作风，处理问题要多谋善断，善于用科学的方法解决问题。

2）经常深入实际，了解生产情况，勤于思考，虚心学习，掌握规律，做到指挥生产心中有数，绝不瞎指挥。

3）有较强的组织观念和纪律观念，严格遵守厂规和工作规程，做职工的表率，工作不拖拉、不推诿、有条理。

4）实事求是，反映情况和问题要符合实际。

5）办事严肃认真，及时牢靠，做到"事事有着落，项项有回音，条条有记录"。

6）尊重群众，关心群众，善于把调度意图转变为职工的实际行动。

3．汽车维修生产的调度形式

汽车维修企业常见的调度形式有现场会调度和看板调度。

（1）现场会调度

生产调度人员除了在生产现场进行日常性的派工调度外，还要根据生产作业计划要求，以"现场办公"的方式，定期召开生产现场调度会议，进行生产计划的安排与调整，这种形式称为生产现场调度会调度，简称现场会调度。为保证正常的生产秩序，保证生产过程的连续性、协调性和均衡性，在现场调度会上，调度人员现场部署和现场协调各部门工作，能有效得到相关领导及各部门的支持与配合，会使生产计划能够快速落实、生产工作快速实施，从而避免经常性的突击加班。生产调度会一般可分为厂部和生产车间两级。厂部的生产调度会应由生产主管厂长主持，生产科科长负责召集，各有关职能科室（如厂办公室、生产技术部门、质量检验部门、供应部门和营销部门等）以及车间负责人参加。

车间的生产调度会则通常由车间主任主持、车间调度人员及班组长参加，必要时可邀请厂部有关职能人员参加。

生产调度会的作用是协调各部门的工作以及布置和指挥生产活动，其主要内容有两项：

① 按照生产作业计划的进度要求，逐项检查计划执行情况，其中特别是检查上次生产调度会决议的执行情况，着重掌握偏离计划的程度和原因，解决在计划执行过程中的困难和问题。

② 下达新的生产作业计划，并检查、督促和帮助各相关部门做好各项生产技术准备工作，包括调整劳动力和劳动组织，调整物资供应，调整生产技术和维修设备等。

（2）看板调度

看板调度就是利用车辆维修看板对车辆维修情况进行调度的简称。汽车维修企业在执行维修生产计划过程中，为随时掌握工单状态及工单进度，确保为客户提供准确的维修进度信息，除采用计算机系统对维修服务流程进行管理外，调度常利用维修看板来管理车间生产计

项目三　汽车维修企业生产管理

划实施情况。调度能够通过车辆维修进度看板对维修车辆在车间的状态进行控制,在每一步操作中,看板上的维修工及工单都会随着移动,车间的工作流程和信息流程都能直观地反映出来,看板设置在维修接待大厅,因此,企业的管理人员和客户都可以随时查看车辆维修进度情况。

维修看板主要有售后服务经营管理看板、服务总看板、车间派工预览看板等(《学习活页册》3-1)。

4．汽车维修调度派工方式

汽车维修企业服务顾问或维修调度人员根据车辆维修方案和车间的生产情况,填写任务委托书或派工单进行派工。生产调度人员所使用的派工单见表3-2(《学习活页册》3-2),在该派工单上应填明承修班组、主要作业项目和作业要求、定额工时及要求完工时间等。乘用车维修企业一般不单独使用派工单,而使用任务委托书,任务委托书能够实现派工和汽车维修合同的作用。表3-3是一汽—大众特约服务站的任务委托书(《学习活页册》3-3)。

表3-2　派　工　单

车型＿＿＿＿车号＿＿＿＿维修类别＿＿＿＿承修车间＿＿＿＿班组＿＿＿＿工单号＿＿＿＿						
车主单位＿＿＿＿＿＿＿＿＿＿＿＿联系人及电话＿＿＿＿＿＿＿＿＿送修时行驶里程＿＿＿＿＿						
序　号	主要作业项目	作业成绩要求	定额工时	要求完工时间	主修人竣工签字	检验员竣工签字
备注						
派工员＿＿＿＿＿＿＿＿　　　　派工日期＿＿＿＿＿＿＿＿						

服务顾问或调度人员在向各维修班组下达维修任务时,还应向承修班组交代具体的承修要求和注意事项等。

汽车维修企业进行派工时的选用的调度方式通常有派工单传票制度和派工单公示制度两种形式。这里所说的"派工单"是广义的派工单,是指能完成派工任务的那个单据,任务委托书也能实现派工功能,它也是派工单的一种形式。

(1)派工单传票制度

派工单传票制度就是生产调度人员通过派工单或任务委托书,将维修项目及维修要求下达给承修车间及承修班组,将派工单或任务委托书悬置于待修车辆上,第一位维修工完成作业任务后,根据派工单或任务委托书上的作业任务,他将车辆及派工单或任务委托书传交给第二位维修工,第二位维修工完成任务后,再向下转交,当维修工完成维修任务后,采用同样的方式将车辆交给专职检验员,专职检验人员也凭派工单或任务委托书进行检验。这种派工方式不仅能完成生产指令的下达,还有利于汽车维修过程中各工序的交接,而且由于派工单随车下达,方便了汽车维修企业的生产现场管理。

表 3-3 一汽—大众特约服务站的任务委托书

客户：				委托书号：			
地址：				生产日期：			
联系人：				送修日期：			
电话：		移动电话：		约定交车：			
牌照号	收音机密码	颜色	底盘号	发动机号	万 km	领证日期	付款方式
车型				旧件是否带走	是　否	油箱	满　空
维修工位	维修项目名称		性质	工时	工时费	主修人	备注
备件估价							

检查员：＿＿＿机修＿＿＿钣金＿＿＿油漆＿＿＿　　*注：客户凭此委托书提车，请妥善保管

站长：

地址：　　　　　　　　　　　　　　　　服务顾问：

电话：　　　　　　　　　　　　　　　　制单：

说明：请您带走随车贵重物品
　　　同意以上的维修项目及费用请签字
　　　请您结清费用后取车　　　　　　　客户签名：＿＿＿＿＿＿

姓名＼工序	自检	互检	备注	增加修理项目	应修但未修理项目（我服务站为了您的行车安全，特别提醒）
机修					
钣金					
喷漆					
路试				用户签名：＿＿＿＿	用户签名：＿＿＿＿＿

（2）派工单公示制度

派工单公示制度是维修车间在接到派工单时，将派工单所列作业内容与作业集中公示于维修车间内的公示牌车间在修车进度表（表 3-4）上，以公布当前所有在厂维修车辆的汽车编号、维修类别、派工单号、主要作业项目与附加作业项目、完工日期、主修人以及当前所存在的问题等内容。这种派工方式，需要维修工前往公示栏查看维修任务，并寻找承修车辆，再按要求完成维修任务。

项目三 汽车维修企业生产管理

表3-4 _____ 车间维修进度表

序号	车型	车号	维修类别	派工单号	主要作业项目	附加作业项目	要求完工日期	主修人	目前存在的问题

无论是派工单传票制度还是派工单公示制度，在具体执行生产调度时，为了保证维修车间内正常的生产秩序和生产节奏，应遵守以下原则：

1）各工位应在保证其数量和进度的前提下，做好各工位的质量自检。

2）各工序之间应该做好质量互检，即前工序必须保证在规定时间向后工序移交规定数量的合格产品。

3）生产调度人员应该深入生产现场，以便随时掌握生产进度，若有脱节或误差应及时修正和调节。

3.1.3 生产进度与生产统计

在生产管理中，生产进度检查及现场调度是非常重要的工作。在汽车维修生产过程中，要求生产管理部门经常性地巡视在修车辆的维修进度情况，现场调度各维修班组及维修人员，现场调度维修车辆、维修配件材料，协调外加工等，督促和检查生产进度执行情况，以便及时发现问题，并能及时解决。

1．生产进度检查

在检查生产进度以及在执行现场生产调度时，应侧重于以下四个方面：

① 生产作业计划，抓好竣工车辆的收尾。

② 抓住生产工艺流程中明显影响生产作业计划的薄弱环节与关键环节（例如生产效率较低环节、质量不稳定环节等）。

③ 抓短线原材料或配件以及外购件、外协件的供应。

④ 抓先进生产劳动组织和计划管理方法的试点和应用。

2．生产统计

生产统计的目的，不仅是为了统计劳动成果，而且也是为了掌握生产情况以及所存在的问题。因此对生产统计的基本要求是准确、及时、全面、系统。

当承修班组在车辆修竣并通过自检、互检及专职检验合格后，由主修人填写维修作业实际消耗的工时数，并签字认可，然后将派工单交回生产统计人员，由生产统计人员负责统计实际工时。以车辆为户头做工时统计，其目的是为了统计该车辆在维修过程中各工种所消耗的定额工时总数，以便在该车辆维修竣工出厂时结算和核算维修费用；以作业班组或主修人为户头做定额工时统计，其目的是为了对维修班组或主修人实施劳动分配，以实现多劳多得。

3.1.4 生产安全管理

"安全为了生产，生产必须安全"。企业员工既有依法获得安全生产的保障权利，也有依法履行安全生产的职责义务，也是企业中每个职工的职业责任和职业道德。

安全生产是所有生产企业及劳动者的重要原则，遵章守纪则是企业中每个职工的职业纪律。所谓安全生产，就是为保证企业生产过程正常进行，必须在日常的生产经营管理活动中保障职工人身安全及机器设备安全，防止出现人身事故或设备事故，避免财产损失。

根据交通运输部令2019年第20号《机动车维修管理规定》规定："机动车维修经营者应当加强对从业人员的安全教育和职业道德教育，确保安全生产。机动车维修从业人员应当执行机动车维修安全生产操作规程，不得违章作业。"为此，所有企业的生产经营管理者都必须遵守《中华人民共和国安全生产法》及安全生产的法律法规。企业不仅应建立健全安全生产责任制度及安全监督制度，实施全面的、全员的、全过程的安全生产管理，确保安全生产，而且还应加强安全生产的宣传、教育和培训，并完善安全生产技术条件，提高职工的安全意识和安全操作技能等。

1. 安全教育与安全责任制

（1）安全教育

企业发生安全事故的原因有很多，既有企业管理生产技术设备设施等方面的原因，也有人员素质、安全意识和精神状态等方面的原因。倘若生产人员的安全观念薄弱纪律松弛麻痹大意，或者安全规章制度执行不力，不能文明生产及安全生产，就极易发生安全事故。为此，现代企业必须坚持"以预防为主、安全第一、综合治理"的方针。其中，所谓"以预防为主"，就是要将安全生产管理从过去的事故处理型转变为现在的事故预防型，从而积极主动地采取各种防范措施。

防止事故发生，而不是等到出了事故才去处理。所谓"安全第一"，就是要求企业的生产经营管理者必须始终把生产安全放在首位，抓生产的必须首先抓安全，生产服从于安全。为此企业生产经营管理者不仅要在安排生产时必须同时开展安全教育（安全的思想教育与技术教育），以教育职工遵章守纪和文明生产，保证生产安全；而且在安排生产时必须同时检查安全设施。企业负责人及部门负责人一定要有强调安全的"婆婆嘴"，讲不讲是你的事，听不听是他的事，安全教育绝对不能松懈。

（2）安全生产责任制度

为了做好企业内部安全生产的监督与管理，不仅要建立安全生产责任制度及安全检查责任制度，以使企业的各部门和各车间都能检查监督与管理各自职权范围内和各自工作区域内的安全工作，而且还应配备专职或兼职的安全管理人员，检查监督与管理各生产作业区内的日常生产作业过程，及时报告及处理可能存在的安全隐患。逐层负责、逐级管理，以此组建企业内部的安全教育网及安全检查网，确保企业内部的生产现场安全和设备使用安全。在建立企业内部安全生产责任制度时应当执行"一岗双责"和"党政同责"的原则。所谓"一岗双责"是指管生产就必须管安全，岗位责任人就是安全负责人；所谓"党政同责"就是指在安全管理方面行政领导（业务领导）与党务领导负同等责任，而不是谁有谁无或谁轻谁重的问题。

(3) 严格遵守安全技术操作规程

汽车维修企业要制订和实施各工种、各工序、各机具设备的安全技术操作规程,安全技术操作规程包括安全规程、技术规程、操作规程。安全规程是指保证生产安全的管理规程;技术规程是指保证生产安全的工艺规范;操作规程是指保证生产安全,在实际操作机具设备时的规定程序。汽车维修企业对于某些特殊工种(如电气起重、锅炉压力容器、电焊、汽车驾驶和汽车修理等)还要经过专门训练、在严格考核合格后方能上岗操作。

(4) 加装安全防护装置

根据国家生产安全规定,机具设备和生产设施应该配备必要的安全防护装置和消防设施。

1) 在电力电路、受压容界、驱动设备应加装超负荷保险装置。

2) 在机器的外露传动部位(如传动带、传动齿轮、传动轴、砂轮等)应加装防护罩。

3) 在冲压设备的操作区域应加装联锁保护装置。

4) 在危险地段和事故多发地段应加装信号警告装置。

5) 应经常检查电气设备的绝缘状况,并加装触电防护装置。

6) 对于起重运输设备要规定其活动区域,锅炉与受压设备要设置隔离带。

7) 要保证机器设备的正确安装,保持间距,车间内设置安全通道,并加强机器设备的使用维修管理。

8) 抓好车间的防火、防爆工作。厂房设计应符合相关防火标准,并严格规定其防火等级,并配置相应的消防器材与必要的防爆设施等。

2. 作业现场的安全管理

汽车维修企业的作业现场主要是维修车间和停车场,作业现场的安全管理主要是对汽车维修车间和停车场的安全管理。

(1) 维修车间的安全管理

维修车间的安全工作包括车辆维修技术的安全和人员的安全。

1) 车辆维修技术的安全管理。要保证车辆维修技术的安全必须遵守汽车维修程序的规定。

① 所有维修人员在上班到岗后都应先报到、后就位,并做好开工前的技术准备。

② 由厂部或车间下达派工单或返工单,并由专人将待修车辆送至指定工位。

③ 各维修班组应根据派工单或返工单所规定的作业项目对车辆进行必要的检查诊断,以判断故障原因,确定维修方法(对于疑难故障可委托技术检验人员会诊);若发生超范围作业或涉及更换重要基础件或贵重总成时,主修人应及时报请车间主管,并及时报告生产调度和车主,在获准后增补作业。

④ 维修人员在维修过程中应严格遵守汽车维修操作规程、工艺规范和技术标准。

⑤ 承修项目竣工后,主修人应做好各自工位的自检(并签字)和各工序之间的互检(并签字),最后交专职检验人员验收(并签字)。

⑥ 在汽车维修竣工后,主修班组应清理车辆卫生,做好收尾工作,并交由质量总检验员验收,并签字,竣工车辆的钥匙应交回生产调度人员。若需要路试的可由质量总监指派专

职试车员负责。

⑦ 在汽车维修竣工后，各维修工位应及时清理和清扫，例如将设备恢复原状、切断电源、关闭电源等。

2）人员的安全管理。人员的安全包括人员的身体和精神两个方面的安全。员工是为企业创造效益、为社会创造价值的主力军，企业为了员工的身心健康，一定要做好车间的管理工作，为员工提供一个安全的生产环境，友好和谐的车间氛围。为此，应当制定严明的车间纪律，并建立监督机制。车间纪律的要点如下：

① 维修人员的职责是维修汽车，严禁维修人员向客户洽谈业务或索贿受贿。

② 维修人员有责任妥善保管承修工单、零部件及维修车辆上的客户物品，不得遗失。

③ 维修人员必须遵守作息制度和劳动纪律，遵守岗位责任制，上班时间不得擅离岗位或串岗会客。

④ 严格遵守安全技术操作规程，严禁野蛮违章操作。

⑤ 不得随意动用承修车辆或擅自将客户车辆开出厂外，不准在场内试车和无证驾车。

⑥ 上班时间必须佩戴工作证、穿戴劳保用品，并严禁吸烟。

⑦ 工作后应及时清除油污杂物，并按指定位置整齐堆放，以保持现场整洁。

（2）停车场的安全管理

生产车间内只能停放在修车辆，待修车辆及修竣车辆须移出生产车间，停放在专用的停车场，对停车场的安全管理要求如下：

① 停车场地坚实平整，停车场内应有照明。

② 车辆停放地点不准堆放易燃易爆物品和火种。场内不得加注燃油，不准鸣放鞭炮及吸烟。

③ 停车场内应设"停车""限速5km""严禁高音喇叭""严禁烟火"等禁令标志以及安全停放指示标志，并备有消防器材，如灭火器、沙箱沙袋、消防栓等。

④ 停车场内车辆应靠边停放、排列整齐并保持不少于0.6m的车距，车头向着通道，并留出安全通道，以保证每辆汽车都能顺利驶出。

⑤ 竣工车辆与待修车辆应分别摆放。其中凡能行驶的车辆都应保持在随时可开动状态（挂车与车头保持连接）；封存、停驶车辆以及外单位临时停放车辆应另行集中停放；凡装有易燃易爆物品的车辆应单独停放并应有专人看管。

⑥ 停车场内车速不得高于5km/h，场内不准试车。无驾驶证的人员一律不准动车。

⑦ 汽车维修厂的厂门口应建立门杆和门卫值班制度。进出车辆都应接受门卫的清点和检查，门卫应对场内停放车辆负有安全保管的职责。

⑧ 进厂车辆均须由本厂专职驾驶人操作，出厂车辆须凭生产调度（或财务部门）出具的的出门证才能放行。

3.1.5 生产劳动管理

汽车维修企业的生产劳动管理包括劳动组合、劳动定额、劳动考核、劳动工资、职工培训、劳动保护与劳动保险等，其中，劳动组合由生产管理部门负责。

项目三　汽车维修企业生产管理

汽车维修作业的劳动组合是指在一定的作业方式（定位作业或流水作业）和工艺条件（就车修理或总成互换修理）下，汽车维修技工的劳动组合方式。汽车维修作业的劳动组合可分综合性作业法和专业分工作业法两种。确定企业的劳动组合时，要根据企业的生产规模、企业特点、维修车型、人员素质等综合考虑。

1. 综合作业法

综合作业法是指在实行定位作业（车架位置固定不变）、就车修理的汽车修理企业中，除了车身与车架的维修作业（如钣金和油漆、锻焊、轮胎等）由专业工种完成外，其余机电修理作业（如发动机、底盘、电器的维修作业）均由一个班组包干完成。在这种综合全能性维修班组内，所有的机电维修工都按"专项定位、专业分工"的原则被分配在车辆的各维修部位上，并要求在额定时间内平行交叉地完成其各自规定的维修任务。这种劳动组合的优点是占地面积较小，所需设备简单，且机动灵活、生产调度与企业管理简单，仅由班长协调、全班包干完成，这种劳动组合最适合乘用车的维修。这种劳动组合的优点是作业范围很广，需要有全能维修技工，对维修技工的技术水平要求较高，不仅不利于迅速提高工人的技术熟练程度，而且笨重总成来回运输，劳动强度较大，汽车维修周期较长，修理成本较高，修理质量也不易保证，常用于生产规模较小，承修车型较为复杂的中小型汽车维修企业中。

2. 专业分工作业法

专业分工作业法是指在实行流水作业（车架沿流水线移动）、总成互换修理（综合拆装、总成互换）的汽车维修企业中，根据汽车维修工艺流程的先后程序和流水作业要求，将车辆所有维修作业沿着流水线划分为若干工位，待修汽车在流水线上依靠本身动力或利用其他驱动力有节奏的连续或间歇移动；各维修技工及各专用设备则分别安排在流水线两侧的指定工位上，每个工位只承担某一特定的维修作业（各维修工位的专业分工细化程度取决于汽车维修企业的生产规模）。这种劳动组合的优点是分工细、专业化程度高。因此不仅能迅速提高工人单项作业技术水平和操作技能，而且还可以大量应用专用工具和工艺装备，缩短总成和笨重零件的运输距离；也便于组织各工种之间的平衡交叉作业，从而大大提高生产效率、压缩在厂维修车日、保证维修质量和降低维修成本。缺点是维修工人技术单一、工艺组织和企业管理较为复杂，要求协调各工序进度、搞好生产现场计划调度及零配件供应，以确保生产节奏，因而只适用于承修车型单一、生产规模较大和有足够备用总成的汽车维修企业。

任务2　汽车售后服务核心流程

为了顺利开展并有效地管理汽车维修业务，需要有一个流程，汽车售后服务流程实际上就是汽车维修企业的业务管理流程，一个汽车维修企业是否有一套科学完整的业务流程以及这种业务流程执行的是否全面和细致，直接体现了企业的经营管理水平。汽车维修企业的服务对象和维修服务过程具有明显的特点和步骤，汽车维修企业的售后服务核心流程就是根据行业特点和生产过程，概括出来的具有普遍适用性的标准流程，了解售后服务流程的作用和各个环节的特点及注意事项，对于做好维修工作具有非常重要的意义。

3.2.1 概述

1. 售后服务核心流程的含义

对售后服务核心流程狭义的理解是从车辆进厂接待开始，经过开任务委托书、派工、维修作业、质量检验、试车、结算、车辆交付出厂这样一个过程。而对售后服务流程广义的理解是不但包括从车辆进厂到出厂的过程，而且还包括车辆进厂前的预约、准备工作及车辆交付出厂后的跟踪回访工作。

2. 售后服务核心流程的作用

1) 明确服务人员的分工，通过电话预约、跟踪回访、处理好用户抱怨等手段主动加强与用户的关系。
2) 服务过程程序化、服务行为规范化、服务结果标准化。
3) 提高内部工作效率。
4) 为用户提供快速、可靠、方便、一致、高效的服务。

3. 汽车售后服务核心流程环节的划分

不同的汽车制造商对汽车售后服务的核心流程环节的划分是不完全相同的，不同的汽车维修企业对其划分也不一定相同。

（1）一汽大众售后服务核心流程

一汽大众售后服务核心流程包括预约、准备工作、接车/制单、维修/进行工作、质检/内部交车、交车/结算、跟踪回访 7 个环节，如图 3-1 所示。一汽奥迪售后服务核心流程与一汽大众售后服务核心流程相同。

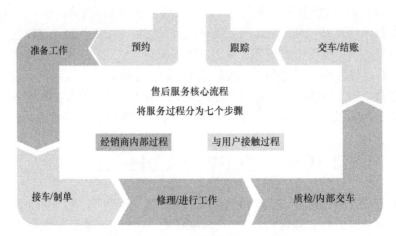

图 3-1 一汽大众售后服务核心流程

（2）比亚迪售后服务核心流程

比亚迪售后服务核心流程包括预约、接待、维修、质量控制、交车、跟踪回访 6 个环节，如图 3-2 所示。

项目三 汽车维修企业生产管理

图 3-2 比亚迪汽车售后服务核心流程

（3）上海大众售后服务核心流程

上海大众售后服务核心流程包括预约、准备、接收车辆/制作订单、进行维修、质量控制/准备交车、交车/结算、跟踪 7 个环节，如图 3-3 所示。

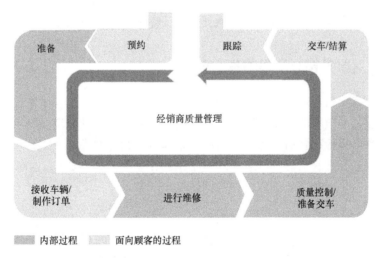

图 3-3 上海大众售后服务核心流程

（4）长安汽车售后服务核心流程

长安汽车售后服务核心流程包括预约、迎接客户、互动检查、故障确诊、维修派工、车辆维修、完工检验、交车、结算、与用户道别、维修回访 11 个环节，如图 3-4 所示。

（5）奔驰汽车售后服务核心流程

奔驰汽车售后服务核心流程包括预约服务、接待服务、初步检测、确认工单、监督工作进度、终检、解释工作、跟踪服务 8 个环节。

（6）丰田汽车售后服务核心流程

丰田汽车售后服务核心流程包括预约服务、接待、填写修理单、调度生产、质量控制、交车、追踪服务 7 个环节，也称"丰田七步法服务程序"。

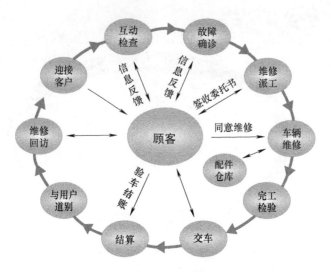

图 3-4　长安汽车售后服务核心流程

（7）本田汽车售后服务核心流程

本田汽车售后服务核心流程包括招揽顾客、预约服务、接待、诊断、估价/顾客安顿、派工、零件出库、作业、完工检查、清洗、结算、交车、服务跟踪 13 个环节。

3.2.2　汽车售后服务核心流程的各个环节

虽然不同厂家的售后服务核心流程的环节不同，但所有环节包含了汽车维修的全过程，一汽大众售后服务的核心流程 7 个环节的划分被很多普通汽车维修企业普遍认同，因此汽车维修行业中，称之为标准售后服务核心流程，本项目以此为例进行介绍。

汽车维修企业标准售后服务核心流程包括预约、准备工作、接车及制单、维修及进行工作、质检及内部交车、交车及结算、跟踪回访 7 个环节。

1. 预约

预约是同客户预先约好何时维修、维修什么项目，是汽车维修服务流程的第一个环节，是企业与客户建立维修服务关系的第一次接触，是与客户构建良好关系的开端，在整个服务环节中起着非常重要的作用。

（1）预约的分类

预约分为主动预约和被动预约。

1）主动预约。维修企业积极主动的给客户打电话进行预约，称为主动预约。主动预约的主要内容有首保预约、常规保养预约、缺货备件到货预约、技术升级预约、主题促销活动预约、服务活动预约、续保预约、代办业务预约、上门服务（如拜访、调查）等。

主动预约不但体现维修企业对用户的关怀，增进与用户之间的感情交流，这也是服务营销工作向用户展示维修企业的服务形象、介绍和推销维修企业的服务、增加维修企业的业务量、提高营业收入的需要。

2）被动预约。客户主动向维修企业打电话联系，对于维修企业来说是被动的，称为被动预约。被动预约的主要内容有：首保咨询、常规保养咨询、缺货备件到货咨询、技术升级咨询、服务活动咨询、续保咨询、代办业务咨询、24小时故障救援、返修及投诉等。

（2）预约的好处

1）顾客可以根据自己的情况灵活安排车辆的保养、维修，方便快捷。

2）车辆进厂后可以直接得到服务，大大减少了中间的不必要的时间浪费及顾客的等待时间。

3）预约的客户还可以享受工时或备件折扣优惠。

4）提高设备和工位的利用率，减少能力闲置和资源浪费。

5）便于及时订购备件，减少备件库存。

6）便于企业做好充分准备，减少由于维修需求的突然性而导致的非作业时间延长，提高工作效率。

7）通过强化预约服务，提高维修服务工作的计划性和规范性，从而提高服务水平。

（3）预约前准备工作

预约工作由预约专员完成，预约专员在预约前要做好以下准备工作。

1）了解用户信息和用户的车辆情况。要清楚用户的名称、联系方式、车辆牌照号、车辆型号、行驶里程数、以往的维修情况、车辆需要做何种维护或有何种故障现象、需要何种维修等。

2）了解本厂的维修生产情况和收费情况。预约专员要清楚维修车间是否可以安排工位、维修工；专用工具、资料是否可用；相应的配件是否有现货或何时到货；要知道相应维修项目的工时费和材料费等。

3）准备好办公用品。准备好电脑，电脑内要有客户资料及企业备件、工时价格等相关信息；准备好纸、笔及预约登记表（《学习活页册》3-4）等相关资料。

知识拓展

预约登记表的格式各有不同，但基本内容大同小异。《学习活页册》3-4为一般预约登记表；《学习活页册》3-5为长安汽车维修预约登记表；《学习活页册》3-6为比亚迪汽车维修预约登记表。

（4）预约服务流程

预约服务流程如图3-5所示。

（5）预约实施规范

1）预约专员工作开始前准备预约登记本和笔，主动预约时，还要准备好预约顾客信息。

2）预约专员按照电话礼仪标准接听或拨打顾客电话。

3）预约专员将预约内容及顾客需求详细记录在预约登记表中，并于每天下班前向服务总监汇报，指定接待服务顾问。

4）预约专员在预约到店前一天致电顾客，再次确认预约，并在下班前将已确认的预约信息填写在预约看板上。图3-6为长安汽车预约看板。

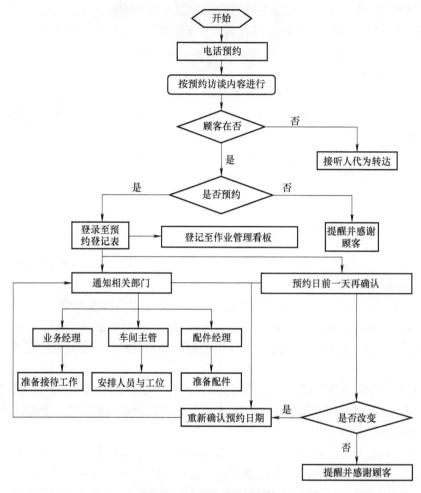

图 3-5 预约服务流程

5) 服务顾问进行备件、工位等准备确认工作。

6) 预约当天上班前服务顾问填写预约欢迎板，提前 1h 与顾客电话确认预约维修项目及到店时间。

7) 顾客按照预约到店时间准时到店（±15min），服务顾问进入预约顾客接待流程。

8) 顾客没有按照预约到店时间到店，服务顾问对预约服务内容变更部分对顾客进行说明，必要时重新进入预约流程。

（6）预约要求

1) 预约人员坐要端庄、不吃东西、使用礼貌用语，普通话标准，吐字清晰、懂本地方言。

2) 了解基本维修常识，熟悉维修流程及各环节人员情况。

3) 预约岗位使用的电脑必须能够及时查寻用户档案及配件库存情况。

4) 礼貌热情地问候用户，与用户在预约交谈中要重述要点、讲话时比面谈时要缓慢清晰，电话接听中时，不能与身旁的人谈不相关的事，不轻易转电话。

项目三　汽车维修企业生产管理

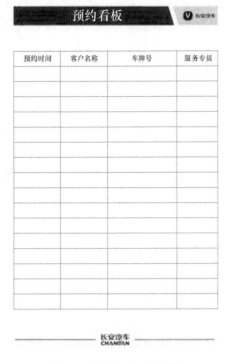

图 3-6　长安汽车预约看板

5）了解、解答、记录用户关心的问题，与用户确认预约服务内容和预约回厂时间后，必须将用户的预约要求重复核实，以再次确认用户的预约要求，防止工作安排出现差错。

6）服务站电话铃声设置成彩铃，内容必须包括："您好！××汽车××服务站欢迎您，请稍候！"。

7）及时从维修档案中调取用户资料，了解用户信息和最近维修记录。

8）如果预约人员当时不清楚情况，就需要及时了解清楚之后再同用户电话确认。不要不清楚情况就盲目预约，以免到时无法践约给用户造成时间损失，引起用户抱怨，影响维修企业信誉。

9）审查维修的接待能力，为用户尽量准确的预估维修费用及交车时间。

10）把握好预约量，每天都为未预约的客户和所谓的"紧急情况"保留一定的生产能力。

11）根据用户反馈情况，估算车辆维修费用，确保实际维修费用不得超过估算费用的30%，并介绍最近活动优惠措施。

12）为用户来访做准备，五星、四星服务站必须设立预约用户管理看板。

13）对准时赴约、讲信用的用户实施奖励，为用户提供工时及备件折扣优惠或由服务站提供小礼品。

知识拓展

奥迪爱心小贴示：

1）建议您至少提前2天预约，便于服务人员为您预定维修服务资源和定制维修方案。

2）建议您提前10min到达奥迪经销商处，享受您的预约服务。

3）如果您在维修期间需要替换车服务，请预约时与奥迪经销商商定。

4）如果您是保养预约，请携带保养手册；如果您需要替换车服务，请携带身份证、驾驶证、行驶证。

详情咨询当地奥迪经销商/服务商。

2．准备工作

准备工作属于流程中的内部环节，与用户并不接触。如果一个顾客如约而来，发现一切工作准备就绪，一个很有素养的维修接待员正在欢迎自己的光临，顾客立即会有一种被尊重、关注及信任的感觉，使顾客的心情愉悦，使顾客又一次对维修企业产生良好印象，成为顾客对企业建立良好信任的开端，为下一步接待沟通建立了良好氛围。

（1）准备工作要点

1）确定业务接待。预约人员有可能就是业务接待，如果不是，确定业务接待。由业务接待与维修车间、备件库进行有效衔接，协助并督促完成相关准备工作。

2）维修车间的准备工作。维修车间主要准备好停车位、车间工位、维修人员、技术资料、设备、专用工具、技术方案等。

3）备件库的准备工作。备件库主要准备备件、辅料等。

4）服务前台前厅需要准备的工作。服务前台前厅需要做好以下准备工作：

① 填写欢迎板，并在顾客到来之前置于迎接顾客的通道口，或置于在服务接待区入口明显位置。图3-7为欢迎板示意图；图3-8为东风雪铁龙4S店的欢迎板；图3-9为比亚迪预约欢迎板。

图3-7 欢迎板示意图　　　　　　图3-8 东风雪铁龙预约欢迎看板

② 准备好预约看板。预约看板的主要内容包括预约时间、车牌号码、客户姓名、服务顾问、服务项目等。预约看板应当在服务前台、车间、库房三个位置设置，前台看板是向客户传递服务意识，使预约客户产生被重视的感觉；车间预约看板为生产调度看板，提醒车间主管进行调度时要考虑预约车辆的情况；库房看板是提醒库管员注意库存，防止出现预约客

项目三 汽车维修企业生产管理

户缺件的意外情况。图 3-10 为奥迪 4S 店预约看板,图 3-11 为比亚迪预约服务看板。预约看板也可是电子屏式,如图 3-12 所示。

图 3-9 预约欢迎板示意图

图 3-10 奥迪 4S 店预约看板

预约服务看板

比亚迪汽车_____服务店　　　　　　　　　____年____月____日

预约进厂服务时间	车号	车型	服务内容（保养，小修，事故）	业务接待	维修技师	备注

图 3-11　比亚迪预约服务看板

图 3-12　电子屏预约看板

5）服务经理将准备结果向客服专员进行反馈。

（2）准备工作注意事项

① 业务接待需及时通知维修车间与备件库做好相应准备工作，维修车间、配件部门也应对业务接待的工作给予积极支持配合。

② 如果准备工作出现问题，预约不能如期进行，应及时告知客户，解释原因求得谅解并重新安排预约时间。

③ 任何特殊需要，如召回、维修、投诉等确保有零部件，如有可能，备件库提前将预约备件放在相对应服务顾问的预约备件区，并注明车号。

④ 服务顾问提前 1h 与客户再次确认。

⑤ 必要时，服务顾问根据预约信息提前制作好任务委托书或维修合同。

3. 接车及制单

（1）接车及制单环节的重要性

接车处理是服务接待的核心任务，属于服务流程中与客户接触环节，业务接待将与客户进行沟通交流，因此业务接待应当注重形象与礼仪并善于与用户进行有效的沟通，客户对企业服务好坏的评价很大程度上取决于服务接待水平。

客户是否成为忠诚的客户并留下，业务接待员有着实质性的责任。不满意的客户会在熟人当中到处讲述其对企业的不满，由此带来的损失是不可估量的。而优秀的业务接待员，可以化解客户的不满，挽回由于客户不满而带来的损失，从而为企业创造最大的效益。

（2）接车及制单服务流程

接车及制单服务流程如图 3-13 所示。

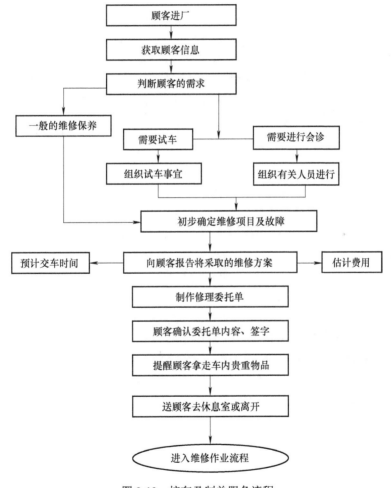

图 3-13 接车及制单服务流程

（3）接车及制单实施规范

1）客户到访时，由引导员引导客户将车辆停放在维修接待区，为客户开启车门并正确指示维修接待区入口位置。

2）引导员对客户表示欢迎，使用标准用语："您好，欢迎光临！"
3）引导员用对讲机通知服务顾问客户到来的信息。
4）引导员应关注预约客户名单上的信息，保证在预约客户到达时，立即通知相对应的服务顾问快速接待。

业务接待视频1

5）客户进到接待区，服务顾问应主动迎接客户。
6）对于预约客户，服务顾问应携带相对应的任务委托书进行接待。
7）保证在1min之内向客户表示欢迎，使用标准用语："您好，欢迎光临！"
8）服务顾问简单询问客户来意或车辆故障状况。
9）服务顾问携带必要的简单工具、四件套和接车单，在客户当面对车辆进行防护，与客户一起对车辆进行环检和预检，车辆环检从左前门开始，顺时针方向进行。

车辆维修防护套是用薄塑料或牛皮纸制作的一次性用品，有"四件套"和"六件套"两种。"四件套"是指脚垫、座椅套、转向盘套、变速杆套；"六件套"包括脚垫、座椅套、转向盘套、驻车制动操纵杆套、变速杆套、钥匙套。有些"四件套"包括2个前脚垫、2个前排座椅座套、转向盘套、变速杆套共有6个，也有人称之为"六件套"。

10）询问客户车辆情况，认真倾听，将客户的需求陈述记录在接车单"客户需求陈述"处，然后向客户复述。
11）经过初步判断，向客户提供相关建议方案（尽可能提供几套方案供客户选择，满足客户需求），将客户认可的方案记录在接车单相应位置。将对客户进行的其他建议，也要记录在接车单的相应位置。
12）对不能确定的车辆故障应请相关技术人员协助诊断，需要时应将车辆开入专用的预检工位进行检查。
13）检查车辆外观、灯光、轮胎、车辆内饰和各功能开关等，并做记录。
14）准确记录车辆的行驶里程和燃油量，便于判断客户用车强度，确定下次预约时间节点。

15）打开发动机舱检查内部情况，并做记录。
16）经客户同意，打开行李舱，检查备胎和随车工具并做记录。
17）根据车辆检查情况，将新发现的问题向客户做建议，并主动提供合

车辆检查视频1

理的车辆养护建议，将客户认可的项目记录在接车单上。
18）提醒客户保管好车内的贵重物品，并向客户提供物品代管服务。
19）服务顾问引领客户回到维修接待区。
20）服务顾问主动为客户看座，客户落座后，服务顾问再坐下。
21）使用车辆维修管理系统，按照车辆维修类别，选择对应的任务委托书类别。
22）根据查看车辆行驶证以及询问客户获得的信息，在系统中核实车辆和客户信息，必要时进行更新。
23）在系统中更新车辆行驶里程。
24）查询车辆维修历史记录，根据相关信息，再向客户进行全面的维修建议。

25）对于预约客户，需要与客户确认车辆和客户信息，必要时进行更改。

26）将客户对车辆具体的需求陈述录入到系统中。

27）将客户同意的维修方案录入到系统中。

28）客户不同意的维修项目也应作为维修建议登记在维修系统中，提示维修技师对这些维修建议，提供可再正常使用的时间或里程数据。

29）需要对预约任务委托书上已有的维修内容进行核对更新。

30）需要对预约任务委托书上已有的维修费用和交车时间进行核对更新。

31）根据客户认可的维修方案，查询备件库存，并依照备件价格手册向客户作目录式报价。

32）根据客户认可的维修方案，依照工时价格手册向客户作目录式报价。

33）告知客户提供免费洗车服务，与客户确定是否洗车，标注在任务委托书规定位置，如有必要，向客户提供免费洗车票。

34）告知客户目前所预计发生的备件总价、工时费总价和维修总价。

35）告知客户约定的交车时间（包含洗车时间在内）。

36）将目前向客户预估的备件总价、工时费总价和维修总价，标注在任务委托书规定位置。

37）将向客户预估的交车时间，标注在任务委托书规定位置。

38）与客户确定旧件保留方式和存放位置，标注在任务委托书规定位置。

39）与客户确定结账方式，标注在任务委托书规定位置。

40）将所检查的燃油量，标注在任务委托书规定位置。

41）将客户交代的特别注意事项标注在任务委托书规定位置。

42）出具任务委托书，请客户过目，并逐项说明。

43）对于任务委托书上暂时不能确定的维修项目，应告知客户需要经过进一步的检测后，再通知客户确切的维修方案以及时间、费用。

44）客户认可后在任务委托书和接车单上签字。

45）将任务委托书和接车单的取车联交给客户，并提醒客户此单据为提车凭证，需要保管好以防丢失。

46）将任务委托书和接车单整齐装订。如果维修为常规保养项目，还应另附定期保养单，整齐装订。

47）将特殊客户的区别标识标注在任务委托书规定位置。

48）询问客户是否在此等待车辆竣工。

49）对于在此等待提车的客户，应由服务顾问引导或陪同客户进入休息区休息等待，或进入精品备件展示区介绍给精品销售人员。

50）对于非等待客户，应向客户提供机动性保障，如提供代步车或代叫出租车等。

车辆检查视频 2

51）向客户说明在车辆维修过程中，如出现维修项目、时间或费用变化的情况，服务顾问会及时与客户联系，并再次确认客户的联系方式。

（4）制单工作内容

在接车及制单环节中，服务顾问要认真记录，准确填写接车检查单和任务委托书。

1）填写接车检查单。用户将车辆交给业务接待去安排维修，要离开车辆一段时间，为避免用户提车时产生不必要的误会或纠纷，此时业务接待应与用户共同对车辆进行检查验证，填写接车检查单。对检查验证的内容主要有车辆外观是否有划痕、内饰是否有脏污、随车工具附件是否齐全、车内是否有贵重物品等。

接车检查单的格式各种各样，但基本内容大同小异，表3-5为普通汽车维修企业使用的汽车大修进厂检验单（《学习活页册》3-7）。《学习活页册》3-8为一汽—大众奥迪接车检查表；《学习活页册》3-9为比亚迪车辆外观检查报告；《学习活页册》3-10为比亚迪车辆环检问诊单；《学习活页册》3-11为甘肃交通学院汽车创客空间智能检测单；《学习活页册》3-12为上海大众接车检查单。

表3-5　汽车大修进厂检验单

进厂日期				进厂编号			
厂牌车型				牌照号码			
发动机号码				底盘号码			
送修单位				地址			
联系电话				送修人			
用户报修及车况介绍	此车系驶入或拖入＿＿＿＿　总行驶里程＿＿＿＿km 已进行过整车大修＿＿＿＿次　发动机大修＿＿＿＿次 进厂前主要问题是＿＿＿＿　此次要求＿＿＿＿						
检查发现主要问题及重点修理部位							
整车装备及附属设施（完整"√"，缺少"△"，损坏"×"）							
	检验项目	状况	检验项目		状况	检验项目	状况
车内附属设施	收音（录）机		点烟器			电风扇	
	CD机		座套			转向盘套	
	天线		坐（靠）垫			遮阳板	
	电视、音箱		脚垫			防盗锁	
	车载电话		前后标			仪表盘	
	钥匙		饰物			随车工具	
底盘部分	离合器		转向机			前、后桥	
	手动变速器		转向操纵机构			横拉杆	
	自动变速器		转向传动机构			减振器	
	传动轴		车架及车身			制动系	
	驱动桥		内外蒙皮			驻车制动系	
	分动器		悬架				
电气	灯光		暖风电动机				
	仪表		防盗系统				
	电气线路		低压报警器				
其他	驾驶室		内外装饰				
	客车车箱		油漆涂层				
	门窗玻璃		备胎				
备注							

进厂检验签字：　　　　　　　　　　　　年　　　月　　　日

项目三 汽车维修企业生产管理

2）签订任务委托书或汽车维修合同。任务委托书和汽车维修格式合同从合同角度进行比对，两者在内容和作用上无实质区别，都是汽车维修合同，只不过是名称和格式不同而已。乘用车维修企业采用任务委托书形式，商用车维修企业有使用汽车维修格式合同的，汽车维修合同见《学习活页册》3-13。

任务委托书的主要内容有用户信息、车辆信息、维修企业信息、维修作业任务信息、附加信息和用户签字。用户信息包括用户名称、联系方式等；车辆信息包括牌照号、车型、颜色、底盘号、发动机号、上牌日期、行驶里程等；维修企业信息包括企业名称、电话，以便用户联系方便。维修作业信息包括进厂时间、预计完工时间、维修项目、工时费、预计配件材料费；附加信息是指用户是否自带配件、用户是否带走旧件等，这些都需要同用户作一个准确地约定。用户签字意味着对维修项目、有关费用、时间的认可。

任务委托书一般至少两联，其中一联交付用户，可作为用户提车时的凭证，以证明用户曾经将该车交付维修企业维修，用户结算提车时收回。另一联维修企业内部使用，也可兼做维修车间内部派工以及维修人员领取配件材料的依据。如果维修企业使用三联任务委托书，那么其中一联交给用户之外，企业自用的两联，可分别用于维修车间派工以及维修人员领料使用。具体采用两联还是三联，则由维修企业根据自身实际情况确定。

进厂车辆如果只是进行一般的维护，可以直接同用户签订任务委托书。进厂车辆如果要进行故障修理，业务接待应对用户车辆进行技术性检查和初步故障诊断，验证故障现象是否同预约中描述的相同，必要时和用户一起试车亲自验证。根据故障现象判定故障原因，必要时还要请技术人员进行仪器检测和会诊，拟定维修方案，估算修理工时费和材料费，预计完工时间，打印好任务委托书，请用户签字。

表3-3是一汽—大众特约服务站的任务委托书（《学习活页册》3-3）。不同汽车维修企业任务委托书的样式不一定相同，《学习活页册》3-14为兰州新奥驰泰汽车销售服务有限公司任务委托书；《学习活页册》3-15为长安汽车维修派工单；《学习活页册》3-16为比亚迪车辆委托维修估价派工单；《学习活页册》3-17为甘肃交通学院汽车创客空间委托单。

（5）接车及制单工作注意事项

1）使客户满意的前提是与客户进行良好的交谈。其中包括认真听取客户意见，提出问题，解释关联性问题以及为客户提供良好的、专业化的咨询。

2）业务接待员要亲自进行客户接待工作，不能因为工作忙，就叫其他人员（如维修人员）代替，这样会让客户感到不受重视，客户会对企业产生不信任感。

3）业务接待员需将胸牌戴在显眼的位置，以便客户知道在与谁打交道，这样有利于增加信任。

4）接待时应直接称呼客户的姓名和职务（如王经理、李老板、张处长等），这样客户感到受重视，同时也显得亲切。

5）正确使用车辆四件套，当着客户的面保护车辆。

6）接待时应集中全部精力，避免匆忙或心不在焉，认真听取客户有哪些具体的愿望和问题，通过有针对性的提问更多地了解客户的要求，并将所有重要的信息记录在接车检查单中。

7）业务接待员与客户一起检查车辆，若需要用举升机举起车辆，业务接待员也有必要

制单视频1

一起陪同。这样可以拉近与客户的距离,从而赢得客户的信任。

8)在填写任务委托书之前与客户一起对车辆进行检查,如果故障只在行驶中发现,应与客户一起进行试车。当着客户的面进行这种形式的技术检测不仅有利于自己的把握程度,而且可避免不信任。并且,发现新的故障还可以增加维修项目,若业务接待对这一故障没有把握,也可以请技术总监或有经验的技师一起进行车辆诊断。与客户一起对车辆进行检查时,还应同时检查车辆是否存在某些缺陷。

9)向客户解释可能的维修范围,若客户不明白或想进一步了解,可通过易于理解的实例来形象地解释一些技术细节。

※小提示※

永远记住,对于大多数客户来说,车辆具有高度的精神和物质价值,而且常常是其财产的重要组成部分。

10)告诉客户所进行的维修工作的必要性和对车辆的好处。

11)在确定维修范围之后,将维修费用按工时费和材料费进行细化,准确对维修费用进行估算,维修费用估算误差控制在5%以内。

12)如果客户对费用感到吃惊或不满,应对此表示理解,并为其仔细分析所要进行的每一项工作,千万不要不理睬或讽刺挖苦。接待时对客户的解释,会换来客户的理解,如果事后客户要比预想的情况多付钱,肯定会产生不满情绪。

13)在有些情况下,如果只有在拆下零件或总成后才能准确地确定故障和与此相关的费用,报价时就应当特别谨慎。在这种情况下,在费用预算上必须明确地用诸如以下的措辞来保护自己:"以上是大修发动机的费用,维修离合器的费用核算不包括在本费用预算中,只能在发动机拆下后才能确定。"

14)接待台上摆放常用工时和备件价格手册。

15)业务接待员要填写任务委托书,经与客户沟通确认能满足其要求后,请客户在任务委托书上签名确认。

16)提醒客户将车上的贵重物品带走。

17)最后请客户到客户休息区休息或与客户道别,并向客户说声"谢谢""再见"。

制单视频2

【案例3-1】王先生是一家外资企业的高级经理,他买了一辆奥迪A6L轿车。有一天,车的左前门不小心被划伤了,他开到一家修理厂进行维修。业务接待员热情地接待了他,详细记录了车的损伤情况。并且环车仔细检查了其他部位,发现右前翼子板有道划痕。征求王先生的意见,是否一起修理一下。王先生感到很惊奇,由于忙于工作,还没有注意到。他问业务接待员需要多少钱?业务接待员告诉他需要100元,王先生愉快地接受了。优良的接待既让用户感到满意,又增加了收入。

4. 维修及进行工作

服务顾问将任务委托书和接车单等单据一同随车辆送入车间,向车间派工,车辆进入维修及进行工作环节。

(1)维修及进行工作流程

维修及进行工作流程如图3-14所示。

项目三 汽车维修企业生产管理

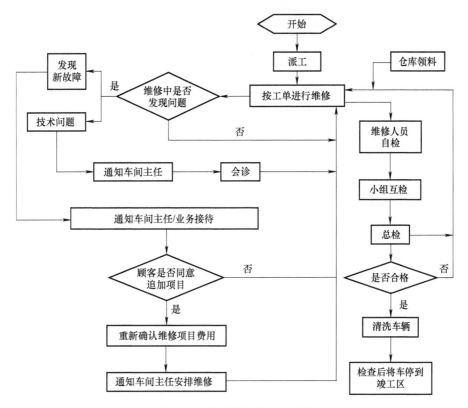

图 3-14 维修及进行工作流程

（2）维修及进行工作实施规范

1）维修人员要保持良好的职业形象，穿着统一的工作服和安全鞋。

2）维修人员在作业中应当爱惜用户的车辆，注意车辆的防护与清洁卫生，作业时给车加上翼子板保护垫、座椅护套、转向盘套、变速杆套、脚垫等防护用具。

3）维修作业时应当注意文明生产、文明维修，做到零件、工具、油水"三不落地"，随时保持维修现场的整洁。

备件领用视频

4）作业时车辆要整齐摆放，不可在客户车内吸烟、听音响、使用电话等与维修无关的工作。

5）维修人员严格按照维修操作规范和维修手册施工，正确使用专用工具和专用仪器，不能野蛮作业。

6）在维修、保养过程中，发现新故障时，维修人员要及时向车间调度或服务顾问反映，服务顾问根据新发现的问题和解决方案，确定所需备件的库存、价格、工时费和所需时间后，通知客户。在得到客户认可后，由服务顾问将所变更的项目落实在任务委托书上，请客户签字；如果客户不认可，维修人员将客户暂时不做的建议项目记录在任务委托书上，待车辆修竣交车时，请客户确认签字。

7）维修人员要保证在预期的时间内完成，如果认为可以提前或延迟完工要报告车间调度或服务顾问，以便及时通知客户。

8）维修人员每完成一项工作，都应在项目后边作标注，并在任务委托书上签名。

9）对于定期保养的车辆，维修人员应按照定期保养单上的内容逐一检查确认，并在表单上标注。

10）作业完毕后将车内的旧件、工具、垃圾等收拾干净。

11）将更换下来的旧件放在规定位置，以便后续处理。

12）将客户需要保留的旧件，做好清洁和密封处理，放在客户指定的位置。

13）将座椅、转向盘、后视镜等调至原来位置。

14）如果拆卸过蓄电池电缆，收音机电子钟等的存储就已被抹掉，应重新恢复。工作时一定要注意这些工作细节。

【案例 3-2】某修理厂接收了一辆雷克萨斯 400 轿车，该车蓄电池亏电。业务接待开好维修作业单后，客户就离开了。维修人员将车开到工位进行检查，发现是发电机调节器损坏，打电话与客户联系，客户同意更换。车一会儿修好了。当客户来提车的时候，向厂长反映车的音响不好用了。经检查这辆车带音响防盗系统，从现在的情况看是音响锁死了。询问客户音响密码，客户说不知道该车密码，但知道音响以前是好用的。厂里的人不知怎么解开密码，于是聘请了一位专家，给解开了密码，并付了 1000 元劳务费。由于耽误了客户的时间，客户很不满意。

总结这件事的教训是：业务接待员在断开蓄电池前，应检查音响是否已被锁死，若已锁死，应向客户反映；若没锁死，应询问客户音响密码；在无密码的情况下，则不应断开蓄电池电缆。

（3）维修及工作注意事项

1）服务顾问向车间派工时，要强调客户的需求陈述和交车时间，提醒车间务必给予满足。

2）向主修人员交代清楚任务委托书和接车单上的内容，尤其是故障现象、维修项目、交车时间、旧件保留方式、是否洗车和客户交代的特别注意事项等。

3）维修人员接到任务委托书或派工单后，应当及时、全面、准确的完成维修项目，不应超出维修范围进行作业。若发现维修内容与车辆的实际情况不完全相符，需要增加、减少或调整维修项目时，应及时通知业务接待，由业务接待估算相关维修费用、完工时间，取得用户同意后方可更改维修内容，并办理签字手续。

4）维修人员尽量一次性提供维修建议，避免多次变更维修内容、时间和费用。

5）在常规维护检查作业时，维修人员应当严格按照维护作业技术规范进行，更换、添加、检查、紧固等有关项目应做到仔细全面、准确到位，最后填写维护检查单。

5. 质检及内部交车

维修作业结束后，为了确保完成所有维修项目，保证维修质量和一次修复，满足任务委托书的要求，确保交给客户的车辆技术状况达到要求，汽车维修企业进行质检及内部交车环节，该环节就是给客户交车前的准备工作，该环节的主要工作内容包括质量检查、车辆清洁、准备旧件、完工审查、通知客户取车等。

（1）质检及内部交车流程

质检及内部交车流程如图 3-15 所示。

项目三　汽车维修企业生产管理

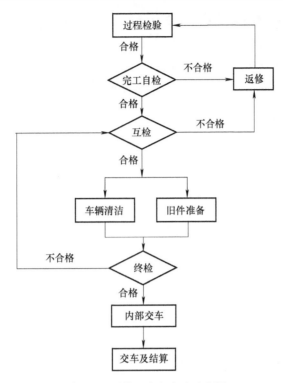

图 3-15　质检及内部交车流程图

(2) 质检及内部交车实施规范

1) 汽车维修企业维修质量实行自检、互检和终检的三检制度。

2) 维修人员按照任务委托书进行自检。确认车内和发动机舱内无遗留物品，确认发动机舱内各部件安装无松动，外部无新损伤，底部无漏油现象，整理旧件打包放在与客户约定的位置上。

3) 班组长核实维修人员自检结果，各作业班组负责本班组维修质量的互检。

4) 专职质量检验员全面负责竣工车辆的质量把关工作，维修工作结束后，专职检验员要对车辆性能进行终检。

5) 质检人员要在任务委托书上签字确认。

6) 对于需要路试的车辆，必须由指定的试车人员，依照试车路线进行路试。

7) 对于检验不合格的车辆，应及时通知车间返工返修，并填写内部返修单。

8) 质量检验应贯穿于维修的全过程，零部件在发放前应进行检验。若发现不合格品，坚决不能发放。维修人员在维修过程中发现不合格备件，及时退回备件库，要求换货。

知识拓展

"三检"的工作要点

1. 自检的工作要点

1) 维修技师按照任务委托书检查完成所有的维修项目。

2) 确保没有发生与此次维修无关的备件。

3）确保每个施工项目都按照维修手册的要求进行操作。
4）检查旧件的保留方式正确。
5）保证遵守客户提出的特别注意事项。
6）检查车内是否有维修后的残留物品，并对车内进行清理。

2．互检的工作要点

1）维修技师将竣工的车辆和任务委托书交给班组长。
2）班组长核实维修技师的检验结果。
3）检查客户报修的故障已经完全排除，满足客户需求。
4）检查维修技师签名。
5）对发现不合格的问题及时纠正，要求维修技师立即改正。
6）合格后在任务委托书上签字。

3．终检的工作要点

1）维修技师或班组长将检验后的任务委托书交给质量检验员做终检。
2）质量检验员将维修进度管控板上已送检车辆的维修信息，更新至完工检验状态。
3）按照任务委托书检查无漏项。
4）检查客户报修的故障已经完全排除，满足客户需求。
5）检查技师签名。
6）检查旧件的保留方式。
7）保证遵守客户提出的特别注意事项。
8）对需要路试的车辆严格按照规定的试车路线进行试车。
9）对检验不合格的车辆，填写内部返修单，要求主修技师重新操作。
10）合格后在任务委托书上签字，必要时对车辆所检验的结果，填写质量检查记录表。

9）用户的车辆维修完毕之后，应该进行必要的车内外清洁，以保证车辆交付给用户时是一辆维修完好、内外清洁、符合用户要求的车辆。

10）如果委托书中显示用户需要将旧件带走，维修人员则应将旧件擦拭干净，包装好，放在车上或放在用户指定的位置，并通知业务接待。

11）承修车辆的所有维修项目结束并经过检验合格之后，业务接待就可以进行完工审查了。完工审查是由业务接待来完成的，主要工作是核对维修项目、工时费、配件材料数量，材料费是否与估算的相符，完工时间是否与预计相符，故障是否完全排除，车辆是否清洁，旧件是否准备好，如果一切准备就绪，就可以通知用户来取车了。

12）由维修技师将合格的竣工车辆停放在交车区。

13）将车位号码记录在任务委托书上。

14）车辆在停放时，车头朝外，锁好车辆。

15）维修技师将车辆钥匙和任务委托书递交给原接车服务顾问。

（3）质检及内部交车注意事项

1）质检人员必须认真负责，严格执行质检技术标准。

2）向顾客展示维修旧件，若顾客带走，包装好旧件放置于行李舱。

3）特大件/总成件与顾客现场确认是否需要带走，与顾客达成共识对其进行处理。

4）维修复检、终检过程发现新故障或故障未修复或遗漏，班组长或质检员立即安排原维修技师返修，不能有任何理由。

交车过程视频

6．交车及结算

交车及结算环节是服务流程中与用户接触环节，由服务顾问完成。

（1）交车及结算流程

交车及结算流程如图 3-16 所示。

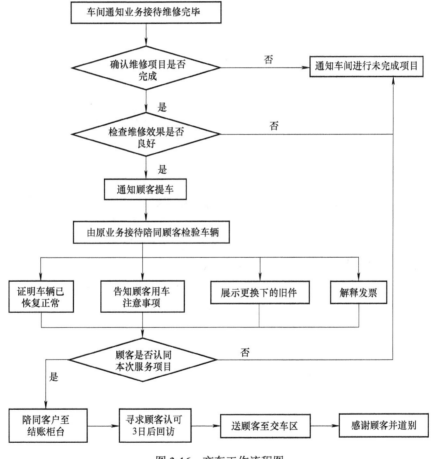

图 3-16 交车工作流程图

（2）交车及结算实施规范

1）服务顾问备妥任务委托书（派工单）、接车单、定期保养单、领料单等维修单据，完成以下检查：

① 检查所有维修项目都已完成，没有与此次工作无关的项目。

② 检查所发生的备件明细没有与本次工作无关的备件。

③ 确保所发生的费用与向客户的最终报价一致。

④ 检查维修单据填写是否正确，相关人员是否已签名。

2）业务接待员审验完维修单后，将维修单送交收款员处核算。

3）收款员检查料单和其他凭证（如外部维修加工单等）是否齐全，检查出库的材料是否与订单要求的维修范围一致。

4）预先制作出结算单。

5）将这些项目和量化后的信息作为维修建议，录入系统。

6）服务顾问亲自联络顾客取车。

7）引领客户到交车区，引导客户检查车辆外观，向客户展示维修成果。

8）向客户提供未修项目的维修建议和使用注意。

9）向客户展示维修旧件，确认旧件的处理方式。

10）向客户说明维修后用车注意事项。

11）尽可能强调给予客户的优惠和免费项目。

【案例3-3】

"免费洗了车。"

"驻车制动器操纵杆行程太大了，可能会导致驻车制动器失效，我们已给您调整好了。"

"空调的排水管堵塞了，我们已疏通好了。若不疏通，再有一两天水就该流入驾驶舱地板了。"

12）向客户解释维修费用（包括三包维修项目），引领顾客到收银台。

13）收银员请客户在结算单上签字，将结算单据等放在交车袋一并交予顾客。

14）服务顾问送别客户到车辆旁边，并当面取下车辆防护六件套，向客户交付车辆钥匙。

15）向客户说明保养规定，提醒客户下次保养的时间和里程，并推荐其预约。

16）向客户递交名片，并告知客户救援热线。

17）提示客户公司客服部门会在3日内进行回访，并记录客户方便联系的时间和方式，在系统中标注。

18）感谢顾客并引导顾客车辆驶出竣工区，目送顾客离店。

(3) 交车及结算注意事项

1）交车/结算是客户离站前的最后一次沟通机会，不是简单的缴费而是客户期望值最高的时候。

2）实现接车环节与客户达成的约定是首要任务。

3）除了主要接触人服务顾问的态度以外，财务人员的态度也影响着客户对经销商及维修站整体满意度。服务顾问及结算员要面带微笑、注重礼仪，为客户提供准确快捷的结算。

4）用户到来之后，不应让用户长时间的等待，应及时打印出结算单。

5）确保交付客户的车辆内外清洁，尤其是一些小细节如烟灰盒里的烟灰必须倒掉、时钟要校对、座椅位置调正确，汽车外观的清洁虽然是小事，但是却事半功倍，增加客户的满意度。

6）交车服务顾问最好是原接车服务顾问，如果原服务顾问请假了，原接车顾问要事前向新交车服务顾问详细交代交车事项。

7）收银员在结算时应实时向客户说明应收、实收、找零等金额，当面点清维修款项、写支票或刷卡结算。

8）收银员给客户开具发票和出门证，并将结算单的客户联、宣传资料、发票、出门证和车辆钥匙整理整齐，一同交还客户。

知识拓展

结 算 单

1. 结算单内容

结算单是用户结算修理费用的依据，结算单中包括用户信息、用户车辆信息、维修企业信息、维修项目及费用信息、附加信息、用户签字等。用户信息包括用户名称、联系方式等；车辆信息包括牌照号、车型、底盘号、发动机号、上牌日期、行驶里程等；维修企业信息包括企业名称、地址、邮编、开户银行、账号、税号、电话等信息，以便用户联系；维修项目及费用信息包括进厂时间、结算时间、维修项目及工时费、使用配件材料的配件号、名称、数量、单价、总价等。用户签字意味着用户对维修项目以及费用的认可。

结算单一般一式两联，用户将一联带走，另一联由维修企业的财务部门留存。财务人员负责办理收款、开发票、开出门证等手续。结算应该准确高效，避免耽搁用户的时间。

2. 结算单的样式

表 9-1 为一汽-大众特约服务站使用的结算单。

《学习活页册》3-18 为奥迪兰州新奥驰泰汽车销售服务有限公司结算单；《学习活页册》3-19 为甘肃永宁汽车销售服务有限公司结算单；《学习活页册》3-20 为甘肃交通学院汽车创客空间结算单。

7. 跟踪回访

跟踪回访是维修服务流程中的最后一道环节，属于与用户接触沟通交流环节，一般通过电话访问的方式进行。在较大一些的维修企业由专职的回访员来做这项工作，在较小的维修企业可由服务顾问兼职来做。当用户提车离厂后，维修企业应在 1~3 日内对用户进行跟踪回访。

（1）跟踪回访的好处

1）表达对客户惠顾的感谢，促进客户信任度增加。

2）了解客户对维修质量、用户接待、收费情况、维修的时效性等方面的反馈意见，以利于维修企业发现不足、改进工作。

3）确保客户对维修的满意度，对不满意的方面，采取措施解决问题，减少客户抱怨，以使客户满意。

（2）跟踪回访准备工作内容

1）客服专员每日整理前一天维修后的客户单据（任务委托书、结算单、定期保养单等），便于回访时能够及时查询客户当日维修时的具体情况。

2）客服专员准备好电脑、笔、客户电话回访登记表、客户投诉处理跟踪表等用品。

3）充分做好回访前的准备，使用单据并结合系统进行回访。

4）使用标准的回访问卷和用语。

（3）跟踪回访流程

跟踪回访流程如图 3-17 所示。

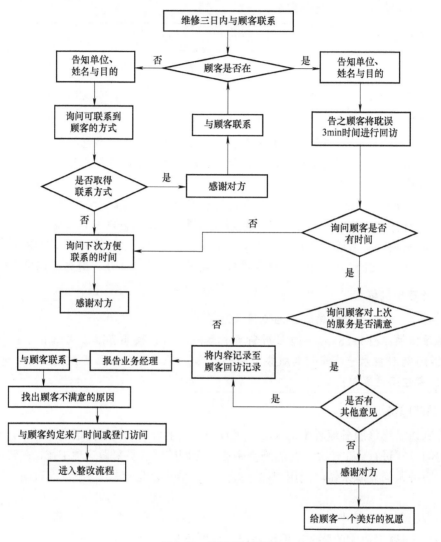

图 3-17　跟踪服务流程

（4）跟踪回访实施规范

1）3 天内对维修后的客户进行 100%回访。

2）客服专员使用标准回访用语进行回访，回访时，使用 CRM 系统的电话录音功能。

3）询问客户对上次维修经历是否满意。

4）对有抱怨或投诉的客户，应真实记录客户的陈述，并填写客户投诉处理跟踪表。

5）对抱怨或投诉的客户，客服专员应向客户承诺后续的处理措施。

6）联系客户时，提醒客户定期保养和预约服务，并进行友善关怀。

7）使用系统进行回访记录统计和分析，形成回访分析周报。

8）每周向服务部门提供回访分析周报，为其进行工作优化或整改提供指向，周报抄送服务总监和总经理。

9）组织各整改部门，定期召开回访分析会或员工培训，制定合理的改进措施和具体实施流程，防止客户抱怨的重复出现

10）定期根据回访分析周报数据，对各部门的优化和整改效果进行评估，督促持续改进。

11）将单据和回访记录整理存档。

（5）跟踪回访注意事项

1）跟踪回访的内容应不断进行调整，使之更加趋于客户的需求与期望。

2）跟踪回访内容还应根据公司对员工的绩效考核重点进行调查，并根据考核点的内容和权重变化而调整。

3）跟踪回访时间应按照系统中记录的，客户方便接受回访的时间和方式进行，尽量避开客户休息或者是工作高峰期。

4）在客户档案中更新客户可以接受的回访时间段。

5）通话期间，客户电话不得被转接。

6）客户电话无法接通时，在3~5天内，应在每天不同的时间段试着进行三次联系。

7）连续三次无法联通的客户，应使用关怀短信或关怀信函，并在客户系统档案中进行标注，以提醒服务顾问进行更正。

8）已进行的电话回访应立即记录，并标注在客户档案中。

9）对于不接受电话回访形式的客户，也应在系统中进行标注。

10）回访人员应做好回访记录，作为质量分析和用户满意度分析的依据。回访中如果发现用户有强烈抱怨，应及时向服务经理汇报，在当天内研究对策以平息用户抱怨，使用户满意，千万不要漠然处之。

任务3　维修生产管理模式

近年来，随着汽车维修市场规模的不断发展，汽车维修企业的不断增多，市场竞争也不断激烈。许多维修企业为了争取用户，提高用户满意度，向用户提供各种便利性服务，如预约服务、24小时救援服务，免费洗车服务、上门修车服务、提供代用车服务、代办车辆年检服务等等，维修服务企业提供的这种一站式服务具有一定的系统性、便利性，这也确实方便了广大汽车用户，解除了用户的后顾之忧，提高了用户的满意度。但是这些毕竟是便利性服务而不是核心服务，汽车维修企业向用户提供的维护检查、故障修理、事故修理等服务内容仍然是核心服务内容，这种核心服务是最关键的、最基本的服务内容，因为用户到维修企业来主要是维护检查或者修理，这是一个简单的现实。

【案例3-4】

某用户来到维修企业很顺利地排除了发动机怠速发抖的故障，临走前发现车辆比较脏，又对车辆进行了免费的外部清洗，很满意的进行了结算，离开了这家维修企业。

在这个例子中，排除发动机怠速发抖的故障则是维修企业向用户提供的核心服务内容，对车辆进行免费的外部清洗则是维修企业向用户提供的便利性服务内容。可以想象如果维修企业排除了发动机发抖的故障而没有进行车辆清洁，用户也许能接受（当然用户不一定非常

的满意);如果维修企业没有排除发动机的怠速发抖故障,即使车辆清洗的再干净,车擦得再亮用户也不会满意,因为用户主要是来修车的而不是来洗车的。从以上的例子中可以看出,核心服务与便利性服务是一种相辅相成、辩证统一的关系。

3.3.1 维修生产管理原则

维修生产管理中应当遵循以下三个原则:以用户满意为导向;以维修质量为导向;以企业效益为导向。

1. 以用户满意为导向

用户满意与否标志着用户对维修企业的评价,意味着用户下次还会不会光顾你这家维修企业。拥有一大批满意的用户是一个维修企业长远发展的必要基础。因此,一位精明的维修企业经营者应当认识到用户是一种宝贵的资源,应当开发与利用好这种资源,应当把用户满意当作是维修企业的出发点与归宿点,应当时时把用户作为关注的焦点,一切服务工作都应围绕着保证用户满意来进行,以用户满意为导向首先应当了解用户的期望,并围绕用户的期望来开展工作。

一般说来,用户对维修有下列期望:
1) 维修车间要全面准确地实现业务接待对用户的承诺。
2) 等待的时间尽量短,能很快地进入工位维修。
3) 维修速度要快,效率要高。
4) 维修人员的工作质量要尽善尽美,达到零缺陷。
5) 车辆维修之后要安全可靠,不再返工,让人放心。
6) 车辆在维护时全面仔细检查,能得到必要的提醒。
7) 车辆的故障能够一次性的彻底排除根治。
8) 维修费用要同预算的费用基本相一致,不要出入太大,应控制在5%以内。
9) 服务态度要好,要主动、热情、友好。
10) 要爱护用户车辆,不要弄脏。

当用户得到的现实结果与期望不一样时就会失望、不满意甚至抱怨投诉,全体员工应该时刻了解用户的这些期望,树立让用户满意、确保维修质量的思想观念,并贯彻落到具体的维修工作和管理工作中去。

2. 以维修质量为导向

根据汽车维修企业的特点,企业的技术性与服务性贯穿于维修服务流程的始终,因而汽车维修企业的质量既包含产品质量又包含服务质量。而汽车维修企业向用户提供的产品又是一种技术性的支持与服务,因此维修质量与服务质量密不可分,相辅相成。

全面、系统、持续的追求维修产品质量至关重要,有了维修质量,有了良好的服务,有了用户的满意,就能保证用户数量持续增长,企业就会有效益。维修车间管理工作就是向用户提供合格的汽车维修产品和满意的服务品质,始终以维修质量为重点、为关键点、为导向,做好汽车维修服务工作,不断改进、提高维修质量水平。

3. 以企业效益为导向

维修企业不但要追求用户的满意和社会效益，更重要的一个方面是要追求企业利益的最大化，这也正是企业的发展要求。维修企业的效益与业务接待有直接关系，而整个工作是在维修车间实现的，维修车间的管理工作也必然以经济效益为导向。这就要求生产管理工作注重维修效率，注重合理的派工调度，避免窝工现象，注重各工种、各工序的合理衔接，注重工位的充分利用，注重维修技术和规范，避免返工，以便获得较大的效益。

3.3.2 维修生产管理模式

如何在维修生产组织结构或者说管理模式上保证遵循用户满意导向、维修质量导向、企业效益导向的原则呢？在这里推荐两种维修生产管理模式，即传统式管理模式和团队式管理模式。这两种管理模式在现代维修企业中都得到广泛采用，也各有其优势和不足。到底采用哪一种管理模式，如何发挥优势，抑制不足，可根据维修企业的管理习惯、人员素质、主修车型特点自定。

1. 传统管理模式

传统管理模式是一种出现比较早，时间比较长的模式，是从机械制造业维修车间的管理模式中衍化而来的一种管理模式。在这种模式下，维修企业的部门设置、部门内部的岗位设置、人员岗位分工比较细致，各有其职责范围。具体来说，前台业务接待与维修车间为两个部门，前台业务接待部门负责与用户接触的一系列接待工作，即预约、接车检查、开任务委托书、向车间传递维修任务、结算交车、跟踪回访等工作，维修车间负责接受前台的维修任务委托书，向各维修班组或维修技师下达维修任务（开派工单）、维修作业、质量检查、路试，并向前台进行维修生产信息反馈及技术质量信息反馈工作。车间调度员负责与维修人员有关的生产管理工作，前台业务接待与维修车间的任务传递是通过车间调度员来实现的，即业务接待将待修车辆以及任务委托书交由车间调度员，再由车间调度员根据任务委托书以及车间生产情况开具派工单，对各班组实行派工处理。在维修生产中，维修进度、各维修工序的衔接由车间调度员来进行统一协调、控制，车间调度员便是车间的控制中心。质检员负责对维修车辆的过程检验、竣工检验以及维修质量的检查、监督、记录工作。试车员负责承修车辆的道路试验工作。

传统管理模式下的组织结构如图 3-18 所示。

2. 团队式管理模式

团队管理模式是相对于传统管理模式而言的，在 2000 年以前，团队管理模式仅应用于小型维修企业。近年来，随着品牌专修企业的不断发展，维修企业服务意识的增强，为避免传统管理模式的一些弊端，逐渐引入团队管理模式，并赋予一些新的含意，这样使得

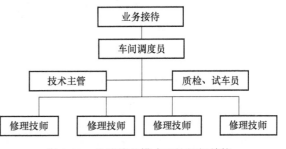

图 3-18 传统管理模式下的组织结构

团队管理模式有了较大的发展。

团队式管理模式就是将维修人员分成几个大的班组，由 1 名业务接待带领 1 个班组，组成维修团队。每个维修团队就像一个组织严密的小型维修企业，整个维修企业的生产组织由这样的若干个维修团队组成。在团队式管理模式中，业务接待不仅负责与用户接触的一系列工作，而且还担负维修生产派工、维修进度控制、各维修工序的衔接等生产管理工作。在这种模式中，取消了车间调度员岗位，由业务接待（也就是该维修团队的管理者）直接对维修班组进行生产管理。为简化派工手续，业务接待可直接向维修人员下达任务委托书进行派工，而不需再另开派工单。在维修生产中，维修进度、各维修工序的衔接由业务接待来进行统一协调、控制，业务接待便是维修车间的几个班组的核心。质检员负责对维修车辆的过程检验、竣工检验以及维修质量的检查、监督、记录工作。试车员负责承修车辆的道路试验工作。

在团队管理模式中，业务接待的工作较复杂，因此要求业务接待具备较高的综合素质。一般要求业务接待具备下列几种基本素质：

1）业务接待素质。能够接待用户，处理用户问题；热情大方，彬彬有礼；表达沟通能力强，处理特殊问题的应变能力强。

2）维修技术素质。能够熟练驾驶车辆进行试车，并有维修技术功底，对所修的主要车型熟悉，能够进行初步的故障诊断与检验。

3）计算机操作能力。现代维修企业许多都采用了计算机管理信息系统，所有的业务流程中都离不开计算机管理软件，这就要求业务接待具备一定的计算机管理软件、办公软件的操作能力。

4）生产管理能力。在团队管理模式中，业务接待还取代了调度员而直接进行维修生产作业的派工、协调，这就要求业务接待具备一定的生产管理能力。

团队管理模式的组织结构如图 3-19 所示。

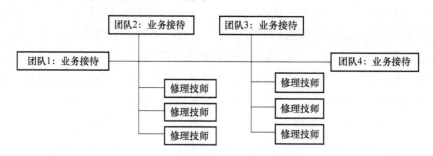

图 3-19　团队管理模式下的组织结构

3. 传统管理模式与团队管理模式的比较

（1）与用户沟通方面

在传统管理模式中，业务接待与维修人员一般情况下无直接接触，维修作业指令是通过车间调度员来实现的，维修进度信息、技术质量信息也是通过车间调度员向业务接待反馈的，因此信息传递渠道比较长，信息传递效率、准确性也就较低；而在团队管理模式中，业务接待既与用户沟通，又可与维修人员直接联系，能够及时地将用户的要求和意见传达到维修人员，能够及时将维修生产进度、技术质量信息传递给用户。业务接待起着一个桥梁、纽带的

项目三 汽车维修企业生产管理

作用。因此在与用户沟通方面,团队管理模式有一定的优势。

（2）保证维修质量方面

在两种管理模式中,维修车间都需要配备技术主管、质检员和试车员。也都需要维修车间执行"三级检验制度",即维修技师的自检、维修班组之间的自检互检、维修过程检验和质检员的最终检验。在团队管理模式中,由于业务接待的技术素质较高,加上从用户到维修车间的信息传递通畅,这将有助于提高维修质量。

（3）维修服务效率方面

维修服务的效率分为业务接待的效率和维修作业的效率。在团队管理模式中,如果用户进厂时间比较集中时,业务接待不仅要接待用户,还要处理维修班组的管理工作,如果处理不好将有可能出现顾前不顾后的现象,这样将影响接待效率,造成用户等待时间长的问题,维修班组出现窝工的现象。在传统管理模式中,维修车辆及维修指令的传递是通过车间调度员来完成的,在车辆进厂时间比较集中时,如果调度员处理不当也有可能出现"瓶颈"现象,即许多车等着调度员安排维修,许多维修班组等着维修任务,可是由于调度员在某一事物的处理上耽搁一点时间将会影响整个维修生产的效率。因此,在传统管理模式中,就维修生产效率而言,调度员的调度是最关键的环节。

（4）维修车间的内部合作方面

团队式管理更加注重团队精神,有利于团队内部人员之间的密切合作。这种模式中的维修人员之间横向联系比较密切,如果有问题可直接由业务接待来进行协调调度。而传统管理模式中只是要求维修人员完成派工单的任务指令即可,维修人员之间的横向合作比较少。

（5）人员素质要求方面

团队管理模式中的业务接待不但充当接待的角色,还要负责管理自己所带的团队,进行生产管理,充当维修调度员的角色,对其综合素质要求较高。一名好的业务接待不但要懂得接待用户,具备汽车维修经验、故障诊断技能,还要具备生产管理、指挥调度的能力。在传统管理模式中,业务接待不需要具备生产管理能力,恰恰相反,要求调度员具备较好的生产管理能力,另外还要求调度员具备与业务接待之间、与维修人员之间的良好内部沟通能力,有丰富的维修实践经验和计划协调能力等等。

> **知识拓展**
>
> **服务规范管理**
> 服务规范管理,见《学习活页册》3-21。
> **服务接待经典话术**
> 服务接待经典话术,见《学习活页册》3-22。

复习思考题（《学习活页册》3-23）

复习思考题参考答案（《学习活页册》3-24）

项目四
汽车维修企业技术管理

学习目标：
- 知道汽车维修企业技术管理的基本任务和岗位职责。
- 掌握汽车维护的原则、分类。
- 知道各维护周期和维护作业项目及技术要求。
- 知道汽车维护工艺的组织形式。
- 掌握汽车修理的原则、分类及主要内容。
- 知道汽车和总成的送修规定及大修标志。
- 掌握汽车修理的基本方法和修理工艺。
- 知道汽车修理作业形式。
- 掌握发动机大修竣工检验技术要求和大修竣工检验规定。
- 知道汽车检测的类型和常用检测项目。
- 知道技术责任事故的原因、责任划分及处理原则。

汽车维修企业是一个多工种、多环节构成的服务性企业。虽然规模一般较小，但汽车维修过程中不仅维修车型和维修技术日益复杂，而且各工种、各环节有着各自不同的操作规程、工艺规范和技术标准，各工种、各环节在生产过程中又彼此交叉。因此每一工种或每一环节的工作质量都可能会直接影响到汽车维修的整体产品质量，汽车维修技术管理日益重要。为此，现代汽车维修企业内大多设置有技术管理部门，以配合生产管理，进行技术指导和技术培训，监督和协调企业内部所有的生产技术工作，更好地为汽车维修企业的生产经营管理服务。在此主要介绍汽车维修企业技术管理概述、汽车维护技术管理、汽车修理技术管理、技术责任事故及处理。

任务1 了解汽车维修企业技术管理概况

汽车维修企业技术管理是企业管理的重要组成部分。只有建立汽车维修企业技术管理的组织机构，明确其岗位职责，才能确保技术管理的顺利实现。

4.1.1 汽车维修企业技术管理的基本任务

汽车维修企业的技术管理基本任务是采用先进合理的汽车维修技术工艺，选用生产上适用、技术上先进、经济上合理、可靠性好、信誉度高的汽车维修设备及汽车检测诊断设备，为用户和车主提供优质的车辆维修服务；保证维修竣工车辆的行车安全、降低消耗和环境污染，实现汽车维修企业的经济效益与社会效益；搞好技术管理基础工作，促进汽车维修企业的现代化管理。汽车维修企业技术管理有七个方面的具体工作：

1．建立技术管理组织机构

在汽车维修企业内部应建立以总工程师或分管技术的副总经理为技术总负责人的技术工作指挥系统，结合企业具体情况，设置必要的技术管理职能机构，配备必要的技术人员。

2．建立技术管理制度及技术责任制度

建立健全汽车维修企业的各项技术管理制度和各级技术责任制度，例如车辆维修制度、机具设备管理制度、材料配件管理制度、全面质量管理制度及质量检验制度、技术教育培训制度、技术档案管理制度、技术经济定额管理制度、技术责任事故处理制度等。

3．坚持技术为生产服务的原则

汽车维修企业技术管理的基本原则，就是要以提高汽车维修质量为中心，技术应为维修生产服务、为生产现场服务。其内容包括：分析汽车维修的生产过程和质量情况，抓好汽车维修过程中的技术管理（如结合企业实际情况，抓好零件分类检验、维修过程检验及总成验收，开展QC全面质量管理活动等）；解决汽车维修过程中所发生的重要技术问题。

4．搞好汽车维修的机具设备管理

根据"择优选配、正确使用、定期检测、周期维护、视情修理、合理改造、适时更新和报废"的原则，配合企业的实际生产过程，对本企业所有的运输车辆及汽车维修机具设备进行全过程的综合性管理。

5．搞好修旧利废与技术革新

积极开展修旧利废与技术革新工作，推广先进维修技术，减轻工人劳动强度，促进企业技术进步，努力降低修理成本。

6．搞好技术教育和技术培训

积极开展职工技术教育、质量教育、质量评比，配合做好职工的技术业务素质培训；开展职业技能竞赛，提升职工的职业技能水平；改进维修技术和维修工艺，提高车辆维修质量。

7．做好技术基础工作

1）建立健全各级技术责任制度。
2）建立健全生产技术管理过程中的各种原始记录。
3）建立健全生产技术管理过程中的各种技术文件。主要包括生产用图纸资料、各工种各设备的安全技术操作规程，汽车维修工艺规范，以及各类企业技术标准等。

4) 参与制订与考核企业各项技术经济定额。
5) 搞好技术资料与技术档案管理。
6) 参与技术责任事故处理等。

4.1.2 技术管理的组织机构及岗位职责

1. 汽车维修企业技术管理的组织机构

汽车维修企业应在建立董事长负责制的同时，还应根据企业的生产规模和工作特点，本着精简和效能的原则，相应建立以总工程师（年大修能力在 500 辆以上的汽车维修企业）、主任工程师（年大修能力在 300 辆以上的汽车维修企业）或技术负责人（年大修能力在 300 辆以下的汽车维修企业）为首的技术管理组织机构。并在总工程师、主任工程师或技术负责人的直接领导下建立相应的技术管理机构，配备少量精干的技术人员，并明确其技术岗位职责，深入生产第一线，加强汽车维修过程中的技术领导，以履行其技术管理职能，为生产服务好。车间技术负责人、主修人以及专职检验人员在业务上也受总工程师、主任工程师或技术负责人的直接领导。

2. 汽车维修企业技术管理的岗位职责

总工程师、主任工程师或技术负责人应在董事长/厂长/经理的直接领导下具体负责本企业的技术管理工作，其岗位职责如下：

1) 执行上级颁布的技术管理制度，制订本企业各级技术管理部门及技术人员的技术责任制度。
2) 编制并实施本企业的科技发展规划和年度技术措施计划（包括企业设备购置和维修计划），搞好本企业的技术改造和技术革新工作；推广新技术、新工艺、新材料、新设备；开发新产品。
3) 解决本企业生产经营管理中的疑难技术问题和质量问题，努力提高产品质量，并努力降低产品成本。
4) 切实做好本企业技术管理的各项基础工作，参与制订并实施本企业技术经济定额。
5) 领导并组织本企业的科技工作和技术培训工作，做好本企业技术职务的评定和聘任。

任务 2　掌握汽车维护技术管理

所谓汽车维护，是指为维持汽车完好技术状况或工作能力而进行的技术作业。其作业内容主要包括清洁、补给、润滑、紧固、检查、调整以及发现和消除汽车运行故障和隐患等。汽车维护技术管理的目的是保持车辆技术状况良好，保障运输安全，发挥车辆效能，促进节能减排，以取得良好的经济效益、社会效益和环境效益。

4.2.1 汽车维护制度

随着汽车技术和质量水平的提高，汽车维护的重要性愈显突出。汽车通过有效维护，汽

项目四　汽车维修企业技术管理

车修理工作量逐渐减少，维护工作总量已大于修理量，汽车维修的重点已转移到维护工作上，维护已重于修理。

汽车作为机械产品，随着其运行里程的增加，技术指标会不断下降而变差，只有通过维护和修理，才能使其技术状况得以保持或恢复良好状态。我国汽车维护制度有二级维修制度和 I/M 制度。

1．二级维护制度

为了维持汽车完好技术状况、延长汽车使用寿命、保证汽车安全性、降低排放污染、提高经济效益，我国对在用车辆实行二级维护制度。二级维护制度不仅考虑了磨损零件的情况，还考虑到老化、变质、变形、蚀损等对汽车性能的影响，考虑汽车在使用过程中，随着使用里程和使用时间的增加，汽车的技术性能会下降，为了使汽车技术状况不下降或减缓下降，对在用汽车需要按规定进行二级维护。汽车维护的重要性体现在以下两个方面：

（1）汽车维护是汽车结构变化和汽车技术发展的要求

当今世界汽车技术日新月异，新结构层出不穷，特别是电子技术等在汽车上的广泛采用，使汽车维修行业面临着不断变化和发展的新形势，我国在用汽车已普遍采用电控燃油喷射系统、防抱死制动系统、自动变速系统、电控悬架装置等先进技术和设备。为适应这些现代车辆维修的需要，迫切要求与现代车辆维修相适应的检测设备和技术，也迫切需要与现代车辆维修相适应的汽车维护、检测、诊断技术规范。

（2）汽车维护是保护大气环境的要求

我国汽车排放控制的核心是在用车的排放控制。新车在转化为在用车之前，可以通过严格的法律法规和具体的行政手段，使其排放指标得到有效控制；对于没有利用价值和将要或必须报废的车辆，不存在排放控制的现实问题；而在用车随着车况变化，排放污染则将逐渐加剧。因此，对汽车排放污染的控制，主要是控制在用车的排放污染。

2．I/M 制度

I/M 制度就是检测维修制度。I/M 制度是世界上发达工业国家和地区对在用车进行强制性定期检测，并对出现故障的车辆进行强制修理的制度。I 即 Inspect，检查之意，M 即 Maintenance，维护之意。

实践证明，国内外治理在用车排放污染，采用加强在用车的 I/M 制度，是目前最科学、合理、经济、有效的汽车排放污染控制途径。

I/M 制度就是通过对在用车进行检查，确定其技术状况，特别是确定排放污染严重的原因后，有的放矢地采取维护措施，最大限度地降低排放污染物。国标 GB/T 18344—2016《汽车维护、检测、诊断技术规范》，通过不解体检测诊断，确定附加作业项目，进行周期维护，保证车辆技术状况，对治理在用车排放污染有一定成效。《汽车维护、检测、诊断技术规范》在体现 I/M 制度，考虑安全性的同时，强制所有在用车进行二级维护，建立控制在用车污染物排放周期维护制度。

I/M 制度与传统的养护方法相比较，区别就在于数据管理，因此又被称之为数据养护。传统的修理保养过程，只是对油路、电路进行调整，缺乏对缸压数据的掌握。往往是什么地方出了问题，就换什么零件来修复，不太注重发动机各系统的内在联系，因此并不能将发动机的性能工况调养到最佳。而 I/M 制度最关键的就是对于发动机的技术参数和工作数据掌握和调整，使发动机处于最佳工作状态。

发动机系统是否能平衡工作，取决于三个要素，即气缸压力、燃油空燃比、点火正时及火花强度，发动机的这三个要素也只有调整到最佳状况时，汽车的工况性能才能发挥到最佳。

在保证这三项要素能达到最佳的工作状态，通过 I/M 制度对发动机的管理是必不可少的。I/M 制度的重点在于对气缸压力、燃油空燃比和火花强度进行数据监测和调整，并进行长期有效的监控，使发动机运转达到最佳状态时，可以有效地控制耗油量，并可降低尾气污染，防止尾气超标。

4.2.2 汽车维护的原则

交通运输部的《汽车运输业车辆技术管理规定》（交通运输部令 2019 年第 19 号）规定："道路运输经营者应当建立车辆维护制度"。汽车维护应贯彻"预防为主、定期检测、周期维护"的原则，即汽车维护必须遵照交通运输管理部门规定的行驶里程或间隔时间，按期强制执行，不得拖延，并在维护作业中遵循汽车维护分级和作业范围的有关规定，保证维护质量。

汽车维护是预防性的，保持车容整洁，及时消除发现的故障和隐患，防止汽车早期损坏是汽车维护的基本要求。汽车维护的各项作业是有计划的、定期执行的，车辆维护作业项目按照国家关于汽车维护的技术规范要求确定，具体作业内容依据国家有关标准和车辆维修手册中的规定和要求，在汽车技术状况变坏之前进行。

定期检测是指汽车在进行二级维护前应该使用测试仪器或设备对汽车的主要使用性能和技术状况进行检测诊断，以了解和掌握汽车的技术状况，并做出技术评定，根据结果确定附加作业项目，基本作业项目和附加作业项目，在二级维护作业时一并进行。

周期维护是指汽车的维护工作必须遵照交通运输管理部门或汽车使用说明书规定的行驶间隔里程或间隔时间，按期执行，不得任意拖延。

因此，坚持预防为主、定期检测、周期维护的原则，做好汽车维护工作并按照 GB/T 18344—2016《汽车维护、检测、诊断技术规范》的要求执行，是有效地保持汽车良好技术性能的有效手段。

4.2.3 汽车维护的分类

汽车维护可分为定期维护和特殊维护两类。根据《汽车维护、检测、诊断技术规范》（GB/T 18344—2016）规定，定期维护分为日常维护、一级维护、二级维护；特殊维护包括走合期维护、季节性维护。

1. 定期维护

（1）日常维护

日常维护是指驾驶人在每日出车前、行车中、收车后所进行的例行性维护作业，故也称例行维护、每日维护或行车三检制。日常维护是保持汽车正常状况的基础工作，由驾驶人负责完成。日常维护的好坏，直接影响到行车的安全。为了预防事故和保证行车安全，驾驶人必须了解和掌握汽车的技术状况，汽车在使用时，必须坚持进行日常维护。

（2）一级维护

一级维护是对经过较长里程运行后的汽车，由维修人员对汽车安全部件进行的检视维护作业。其作业中心内容除日常维护作业外，以清洁、润滑、紧固为主，并检查有关制动、操纵、灯光、信号等安全部件。

（3）二级维护

二级维护是由维修企业负责执行的汽车维护作业，其作业中心内容除一级维护作业外，以检查、调整为主，并拆检轮胎，进行轮胎换位。这是汽车经过更长里程运行后，必须对车况进行较全面的检查、调整，以维持其良好的技术状况和使用性能，确保汽车的安全性、动力性和经济性等达到使用要求。

2．特殊维护

（1）季节性维护

在入冬或入夏时，为使汽车适应季节的变化而实行的维护称为季节性维护（可结合汽车二级维护作业完成）。其主要作业内容是按季更换机油，并调整油电路和检查维护冷却系统等。

（2）走合期维护

汽车的使用寿命、工作的可靠性和经济性在很大程度上取决于汽车使用初期的走合。汽车的走合期就是指新车或大修后的汽车在最先行驶的一段里程。汽车的走合期一般规定为1500～2500km，或按汽车使用说明书规定的里程执行。

4.2.4　各级维护周期

1．日常维护周期

日常维护周期为出车前、行车中和收车后。

2．一级维护周期和二级维护周期

（1）一级维护和二级维护周期的确定

1）汽车一级维护、二级维护周期的确定应以行驶里程间隔为基本依据，行驶里程间隔执行车辆维修资料等有关技术文件的规定。

2）对于不便用行驶里程间隔统计、考核的汽车，可用行驶时间间隔确定一级维护、二级维护周期。其间隔时间（天）应依据本地区汽车使用强度和条件的不同，参照汽车一、二级维护里程周期，由各地自行规定。

（2）道路运输车辆一级维护和二级维护推荐周期

《汽车运输业车辆技术管理规定》（交通运输部令2019年第19号）规定："道路运输经营者应当依据国家有关标准和车辆维修手册、使用说明书等，结合车辆类别、车辆运行状况、行驶里程、道路条件、使用年限等因素，自行确定车辆维护周期，确保车辆正常维护"。为了确保道路运输车辆能规范进行维护保养，在国标《汽车维护、检测、诊断技术规范》（GB/T 18344—2016）中给出了道路运输车辆一级维护和二级维护推荐周期，具体见表4-1。

表 4-1 道路运输车辆一级维护和二级维护推荐周期

适用车型		维护周期	
		一级维护行驶里程间隔上限值或行驶时间间隔上限值	二级维护行驶里程间隔上限值或行驶时间间隔上限值
客车	小型客车（含乘用车）（车长≤6m）	10 000km 或者 30 日	40 000km 或者 120 日
	中型及以上客车（车长>6m）	15 000km 或者 30 日	50 000km 或者 120 日
货车	轻型货车（最大设计总质量成≤3 500kg）	10 000km 或者 30 日	40 000km 或者 120 日
	轻型以上货车（最大设计总质量成>3 500kg）	15 000km 或者 30 日	50 000km 或者 120 日
挂车		15 000km 或者 30 日	50 000km 或者 120 日

注：对于以山区、沙漠、炎热、寒冷等特殊运行环境为主的道路运输车辆，可适当缩短维护周期。

（3）常见车型的维护周期

为保证汽车的合理使用，在汽车实际维护工作中应以厂家规定的维护周期为准。在汽车维修行业内，将汽车维护通俗称之为汽车保养。德国大众桑塔纳、捷达的保养周期为 7500km，帕萨特、迈腾、奥迪、奔驰的保养周期为 10000km，美系车、日系车、韩国车及法国车的保养周期一般为 10000km 或 5000km；国产车中的比亚迪为 5000km，长城哈弗 h 系列为 6000km、长城 WEY 为 7500km，吉利全球鹰 GX7 为 5000km 或 6 个月（以先到期限者为准），红旗 H7 为 10000km、一汽奔腾为 5000km。综合归类情况是中高档乘用车的保养周期大部分为 10000km，中低档乘用车的保养周期大部分为 5000km。汽车的首保周期也不尽相同，常见的有 3000km、5000km。

汽车维护周期的长短虽然各车型产品要求不一，但从作业的深度来看，都基本上分为两级，相当于《汽车维护、检测、诊断技术规范》中提出的一级维护和二级维护。表 4-2 所示为上海大众特约服务站执行的上海桑塔纳轿车维护作业单。

表 4-2 上海桑塔纳轿车维护作业单

维护作业	里程数/km	
	7500	15000
照明、警告闪光装置、喇叭：检查性能		√
刮水器和清洗装置：检查性能，必要时注入清洗液		√
离合器：检查行程，必要时调整（非自动调整）		√
蓄电池：检查蓄电池电解液，必要时加入蒸馏水		√
发动机：目测有无渗漏（机油、冷却液、燃油及空调系统）	√	√
冷却系统：检查冷却液面高度及防冻能力，必要时更正，并进行压力测试	√	√
V 带：检查静止状态与张紧度，必要时，张紧或更换		√
凸轮轴传动带：检查状态与张紧度，必要时张紧	30000	
火花塞：更换（非长效火花塞）		√
空气滤清器：清洗外壳，更换滤芯		√
化油器式发动机燃油滤清器：更换	30000	

项目四 汽车维修企业技术管理

（续）

维护作业	里程数/km	
	7500	15000
汽油喷射发动机燃油滤清器：更换	**80000**	
发动机舱盖：上、下部润滑（包括搭钩）	√	√
舱盖铰链、门拉带：润滑	√	√
机油：更换	√	√
机油滤清器：更换		√
操纵：检查波纹管有无润滑与损坏		√
制动装置：目测有无渗漏与损坏	√	√
底板保护层：目测有无损坏	30000	
排气装置：检查有无损坏		√
转向横拉杆球头：检查间隙、固定程度和防尘罩，转向助力系统液压件各接头是否渗漏	√	√
传动轴：拉簧防尘罩有无损坏	√	√
变速器、主传动轴护套：目测有无渗漏及损坏	√	√
制动摩擦片：厚度检查	√	
驻车制动：检查，必要时调整（非自动调整）		√
氧传感器：更换	80000	
检查轮胎（包括备胎）花纹深度和花纹类型，调整轮胎压力		√
制动液状态，摩擦片衬面磨损：检查		√
车轮固定螺栓：根据紧固力矩检查		√
点火提前角：检查，必要时调整		√
怠速时 CO 含量：检查并调整（汽油喷射发动机不需要调整）		√
前照灯灯光：检查，必要时进行调整		√
行车，驻车制动，开关操纵及空调：性能检查		√

4.2.5 汽车维护作业内容及技术要求

汽车维护的主要工作内容有清洁、检查、补给、润滑、紧固和调整等。

1. 日常维护作业的内容

日常维护是驾驶人为保持汽车正常工作状况的经常性工作，其作业的中心内容是清洁、补给和安全检视，通常是在每日出车前、行车中和收车后进行的车辆维护作业。日常维护作业项目及技术要求见表 4-3。

表 4-3　日常维护作业项目及技术要求

序号	作业项目	作业内容	技术要求	维护周期
1	车辆外观及附属设施	检查、清洁车身	车身外观及客车车厢内部整洁，车窗玻璃齐全、完好	出车前 收车后
		检查后视镜，调整后视镜角度	后视镜完好、无损毁，视野良好	出车前
		检查灭火器、客车安全锤	灭火器配备数量及放置位置符合规定，且在有效期内。客车安全锤配备数量及放置位置符合规定	出车前 收车后

（续）

序号	作业项目	作业内容	技术要求	维护周期
1	车辆外观及附属设施	检查安全带	安全带固定可靠、功能有效	出车前收车后
		检查风窗玻璃刮水器	刮水器各档位工作正常	出车前
2	发动机	检查发动机机油、冷却液液面高度，视情补给	油（液）面高度符合规定	出车前收车后
3	行驶系统	检查紧固半轴、钢板弹簧等的连接螺栓	半轴、钢板弹簧等的连接螺栓紧固可靠	出车前行车中
		检查变速器、分动器、差速器的温度是否异常和渗漏	温度正常，无渗漏	行车中
4	制动系统	制动系统自检	自检正常，无制动警告灯闪亮	出车前
		检查制动液液面高度，视情补给	液面高度符合规定	出车前
		检查行车制动、驻车制动	行车制动、驻车制动功能正常	出车前
		检查轮毂、制动鼓	温度正常，无渗漏	行车中
5	车轮及轮胎	检查轮胎外观、气压	轮胎表面无破裂、凸起、异物刺入及异常磨损，轮胎花纹沟槽内无异物，轮胎气压符合规定	出车前行车中收车后
		检查车轮螺栓、螺母	齐全完好，无松动	
6	照明、信号指示装置及仪表	检查前照灯	前照灯完好、有效，表面清洁，远近光变换正常	出车前
		检查信号指示装置	转向灯、制动灯、示廓灯、危险警告灯、雾灯、喇叭、标志灯及反射器等信号指示装置完好有效，表面清洁	出车前
		检查仪表	工作正常	出车前行车中
7	其他	检查燃油及玻璃清洗液	应符合规定	出车前收车后
		检查货车牵引装置和货物捆扎情况；检查客车行李架、行李网是否牢固可靠	货车牵引装置和货物捆扎情况良好、牢靠；客车行李架、行李网牢固可靠	出车前行车中

注："符合规定"指符合车辆维修资料等有关技术文件的规定。

2. 一级维护作业内容

一级维护由维修工完成。专业维修工对车辆进行全车清洁、润滑、紧固和检查（特别检查车辆的制动、转向等安全部件），及时发现故障隐患，补充汽车每日维护作业的不足。一级维护作业项目除了汽车日常维护的作业项目外，其基本作业项目及技术要求见表4-4。

表4-4 一级维护基本作业项目及技术要求

序号	作业项目	作业内容	技术要求
1	发动机	空气滤清器 机油滤清器 燃油滤清器	清洁或更换	按规定的里程或时间清洁或更换滤清器。滤清器应清洁，衬垫无残缺，滤芯无破损。滤清器安装牢固，密封良好
		发动机机油及冷却液	检查油（液）面高度，视情更换	按规定的里程或时间更换机油、冷却液，油（液）面高度符合规定

项目四 汽车维修企业技术管理

（续）

序号	作业项目		作业内容	技术要求
2	转向系统	部件连接	检查、校紧万向节、横直拉杆、球头销和转向节等部位连接螺栓、螺母	各部件连接可靠
		转向器润滑油及转向助力油	检查油面高度，视情更换	按规定的里程或时间更换转向器润滑油及转向助力油，油面高度符合规定
3	制动系统	制动管路、制动阀及接头	检查制动管路、制动阀及接头，校紧接头	制动管路、制动阀固定可靠，接头紧固，无漏气（油）现象
		缓速器	检查、校紧缓速器连接螺栓、螺母，检查定子与转子间隙，清洁缓速器	缓速器连接紧固，缓速器外表清洁，定子与转子间隙符合规定，各插接件与接头连接可靠
		储气筒	检查储气筒	无积水及油污
		制动液	检查液面高度，视情更换	按规定的里程或时间更换制动液，液面高度符合规定
4	传动系统	各连接部位	检查、校紧变速器、传动轴、驱动桥壳、传动轴支撑等部位连接螺栓、螺母	各部位连接可靠，密封良好
		变速器、主减速器和差速器	清洁通气孔	通气孔通畅
5	车轮	车轮及半轴的螺栓、螺母	校紧车轮及半轴的螺栓、螺母	拧紧力矩符合规定
		轮辋、压条挡圈	检查轮辋及压条挡圈	轮辋及压条挡圈无裂损及变形
6	其他	蓄电池	检查蓄电池	液面高度符合规定，通气孔畅通，电桩、夹头清洁、牢固，免维护蓄电池电量状况指示正常
		防护装置	检查侧防护装置及后防护装置，校紧螺栓、螺母	完好有效，安装牢固
		全车润滑	检查、润滑各润滑点	润滑嘴齐全有效，润滑良好。各润滑点防尘罩齐全完好。集中润滑装置工作正常，密封良好
		整车密封	检查泄漏情况	全车不漏油、不漏液、不漏气

注："符合规定"指符合车辆维修资料等有关技术文件的规定。

3. 二级维护作业内容

二级维护是汽车维护制度中规定的最高级别维护，其目的是为了维持汽车各总成、机构的零件具有良好的工作性能，及时消除故障和隐患，保证汽车动力性、经济性、排放性、操纵性及安全性等各项综合性能指标满足要求，确保汽车在二级维护间隔期内能正常运行。

二级维护是在一级维护的基础上，由专业维修工对汽车所做的较全面系统的检查、调整、紧固及润滑，以检查和调整为主，并进行必要的附加修理作业。二级维护前应进行进厂检测，依据进厂检测结果进行故障诊断并确定附加作业项目。二级维护作业过程中发现的维修项目也应作为附加作业项目。二级维护的基本作业项目和附加作业项目，在二级维护作业时一并进行。二级维护基本作业项目及技术要求见表 4-5。

表 4-5　二级维护基本作业项目及技术要求

序　号		作业项目	作业内容	技术要求
1	发动机	发动机工作状况	检查发动机起动性能和柴油发动机停机装置	起动性能良好，停机装置功能有效
			检查发动机运转情况	低、中、高速运转稳定，无异响
2		发动机排放机外净化装置	检查发动机排放机外净化装置	外观无损坏、安装牢固
3		燃油蒸发控制装置	检查外观，检查装置是否畅通，视情更换	炭罐及管路外观无损坏、密封良好、连接可靠，装置畅通无堵塞
4		曲轴箱通风装置	检查外观，检查装置是否畅通，视情更换	管路及阀体外观无损坏、密封良好、连接可靠，装置畅通无堵塞
5		增压器、中冷器	检查、清洁中冷器和增压器	中冷器散热片清洁，管路无老化，连接可靠，密封良好。增压器运转正常，无异响，无渗漏
6		发电机、起动机	检查、清洁发电机和起动机	发电机和起动机外表清洁，导线接头无松动，运转无异响，工作正常
7		发动机传动带（链）	检查空压机、水泵、发电机、空调机组和正时传动带（链）磨损及老化程度，视情调整传动带（链）松紧度	按规定里程或时间更换传动带（链）。传动带（链）无裂痕和过量磨损，表面无油污，松紧度符合规定
8		冷却装置	检查散热器及管路密封	散热器及管路固定可靠，无变形、堵塞、破损及渗漏。箱盖接合表面良好，胶垫不老化
			检查水泵和节温器工作状况	水泵不漏水、无异响，节温器工作正常
9		火花塞、高压线	检查火花塞间隙、积炭和烧蚀情况，按规定里程或时间更换火花塞	无积炭，无严重烧蚀现象，电极间隙符合规定
			检查高压线外观及连接情况，按规定里程或时间更换高压线	高压线外观无破损、连接可靠
10		进/排气歧管、消声器、排气管	检查进/排气歧管、消声器、排气管	外观无破损，无裂痕，消声器功能良好
11		发动机总成	清洁发动机外部，检查隔热层	无油污、无灰尘，隔热层密封良好
			检查、校紧连接螺栓、螺母	油底壳、发动机支撑、水泵、空压机、涡轮增压器、进排气歧管、消声器、排气管、输油泵和喷油泵等部位连接可靠
12	制动系统	储气筒、干燥器	检查、紧固储气筒，检查干燥器功能，按规定里程或时间更换干燥剂	储气筒安装牢固，密封良好。干燥器功能正常，排水阀通畅
13		制动踏板	检查、调整制动踏板自由行程	制动踏板自由行程符合规定
14		驻车制动	检查驻车制动性能，调整操纵机构	功能正常，操纵机构齐全完好、灵活有效
15		防抱死制动装置	检查连接线路，清洁轮速传感器	各连接线及插接件无松动，轮速传感器清洁

项目四 汽车维修企业技术管理

(续)

序号	作业项目		作业内容	技术要求
16	制动系统	鼓式制动器	检查制动间隙调整装置	功能正常
			拆卸制动鼓、轮毂、制动蹄，清洁轴承位、轴承、支承销和制动底板等零件	清洁，无油污，轮毂通气孔通畅
			检查制动底板、制动凸轮轴	制动底板安装牢固、无变形、无裂损。凸轮轴转动灵活，无卡滞和松旷现象
			检查轮毂内外轴承	滚柱保持架无断裂，滚柱无缺损、脱落，轴承内外圈无裂损和烧蚀
			检查制动摩擦片、制动蹄及支承销	摩擦片表面无油污、裂损，厚度符合规定。制动蹄无裂纹及明显变形，铆接可靠，铆钉沉入深度符合规定。支承销无过量磨损，与制动蹄轴承孔衬套配合无明显松旷
			检查制动蹄复位弹簧	复位弹簧不得有扭曲、钩环损坏、弹性损失和自由长度改变等现象
			检查轮毂、制动鼓	轮毂无裂损，制动鼓无裂痕、沟槽、油污及明显变形
			装复制动鼓、轮毂、制动蹄，调整轴承松紧度、调整制动间隙	润滑轴承，轴承位涂抹润滑脂后再装轴承。装复制动蹄时，轴承孔均应涂抹润滑脂，开口销或卡簧固定可靠。制动摩擦片与制动鼓摩擦面应清洁，无油污。制动摩擦片与制动鼓配合间隙符合规定。轮毂转动灵活且无轴向间隙。锁紧螺母、半轴螺母及车轮螺母齐全，拧紧力矩符合规定
17		盘式制动器	检查制动摩擦片和制动盘磨损量	制动摩擦片和制动盘磨损应在标记规定或制造商要求的范围内，其摩擦工作面不得有油污、裂纹、失圆和沟槽等损伤
			检查制动摩擦片与制动盘间的间隙	制动摩擦片与制动盘之间的转动间隙符合规定
			检查密封件	密封件无裂纹或损坏
			检查制动钳	制动钳安装牢固、无油液泄漏。制动钳导向销无裂纹或损坏
18	转向系统	转向器和转向传动机构	检查转向器和转向传动机构	转向轻便、灵活，转向无卡滞现象，锁止、限位功能正常
			检查部件技术状况	转向节臂、转向器摇臂及横直拉杆无变形、裂纹和拼焊现象，球销无裂痕、不松旷，转向器无裂损、无漏油现象
19		转向盘最大自由转动量	检查、调整转向盘最大自由转动量	最高设计车速不小于 100km/h 的车辆，其转向盘的最大自由转动量不大于 15°，其他车辆不大于 25°

（续）

序号	作业项目		作业内容	技术要求
20	行驶系统	车轮及轮胎	检查轮胎规格型号	轮胎规格型号符合规定，同轴轮胎的规格和花纹应相同，公路客车（客运班车）、旅游客车、校车和危险货物运输车的所有车轮及其他车辆的转向轮不得装用翻新的轮胎
			检查轮胎外观	轮胎的胎冠、胎壁不得有长度超过25mm或深度足以暴露出帘布层的破裂和割伤以及凸起、异物刺入等影响使用的缺陷。具有磨损标志的轮胎，胎冠的磨损不得触及磨损标志；无磨损标志或标志不清的轮胎，乘用车和挂车胎冠花纹深度应不小于1.6mm；其他车辆的转向轮的胎冠花纹深度应不小于3.2mm，其余轮胎胎冠花纹深度应不小于1.6 mm
			轮胎换位	根据轮胎磨损情况或相关规定，视情进行轮胎换位
			检查、调整车轮前束	车轮前束值符合规定
21		悬架	检查悬架弹性元件，校紧连接螺栓、螺母	空气弹簧无泄漏、外观无损伤。钢板弹簧无断片、缺片、移位和变形，各部件连接可靠。U形螺栓螺母拧紧力矩符合规定
			减振器	减振器稳固有效，无漏油现象，橡胶垫无松动、变形及分层
22		车桥	检查车桥、车桥与悬架之间的拉杆和导杆	车桥无变形、表面无裂痕、油脂无泄漏，车桥与悬架之间的拉杆和导杆无松旷、移位和变形
23	传动系统	离合器	检查离合器工作状况	离合器接合平稳，分离彻底，操作轻便，无异响、打滑、抖动及沉重等现象
			检查、调整离合器踏板自由行程	离合器踏板自由行程符合规定
24		变速器、主减速器、差速器	检查、调整变速器	变速器操纵轻便、档位准确，无异响、打滑及乱档等异常现象，主减速器、差速器工作无异响
			检查变速器、主减速器、差速器润滑油液面高度，视情更换	按规定的里程或时间更换润滑油，液面高度符合规定
25		传动轴	检查防尘罩	防尘罩无裂痕、损坏，卡箍连接可靠，支架无松动
			检查传动轴及万向节	传动轴无弯曲，运转无异响。传动轴及万向节无裂损、不松旷
			检查传动轴承及支架	轴承无松旷，支架无缺损和变形
26	灯光导线	前照灯	检查远光灯发光强度，检查、调整前照灯光束照射位置	符合 GB 7258—2017 规定

项目四 汽车维修企业技术管理

（续）

序号	作业项目		作业内容	技术要求
27	灯光导线	线束及导线	检查发动机舱及其他可视的线束及导线	插接件无松动、接触良好。导线布置整齐、固定牢靠，绝缘层无老化、破损，导线无外露。导线与蓄电池桩头连接牢固并有绝缘层
28	车架和车身	车架和车身	检查车架和车身	车架和车身无变形、断裂及开焊现象，连接可靠，车身周正。发动机罩锁扣锁紧有效。车厢铰链完好，锁扣锁紧可靠，固定集装箱箱体、货物的锁止机构工作正常
			检查车门、车窗启闭和锁止	车门和车窗应启闭正常，锁止可靠。客车动力启闭车门的车内应急开关及安全顶窗机件齐全、完好有效
29	车架和车身	支撑装置	检查、润滑支撑装置，校紧连接螺栓、螺母	完好有效，润滑良好，安装牢固
30		牵引车与挂车连接装置	检查牵引销及其连接装置	牵引销安装牢固，无损伤、裂纹等缺陷，牵引销颈部磨损量符合规定
			检查、润滑牵引座及牵引销锁止、释放机构，校紧连接螺栓、螺母	牵引座表面油脂均匀，安装牢固，牵引销锁止、释放机构工作可靠
			检查转盘与转盘架	转盘与转盘架贴合面无松旷、偏歪。转盘与牵引连接部件连接牢靠，转盘连接螺栓应紧固，定位销无松旷、无磨损，转盘润滑良好
			检查牵引钩	牵引钩无裂纹及损伤，锁止、释放机构工作可靠

注："符合规定"指符合车辆维修资料等有关技术文件的规定。

4．季节性维护作业内容

季节性维护作业内容主要包括：按季更换机油；调整油电路；检查维护冷却系统和空调系统；在气候非常寒冷的地区，进入冬季之前，对蓄电池及车辆加装保温套。

5．走合期维护作业内容

汽车在走合期的技术维护作业，要按汽车使用说明书规定执行，一般分为走合前、走合中和走合后的三次维护。

（1）走合前的维护

走合前维护是为了防止汽车出现事故和损伤，保证顺利地完成走合。其主要内容包括：清洗全车，该作业针对贮库期较长的新车；检查和紧固外部各种螺栓、螺母；检查各部位润滑油、制动液、冷却液的数量和质量，根据需要进行添加或更换，并检查各部位有无渗漏现象；检查轮胎气压和蓄电池放电情况、电解液的密度和液面高度，根据需要给予添加；检查制动效能，必要时进行调整；检查各操纵部位是否灵活有效；检查发动机运转情况，察听有无异响，观察各仪表灯光、信号装置是否齐全有效。

（2）走合中的维护

一般在汽车行驶 500km 左右时进行走合中的维护。其主要内容包括：清洗发动机润滑系统，更换机油和机油滤清器或滤芯；润滑全车润滑点；检查各部位有无渗漏，必要时加以紧固；检查紧固气缸盖、进排气歧管螺栓和螺母；汽车初驶 30～40km／h 时，应检查变速器、分动器、轮毂和传动轴等是否有过热和异响，若不正常，应查明原因予以排除；检查制动效能，必要时进行调整。

（3）走合后的维护

走合期结束后，应对汽车进行全面的检查、紧固、润滑和调整作业、拆除限速装置，使汽车达到良好的技术状况，投入正常运行。其主要作业内容包括：清洗机油道、机油集滤器和油底壳，更换机油和机油滤芯，清洗离心式机油滤清器的转子；按规定顺序紧固气缸盖螺栓；检查和调整制动踏板、离合器踏板的自由行程；测量气缸压力，按需调整气门间隙；检查、紧固与调整前桥转向机构的技术状况。

根据维护管理方面的规定，在汽车维护作业中除主要总成发生故障必须解体外，不得对其他总成进行解体。为减少重复作业，季节性维护和维护间隔较长的项目（指超出一、二级维护项目以外的维护内容），可结合一、二级维护时进行。不同车型的不同级别的维护作业内容不同，在实际作业时，应按制造商给出的保养作业内容进行。

4.2.6 二级维护作业流程

二级维护作业流程如图 4-1 所示。

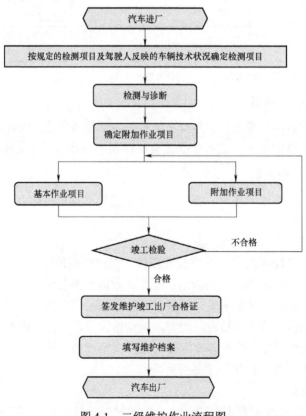

图 4-1 二级维护作业流程图

4.2.7 二级维护检测、检验及其他规定

车辆二级维护进厂前应进行检测,二级维护过程中应进行过程检验,二级维护作业完成后应进行竣工检验。

1. 二级维护进厂检测

二级维护进厂检测项目的技术要求应符合国家有关的技术标准和车辆维修资料等相关规定,进厂检测时应记录检测数据或结果,并据此进行车辆故障诊断。

二级维护进厂检测包括规定的检测项目以及根据驾驶人反映的车辆技术状况确定的检测项目,二级维护规定的进厂检测项目见表4-6。

表4-6 二级维护规定的进厂检测项目

序号	检测项目	检测内容	技术要求
1	故障诊断	车载诊断系统（OBD）的故障信息	装有车载诊断系统（OBD）的车辆,不应有故障信息
2	行车制动性能	检查行车制动性能	采用台架检验或路试检验,应符合GB 7258—2017相关规定
3	排放	排气污染物	汽油车采用双怠速法,应符合GB 18285—2018相关规定 柴油车采用自由加速法,应符合GB 3847—2018相关规定

2. 二级维护过程检验

二级维护过程中应始终贯穿过程检验,并记录二级维护作业过程或检验结果。维护项目的技术要求应符合技术标准和车辆维修资料等相关技术文件规定。

3. 二级维护竣工检验

根据《汽车维护、检测、诊断技术规范》（GB/T 18344—2016）规定:二级维护作业完成后应进行竣工检验,竣工检验合格的车辆,由维护企业签发维护竣工出厂合格证;二级维护竣工检验应填写二级维护竣工检验记录单。

二级维护竣工检验项目及技术要求见表4-7。

二级维护竣工检验记录单见《学习活页册》4-1。

表4-7 二级维护竣工检验项目及技术要求

序号	检验部位	检验项目	技术要求	检验方法
1	整车	清洁	全车外部、车厢内部及各总成外部清洁	检视
2		紧固	各总成外部螺栓、螺母紧固,锁销齐全有效	检查
3		润滑	全车各个润滑部位的润滑装置齐全,润滑良好	检视
4		密封	全车密封良好,无漏油、无漏液和无漏气现象	检视
5		故障诊断	装有车载诊断系统（OBD）的车辆,无故障信息	检测
6		附属设施	后视镜、灭火器、客车安全锤、安全带、刮水器等齐全完好,功能正常	检视
7	发动机及其附件	发动机工作状况	在正常工作温度状态下,发动机起动三次,成功起动次数不少于两次,柴油机三次停机均应有效,发动机低、中、高速运转稳定、无异响	路试或检视
8		发动机装备	齐全有效	检视

（续）

序号	检验部位	检验项目	技术要求	检验方法
9	制动系统	行车制动性能	符合 GB 7258 规定，道路运输车辆符合 GB 18565 规定	路试或检视
10		驻车制动性能	符合 GB 7258 规定	路试或检视
11	转向系统	转向机构	转向机构各部件连接可靠，锁止、限位功能正常。转向时无运动干涉，转向轻便、灵活，转向无卡滞现象	检视
			转向节臂、转向器摇臂及横直拉杆无变形、裂纹和拼焊现象，球销无裂纹、不松旷，转向器无裂损、无漏油现象	检视
12		转向盘最大自由转动量	最高设计车速不小于 100km/h 的车辆，其转向盘的最大自由转动量不大于 15°，其他车辆不大于 25°	检视
13	行驶系统	轮胎	同轴轮胎应为相同的规格和花纹，公路客车（客运班车）、旅游客车、校车和危险品运输车的所有车轮及其他机动车的转向轮不得装用翻新的轮胎，轮胎花纹深度及气压符合规定，轮胎的胎冠、胎壁不得有长度超过 25mm 或深度足以暴露出帘布层的破裂和割伤以及凸起、异物刺入等影响使用的缺陷	检查检测
14		转向轮横向侧滑量	符合 GB 7258 规定，道路运输车辆符合 GB 18565 规定	检视
15		悬架	空气弹簧无泄漏，外观无损伤。钢板弹簧无断片、缺片、移位和变形，各部件连接可靠，U 形螺栓螺母拧紧力矩符合规定	检查
16		减振器	减振器稳固有效，无漏油现象，橡胶垫无松动、变形及分层	检查
17		车桥	无变形、表面无裂痕，密封良好	检视
18	传动系统	离合器	离合器接合平稳，分离彻底，操作轻便，无异响、打滑、抖动和沉重等现象	路试
19		变速器、传动轴、主减速器	变速器操纵轻便，档位正确，无异响、打滑及乱档等异常现象，传动轴、主减速器工作无异响	路试
20	牵引连接装置	牵引连接装置和锁止机构	汽车与挂车牵引连接装置连接可靠，锁止、释放机构工作可靠	检查
21	照明、信号指示装置和仪表	前照灯	完好有效，工作正常，性能符合 GB 7258 规定	检视检测
22		信号指示装置	转向灯、制动灯、示廓灯、危险警告灯、雾灯、喇叭、标志灯及反射器等信号指示装置完好有效	检视
23		仪表	各类仪表工作正常	检视
24	排放	排气污染物	汽油车采用双怠速法，应符合 GB 18565 规定。柴油车采用自由加速法，应符合 GB 7258 规定	检测

4．其他规定

1）车辆维修资料中与《汽车维护、检测、诊断技术规范》（GB/T18344—2016）标准规定的二级维护基本作业项目相同的部分，依据该标准中相对应的条款执行；车辆维修资料中与该标准规定的二级维护基本作业项目不同的部分，依据车辆维修资料的有关条款执行。车辆维修资料中有特殊维护要求的系统、总成和装置（如免维护蓄电池、免维护轮毂等），其维护作业项目执行车辆维修资料规定。

2）二级维护检测使用的仪器设备应符合相关国家标准和行业标准的规定，计量器具及设备应计量检定或校准合格并在有效期内。

3）二级维护作业完成后应进行竣工检验，竣工检验合格的车辆，由维护企业签发维护竣工出厂合格证。甘肃省汽车维修企业签发的二级维护竣工出厂合格证的实例如图4-2所示。

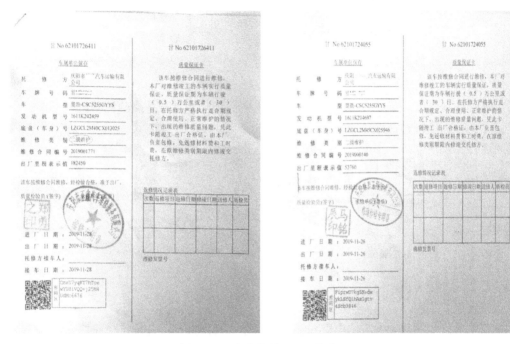

图4-2　二级维护竣工出厂合格证

4）汽车维护质量保证期，自维护竣工出厂之日计算，一级维护质量保证期为车辆行驶不少于2000km或者10日，二级维护质量保证期为车辆行驶不少于5000km或者30日，以先达到者为准。

4.2.8　汽车维护工艺的组织形式

为了有效地完成汽车维护工作，维护作业地点应按工艺配备，合理布局，使各方面工作协调，充分利用人力、物力，减少消耗，取得最佳效益。维护工艺的组织通常是指汽车运输企业内维护地点（工间、工段和工位）的工艺组织，不包括燃油加注、外部清洗和安全检查等内容。

1. 按作业人员分工区分

根据作业人员的分工不同，汽车维护工艺的组织通常有全能工段式和专业工段式两种形式。

（1）全能工段式

全能工段式是把除外表维护作业外的其他规定作业组织在一个工段上实施，把执行各维护作业的人员编成一个作业组，在额定时间内，分部位有顺序地完成各自的作业项目。

(2) 专业工段式

专业工段式是把规定的各项维护作业,按其工艺特点分配在一个或几个工段上,各专业工人在指定工段上完成各自的工作,工段上配有专门的设备。

2. 按工作地点布置区分

汽车维护工艺的组织形式还可按维护工作地点的布置方式,分为尽头式工段和直通式工段两种。

(1) 尽头式工段

按尽头式布置的工段如图4-3所示,汽车在维护时可各自单独地出入工段。汽车在维护期间,停在各自地点,固定不动,维护工人按照综合作业分工等不同的劳动组织形式,围绕汽车交叉执行各项维护作业项目。各工段的作业时间可单独组织,彼此无影响。因此,尽头式工段适合于规模较小、车型复杂的运输企业在高级维护作业、小修时采用。

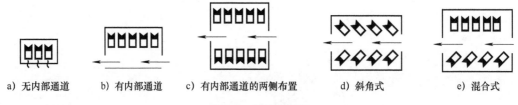

a) 无内部通道　　b) 有内部通道　　c) 有内部通道的两侧布置　　d) 斜角式　　e) 混合式

图4-3　尽头式工段

(2) 直通式工段

直通式工段如图4-4所示,较适宜于按流水作业组织维护,各维护作业按作业顺序的要求分配在各工段(工位)上,工段的作业工人按专业分工完成维护作业。直通式工段完成维护作业的生产效率较高,因此,当企业有大量类型相同的汽车,而且维护作业内容和劳动量比较固定时,则宜采用流水作业方式。

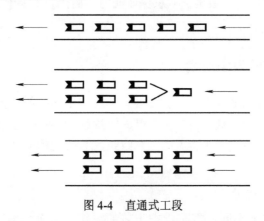

图4-4　直通式工段

任务3　汽车修理技术管理

在汽车使用过程中其技术状况的恶化是不可逆转的,因此即使再加强维护,也只能是尽量保持其技术状况而已。当汽车技术状况恶化到影响工作能力而不能再继续使用时,就需要对汽车进行修理。所谓汽车修理，就是为恢复汽车完好技术状况或工作能力而进行的技术作业。

《汽车运输业车辆技术管理规定》中指出：汽车修理应贯彻以预防为主、视情修理的原则。所谓视情修理，就是在加强检测诊断的基础上，根据车辆的实际车况和检测诊断结果，视情地对某些易损总成按不同作业范围和作业深度进行恢复性修理，从而提高汽车整体使用寿命，减少停车损失。视情修理的前提在于加强检测与诊断，而不是人为随意地确定。

4.3.1 汽车修理的分类

按汽车修理的对象和作业深度可分为汽车大修、总成修理、汽车小修和零件修理四种类别。

1．汽车大修

汽车大修是新车或经过大修后的车辆，在行驶一定里程（或时间）后，经过检测诊断和技术鉴定，用修理或更换车辆任何零部件的方法，恢复车辆的完好技术状况，完全或接近完全恢复车辆寿命的恢复性修理。

2．总成大修

总成大修是汽车的总成经过一定使用里程（或时间）后，用修理或更换总成任何零部件（包括基础件）的方法，恢复其完好技术状况和寿命的恢复性修理。

3．汽车小修

汽车小修是用修理或更换个别零件的方法，保证或恢复汽车工作能力的运行性修理，主要是消除汽车在运行过程或维护作业过程中发生、发现的故障或隐患。

4．零件修理

零件修理是对因磨损、变形、损伤等而不能继续使用的零件进行修理。零件修理要遵循经济合理的原则，它是修旧利废、节约原材料、降低维修费用的重要措施。

汽车是否需要修理和应该采用哪种修理作业范围，必须在对汽车经过检测诊断和技术鉴定后确定，能通过汽车维护和小修作业达到的目的，不要扩大为汽车大修和总成大修；能修复的零件或有修复价值的零件，不要轻易报废；能通过大修作业延长使用寿命的汽车或总成，不要不送大修一直用到报废；要避免盲目修理造成的两种浪费现象，即失修和早修。

汽车和总成在大修前必须进行检测诊断和技术鉴定，根据结果适时安排大修。也就是说，在汽车或总成使用到接近规定大修间隔里程时，由车主和汽车维修企业结合二级维护作业对汽车进行检测诊断和技术鉴定，确定是否需要大修或继续使用。若尚可使用，还应确定继续使用的期限（行驶里程），到时再作检测和鉴定。对已到规定的大修间隔里程而技术状况仍较好的汽车，应总结推广其先进经验；对未达到规定的间隔里程而需要提前大修的汽车和总成，应分析原因，采取措施，改进汽车使用和维修工作。

4.3.2 汽车和总成送修前技术鉴定

汽车大修的间隔周期是根据汽车实际技术状况变化的统计规律确定的。由于汽车结构类型、设计制造质量、使用条件和使用状况、日常维修状况、汽车使用年限的不同,汽车大修的间隔周期也不同。为此,车辆技术管理部门对已经接近大修间隔里程定额的车辆,应结合大修前最后一次汽车二级维护作业进行车况技术鉴定,以确定该车辆是否继续使用或立即送修。倘若尚可继续使用,应确定尚可继续使用的行驶里程,以便在到达时再进行送修前的车况技术鉴定;对符合汽车大修送修条件的应及时送修(即视情修理原则)。另外,对于未达到规定大修间隔里程的汽车,倘若因为实际车况不良或者因为事故损伤而需要提前送厂大修的,在送厂大修前也应经过车况技术鉴定,以防止汽车或总成的盲目提前修理或延后修理。挂车在大修前的技术鉴定也可参照上述原则进行。汽车大修的间隔里程定额一般为 15 万~20 万 km,发动机的大修间隔里程定额一般为 9 万~12 万 km;且后一次大修间隔里程定额应为前一次大修间隔里程定额的 75%~85%,依次类推。但是否确定汽车或总成真的进行大修,还须以汽车或总成的实际技术状况是否符合汽车或总成的大修送修标志(或送修技术条件)为准。

4.3.3 汽车和总成的送修规定

送修的汽车应符合交通运输部颁发的有关规定,符合送修汽车的装备规定,严格防止乱拆或任意更换零件和总成。

1)在车辆和总成送厂大修时,其承修、托修双方不仅应当面清点所有随车物件,填写接车检查单,而且应当当面鉴定车况,签订相应的任务委托书或汽车维修合同,以商定送修项目、送修要求、修理车日、质量保证和费用结算,办理交接手续等。汽车维修合同一旦签订后合同双方必须严格执行。

2)汽车送修时,除肇事或特殊情况外,送修车辆必须是在行驶状态下送修,且装备齐全(包括备胎及随车工具等),不得拆换和短缺。

3)发动机总成在单独送修时必须保持装合状态,且附件与零件齐全,不得拆换和短缺;必要时承修厂有权拆开检查。若因事故损坏严重、长期停驶或者因零部件短缺等特殊原因不能在行驶状态下送修的车辆,在签订汽车维修合同时应做出相应的规定和说明。

4)总成送修时,应在装合状态,附件、零件均不得拆换和缺少。

5)故障汽车或因特殊原因不能行驶和短缺零部件的汽车,在签订合同时,应做出相应的约定说明。

6)汽车维修企业通过汽车维修电子健康档案系统查询车辆维修技术档案,以便合理确定维修方案。

4.3.4 汽车和总成大修的送修标志

要确定汽车及其总成是否需要大修,必须掌握汽车和总成大修的送修标志,这样才符合技术与经济相结合的原则。

1. 汽车大修送修标志

客车以车身为主,结合发动机总成;货车以发动机总成为主,结合车架总成或其他两个总成符合大修条件。

2. 挂车大修送修标志

挂车车架（包括转盘）和货箱符合大修条件；定车牵引的半挂车和铰接式大客车，按照汽车大修的标志与牵引车同时进厂大修。

3. 总成大修送修标志

总成大修的送修标志中，多数仅为定性规定，在执行中会遇到一定困难，所以，各级交通运输管理部门在制定实施细则时，应结合本地区的具体情况，提出便于执行的各总成大修送修标志（或称送修技术条件）。

（1）发动机总成大修送修标志

气缸圆柱度误差达到 0.175～0.250mm 或圆度误差已达到 0.050～0.063mm（以其中磨损量最大的一个气缸为准）；最大功率或气缸压缩压力比标准值降低 25%以上；燃料和机油消耗显著增加。

（2）车架总成大修送修标志

车架断裂、锈蚀、弯曲、扭曲变形逾限，大部分铆钉松动或铆钉孔磨损，必须拆卸其他总成后才能进行校正、修理或重铆，方能修复。

（3）变速器（分动器）总成大修送修标志

壳体变形、破裂、轴承孔磨损逾限，变速齿轮及轴恶性磨损、损坏，需要彻底修复。

（4）后桥（驱动桥、中桥）总成大修送修标志

桥壳破裂、变形，主轴套管承孔磨损逾限，减速器齿轮恶性磨损，需要校正或彻底修复。

（5）前桥总成大修送修标志

前轴裂纹、变形，主销孔磨损逾限，需要校正或彻底修复。

（6）客车车身总成大修送修标志

车厢骨架断裂、锈蚀、变形严重，蒙皮破损面积较大，需要彻底修复。

（7）货车车身总成大修送修标志

驾驶舱锈蚀，变形严重、破裂；货箱纵、横梁腐蚀，底板、栏板破损面积较大，需要彻底修复。

4.3.5 汽车修理方法

汽车修理方法是指进行汽车修理作业的工艺和组织规则的总和。

1. 汽车修理的基本方法

按汽车修理以后对汽车属性保持程度来区分，有就车修理法、总成互换修理法和混装修理法三种。

（1）就车修理法

就车修理是指进行修理作业时要求被修复的主要零件和总成装回原车的修理方法。汽车在修理时，从车上拆解的总成和零件，经检验凡能修复的，均在修竣后全部装回原车，不得进行互换。采用这种修理方法，由于各总成和零件的修理难易程度、所需工时都不一样，经

常会影响汽车最后总装的连续性,以致拖延汽车修理竣工出厂的时间。不过,在承修汽车车型较杂、产量不大的汽车修理企业比较适宜采用这种修理方法。图4-5是采用就车修理法的汽车大修工艺过程框图。

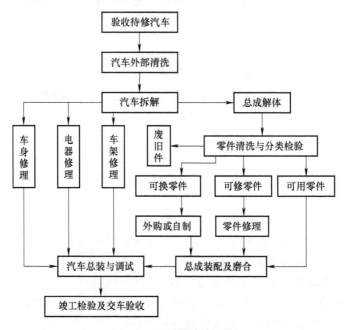

图4-5 就车修理法工艺

(2) 总成互换修理法

总成互换是指用储备的完好总成替换汽车上的有故障总成的修理方法。总成互换修理法实际上是一种"综合拆装+专业化修理"的修理工艺。它在汽车修理过程中,除车架与车身等重要基础件仍采用就车修理法外,其他待修总成均由综合性拆装班组负责拆除,并立即换装从备库内领出的已经预先修好的旧总成,或者换用备件库内新购的新总成,然后进行汽车总装配。从原车拆下的总成或零件均由综合性拆装班组送往各专业修理班组去修复,修复后的总成则一律存入旧件库。这种作业方式的专业化分工划分得很细,故专业化程度很高。

其优点是不仅把汽车修理过程简化为综合性拆装班组的"拆拆装装",由于拆装作业相对简单,所需设备不多,占地面积也小,因而有利于实现汽车修理的流水线作业,保证汽车修理过程的及时性和连续性,压缩修理作业周期;而且由于拆散后的总成都被送到各专业修理班组进行专业化修理,既简化了过程管理,又确保了汽车修理质量和周期。另外,它所要求的工人操作技术较为专业和单一,从而可大大提高工人单项作业的技术水平和工作效率,并有利于采用专用工具,确保汽车修理质量和降低汽车修理成本。

其缺点是它要求零部件或总成的周转量较大,旧件库管理也比较复杂(要求所互换的旧件质量的成色与原车匹配,否则会造成互换困难);而且还需要有机械化运输设备(以运送笨重总成)。因此只适合于车型单一、生产规模较大,且具有一定总成周转量的大中型汽车修理企业(如城市公共交通维修企业)。总成互换修理法,具有一定的优越性,是汽车维修生产发展的方向。图4-6是采用总成互换修理法的汽车大修工艺过程框图。

项目四　汽车维修企业技术管理

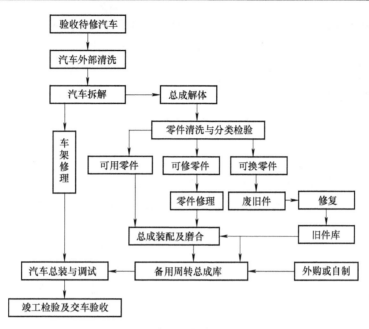

图 4-6　总成互换修理法工艺

（3）混装修理法

混装修理是指进行修理作业时，不要求被修复零件和总成装回原车的修理方法，即部分总成经过维修后装回原车，部分总成用备件库内领出的新总成或已修好的总成更换。这种修理方法实质上就是总成互换修理法和就车修理法的综合采用。

2．汽车修理作业形式

汽车修理作业形式是按汽车和总成在修理过程中的相对位置来区分，有定位作业法、流水作业法两种。

（1）定位作业法

定位作业指汽车在固定工位上进行修理作业的方法。汽车大修采用定位作业法时，将汽车的拆解和总装作业固定在一个工作位置（即车架位置不变）来完成，而拆解后总成和零件修理作业仍分散到各个工位上进行。采用这种作业方式的优点是占用工作场地较小，拆解和总成作业不受连续性限制，生产调度方便；缺点是总成和零件要来回搬运，工人劳动强度较大。定位作业法一般适用于规模不大或修理车型较杂的汽车修理厂。

（2）流水作业法

流水作业指汽车在生产线的各个工位上，按确定的工艺顺序和节拍进行修理的方法。汽车大修采用流水作业法时，将汽车的拆解和总装作业安排在流水线上完成，对于总成和零件的修理仍可以分散到各个工位上进行，并根据条件尽量采用总成和零件修理的流水线，或采用总成互换修理法，以配合汽车大修流水作业连续性要求，避免"窝工"现象。流水作业又可分为连续流水作业和间歇流水作业两种，前者是利用流水线上传动机构，使汽车沿拆解和总装流水线有节奏地连续移动；后者是利用汽车车轮或输送机，使汽车沿拆解和总装流水线每移动到一个工位上停顿一定时间。

采用流水作业法的优点是专业化程度高，分工细致，修理质量较高，便于集中利用工具设备；缺点是要有较大的生产场地和完善的生产设施及工艺组织。流水作业法适于生产规模较大或修理车型单一的汽车修理厂。

3．汽车修理方法的选择

选择汽车修理的工艺组织方法，要根据生产规模、维修工艺设施、工人素质和材料供应等具体情况综合考虑。

1）在汽车修理基本方法上，采用就车修理与总成互换法相结合的方法。例如，汽车大修时，对修理费时和困难的总成和零件采用互换法，其余能适应汽车大修进度要求的总成和零件仍采用就车修理法。这样，既能减少汽车大修在厂（场）车日，又能减少周转总成和零件的储备。

2）在汽车修理作业方式上，对汽车拆解和总装采用定位作业，以便集中使用起重搬运设备和专用工具等；对总成和零件修理尽量组织流水作业生产线。

3）在劳动组织形式上，采用综合作业与专业分工作业修理相结合的方法。对汽车的拆装可以成立汽车拆解工组和总装工组，组内还可以按工种和工位合理分工，同时进行拆和装的作业，使各工人的工作量大致平衡，且作业中又不互相干扰。对总成和零件的修理，则由各专业工组或工段完成。在管理上，按修理工艺过程组织工人或工组平行交叉作业以求压缩修理在厂车日；在生产过程中，可通过调度及时平衡进度。

4）汽车修理企业在采用总成互换修理法时，应根据具体情况而定。采用总成互换修理法所需周转总成数量，应根据修理企业每日竣工出厂汽车数量、车架或车身修理在厂（场）车日及总成修理车日进行计划，确定各类总成所需周转数量，其他零配件也可按需要储备，以供周转。按汽车管理要求，货车车架与发动机、客车车身和发动机上有统一编号（钢印），这些总成一般不得互换。

4.3.6 汽车修理工艺

汽车修理工艺是指利用生产工具按一定要求修理汽车的方式。汽车修理工艺一般包括进厂检验、外部清洗、汽车及总成的拆卸、零件清洗、零件检验分类、零件修理、总成装配、总成试验、汽车总装、竣工检验和出厂验收等主要过程。

1．进厂检验

进厂检验指对送修汽车的装备和技术状况的检查鉴定，以便确定维修方案。其主要内容包括：对送修汽车进行外观检视，注明汽车装备数量及状况，听取客户的口头反映，查阅该车技术档案和上次维修技术资料，通过检测或测试、检查，判断汽车的技术状况，确定维修方案，办理交接手续，签订维修合同。

（1）汽车的外表检查

1）检查车容，察看汽车外部有无损伤，各种零件是否完备齐全。

2）检查车架、气缸体、变速器壳、前后桥等主要基础件，是否有裂纹，破损等损坏。

3）检查转向、传动、制动等安全机构是否有松动、渗漏、缺损等现象。

4）察看轮胎磨损情况，若有不正常损坏应查明原因。

（2）汽车的行驶检查

1）观察发动机的运行情况，有无异常响声，运转是否稳定，排气有否异常现象，机油压力与冷却液温度是否正常。

2）汽车起步时，检查离合器分离情况，是否有发抖和打滑现象，变速器挂档是否有困难或异响现象。

3）汽车在行驶中，制动性能是否良好，转向是否灵活，变速器是否跳档；高速行驶时，传动轴及后桥是否出现不正常响声，各轴承及密封部位是否有渗漏或发热现象，前桥及转向装置是否有跑偏和不稳现象。

4）对客车车身，通过路试检查车桥和骨架是否有断裂现象。

2．外部清洗

汽车解体之前须进行外部清洗，除去外部灰尘、泥土与油污，便于保持拆卸工作地的清洁和拆卸工作的顺利进行。为了便于清洗，有时可将载货汽车车箱拆下。

汽车清洗设备的种类很多，一般可分为固定式和可移动式两大类。大型汽车修理厂宜用固定式清洗机，清洗效率高，经济性好，但设备投资大，占地面积大。采用移动式清洗机，清洗质量好，设备投资少，但清洗时间长，耗水量较多，它适用于小型汽车修理厂。

3．汽车及总成的拆卸

汽车及总成的拆卸工作量比较大，直接影响到汽车的修理质量与修理成本。从拆卸工作本身来看，并不需要很高的技术，也不需要复杂的设备。但是，往往由于不重视这项工作，在拆卸工作中会造成零件的变形和损伤，甚至无法修复。总成的分解工作质量，将直接影响到汽车和总成的修理质量和修理速度，因此在拆卸工作中应注意到修理后的装配工艺要求。

（1）拆卸作业方式

汽车和总成的拆卸作业方式有固定作业和流水作业之分，固定作业是汽车总成的拆卸工作始终在同一工作地点进行，流水作业是汽车拆卸工作在流水线上进行，流水线可以是分成若干个工作地点或是传送设备。通常汽车和总成的拆卸作业以平行交叉作业方式进行，将汽车划分成若干拆解单元，按部位（或总成）分工作业。这样可以减少工人在拆卸中工作位置变换过多，减少辅助工作时间和使用工具数量，使拆卸作业顺利进行。

（2）拆卸作业过程

1）先拆去车箱，进行外部清洗，然后进入拆卸工位，在热状态下放掉发动机、变速器和差速器壳内的润滑油。

2）拆去电气设备及各部分的导线，拆去驾驶舱。

3）拆去发动机总成、变速器总成及传动轴、后桥等总成。

4）将拆下的总成拆解成零部件。

（3）拆卸作业原则

1）熟悉拆卸对象。拆卸前应熟悉被拆汽车和总成的结构；必要时可以查阅一些资料，按拆卸工艺过程进行。严防拆卸工艺过程倒置，造成不应有的零件损伤。

2）做好装配记号。为了保证一些组合件的装配关系，在拆卸时应按原来的记号和重新做好记号。有些组合件是经过选配装合的或是在装合后加工的不可互换的组合件（如气缸体与飞轮壳、主轴承盖、连杆与盖等），拆卸后都应按原位置装好或做好装配记号。对于动平衡要求较高的旋转零件（如曲轴与飞轮、离合器压板与离合器盖、传动轴与万向节等），拆卸时也应注意不破坏其原有平衡和装配记号。

3）正确使用工具。正确的使用拆卸工具是保证拆卸质量的重要手段之一，拆卸时所选用的工具要与被拆卸的零件相适应，如拆卸螺母、螺钉应根据其头部尺寸，选取合适的固定式扳手或套筒扳手，尽量不用活扳手。对于静配合零件，如衬套、齿轮、带轮和轴承等应尽可能使用专用拉器或压力机，如无专用工具也可用尺寸合适的冲头，用锤子冲击，但不能直接用锤子敲打零件的工作面。

4．零件清洗

汽车和总成拆解成零件以后，须进行零件清洗，以清除油污、积炭、水垢和锈蚀。对于不同的污垢要采用不同方法清除，零件清洗工作分为清除油污、清除积炭、清除水垢和清除锈蚀等。

（1）清除油污

油污大体可分脂肪（动、植物油）油污和矿物质油污两大类。清除油污的方法很多，大致可区分为碱水除油和有机溶剂除油两类。碱水除油是用苛性钠清洗脂肪类油污，脂肪和苛性钠经加热发生皂化反应而生成肥皂和甘油。有机溶剂（常用的有汽油、煤油和柴油等）除油优点是简便、不需加热、对金属无损伤，但是清洗成本高，易燃烧，不安全，一般不宜采用。

（2）清除积炭

清除积炭用得比较多的是化学方法，就是用退炭剂（化学溶剂）将零件上的积炭软化，软化后的积炭很容易除掉。用化学方法清除积炭的优点是零件表面不会受到刮伤或擦伤。

（3）清除水垢

发动机冷却系统中如果长期加注硬水，很容易在发动机水套和散热器壁上沉积水垢，造成散热不良，影响发动机的正常工作。由于水质不同，有的水垢主要成分是碳酸钙，有的水垢主要成分是硫酸钙，有的主要成分是二氧化硅，也有的水垢同时含有几种成分。汽车修理企业大多数都采用酸洗法或碱洗法清除水垢，因为酸或碱性溶液对水垢均有溶解作用。化学除水垢的实质是通过酸或碱的作用，使水垢从不溶于水的物质转化为溶于水的盐类。

5．零件检验分类

根据修理技术条件，按零件技术状况将零件分类为可用、可修和不可修的检验，称为零件检验分类。零件检验分类是汽车大修工艺过程中的一项重要工序，直接影响到汽车的修理质量和修理成本。零件检验分类一般都采取集中检验的方法，即在整车和各总成分解清洗后，由专职检验员对集中在一起的零件进行检验和分类。

（1）零件检验

零件检验过程中，对于材质发生改变或出现裂纹的零件，一般用外部检视或探伤的方法可以判断；对于磨损或变形的零件，则应测量其磨损量或变形量的大小，判断其是否超过"允许值"范围和是否需要修复。零件磨损或变形的"允许值"表示零件在达到该数值以前,无需进行修理,至少还可以继续使用一个大修周期。

(2) 零件分类

在零件检验的基础上,正确区分可用、可修和不可修零件,是在保证修理质量和较好经济效益的前提下进行综合考虑的结果。可用零件是指其尺寸误差和几何误差均符合大修技术标准,可以继续使用的零件。可修零件是指如果通过修理,能使零件符合大修技术标准,保证使用寿命,经济上也合算的零件。如果零件不符合大修技术标准,且已无法修复或修复成本不符合经济要求时,这种零件就属于不可修零件,应该报废。

6. 零件修理

零件修理的目的就是为了恢复它们的配合特性和工作能力。零件修复的基本方法有尺寸修理、补偿修理和压力加工修复等。

(1) 尺寸修理

对磨损的零件,按规定的修理尺寸进行加工,使其重新具有正确的尺寸精度和几何精度,但改变了原设计尺寸。例如,轴类零件经尺寸修理后,轴颈尺寸缩小;孔类零件经尺寸修理后,孔径尺寸扩大。

(2) 补偿修理

利用堆焊、喷涂、电镀和胶粘等方法增补零件的磨损表面,然后再进行机械加工,并恢复其原设计尺寸和形状精度。例如,采用尺寸修理的零件在经过几次加工后,需用镶套、堆焊、喷涂、电镀等方法恢复到原设计尺寸。

(3) 压力加工修复

利用零件金属的塑性变形来恢复零件磨损部分的尺寸和形状。常用的压力加工修复方法有胀大(缩小)、镦粗、校直(正)及冷作强化。

凡规定有修理尺寸的零件都应按修理尺寸进行修复加工,以便换用配件厂生产的相应修理尺寸的配合件。每种厂牌汽车的主要零件及易损零件,如气缸、活塞、活塞环、活塞销、曲轴、转向节等都规定有它的各级修理尺寸。我国生产的汽车主要及易损零件的修理尺寸分级多半是每级相差 0.25mm,如曲轴、气缸、活塞等。

7. 总成装配

总成装配是把已经修好的零部件(或更换的新件)按技术要求装配成一台完整总成的过程,在整个汽车修理过程中非常重要。总成装配质量的好坏,直接影响汽车修理的质量。

(1) 总成装配作业要点

为了保证装配质量,应特别注意下列要求:

1) 不可互换的零件、组合件,应按原位安装(对准装配记号),不得错乱。

2) 重要的螺栓和螺母(如气缸盖的螺栓、主轴承盖的螺栓、连杆的螺栓和螺母)必须按规定的力矩依次按顺序拧紧。

3) 装配时应尽量采用专用工具,装配有相对运动的零件时,应在配合表面涂上清洁的润滑油。

4) 在装配过程中,应该边安装、边检查、边调整,以保证装配质量。

(2) 总成装配作业过程

不同汽车的不同总成装配作业过程是不可能相同的，具体装配技术以汽车制造厂家的技术资料为准。

8. 总成试验

对于汽车的发动机在大修后需要采用无负荷的冷磨合和热调试方法，进行调试，如果是更换的新总成，由于新总成在出厂前已完成的调试工作，就不需要进行冷磨和热试。

(1) 冷磨

由外部动力驱动总成或机构的磨合。对发动机而言，冷磨的目的是对关键的部位（如气缸与活塞环，曲轴颈与轴承，凸轮轴颈与轴承等）进行的使表面平整光滑、建立能适应发动机正常工作的承载与表面质量要求的磨合过程。冷磨时，将发动机装在磨合架上，不装火花塞或喷油器。磨合时，一般采用低黏度的机油。这是因为它的流动性好，导热作用强，可降低表面温度，避免磨合时发生熔着磨损，加强了清洗作用，使磨屑得以及时清除，也易补充到间隙小的部位。冷磨时，常在较稀的车用机油中加入15%～20%的煤油或轻柴油。为改善磨合质量，缩短磨合时间，可在机油中加硫、磷、石墨、二硫化钼等添加剂。一般开始磨合的转速以550～600r/min为宜，然后在此基础上逐步增加，每一级以100～200r/min递增，整个冷磨时间不得少于2h。

冷磨以后，放出全部机油，加入清洗油，再转动几分钟，彻底清洗零件表面和机油油道，放出清洗油。

(2) 热试

将冷磨后的发动机装上全部附件后起动，以自身的动力运转，除进一步磨合外，主要是对发动机的工作进行检查调整。

热试时，转速不宜过高，一般1000～1400r/min，时间不少于1.5h，冷却液温度应保持75～85℃；应仔细观察各处的衬垫、油封、水封及接头有无漏油、漏水、漏电、漏气现象；查看电流表、机油压力表、冷却液温度表读数是否正常；调整点火系统、供油系统，使怠速和各种转速时运转均应平稳；检查发动机各部分有无不正常响声；测量气缸压力应符合要求。

热试后，应检查气缸壁磨合情况和曲轴轴承磨合情况（抽查一道即可），检查各道曲轴轴承螺栓和螺母的紧固锁止情况，检查和调整气门间隙，更换机油和细滤器滤芯，重新按规定转矩将气缸盖螺栓再依次紧一次。

发动机总成大修竣工后，其技术条件应符合 GB/T 3799.1—2005 和 GB/T 3799.2—2005 中的相关规定。

9. 汽车总装

汽车总装配是将经过修理和更换，并经检验合格的各总成、组合件及连接件，以车架为基础，装配成一辆完整汽车的过程。汽车总装配质量的好坏，直接影响着汽车使用性能及运行安全。

(1) 汽车总装作业要点

装配前，对各总成、组合件、零件和附件进行检查，各项指标都应符合技术条件的规定；总装时，要认真执行技术条件中的规定，正确装配，然后按照安全操作规程进行装配作业；

总装后，必须进行试车检验，确保汽车符合技术条件的各项要求，为客户提供高质量的、性能良好的汽车。

(2) 汽车总装作业过程

由于汽车结构不同，总装工艺不完全相同，图4-7为CA1091汽车总装工艺过程。

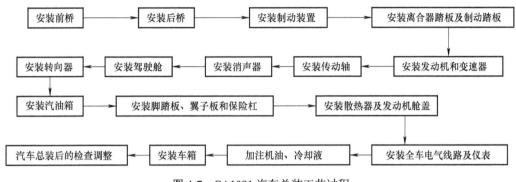

图 4-7　CA1091汽车总装工艺过程

10. 竣工检验

汽车总装后，要进行一次全面综合性检验，其目的是检查整个汽车的修理质量，消除缺陷和问题，使修竣的汽车符合技术标准的规定，为客户提供性能良好、质量可靠的汽车。竣工检验包括试车前检验、试车检验和试车后检验。

(1) 试车前检验

主要是静态检查汽车各部分是否齐全完好，装配是否正确妥善，发动机、仪表的工作是否良好。

(2) 试车检验

主要是动态检查汽车底盘各总成的工作是否正常。试车时发现故障，要及时排除，特别是转向系统和制动系统故障，必须排除以后，才能继续试车。

(3) 试车后检验

试车后，检查制动鼓、轮毂、变速器壳、驱动桥壳、传动轴中间轴承等处是否有裂纹，连接螺栓是否松动；检查各部位应无漏油、漏水、漏电、漏气等现象，运行温度正常；检查灯光信号装置，工作应正常。

11. 出厂验收

汽车经竣工检验并消除了各种缺陷后，即可通知送修方接车，经送修与承修双方确认合格后，办理出厂交接手续。汽车修竣出厂验收按照国家有关技术标准进行，没有国家技术标准的，按汽车制造厂的技术要求进行验收。

任务4　汽车检测与诊断

车辆维修实行"以预防为主、定期检测、周期维护、视情修理"的原则，其前提就是要加强定期检测。倘若不定期检测，上述的视情修理就是空话。为此，《汽车运输业车辆技术管理规定》明确指出：汽车的检测诊断技术是汽车维修效率，监督维修质量和确保行车安全的重要手段，是促进维修技术发展，实现视情修理的重要保证。所谓定期检测，就是根据汽车类型、新旧程度、使用条件和使用强度等情况，运用现代检测手段，定期地检测车辆实际的技术状况。

所谓汽车的检测诊断技术，是指通过一定的检测诊断设备，在车辆不解体（或仅拆卸个别零件）的情况下，确定车辆工作能力和技术状况（指汽车检测），以及查明汽车运行故障及隐患（指汽车诊断）的技术措施。

1. 汽车检测的分类

汽车检测可分为安全环保检测、综合性能检测与故障检测三类。

（1）安全环保检测

汽车安全环保检测是指在不解体情况下对汽车的安全、环保性能所做的技术检测，常用于车管监理部门。其目的是进行对在用车辆（及修竣车辆）的安全性能和排放性能等做车况技术鉴定，以建立在用汽车安全环保及维修质量监控体系，以确保在用车辆良好的技术状况，保证汽车安全、高效和低污染运行。

（2）综合性能检测

汽车综合性能检测是指在不解体情况下对车辆的综合性能和工作能力所做的技术检测，常用于汽车设计、制造、研究部门对新车的技术状况鉴定，也常用于汽车运输部门对在用车辆的性能检测和技术状况鉴定，以保证汽车运输的完好车率（如车辆技术管理中的车况鉴定，以确定车况技术等级），也为实行"周期维护、视情修理"提供必要的依据（如汽车大修送修前的车况鉴定）。

（3）故障检测

汽车故障检测是指在不解体的情况下，以检测为手段、诊断为目的，对汽车目前所存在的故障所做的技术检测，常用于汽车维修企业。

汽车使用过程中的故障检测，其检测时机常与汽车的维修周期相配合（即通常安排在各次维修作业的维修前、维修中和维修后）。其中，汽车维修前的故障检测，其目的是为了诊断在用车辆所存在的技术故障，确定汽车是否需要修理和如何进行修理（视情确定汽车维修的附加修理项目）；汽车维修中的故障检测，其目的是为了确诊汽车故障的部位和原因，以提高汽车维修质量及维修效率；汽车维修后的故障检测，其目的是为了鉴定汽车的维修质量。由此可知，现代汽车维修企业必须加强汽车故障的检测与诊断，以确定故障现象，查明故障的部位和原因，最后进行有效的故障排除。

2. 汽车故障诊断的方法

汽车故障诊断的方法有人工经验诊断法、仪器设备诊断法、自诊断法。

（1）人工经验诊断法（俗称中医疗法）

所谓人工经验诊断法，是凭借于技术人员的丰富实践经验和理论知识，在不解体或局部解体的情况下，根据汽车故障现象，通过眼看、手摸、耳听等手段（类似于中医的"望、闻、问、切"），或者利用极简单仪具，边检查、边试验、边分析，最后定性地判断汽车的故障部位和故障原因。由于人工经验诊断法不需要专用的仪器设备，可以随时随地应用，因而也是现代汽车维修企业不可缺少的诊断方法。但由于这种方法需要技术人员必须具有较高的技术水平和丰富的实践经验，且诊断速度较慢、诊断准确性较差、不能定量分析等，因而多用于中小型汽车维修企业和汽车运输企业的故障诊断中。

（2）仪器设备诊断法（俗称西医疗法）

所谓仪器设备诊断法，是利用各种专用的检测仪器或诊断设备，在汽车不解体或局部解体的情况下，对汽车、总成或机构进行性能测试，并通过对检测结果的分析判断，定量地确定汽车技术状况以及诊断汽车的故障部位和故障原因。由于仪器设备诊断法不仅诊断速度较快、准确性较高、且能定量分析，目前发展速度较快，使用比例也日益增大，它是汽车检测诊断技术发展的必然趋势，目前已广泛应用于汽车检测站和大型汽车维修企业中。其缺点是设备投资较大，其检测诊断结果（即使使用"汽车专家诊断系统"）最后仍需要技术人员进行分析判断。因此，仪器设备诊断法只是为人工经验诊断法提供了帮助，而并不能完全替代人工经验诊断法，人工经验诊断法仍是汽车检测诊断的重要方法。

（3）自诊断法

由电脑控制的电控汽车大多附带有故障自诊断功能。所谓自诊断法，就是根据故障警告灯的警告信号，通过一定的操作方法，提取电控单元（ECU）内所存储的故障码，并以此查阅故障码表来确定故障部位和原因、并进行故障诊断。由于自诊断系统为电控汽车本身附带，因而对该型汽车的故障诊断更加快捷有效。但由于它只能自诊断具有传感器的电控系统故障而不包括其他机械、液压系统，因而也只是一种辅助诊断。

任务 5　技术责任事故及处理

由于技术状况不良或岗位责任失职所造成的事故，统称为技术责任事故。技术责任事故包括行车交通事故、机电设备事故、维修质量事故、经营商务事故、工伤事故等。

4.5.1　技术责任事故

在汽车维修企业的生产过程中，要避免技术责任事故。如果技术责任事故发生了，一定要查明原因，做出责任认定。

1．技术责任事故的原因

1）管理不善，指挥失误或岗位失职造成的事故。

2）无照开车，无证操作或混岗作业造成的事故。

3）违章操作或操作失误造成的事故。

4）超载超速运行造成的事故。

5）不符合安全运行技术条件，未采取必要防范措施或措施不力不当，冒险运行而造成的事故。

6）失保失修，漏报漏修，维修不良，偷工减料或粗制滥造而造成的事故。

7）未经培训或试用合格而操作不当或操作失误、未经检验合格而擅自使用或者不尊重检验人员意见而造成的事故。

8）应检或可检范围内，由于错检漏检或检验不严而造成的事故。

9）在销售、生产、供应和财务业务往来中发生订货错误、合同错误、收支错误、以及服务差劣等所造成的商务性事故。

10）不按规章制度滥用职权、擅自处理而发生的事故。

2. 技术责任事故损失费

事故损失费用包括直接经济损失及间接经济损失。当在计算上发生争议时，由负责处理该事故的处理人裁决。

（1）直接经济损失

1）修复设备或车辆损伤部位所发生的修理费用。

2）损坏其他车辆、设备及建筑设施的赔偿费用。

3）引起人员伤亡所发生的补偿费用。

4）处理事故现场所发生的人工机具费。

5）由于商务事故直接造成生产经营损失的费用以及直接造成浪费或亏损的费用。

（2）间接经济损失

1）在修复设备或车辆的事故损伤部位时，牵涉到其他未损伤部位的拆装费和维修费。

2）伤亡者及其他有关人员的交通费、住宿费、工资奖金及其杂费支出。

3）由事故造成的停工停产和生产经营损失的费用。

（3）事故等级的确定

确定事故等级应以直接损失为依据。但在事故统计和经济处罚时应以事故的总损失（包括直接经济损失及间接经济损失）为依据。

技术责任事故的等级划分，主要根据该事故造成的伤亡人数以及当地规定的直接经济损失额确定。

4.5.2 技术责任事故处理

1. 技术责任事故的责任划分

事故责任分为全部责任、主要责任、次要责任及一定责任四类。

1）凡管理不善、指挥失误或岗位失职造成的事故，由管理者、指挥者或岗位失职者负主要责任。

2）凡属操作者无视安全操作规程，违章操作或操作失误，或无视工艺纪律及质量标准，偷工减料、粗制滥造而造成的事故，应由主操作人负主要责任。

3）在应检及可检范围内经检验合格，在质量保证范围及质量保证期内发生质量事故，由检验员负主要责任；凡未经检验合格，或属检验人员无法检验无法保证的部位发生事故，由主操作人负主要责任。

4）在汽车维修过程中若发现问题而有可能危及安全或质量时，在生产经营管理中或商务活动中若发现问题而有可能危及企业利益时，经请示而获批准继续使用或继续执行而造成的事故由批准人负主要责任；应请示而不请示，或虽经请示而未获批准，擅自决定继续使用或继续执行而造成的事故，由擅自决定者负主要责任。

2．技术责任事故的处理原则

凡发生技术责任事故，无论事故大小、责任主次或情节轻重，事故者应首先保护现场，救死扶伤，并及时如实地报告，采取有效应急措施，做好善后工作，听候处理。

事故处理必须坚持四不放过原则：事故原因不查清不放过；事故责任者未得到处理不放过；事故整改措施不落实不放过；事故教训未吸取不放过。

3．技术责任事故的处理的负责部门

凡发生立案事故，应由厂部负责部门登记申报、现场勘察、责任分析及事故处理。事故处理的负责部门如下：

1) 行车交通事故由车队负责。
2) 设备事故由设备管理部门负责。
3) 质量事故由质量管理部门负责。
4) 商务事故由经营管理部门负责，厂长监督。
5) 工伤事故由人力资源管理部门负责，工会监督。

立案事故的处理程序如下：首先由事故人申报事故经过及事故原因，并由证人作证，填写事故登记表上报事故处理部门；然后在事故处理时应召开由事故单位召集、事故处理负责人主持、事故人参加的"事故分析会"，进行事故分析；事故分析会后应由事故处理人填报事故处理裁定书，处理决定报主管厂长批准。

事故登记表、事故分析记录、事故处理裁定书以及对工伤者的"劳动鉴定书"都应归档存查。

4．技术责任事故的处罚办法

1) 不立案事故，由事故所在单位适当处罚。
2) 立案事故的处罚规定如下：全部责任者应赔偿损失的75%～100%；主要责任者应赔偿损失的50%；次要责任者应赔偿损失的25%；一定责任者应赔偿损失的10%。"赔偿损失"是指按事故总损失费用（包括直接经济损失及间接经济损失）按上述比率进行赔偿。赔偿由财务科根据事故处理裁定书从工资中扣赔。扣赔数较多时，每月只保留一定的生活费用，从出事的次月起连续扣赔，直至扣赔完为止。
3) 行车交通事故由交通安全管理部门负责处罚。
4) 发生伤亡事故，可根据《厂矿企业劳动安全条例》进行处理。

当发生重大事故或重大恶性事故，并由本企业负主要责任或全部责任的，除事故本人应按规定给予处罚及必要行政处分外，事故单位的各级领导和相关业务管理人员也应给予相应的处罚。

复习思考题（《学习活页册》4-2）

复习思考题参考答案（《学习活页册》4-3）

项目五
汽车维修企业的质量管理

学习目标
- 知道质量和质量管理的概念。
- 了解质量管理的发展阶段。
- 掌握全面质量管理的基本特点和常用方法。
- 掌握 PDCA 工作循环过程的组成。
- 知道最常用的数理统计分析方法有哪些。
- 掌握全面质量管理的基本要求和实施步骤。
- 知道 QC 质量管理小组的含义、特点和任务。
- 掌握汽车维修质量检验的方法和工作步骤。
- 知道汽车维修质量检验的分类及内容。
- 知道汽车维修行业的质量监督的作用、内容和方法。
- 知道汽车维修的投诉处理与执法检查规定。

汽车维修企业的质量既包含维修作业质量又包含维修服务质量，两者相辅相成。维修与服务质量是贯穿于维修工作的各个环节质量的综合表现，因而每个工作环节的质量管理对维修服务质量起着决定性的作用。

任务1　了解汽车维修质量管理的基础知识

5.1.1　质量和质量管理

质量是企业的生命。良好的质量管理工作对企业的生存和发展具有重要的意义。通过质量管理，对企业系统中的各个过程要素进行管理和控制，有效地使用资源，降低成本，提高效率。通过质量管理，使全员参与并让全体员工互相信任，培养质量意识，激发员工的主人翁意识。通过建立程序，及时、有效、全面地收集企业生产中的质量信息，企业的管理者对这些信息进行整理和分析，使整个质量管理体系持续改进。

1. 质量

所谓质量，是人们在工作和生活中逐步形成的、用以评价产品或工作优劣程度的概念。

项目五　汽车维修企业的质量管理

根据 ISO9000 国际标准，质量是"产品、过程或服务满足规定或潜在需要的特征和特性的总和"。这就是说，产品、过程或服务质量都是以该产品、过程或服务是否满足规定或潜在需要、是否满足用户需求来衡量的。

最终产品的质量特征和质量特性是在该产品的形成过程中逐步形成的，因此只有提高产品或服务的过程质量，才能提高产品或服务的最终质量。产品或服务的质量不仅包括最终质量，也包括过程质量。产品质量是指产品或服务本身特征和特性的质量，它构成了产品的客观属性；服务质量是指为满足用户对产品或服务的需要而完成的服务的质量，它是在产品使用过程中或服务过程中为满足用户的需要而做的主观努力。

（1）产品质量

狭义的产品质量仅指产品关于使用价值的质量特性。要使产品质量能最大限度地满足用户需求，就要使产品具有一定的质量特征和质量特性，凡围绕着产品使用目的所提出的各项要求都属于产品的外在质量特征（即外观质量要求）或内在质量特性。其中产品的内在质量特性包括以下五个方面。

1）产品使用性能。产品使用性能指对产品性能能否适于使用的各项要求，它是产品质量的最基本要求。

2）产品使用寿命。产品使用寿命指该产品能够正常使用的期限。

3）产品使用可靠性。产品使用可靠性指产品在规定使用时间内和规定使用条件下不出现故障的能力。

4）产品使用安全性。产品使用安全性指该产品在操作或使用过程中是否会危害人身或环境。

5）产品使用经济性。产品使用经济性指该产品在制造和使用过程中的性能价格比。

而广义的产品质量除上述产品关于使用价值的质量特性外，还包括服务质量。

（2）服务质量

狭义的服务质量，仅是指产品或服务在售前、售中或售后服务过程中的质量特征和质量特性；而广义的服务质量不仅包括在产品售前、售中及售后服务过程中对用户开展的所有服务工作（如服务态度、服务技能、服务及时性等），还包括企业内部开展的、在整个生产经营管理过程中所有服务工作的总和。并非只有服务行业才有服务质量，在市场经济条件下，任何产品最终都要变为商品，任何产品都是为了满足用户要求或需要而生产制造的，因此几乎所有企业都有服务质量问题，服务质量是普遍存在的。

（3）工作质量

无论是产品质量还是服务质量，所有的产品质量和服务质量都是由人做出来的，而不是检验出来的，因此所有的产品质量和服务质量归根结底都是由企业中每个员工的工作质量来保证的。一个企业若要生产优质产品或提供优质服务以全面满足用户需求，必须做好与产品质量或服务质量的形成过程直接相关的各项工作，以全面提高企业各项业务的工作质量。其中，狭义的工作质量，仅指企业为了保证产品质量或服务质量而对外所做的全过程服务质量，而广义的工作质量，既包括企业为了保证产品质量或服务质量而对外所做的全过程服务质量，也包括企业内部为了保证产品质量或服务质量所做的全过程管理的服务质量，既包括企业内部纵向的服务质量，也包括企业内部横向的服务质量。

2. 质量管理

企业的产品质量及服务质量是企业内部各项生产经营管理活动工作质量的综合反映。要保证企业的产品质量及服务质量,就必须把影响产品质量及服务质量的各种因素全面系统地管理起来。所谓质量管理,就是在企业各项生产经营管理职能中,围绕着企业质量方针,建立质量管理机构,制订质量管理制度;并根据产品技术标准和工艺规范,对影响产品质量及服务质量形成的各个环节(如设计、生产和服务)进行全面预防和全过程控制,用最经济有效的手段使产品或服务达到规定的质量要求,从而为用户提供满意的产品和服务所进行的质量工作的总称。

企业只有加强质量管理,才会有更好的产品,才能够持续发展。企业加强质量管理的原因有以下两个方面。

(1) 加强质量管理是企业的中心任务

好产品才会有市场。企业要想占有市场,就要为用户生产优质产品及提供优质服务。因此,在企业的各项任务中,加强质量管理是企业的中心任务。

(2) 以质量求生存、以品牌求发展

以质量求生存、以品牌求发展,这不仅是企业参与产品及服务竞争的需要,也是企业提高企业收益、降低消耗的基本途径。要谈企业产品或服务的"量",首先要谈企业产品或服务的"质",倘若不能保证产品或服务的"质",粗制滥造,服务低劣,再大的"量"也只是浪费,没有质量也就没有产量。汽车维修企业倘若不能保证维修质量,接连不断地发生质量事故,不仅是浪费,而且也影响企业声誉,还不如不修。

3. 质量职能与质量责任

所谓质量职能与质量责任,就是在实现产品质量及服务质量的全过程中,企业各部门所应发挥的作用与所应承担的责任。企业管理的质量职能,是指企业为使产品或服务达到规定质量而进行全部管理活动的总称。产品或服务的最终质量需要有一个产生、形成和实现的过程,因此要提高企业的产品和服务的最终质量、搞好企业的全面质量管理,就要明确企业中各个环节、各个工序的质量职能和质量责任。当然,企业质量管理的最高责任应由企业最高领导人承担。

为此,企业要制定和实施质量计划与质量方针,合理配置资源,开展企业工作质量(工作程序、工作规范、工作标准)的成果评价(质量评审和检验)等。与此同时,不仅应该建立一套以客户为中心的工作质量服务标准(包括服务项目、服务程序、服务行为等,并将这些文件作为检验企业工作质量的依据),而且还要建立一套以调查客户信息反馈为中心的工作质量服务标准,从分析客户的忠诚度来检查企业的工作质量(产品质量与服务质量)。

4. 质量管理的发展阶段

虽然质量管理的起源几乎与企业管理的发展相同步,但质量管理学却是随着现代工业生产的发展而逐步形成和发展起来的。这是因为,随着社会生产力的发展和日趋激烈的市场竞争,都对企业的产品质量提出了更高的要求,要使企业的产品能适应市场需要,更多地占有市场,并从中获得更多利润,只有提高企业产品质量和服务质量,否则就只会丢失用户和市场而遭受失败。也只有在生产经营管理中更加重视产品质量和服务质量,在努力创造高质量名牌产品的同时改进服务质量,树立企业形象,才能提高企业产品的市场竞争能力,借以扩大产品销路,求得企业的生存和发展。

质量管理的发展过程曾经历了质量检验、统计质量控制、全面质量管理三个阶段。

(1) 质量检验阶段

产品质量检验阶段(也称事后检验阶段)是质量管理发展的最初阶段(1920~1940年)。当时人们对质量管理的认识只是局限于对产品的质量检验上,也就是依靠几个质量检验员,通过各种检测仪器和工具作为产品质量的控制手段,从产成品中挑出残次品,严格把好产品的出厂质量关。这种方法虽然可以保证产品的出厂质量,但由于是事后检验,却不能解决生产过程中由于技术工艺落后而导致的产品质量差、成本高,更不能预防和控制不合格产品的产生。况且对于大批量生产的企业来说,要对所有的出厂产品都做100%的检验,不仅经济上很不合理,而且技术上也不可能。

(2) 统计质量控制阶段

随着工业生产的进一步发展,产品批量越来越大。特别是在第二次世界大战中,美国的不少民用品生产企业转向军用品生产,当时所面临的主要问题就是由于产品批量太大而无法逐件检验,而产品的高废次品率又直接影响到产品交货。为了加强质量控制,预防废次品产生,减少企业经济损失,美国的休哈特于1924年提出了系统质量管理。在加强生产过程中质量检验的基础上,为产品的原材料、零部件、半成品和成品各环节设计了质量控制图表,并用数理统计方法找出其质量波动规律,努力消除产生废次品的异常原因,从而使整个生产过程或生产系统都处在良好状态下,保证企业能最经济地生产出符合用户要求的合格产品。所谓统计质量控制,就是在加强生产过程中质量检验的基础上,应用数理统计方法来控制产品质量。

这种方法体现了以预防为主的思想,因而开始在大型企业中得到应用。但在中小型企业,由于推广者过分强调数理统计概念而使其变得神秘莫测,结果反而使企业管理者无法应用,只好仍然依靠生产检验部门实施最原始的产品质量检验,造成了数理统计与质量控制的相互脱节。

(3) 全面质量管理阶段

1950年后,随着科学技术和社会生产力的迅速发展,不仅工业产品频繁地更新换代,而且也对工业产品的安全性和可靠性提出了更高的要求,迫使企业的产品质量管理引进安全性和可靠性的概念。许多企业管理者认为,在从原材料供应、产品设计制造,直到产品销售和使用的全过程中,所有环节都会影响企业的产品质量。若要控制产品质量,必须对生产过程实施全面的质量控制。于是,美国的费根堡和朱兰等人提出了全面质量管理概念,即为了贯彻企业的质量方针,保证企业的产品质量和服务质量,必须改善企业的组织管理。他们主张要在企业中以生产用户满意的产品为理念,开展全面的、全员的、全过程的质量管理和控制,从而把企业中的各个部门构成一个完整的质量保证体系。这种全面质量管理既强调了质量控制,也强调了质量检验,从而保证了企业能用最经济的方法生产出用户最满意的产品。

自1960年后,随着现代工业企业管理的改革和完善,全面质量管理在全世界都得到了广泛的应用和推广,并成为工业企业提高产品质量、改善企业素质、增强企业竞争能力的有效方法。例如，美国许多企业都认为"质量是事关公司销售额和利润、事关企业信誉和成败的大事"；"以质量求生存、以品种求发展"成了欧洲各企业的经营指导思想。他们不仅努力提高产品质量以保持其品牌地位，而且还不断地训练职工，推广科学的质量管理方法。日本则为了生产世界上质量第一的产品，明确提出"产品质量是日本民族的生命线"。他们认为，产品质量是人做出来的，而不是检验出来的。如果仅靠企业中少数几个管理者，不仅搞不好产品质量，甚至也管不好企业。因此，只有促使企业全员（从公司总经理、技术管理人员到全部工人）、全过程地参与全面质量管理，产品质量才能得到保证。他们不仅从美国引进了全面质量管理方法，而且还结合日本国情，更加突出了人的因素，并强调在企业中开展各种类型的质量管理教育和质量管理小组活动，从而创造了一个既通俗易懂又便于发动群众的企业管理方法，充实了现代工业企业全面质量管理的内容。

回顾质量管理的发展历史可以看出，作为企业管理的重要组成部分，全面质量管理不仅是企业管理和质量管理发展的必然产物，而且也是现代企业管理的中心环节。

质量管理三个阶段的比较见表 5-1。

表 5-1 质量管理三个阶段的比较

质量检验阶段	统计质量管理阶段	全面质量管理阶段
按产品标准验收	按产品标准控制质量	以技术标准为基础尽可能满足用户其他要求
以事后把关为主	监控生产全过程，重在预防	防检结合、以预防为主，狠抓影响质量的各种因素
仅限于生产过程	从生产扩展到设计	实行从产品开发、设计制造、使用维修的全过程管理
依靠质检人员把关	依靠技术、检验部门控制	实行全面、全员、全过程的质量管理
主要用检验方法	主要用数理统计方法	实行生产经营管理、专业技术与政治思想相结合的系统性管理
以产品质量为对象	以产品质量及工序质量为对象	以产品质量与工作质量为对象
缺乏标准化和系统化	仅有较成套的产品标准	有成套的技术标准，还有成套的工作标准和管理标准

5.1.2 全面质量管理和质量管理小组

1. 全面质量管理的概念

全面质量管理（Total Quality Management，TQM）这个名称，最先是 20 世纪 60 年代初由美国的著名专家菲根堡姆提出的。它是在传统的质量管理基础上，随着科学技术的发展和经营管理上的需要发展起来的现代化质量管理，现已成为一门系统性很强的科学。自 1978 年以来，我国推行 TQM（当时称为 TQC——Total Quality Control）已有 40 多年。从 40 多年的深入、持久、健康地推行全面质量管理的效果来看，它有利于提高企业素质，增强国有企业的市场竞争力。近年来，TQM 成为日益受到各国领导人和广大企业家所重视的一门科学管理体系。

所谓全面质量管理，就是从系统控制论的概念出发，把企业作为生产产品质量的整体，组织和依靠企业全体员工（即全员参与的）都参与企业产品质量管理的全过程（从产品开发设计、生产制造、使用维修到售后服务的全过程）中，并全面地管理和控制影响产品质量的所有因素（即生产技术、经营管理、政治思想教育全面结合），从而以最优的生产、最低的消耗、最佳的服务，为用户提供最满意的产品质量。简言之，所谓全面质量管理，就是通过全面的、全员的、全过程的质量保证体系，最经济地为用户提供最满意质量的产品和服务的一整套质量管理的体系、手段和方法。

2. 全面质量管理的指导思想

1）质量第一。企业要以质量求生存、以质量求发展。

2）用户至上。企业要树立以用户为中心，为用户服务的思想。

3）质量是做出来的，而不是检出来的。为此，要突出人的因素，并突出以预防为主的原则。

4）在质量管理中一切要用数据说话。

全面质量管理的指导思想是"一切为了用户、为用户服务"。其实，这也是企业生产经营管理的指导思想。因为企业要在市场经济条件下生存和发展，必须要为用户设计制造出最好的产品，让用户享受到最好的服务。根据这一经营理念，不仅企业的生产经营管理者要坚持"质量第一"的方针，要把用户的需要和利益放在产品生产的首位；而且在评价企业的产品质量时，也应该以用户的立场去客观评价。

3. 全面质量管理的基本宗旨

汽车维修企业全面质量管理的基本宗旨，就是要在汽车维修的全过程中，全面地贯彻质量标准，动员全体职工都来关心和保证产品质量与服务质量，从而为用户多、快、好、省地提供优质服务和修好车辆，对用户负责。

4. 全面质量管理的基本特点

全面质量管理的基本特点是"三全一多"，即全面的、全过程的、全员的，而其管理方法可以是多种多样的。

（1）全面的质量管理

所谓全面的质量是指广义质量，它包括产品质量和服务质量。因此全面质量管理的内容涉及企业内部的产品质量和服务质量，涉及成本和效益的结合和统一，涉及企业生产经营管理中的所有方面，包括生产技术、经营管理和政治思想教育等。

全面质量管理与事后的质量检验相比，前者不仅要对产品质量进行管理，而且更要对人的工作质量与服务质量进行管理；而后者仅是对企业产品质量进行管理。

（2）全过程的质量管理

要确保产品和服务的最终质量，必须严格控制所有影响产品质量和服务质量的各种因素。所谓全过程的质量管理，是指对产品质量与服务质量形成的全过程（即从产品市场调查、设计制造、使用维修到销售及售后服务全过程）进行质量管理。全过程质量管理与事后的质量检验相比，前者是对企业的产品质量和服务质量进行全过程的管理，而后者仅是对产品的竣工出厂质量进行检验。

（3）全员的质量管理

质量是由人做出来的，因此全面质量管理所涉及的产品质量和服务质量最后都将归结为企业全体员工（上至厂长、下至工人）的工作质量。要搞好全员质量管理，就要搞好企业中全体员工的工作质量。全员质量管理与事后的质量检验相比，前者是人人都参与质量管理，而后者则仅是少数检验人员参与质量管理。

由此可知，全面质量管理体现了以预防为主的经营思想，以防为主，防检结合，重在提高，从而使全面质量管理变成更加积极主动的企业管理。全面质量管理充分体现了"以人为本"的管理思想，其目的就是为了让企业中每个员工在生产全过程中都能深刻地理解"如何使顾客满意"的思想和方法，从而把为用户服务放在企业一切工作的首位。由于产品质量与服务质量分散于企业的各部门和各层次中，各部门、各层次的质量管理是企业全面质量管理中的必要环节。要管好企业全员的工作质量，不仅要求企业各部门、各层次的全体员工都要参与质量管理，而且还要明确分工，以完成各自的质量岗位职责和履行各自的质量责任，确保各自的工作质量。

（4）全面质量管理方法的多样性

影响企业产品质量和服务质量的因素是多方面的，其中既有企业内部因素也有企业外部的因素，既有物质因素也有人为因素、技术因素、管理因素等。因此要具体实施全面质量管理，它与企业管理一样，也要采用多种多样的管理方法。

5. 全面质量管理的基本方法

全面质量管理与"单纯产品检验"不同，也与"单纯数理统计"不同。全面质量管理的基本方法要体现"一切为了用户、以预防为主"的指导思想，从而要将过去的事后检验转变为现在的全过程检验，把过去的"管结果"转变为现在的"管因素"。全面质量管理的常用方法有 PDCA 管理循环和数理统计法。

（1）PDCA 管理循环

1）PDCA 管理循环的工作程序。PDCA 工作循环是全面质量管理的工作程序，通过计划（Plan）、执行（Do）、检查（Check）、处理（Action）循环式的工作方式，分阶段、按步骤开展质量管理活动，促进质量管理水平循环不断地提高。

PDCA 工作循环是一个过程，分为四个阶段，由八个工作步骤完成。

所谓一个过程，是指企业在不同历史时期具有不同的质量目标和质量管理任务，企业的每项质量管理活动都有一个产生、形成、实施和验证的过程，因此企业的每项质量管理活动都应该是一个全过程的管理。

四个阶段、八个步骤具体如下：

a. 计划阶段（P）。计划阶段分为四个步骤：第一步，分析质量现状，找出质量问题；第二步，分析产生质量问题的原因；第三步，从各种原因中找出影响质量的关键原因；第四步，制订工作计划和措施。

b. 执行阶段（D）。执行阶段包括一个步骤：第五步，执行计划，落实措施。

c. 检查阶段（C）。检查阶段包括一个步骤：第六步，检查计划执行的情况和措施实施的效果。

d. 处理阶段（A）。处理阶段分为两个步骤：第七步，把有效措施纳入各种标准或规程中加以巩固，无效措施不再实施；第八步，将遗留问题转入下一个循环继续进行。

2）PDCA 工作循环的特点。"PDCA 循环"不仅是全面质量管理的基本方法，也是企业

项目五 汽车维修企业的质量管理

管理的基本方法,它适用于企业生产经营管理的各个环节和各个方面,具有以下特点:

① 不管是对整个企业还是各个部门,也不管是工作的全过程还是工作的各阶段,都应该应用 PDCA 循环控制生产质量。整个企业的质量保证体系构成了一个较大的 PDCA 管理循环,各级、各部门又有各自小的 PDCA 管理循环,直至具体落实到班组和个人,依次又有更小的管理循环,从而形成一个综合的质量管理体系。上一级管理循环是下一级管理循环的根据,而下一级管理循环又是上一级管理循环的组成和保证,从而构成为一个整体。大循环套小循环,小循环保证大循环,一环扣一环。通过各个小循环的不断循环,推动上一级循环乃至整个企业循环的不停循环,从而把企业的各项管理工作都有机地组织起来,构成一个统一的质量保证体系,实现企业预定的总质量目标,如图 5-1a 所示。

② 工作循环的四个阶段之间是紧密衔接周而复始的,不能停顿,不能间断。PDCA 每循环一次,企业的生产经营管理水平、产品质量和服务质量就会提高一步,如此不断循环,不断提高,如图 5-1b 所示。

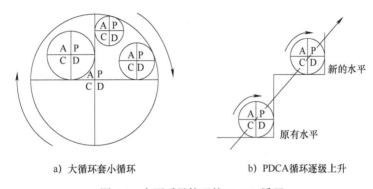

a) 大循环套小循环　　　　b) PDCA循环逐级上升

图 5-1　全面质量管理的 PDCA 循环

③ PDCA 循环是综合性的管理循环,因为把企业质量管理划分为 PDCA 四个阶段只是相对的,实际上是相互联系和相互交叉的。由此可见,PDCA 管理循环也是一个永无休止的全面质量提高过程,在实施过程中经常会发生边计划、边执行、边检查、边总结、接着又进行计划的情况。每一个循环结束后,下一轮循环又在更高的水平上进行,即每转动一圈就上升一步,就实现一个新的目标。如此反复不断地循环,质量问题不断得到解决,管理水平、工作质量和产品质量就得到步步提高。

(2) 全面质量管理中常用的数理统计方法

在全面质量管理中,有时还会涉及大量的数据资料。为此,在全面质量管理活动中有时还要进行必要的数理分析,以系统控制、正确判断和及时处理。

最常用的数理统计分析方法有排列图、因果分析图、直方图、分层图、相关图、控制图及统计分析表等。

1) 排列图。所谓排列图,在横坐标上列出影响质量的各种影响因素(按影响程度自左至右地顺序排列),左侧纵坐标是影响程度(如不合格产品数量、所耗金额、所耗工时等,在图中用直方高度条表示);右侧纵坐标是各影响因素的影响比率,如累计不合格率(%),如表 5-2 和图 5-2 所示,以此找出影响产品质量的主要因素,并以此提出解决的质量措施。上述的所谓累计不合格率(%),是指该因素不合格率加上前一个因素的累计不合格率(%)。

凡累计不合格率 0~80%的为主要因素；累计不合格率 80%~90%的次要因素；累计不合格率 90%~100%的为一般因素。主要因素一般为 1~2 个，最多不超过 3 个。

表 5-2　某厂曲轴主轴颈加工的不合格率统计

序　号	项　　目	不合格件数量/件	不合格率（%）
1	表面粗糙度高、轴颈有刀痕	48	60.0
2	径向尺寸超差	15	18.8
3	弯曲	7	8.7
4	油封颈径向跳动超差、轴颈车小	4	5.0
5	轴颈两端圆弧超差	2	2.5
6	其他	4	5.0
合　　计		80	100

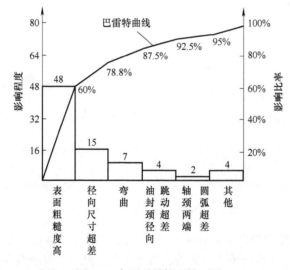

图 5-2　全面质量管理排列图

2）因果分析图。所谓因果分析图也称树枝分析图或鱼刺分析图（类似于计算机中的根目录与子目录）。它是运用因果分析法，从而找出影响质量原因的一种简便而有效的方法。其特点是从问题的结果出发，找出产生的主要原因，再分析其主要原因，找出下级的主要原因，"有因必有果、有果必有因"，依次类推，步步深入，一直找到最终原因为止。如图 5-3 所示为连杆轴承烧蚀原因分析。

6. 全面质量管理的基本要求

为了使企业的全面质量管理能真正取得实效而不流于形式，必须根据全面质量管理的基本要求和企业的具体特点，选择合适的管理方法。

（1）全面质量管理要求全员参加质量管理

维修质量是企业各生产环节、各部门工作的综合反映。因此，要提高维修质量，涉及企业全体人员。要求上至厂长，下至工人，人人做好本职工作，关心维修质量，参与质量管理。

项目五 汽车维修企业的质量管理

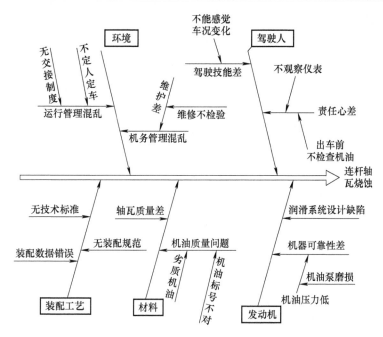

图 5-3 全面质量管理的因果分析图——连杆轴承烧蚀原因分析

实现全员质量管理，要做好三件事：

1) 抓好全员的质量管理教育。质量教育主要包括两个方面：一是质量意识的教育，使职工牢固树立"质量第一"的思想，促使职工自觉参加质量管理的各项活动；二是专业技术和业务的教育，要对职工进行全面质量基础知识的教育，使他们掌握全面质量管理的思想和方法，并在本职工作中会应用。要对职工进行技术业务培训，提高他们的专业技术水平，从而保证维修质量。

2) 制订各部门、各岗位人员的质量责任制，明确规定企业各部门、各岗位人员在保证和提高维修质量中所承担的职责、任务和权限。做到质量工作事事有人管，人人有岗位责任，工作有标准、有规范，有完善的检查制度，建立起一套以质量责任制为主要内容的考核奖惩办法和完整严密的管理制度。大中型汽车维修企业，尽可能进行 ISO9000 族质量管理体系认证，使企业的生产和管理规范化、标准化、制度化，从而使企业的全面质量管理做得更好。

3) 开展群众性的质量管理活动，也就是开展 QC 小组活动。要使 QC 小组具有明确的针对性、严密的科学性、广泛的群众性，充分发挥广大职工的聪明才智和当家做主精神。这是解决质量问题、提高员工素质的一种有效办法。

（2）要对质量产生、形成和实现的过程进行管理

维修质量有一个产生、形成和实现的全过程。这个过程就是维修工艺设计、维修及维修后服务的过程。要保证维修质量，关键是管好工艺设计和维修应用过程。

汽车维修企业的所谓产品设计过程，主要是维修质量标准和工艺规程的设计。生产过程主要是维修过程，也就是按技术标准和工艺规程进行维修生产的过程。销售使用过程主要是提供必要的技术资料，走访用户，征求意见，负责包修。

（3）全面质量管理是全企业的管理

维修质量分散在企业的各有关部门，各部门的质量管理工作都是提高维修产品质量不可缺少的环节。因此，要求有关部门都要参加质量管理。由于各部门在企业中的职责和作用不同，其质量管理的内容也不同，必须加强协调。企业的上层管理侧重于质量决策，并统一组织、协调各部门、各环节、各岗位人员的质量管理活动，保证实现企业的管理目标；中层管理则要实施领导层的决策，执行各自的质量管理职能，进行具体的业务管理；基层管理则要求职工严格按标准、规章制度进行生产，完成具体的工作任务。

（4）采用多种方法开展全面质量管理

影响维修质量的因素是多方面的，有物质因素、人为因素、技术因素、管理因素、有企业内外部的因素。要把这些因素进行总结，运用各种现代化管理方法进行综合治理。注意需要做到以下几点：

1）尊重客观事实，用数据说话。要纠正传统的凭感觉、凭经验定性分析问题的方法。把质量管理建立在科学的基础上，提倡定量分析。

2）遵循 PDCA 循环的工作程序。PDCA 是管理工作的基本方法。它不仅适用于一般企业的质量管理，也适用于维修企业的管理。

3）广泛地应用科技新成果。全面质量管理是现代化科学技术和现代大生产的新成果。所以，要采用先进的管理方式、采用先进的专业技术和检测手段。

7. 全面质量管理实施方法

（1）对全体员工进行全面质量管理思想的教育

对全体员工进行全面质量管理思想的教育，将满足客户的需求放在首位，让每位员工深刻理解"客户满意"的思想。为了了解并实行"客户满意"的思想，可以将员工分组进行"换位思维"，即所有参与维修服务有关的人员，将自己当作客户深入思考：对维修质量是怎样要求的？希望自己得到什么样的服务？如果自己是现场执行人员，如业务员、维修人员、配件计划采购人员，对在工作中遇到的问题会有何想法？希望得到什么样的帮助和理解？希望管理者如何对待自己？假如自己是管理者，会如何对现场工作进行指导与管理？对出现的问题怎么看待？是否知道它们的起因如何解决？要鼓励大家以自己希望得到的服务方式去为自己的客户服务，要将每个人都作为自己的重要客户，想方设法使其满意。

对全体员工进行全面质量管理思想的教育，使全体员工清楚地知道提高质量与降低成本之间的关系，明白质量提高不仅不会提高成本，反而会降低成本。因为质量提高了，会减少反复修理的时间，缩短在修车辆的停厂时间，降低人力资本，提高工作效率。

对全体员工进行全面质量管理思想的教育，使全体员工树立提高维修质量合格率的责任感，全面质量管理应该让全体员工认识到，如果存在问题最终会影响到维修质量和企业形象，在开始阶段问题不解决，最后的阶段将付出更高的代价才能解决。教育员工树立百分之百合格维修质量的责任感，消除侥幸心理。

（2）了解市场

充分进行市场调研，了解同行业是如何进行质量管理的，如何使客户满意的，找出差距，提出改进措施。

(3) 建立明确的质量基准和质量测评制度

维修质量的好坏一定要有一个明确公开的衡量标准,每个人都可以把自己的工作结果与之对照,从而知道自己做得是好是坏。这种标准要以制度的形式,切实付诸实施,才能增加可信度。

(4) 建立相对完善的激励机制

如果质量检测的结果对个人的利益无任何影响,则员工没有尽力提高质量的动力。要根据员工的绩效在物质和精神方面进行不同的激励。

(5) 加强质量检验机制

改变质检人员的角色,消除他们与维修人员之间的隔阂,加强他们之间的沟通,将维修事故率减小到最低。

(6) 建立一套明确有效的解决问题的方法

一旦出现问题,能够找出方法解决问题,而不是互相埋怨或推诿。一般解决问题常用的方法和步骤:

1) 讨论并确定问题。
2) 找出问题的根源。
3) 提出可能解决问题的方法。
4) 选择最佳方法。
5) 建议批准和实施。
6) 测试、评估、调整,提出改进措施。

(7) 培育员工的主人翁意识和敬业精神

消除员工中的消极思想,提高员工"厂兴我荣,厂衰我耻"的主人翁精神。

(8) 建立平等对话机制

只有员工有了权利才会有主动性。允许员工提出问题,商讨问题,并将解决方案付诸实施。如果什么问题都要管理者来决定,大家只能消极工作和等待。

(9) 质量小组的组成

质量小组人员组成应广泛全面,并发挥他们的积极作用,及时发现质量问题,讨论解决方法,并提出解决方案。

(10) 全面质量管理意识的培养

加强全面质量管理意识的培养,尤其是协同作战精神的培养;有效地制订改进措施,不断地增强客户意识,如何始终围绕客户要求工作,并教给大家如何更好地交流,如何更好地合作,如何在解决问题时对事不对人。

5.1.3 质量管理小组

随着汽车维修企业规模化和品牌化的发展,为了保证汽车维修服务质量,建立企业内部的质量管理小组是必要的,质量管理小组能够较好地贯彻和落实全面质量管理。

1. 质量管理小组的概述

(1) 质量管理小组的含义

质量管理小组亦称 QC 小组,是以保证和提高维修产品质量、工作质量及服务质量为目的，围绕生产和工作现场存在的问题，由班组或科室人员自愿组织、主动开展质量管理活动的小组。也就是说，在生产或其他工作岗位上的职工，围绕企业的质量方针目标，运用质量管理的理论和方法，以改进质量、降低消耗、提高管理水平及经济效益为目的而组织起来，并开展活动的小组，统称为 QC 小组。它是职工参加民主管理的新发展，是群众性质量管理的有效形式。

（2）QC 小组活动的特点

QC 小组不同于行政班组，从活动内容看，QC 小组是围绕企业方针、目标和所在岗位中存在的问题，以改善管理为主，以预防和改进为目标，开展活动。它不受质量指标约束。从活动方法看，QC 小组以 TQM 的科学方法为主要手段，有一套比较固定的程序。从活动方式看，QC 小组以自愿为基础，偏重于业余活动和对技术因素的控制。

概括起来，QC 小组活动具有明确的目的性，严密的科学性，广泛的群众性和高度的民主性。

（3）QC 小组的任务

1）抓教育，提高质量意识。

2）抓活动，不断提高成果率。

3）抓基础，强化班组建设。

4）抓自身建设，不断巩固提高。

2．QC 小组的建立

（1）QC 小组类型

1）按劳动组织建立 QC 小组。它是以班组、岗位、工种、部门为中心，以技术骨干和 TQM 积极分子为主自愿组合的小组。

2）按工作性质建立 QC 小组。它有三种形式：①以工人为主体组成，以稳定和提高维修产品质量和降低消耗为目的的"现场型"小组；②以三结合为主，以攻克技术关键为目的的"攻关型"小组；③以科室职能部门为主，以提高工作质量为目的的"管理型"小组。

3）按课题内容建立 QC 小组。它是以课题为活动内容，采取自愿或行政组织的方式建立的小组，课题一经完成，该小组活动即终止。

对尚未开展 TQM 的企业，一般采取行政组织的方法组建 QC 小组。

（2）QC 小组人员的构成

班组岗位的 QC 小组，基本以工人为主，可聘请技术顾问；车间、部门的 QC 小组，一般由领导、技术人员和工人三结合的形式组成；联合攻关型的 QC 小组，也采取三结合形式，但应充分发挥技术人员的作用。QC 小组的人员构成，关键在于组长人选和骨干成员。QC 小组的组长，由对全面质量管理基本知识和常用的数理统计方法比较熟悉、专业技术较强、有组织能力的同志担任。同时，还要有热心于 QC 活动，掌握 QC 知识和方法。QC 小组一般为 3~10 人。

（3）注册登记

QC 小组成立后，要按不同级别向上级质量管理部门注册登记，由 QC 小组填写登记表。班组、岗位 QC 小组向所在车间（部门）登记注册，由车间汇总，报企业质量管理部门备案。

跨车间（部门）的 QC 小组直接向企业质量管理部门登记注册。优秀 QC 小组，向授予称号的质量管理协会和主管部门备案。

对常年无活动，一年无成果的 QC 小组，应当解散或由上级实行一次性注销。每年都要进行一次 QC 小组的重新登记和检查验收，没有进行重新登记的和检查验收工作的 QC 小组，以前注册登记的 QC 小组则自行失效。

3．QC 小组的活动

QC 小组活动大部是围绕"某课题"进行的，没有课题无法组织活动，也失去了 QC 小组存在的意义。有了课题，还要有解决课题的程序和方法，否则很难出成果。有了成果，还要进行发表，以巩固成果，继续深入开展小组活动。

（1）选课题要注意四个方面的问题

1）选题的依据：应根据企业质量方针与质量目标选题，根据生产或工作中的薄弱环节或关键环节选题，或者根据用户（包括下工序）需要选题。

2）课题的类型：有现场型和攻关型两种。

3）选题的范围：包括产品质量、生产成本、机具设备、劳动效率、节能环保、技术安全、企业管理、班组建设、销售服务等。

4）选题的原则：所选择课题要有目标值。先易后难、注重现场需要、选择本岗位能解决的课题，例如，选择周围易见课题，或者小组成员共同关心的关键问题或薄弱环节等。

（2）活动程序

QC 小组的活动是按 PDCA 循环来开展工作的。

（3）成果发布

建立 QC 小组的目的是要出成果。也就是说，QC 小组推行的是成果第一的原则。成果发表是在各级质量管理部门召开的成果发布会上进行的。发布成果的内容基本上有两种类型：

1）从选课题开始，到最后得出结论，按 PDCA 循环的程序接受全过程。

2）在活动的某一特定阶段，发布阶段性成果。

（4）成果评价

成果评价各级成果发布会都要对发表的成果进行评价。由评委会按评分标准，根据成果水平，对基础资料和现场检查等综合情况逐项打分，最后评出优秀成果。

5.1.4 汽车维修质量管理任务和管理机构

要想做好汽车维修质量管理工作，必须理解质量和质量管理的含义，熟悉汽车维修质量管理机构的组成及其职能。

1．汽车维修质量和汽车维修质量管理的概念

（1）汽车维修质量的概念

汽车维修质量是对汽车维修服务活动是否满足与托修方约定的要求，是否满足汽车维修工艺规范及竣工质量评定标准的一种衡量。汽车维修质量包括维修的技术质量和服务质量两个方面。从技术角度讲,汽车维修质量是指汽车维修作业对汽车完好技术状况和工作能力维持或恢复的程度;从服务角度讲,汽车维修质量是指用户对维修服务的态度、水平、及时性、周到性以及收费等方面的满意程度。

(2) 汽车维修质量管理的概念

汽车维修质量是对汽车本身质量的维持和保障,汽车维修质量的好坏决定着汽车能否保持良好的技术状态并安全地行驶。汽车维修质量的优劣是由许许多多相关的因素决定的,它既取决于汽车维修企业内部各个方面、各个部门和全体人员的工作质量,也与社会的经营环境、管理环境等外部条件相关。因此,为了保证和提高汽车维修质量,必须对影响汽车维修质量的相关因素实施系统的管理。

汽车车维修质量管理就是汽车维修企业为了保证和提高汽车维修质量而进行的计划、组织、协调和控制活动。

2. 汽车维修质量管理任务

汽车维修质量管理是汽车维修企业管理的重要内容之一。因此,汽车维修企业必须高度重视汽车维修质量管理,采取严格的技术手段和管理措施,保证和提高汽车维修质量,保障人们的生命和财产安全。

汽车维修质量管理的任务主要有以下四个方面。

1) 加强质量管理教育,提高全体员工的质量意识,牢固树立"质量第一"的观念,做到人人重视质量,处处保证质量。

2) 制定企业的质量方针和目标,对企业的质量管理活动进行策划,使企业的质量管理工作有方向、有目标、有计划地进行。

3) 严格执行汽车维修质量检验制度,对维修车辆从进厂到出厂的维修全过程、维修过程中的每一道工序,实施严格的质量监督和质量控制。

4) 积极推行全面质量管理等科学、先进的质量管理方法,建立健全汽车维修质量保证体系,从组织上、制度上和日常工作管理等方面,对汽车维修质量实施系统地管理和保证。

3. 汽车维修质量管理机构

(1) 汽车维修质量管理机构的设置

汽车维修企业建立健全质量管理体系的目的是将企业有关部门的质量管理活动组成一个整体,协调工作,共同提高和保证维修质量。

管理机构的设置,应根据企业的性质而定。一、二类企业应建立由企业技术负责人、专职质量检验员、技术总监、总工程师等组成的"质量管理领导小组"。一类企业还应设置独立的质量管理部门,二类企业的质量管理职责可以由技术管理部门完成,其他企业应选择技术水平较高,懂管理的人员负责质量管理。

(2) 维修质量管理机构的主要职责

1) 认真贯彻执行维修质量管理相关的法规和制度,以及上级有关部门制定的汽车维修质量管理的方针和目标。汽车维修质量的方针即质量管理的政策性法规;汽车维修质量的目标指经过全面质量管理汽车维修质量所达到的质量评价标准。

2) 贯彻执行国家和交通部颁布的有关汽车维修技术标准、相关标准以及有关地方和企业的有关标准。

3）根据国家标准、行业标准、地方标准的要求，制定相应的企业汽车维修技术标准。

4）根据修理作业内容制定合理的汽车维修工艺和安全操作规程。

5）建立健全维修企业内部质量保证体系，加强维修各个环节的质量检验，从待修车辆进厂、维修过程、修竣质量总检验到出厂前送检全过程质量管理，掌握维修质量动态，进行维修质量分析，推行全面质量管理。

6）开展维修质量评优与奖惩工作，搞好修后跟踪服务。

4. 汽车维修质量管理制度

汽车维修质量管理制度是质量管理部门或企业质量管理机构，为贯彻汽车维修质量管理方针和目标，依据有关法律、标准制定的管理制度。企业必须建立健全有关质量管理制度，以保证维修质量的不断提高。

（1）进厂出厂检验制度和过程检验制度

车辆从进厂、维修过程直至竣工出厂，每道工序都应通过自检、互检，并作好检验记录，以备查验。

（2）原材料、外协外购零部件进厂入库检验制度

维修企业对新购原材料、外协加工件及采购零部件，在进厂入库前，必须由专业技术人员（检验员）逐件进行检查验收。配件采购人员是非专业维修技术人员，很难对配件、材料进行技术鉴定，因此应完善与加强原材料、外协外购零部件进厂入库检验制度和验收手段。在维修用料时，要认真填写领料单，注明规格、型号、材质、产地、数量，并由领发人分别签字盖章。

（3）计量管理制度

计量管理工作是企业管理中的重要环节，是保证维修质量的重要手段。因此，必须加强计量器具和检测设备的管理。要按有关规定，明确专人保管、使用和鉴定，确保计量器具和设备的精度。

（4）技术业务培训制度

加强职工的技术业务培训，提高职工素质，是保证维修质量、提高工作效率的重要途径。企业要根据生产情况，定期或不定期地组织职工进行专业知识或质量管理知识的培训。并按不同岗位和级别进行应知应会的考核，以不断提高职工的技术水平和责任心。

（5）岗位责任制度

建立健全岗位责任制度，以增强每个职工的质量意识。维修质量是靠每个岗位的员工实现的，是由整个维修企业的全体员工来保证的。因此，定岗前要合理配备各个岗位人才，量才适用；定岗后要明确职责，并在一定时间内保持相对稳定，以便提高岗位技能和责任心。

（6）出厂合格证制度

汽车维修竣工出厂合格证是承修单位对汽车维修竣工，经过技术鉴定并符合相应标准后的汽车所开具的质量凭证，由承修厂家签发。是承修方保证质量的重要手段之一。按照规定，凡经过整车大修、总成大修、二级维护后竣工出厂的车辆，必须由厂方签发检验合格证，并向托修方提供维修部分的技术资料，否则不准出厂。"汽车维修竣工出厂合格证"的样式由

省级道路运政管理机构统一制定，由汽车维修企业填写并发放。甘肃省汽车维修竣工出厂合格证的样式如图 4-2 所示。

(7) 质量保证期制度

车辆经过维修后，按规定都有一定的质量保证期限。在质量保证期内，因维修质量而造成的损失，应由承修方承担责任，这是制约承修厂保证质量的重要手段。

(8) 质量考核制度

企业应按照部门人员岗位职责大小，制定相应的质量考核管理办法，并严格实行配件、维修质量抽检制度，认真组织实施。

5. 建立质量分析制度

进行质量分析的重要步骤之一就是要搞好调查研究和统计材料。企业领导一方面要亲临一线，深入现场，获得真实的一手资料；另一方面，也要组织质量监督技术人员和车间、班组人员，深入现场调查研究，以质量管理为中心，严把车辆从进厂到竣工出厂，从维修机具到检验设备，从维修工人到管理干部，从原材料配件出入库到外协件验收等方面的质量关，及时发现问题，提出相应的改进措施，为不断提高维修质量打下良好基础。

维修企业的技术监督部门、车间、班组都要定期进行质量分析，质量分析应当是经常的、全面的活动。既要有针对性地分析已发生的维修质量事故，找出发生质量事故的真实原因和责任者，以便有针对性地采取相应的技术组织措施；还要分析一段时间内的出厂合格率，全面掌握达到质量标准的规律，总结经验，为进一步改善和提高质量奠定基础。

质量分析可从企业内部和外部两个方面进行。在企业内部，一是对日常工作中的质量检验的统计资料进行分析；二是通过现场调查研究、开质量分析会等形式进行分析。在企业外部，主要是组织质量调查或用户回访组，进行跟踪走访调查，具体地了解用户对维修质量和服务质量的意见和要求，为进一步改进和提高维修质量提供资料。

6. 制订提高维修质量措施

质量计划指标的实现应有切实可行的措施来保证。为了实现质量计划指标，就必须制订相应的保障措施。

1) 加强教育。加强职工的技术业务培训，让员工熟练掌握所维修车辆的技术资料和维修技能，并根据维修企业自身的特点，抓好内部培训的同时，将有一定理论知识水平的员工送到相应车型的专业培训机构去培训，培训应不间断地进行；同时提高全体员工的质量意识和责任意识，做到从员工到企业领导、从车辆进厂到出厂、从进料到发料，人人关心质量，个个环节保证质量，这是保证和提高维修质量的先决条件。

2) 抓技术管理。维修企业应有质量管理手册，应建立与健全各项有关质量管理的规章制度。做到岗位职责明确，检验标准规范，操作规程有序，奖惩分明，不断提高质量管理水平。

3) 以质量为中心，依靠员工，积极推广和应用新技术、新工艺、新材料、新设备、新经验，不断提高维修质量和生产效率。

4) 积极推行全面质量管理。全面质量管理是维修企业为了保证和提高维修质量，综合运用的一整套质量管理体系、方法和手段所进行的系统管理活动。一、二类维修企业要结合自身条件，积极推行全面质量管理，把维修质量管理工作提高到一个新的境界。

任务 2　汽车维修质量检验

汽车维修质量检验是指采用一定的检验测试手段和检查方法，测定汽车维修过程中和维修后（含整车、总成、零件、工序等）的质量特性，然后将测定的结果同规定的汽车维修质量评定参数标准进行比对，从而对汽车维修质量做出合格或不合格的判断。维修质量检验是保证汽车维修质量的有力措施，做好维修质量检验，提高维修质量，可以提高客户的满意度，增加企业的经济效益和社会效益。机动车维修经营者对机动车进行二级维护、总成修理、整车修理的，应当实行维修前诊断检验、维修过程检验和竣工质量检验制度。

5.2.1　汽车维修质量检验的职能、方法及工作步骤

汽车维修企业进行汽车维修质量检验的目的是为了对汽车维修过程实行全面质量控制，判断汽车维修后是否符合有关质量标准。对竣工车辆，代表汽车维修企业，同时也代表承修方验收维修质量。对于汽车维修质量管理机构，进行汽车维修质量检验，是为了实施行业质量监督。

1．质量检验的职能

1）保证职能。即把关职能，通过对维修过程中的每个环节，如配件的出入库、原材料、外协加工、维修过程等进行检验，确保不合格的零配件不用在维修车辆上，确保每道工序合格后方可进入下一个工序，确保维修车辆出厂检验合格后方可交付客户。

2）预防职能。通过对每道工序的检验，以便及时发现问题，找出原因，采取措施，防止进入下一道工序并导致最终维修质量不合格。质量检验人员除了要判定被检车辆是否合格外，还要及时发现合格车辆的质量隐患，以便及时找出原因并采取相应措施，提高汽车维修出厂质量。

3）信息职能。质量检验员在履行质量检验的同时，还要及时反馈质量信息，将质量检验的情况，及时向企业质量主管部门报告，为加强质量管理和监督提供依据，对重大质量隐患可由厂方及时做出应对方案。

2．汽车维修质量检验的方法

汽车维修质量检验的方法有人工经验法和仪器检测法两种。

（1）人工经验法

人工经验法就是汽车维修质量检验人员通过眼看、耳听、手摸等方法，或借助简单的工具，在汽车不解体或局部解体的情况下，对车辆的外观技术状况和可以直接看到、听到或触摸到的外在技术特性进行检查，并在一定的理论知识指导下根据经验对检查到的结果进行分析，判断汽车维修质量是否达到合格条件的方法。人工经验法主要用于检验车辆的外观清洁、车身的密封和面漆状况、灯光仪表状况、各润滑部位的润滑情况，以及各螺栓连接部位的紧固情况等项目。

(2) 仪器检测法

仪器检测法是在汽车不解体的情况下，利用汽车检测诊断仪器设备直接检测出汽车的性能和技术状态参数值、曲线或波形图，然后将其与标准的参数值、曲线或波形图进行比较分析，判断其是否合格。有的检测诊断仪器设备还可以直接显示出判断结果。仪器检测法是现代汽车维修质量最主要、最基本的检验方法，汽车大修、总成大修和二级维护等作业中的主要检测项目都必须采用仪器检测法进行检验。

3. 汽车维修质量检验的工作步骤

汽车维修质量检验是一个过程，一般包括如下工作步骤：

1) 明确汽车维修质量要求。根据汽车维修技术标准和考核汽车技术状态的指标，明确检验的项目和各项质量标准。

2) 测试。用一定的方法和手段测试维修汽车或总成有关技术性能参数，得到质量特性值。

3) 比较。将测试得到的反映质量特性值的数据同质量标准要求作比较，确定是否符合汽车维修质量要求。

4) 判定。根据比较的结果判定汽车或总成维修质量是否合格。

5) 处理。对维修质量合格的汽车发放汽车维修竣工出厂合格证，对不合格的维修汽车，记录所测得的数值和判定的结果，查找原因并进行反馈，以便改进质量。

5.2.2 汽车维修质量检验的分类及内容

汽车维修质量检验根据维修工艺、检验对象、检验职责的不同进行分类，不同类型的维修，维修检验的内容不同，掌握维修质量检验的类型及其检验内容，是做好维修质量检验的前提。

1. 按维修工艺分类

按维修工艺分类可分为维修前诊断检验、维修过程检验、出厂竣工检验。

(1) 维修前诊断检验

1) 维修前诊断检验的含义。维修前诊断检验也叫进厂检验，是指根据客户对车辆故障现象的描述及送修车辆技术状况的检查鉴定，与顾客协商最终修理项目、交车时间及预计维修费用。

2) 维修前诊断检验的主要内容。维修前诊断检验的主要内容包括：对进厂送修车辆进行外观检视；填写进厂预检单；注明车辆装备数量及状况；听取客户对车辆技术状况的口头反映；查阅该车技术档案和上次维修技术资料；检测或测试车辆的技术状况；确定故障原因及维修方案，签订维修合同，办理交接手续。

【案例5-1】2019年3月21日，在一个豪华车连锁店，下午快下班时，一位客户开着一辆跑车来做保养，自己有一饭局，车就放在厂子里，让修理厂抽空保养，第二天来取车。连锁店已经好几天没业务，加之马上要下班，客户也不急于要车，服务人员就未制作任务委托书，让客户离开了。等到第二天交车时，车主假装检查车辆后，指着风窗玻璃左下角，说"有裂纹"。经多次长时间的调解后,修理厂最终还是给客户赔偿了 15000 元,这就是进厂检验未按流程进行,检验不到位造成的。

(2) 维修过程检验

1) 维修过程检验的含义。维修过程检验简称过程检验,也称为工序检验,是指从汽车解体、维修、装配与调试,直到汽车维修竣工出厂全过程中的质量检验与质量监督。

2) 维修过程检验的主要内容。维修过程检验的主要内容是汽车或总成解体、清洗过程中的检验;主要零部件的过程检验;各总成组装、调试的检验。

汽车维修过程中的质量检验与质量监督目前普遍采用三级质量检验的质量保证制度,即工位自检、工序互检和专职检验相结合的方法。汽车维修过程检验一般由承修人员负责自检,专职过程检验员抽检,维修中的关键零部件、重要工序以及总成的性能试验均属专职过程检验员的检验范畴。汽车维修企业应根据自身的实际情况确定必要的维修质量控制点,由专职维修过程检验员进行强制性的检验。汽车维修过程检验是控制汽车维修质量的关键,而质量控制点是汽车维修质量管理和质量保证活动中需要控制的关键部位和薄弱环节;质量控制点设在关键、重要特性所在的工序或项目中,保证质量的稳定;在汽车维修过程中,重复故障及合格率低的工序、对下一道维修工序影响大的工序中应设几个检验点,使影响该工序质量的因素处于受控状态是很必要的。如发动机总成修理中,气缸的镗磨加工质量,影响发动机装配质量和工作性能,应视为质量控制关键部位,严加控制。凡不合格的零部件和总成都要返工,不得流入下道工序,也不得作备用品。过程检验是汽车维修质量保障的最重要的工作,根据现代汽车维修企业业务流程分析,如果重视与抓好过程检验(程序与文件),出厂检验完全可以简化。

【案例 5-2】某运输企业的一辆大客车在做二级维护时,维修工忽视了转向横拉杆球形节的检修,检验员也忽视了检查。结果在运营过程中,因球形节紧固螺栓锈蚀、松旷,安全销、球形节脱落,使客车方向失控,造成翻车,酿成严重的伤亡事故。

(3) 出厂竣工检验

1) 出厂竣工检验的含义。出厂竣工检验简称出厂检验,是指送修的车辆维修竣工后,对整车进行静态和动态的检查验收,进一步确定车辆维修后的技术性状况是否达到相应技术要求,发现问题及时处理,维修不到位的及时返修。竣工出厂检验应由专职总检验员负责,按维修质量要求的动力性、可靠性、安全性、经济性和环保性进行综合性检验,以确保汽车维修的最终质量。汽车维修竣工出厂检验必须由专职汽车维修质量检验员承担。汽车维修质量检验员对照维修质量技术标准,全面检查汽车,测试有关性能参数。

汽车出厂检验的结果应填入汽车维修竣工出厂检验单。汽车检验合格后签发汽车维修竣工出厂合格证,并向用户交付有关技术资料。

汽车维修竣工出厂后在质量保证期内发生故障或损坏,承修方和托修方按有关规定"划分和承担相应的责任"。

2) 出厂竣工检验的内容

① 整车检查。在静止状态下对整车进行外观检查,检查汽车外观是否整洁;各总成和附件应符合规定技术条件,装备是否齐全良好,各部连接是否牢固,装配是否齐全正确,特别是发动机、变速器、散热器、驾驶舱等各连接支撑应按规定装配齐全、完整,连接牢固可

靠；油、水、气、电是否加足，有无"四漏"现象；仪表开关、电器设备（包括各种管路、线束和插接器）是否安装正确和卡固良好，各种灯光信号标志是否齐全有效，反应是否灵敏；轮胎气压是否正常；车门启闭轻便，门锁牢固可靠，密封良好，不透风，不漏水，车门铰链、前后盖铰链灵活但不松旷；后视镜安装是否良好等。

② 发动机在空载情况下的检验。检验发动机起动是否迅速、怠速是否稳定、运转是否平稳、机油压力是否正常、有无异响；点火正时调整正确，加速时无"回火""放炮"现象；冷却液温度正常，废气排放符合规定；发动机点火、燃料、润滑、冷却、排气、电器各部件无漏油、漏水、漏电、漏气现象。

③ 路试。主要检查整车在起步、加减速、换档和滑行以及紧急制动等工况下的工作性能是否良好；发动机及底盘各部是否存在异响；操纵机构是否灵敏轻便；百公里耗油、噪声和废气排放是否正常等。

④ 车辆验收检验。若在路试中发现了异常现象（如异响和异热），则将车辆交由主修人员负责排除经路试检测所发现的缺陷和不足。在排除故障、重新调试并路试合格后，即可进行验收，检验员填好出厂检验记录，签发出厂合格证，办理交接手续，车辆移交给前台，由服务顾问或前台通知客户取车。

2. 按检验职责分类

按检验职责分为自检、互检、专职检验三类，也就是"三检制度"中的"三检"。

（1）自检

自检也叫工位自检，是指主修工根据工艺规程、工艺规范及技术标准，对自己所承担的维修项目进行自我质量检验。自检是维修过程中最直接、最全面、最重要的检验，因为只有主修工在工位自检中实事求是地检验自己的维修质量，才能确保整车维修质量。

（2）互检

互检也叫工序互检，是指工序交接过程中下道工序对上道工序的检验。互检的形式也可以是班组长对本组工人的抽检，也可以是专职检验员对关键维修部位的质量进行抽检。

（3）专职检验

专职检验是由专职检验员对维修质量的检验。专职检验员主要是针对维修过程中关键工序进行检验，以确保维修质量。

要落实自检、互检、专检三级检验制度，关键在于要明确自检、互检、专检的责任范围。工位自检是基础，工序互检或专职检验都必须在主修工工位自检合格的基础上进行。为此，要建立各工位与各工序的质量保证制度和岗位责任制，并明确检验方法和检验标准，提供必要的检测手段，做好检验记录和交接签证，严格把握质量关。在车辆维修过程中，派工单应随着工序一起交接，每次交接时各工序的主修工应在派工单上签字，以表示该工序项目完成且自检合格，这样可以保障汽车维修各工序的质量。

3. 按检验对象分类

按检验对象分为维修质量检验、自制件和改装件质量检验、燃润料和原材料及配件（含外购、外协加工件）的质量检验、机具设备和计量器具质量检验等。

进行汽车维修质量检验应作好检验记录。汽车维修进厂检验记录单、过程检验记录单及竣工检验记录单（简称三单），是汽车维修质量检验的基础原始记录，必须认真填写，及时整理，妥善保管。其内容和格式可由企业根据需要自行印制，应坚持全面、清晰、简便、易行的原则。

【案例5-3】某维修企业的一个业务接待员辞职了，老板让车间唯一的检验员接替，尽管有几个人提出反对意见，担心影响今后维修质量，老板却坚持己见，认为让维修工增强一下责任心就够了。此后经常有零星的返工发生，老板也没当回事，直到有一天，一个维修工在更换一辆车的机油滤芯时，因为用力过猛，造成滤芯表面变形，维修工照常装上了车，当时也没人发现这种现象。后来该车在高速路行驶时，滤芯表面变形处破裂，机油漏出，造成发动机烧瓦，返厂维修，企业因此损失了一万多元。

5.2.3 汽车维修质量检验的要求与考核

1. 汽车维修质量检验的要求

（1）汽车维修质量检验工作的基本要求

1）要有质量检验的工作责任心。由于质量检验始终贯穿于整个生产经营管理的全过程中，不仅要求质量检验人员工作责任心强并敢于检验与善于检验；而且要让质量检验人员有责有权。当然，在有责有权的同时也要加强对质量检验人员的管理及考核。

2）质量检验的制度化、标准化和规范化。质量检验不仅是要检出不合格品，更重要的是要收集和积累质量信息，从而加强质量管理、控制产品质量。为此，汽车维修质量检验应当制度化、标准化和规范化。所谓制度化，是指质量检验人员必须履行岗位职责，严格执行汽车维修质量检验制度，并严格控制返工返修，强化技术责任事故分析和相应处罚等。所谓标准化和规范化，是指质量检验人员必须严格执行的质量验收标准和质量检验规范。为达此目的，汽车维修质量检验还必须配备必要的检测诊断设备和仪器仪表，以使检验手段仪器设备化、检验结果数据化。

3）质量检验的原始凭证。汽车维修质量检验的原始凭证包括汽车进厂检验单、汽车维修过程检验单、汽车维修竣工检验单、汽车维修竣工出厂合格证（即三单一证）。其中，要求"三单"项目齐全完整、认真填写（使用规范名词术语）、记录准确清晰易懂（使用法定计量单位及符号等）、责任人签字有效；不得随意涂改与弄虚作假，并及时整理、妥善保管和最后归档。"一证"则由省级道路运输管理机构统一印制和编号，由县级道路运输管理机构发放和管理，并由维修质量检验人员在汽车维修竣工检验质量合格后签发。汽车维修竣工出厂合格证是车辆维修质量合格的标志，也是承修方对托修方质量保证的标志，禁止伪造倒卖、转借。未签发汽车维修竣工出厂合格证的机动车不得交付使用，客户可以拒绝交费或接车。

（2）汽车维修质量检验人员的素质要求

汽车维修质量检验人员应不断钻研汽车维修技术，提高其检验技能。质检人员应具备的条件如下：

知识拓展

《道路运输从业人员管理规定》（交通运输部令2019年第18号）第十三条　机动车维

> 修技术人员应当符合下列条件：
> （一）技术负责人员
> 1. 具有机动车维修或者相关专业大专以上学历，或者具有机动车维修或相关专业中级以上专业技术职称。
> 2. 熟悉机动车维修业务，掌握机动车维修及相关政策法规和技术规范。
> （二）质量检验人员
> 1. 具有高中以上学历。
> 2. 熟悉机动车维修检测作业规范，掌握机动车维修故障诊断和质量检验的相关技术，熟悉机动车维修服务收费标准及相关政策法规和技术规范。
> （三）从事机修、电器、钣金、涂漆、车辆技术评估（含检测）作业的技术人员
> 1. 具有初中以上学历。
> 2. 熟悉所从事工种的维修技术和操作规范，并了解机动车维修及相关政策法规。

1）具有大专及以上文化程度，并掌握全面质量管的基本知识。

2）熟悉汽车维修技术标准。

3）掌握汽车维修检测作业规范、汽车维修故障诊断和质量检验的相关技术。

4）熟悉汽车维修服务收费标准及相关政策法规和技术规范。

5）会正确使用检测诊断设备和仪器仪表，熟悉和掌握检测诊断技术以及掌握公差配合与技术测量等基本知识。

6）责任心强，办事公道，身体健康，无色盲，无高度近视。

7）受过汽车维修质量检验人员专门培训，鼓励获取国家职业资格证书，路试检验员还需有准驾车相符的正式驾驶执照。

2. 汽车维修质量的考核

汽车维修质量的考核包括汽车维修企业的质量考核和质量检验员工作质量的考核。

（1）汽车维修企业的质量考核

汽车维修企业的质量考核常用指标有产品或项次合格率、一次检验合格率、返工返修率等。其中一次检验合格率和返修率不仅可用以考核企业的产品质量，还可以考核企业的工作质量。

1）一次检验合格率。一次检验合格率是指在汽车维修过程中，经专职检验一次检验的合格辆次占总交付检验辆次的百分率。

$$一次检验合格率 = \frac{一次检验合格辆次}{总交付检验辆次} \times 100\%$$

2）返工返修率。返工返修率是指汽车维修过程中，在质量保证期与质量保证范围内，因汽车维修质量不合格而造成的返工或返修次数占汽车维修企业同期维修次数的百分率。

$$返工返修率 = \frac{返工返修辆次}{当期维修总辆次} \times 100\%$$

（2）汽车维修质量检验人员工作质量的考核

对检验人员的检验准确性的考核，可用漏检、错判数量、或造成的工时损失来考核，这些指标直观，但不便于对检验员进行相对比较。因此，对检验员工作质量的考核，除了用一

次检验合格率、返工返修率外，还侧重于检验完整性（无漏检）、检验准确性（无错检）、检验及时性及检验记录完整性考核。因此常用检验准确率和漏检错检率进行考核。检验准确率和漏检错检率可对不同检验员的检验能力进行比较。

1）检验准确率。检验准确率就是检验员所发现的真正不合格维修产品数与产品中实际存在的不合格维修产品数之比。

检验准确率计算公式为

$$Z = \frac{A-K}{A-K+B} \times 100\%$$

式中　Z——检验准确率；

　　　A——检验员检出的不合格维修产品数；

　　　K——不合格维修产品经过返工返修后，进行复检时，达到合格的维修产品数；

　　　B——不合格维修产品经过返工返修后，进行复检时，仍不合格的维修产品数。

上式中，分子 $A-K$ 就是检验员检出的真正不合格维修产品数，而分母 $A-K+B$ 则是被检产品真正的不合格维修产品数。

检验准确率公式有一定缺陷，如果 $B=0$，即在复核检验时，从合格维修产品中检验不出不合格维修产品，也就是无论从不合格中复核出多少合格品，检验准确率永远是 100%。这实质上是允许错判错误。为此，还需要结合一次检验合格率进行考核。

2）漏检错检率。漏检错检率 E 由下式确定：

$$E = (1-Z) \times 100\%$$

【案例5-4】 被检维修产品共 100 件，检验员检出 10 个不合格品维修产品，经复核检验，发现 10 个不合格维修产品中有 8 个是合格的，而在合格维修产品中又检出 6 个不合格维修产品，计算检验准确率和漏检错检率。

$$Z = \frac{A-K}{A-K+B} \times 100\% = \frac{10-8}{10-8+6} \times 100\% = 25\%$$

$$E = (1-Z) \times 100\% = (1-25\%) \times 100\% = 75\%$$

因此，检验准确率 Z 为 25%，漏检错检率 E 为 75%。

任务3　熟悉汽车维修竣工的出厂规定与验收标准

经维修竣工出厂的汽车或送往装配的附件及总成均应符合汽车装车的技术要求与质量标准。其中，凡经过大修作业的汽车或总成应按国家标准 GB/T 3798—2005《汽车大修竣工出厂技术条件》检验和验收；凡未经过大修作业的汽车或总成，应按 GB 7258—2017《汽车安全运行技术条件》、GB/T 18344—2016《汽车维护、检测、诊断技术规范》检验和验收，汽车出厂检验的结果应填入《汽车维修竣工出厂检验单》。

5.3.1　维修竣工车辆和总成的出厂规定

依据《机动车维修管理规定》，车辆和总成修竣完工后，要按照出厂规定进行检验、验

收和交接,具体规定如下:

1)车辆和总成在修竣出厂前,承修厂必须按照汽车修竣出厂的检验规范和验收标准,进行检验,以使修竣出厂的车辆完全符合汽车维修技术标准修竣出厂技术要求,确保维修质量。

2)车辆和总成修竣出厂时,不论送修时装备、附件的状况如何,均应按照原制造厂规定配备齐全,发动机应安装限速装置,并彻底做好车辆维修竣工的收尾工作,做到在交接车辆时不再补修或补装。

3)汽车维修企业对于修竣出厂车辆,不仅应保证经常性装备一律配齐有效,且维修中不得任意改变,但临时性装备可以改变。

4)接车人员应根据汽车维修合同规定,就车辆或总成的技术状况和装备情况等进行验收。若发现不符合竣工要求的情况时,应由承修单位查明原因并及时处理。送修单位可以查阅有关检验记录及换件记录,甚至还可以要求重试。对不符合出厂验收标准的部分可以拒收。

5)机动车维修竣工质量检验合格的,维修质量检验人员应当签发机动车维修竣工出厂合格证;未签发机动车维修竣工出厂合格证的机动车,不得交付使用,车主可以拒绝交费或接车。

6)汽车维修竣工出厂合格证既是车辆维修质量合格的标志,也是承修方对托修方质量保证的标志。按照规定,凡经过整车大修、总成大修、二级维护后竣工出厂的车辆,在修竣验收合格后,必须由承修方签发汽车维修竣工出厂合格证,并向托修方提供相应的维修技术资料。其内容包括汽车维修过程中的主要技术数据、主要零件更换记录、汽车维修竣工出厂后的走合期规定、汽车维修竣工出厂后的质量保证项目及质量保证期限以及返修处理规定和质量调查等。汽车维修竣工出厂合格证采用机动车维修竣工出厂合格证的样式。

7)送修单位在大修车辆或大修总成修竣出厂后,必须严格执行走合期使用规定,在质量保证期内,若因维修质量所造成的故障或损坏,承修单位都应优先安排、免费修理。如果发生质量纠纷,可以先行协商,若协商无效,则交由汽车维修行业管理部门进行技术分析或仲裁。

8)汽车维修经营者应当建立汽车维修档案,并实行档案电子化管理。维修档案应当包括:维修合同(托修单)、维修项目、维修人员及维修结算清单等。对机动车进行二级维护、总成修理、整车修理的,维修档案还应当包括质量检验单、质量检验人员、竣工出厂合格证(副本)等。

9)机动车维修经营者应当按照规定如实填报、及时上传承修机动车的维修电子数据记录至国家有关汽车维修电子健康档案系统。机动车生产厂家或者第三方开发、提供机动车维修服务管理系统的,应当向汽车维修电子健康档案系统开放相应数据接口。机动车托修方有权查阅机动车维修档案。

知识拓展

车辆的经常性装备和临时性装备

所谓车辆的经常性装备,是指基本型汽车的原厂装备规定。车辆的经常性装备应符合GB 7258—2017《机动车运行安全技术条件》、GB 13094—2017《客车结构安全要求》、GB

> T 17275—2019《货运牵引杆挂车通用技术条件》。
> 　　所谓车辆的临时性装备,是指除经常性装备以外而临时增加的装备。例如当车辆运输特殊物资(如超长、超宽、超高、保鲜、防碎、危险货物等)时,或当车辆在特殊条件下使用时(如防滑、保温预热、牵引等),根据需要所配备的临时性装备或临时性设施。

5.3.2 汽车维修竣工出厂验收标准

汽车维修的技术标准是衡量维修质量的尺度,是企业进行生产、技术、质量管理工作的依据,具有法律效力,必须严格遵守。质量检验就是要遵守标准,满足标准要求。

1. 汽车维修竣工出厂的技术要求

(1)维修竣工车辆出厂的基本要求

1)整体要求。维修竣工出厂车辆全车整洁、车徽字迹清楚、无凹陷残缺、裂损和锈蚀、各种装备齐全有效;各摩擦部位润滑充分,无"四漏"现象;各运动副机件运行温度正常,各外露部位的螺栓螺母紧固可靠,开口销及锁止装置齐全有效;凡装于大修车辆的零部件、总成和附件应符合相应的技术条件,车辆结构参数应符合原制造厂设计规定。

2)发动机。维修竣工出厂的发动机各部位机件连接牢固、附件齐全良好;并能在正常环境温度(柴油机不低于5℃,汽油机不低于−5℃)下迅速顺利起动;工作温度正常后,在各种转速下运转正常,怠速稳定、加速灵敏、过渡圆滑,急加速或急减速时无回火、放炮、过热及异响,且油耗正常、排气烟色正常、排放合格。

凡经大修出厂的发动机,其装配工艺应符合原规定技术条件组装后应按规定进行冷拖与热试、拆检与清洗;并要求其气缸压力或进气管真空度、最大功率和最大转矩符合规定。在所有转速及负荷的稳定运转过程中,只允许有轻微而均匀的齿轮及气门脚等传动响声,不允许有明显的活塞、连杆轴承、曲轴轴承等敲击异响。但经汽车维护出厂的发动机,在冷车时或高速及变速时允许有轻微而均匀的活塞敲缸异响。

3)底盘各总成。凡维修竣工出厂的汽车底盘各总成工作正常润滑充分,无异常磨损、异热及异响;各操纵机构应灵活可靠有效,自由行程符合原厂规定。其中:

① 传动系统。离合器接合平稳、分离彻底,不打滑不发抖、无异响。变速器换档轻便灵活,不跳档、不乱档,无异响、异热及漏油等。传动轴无松旷;主传动器各齿轮无恶性磨蚀、无异响、异热及漏油等。

② 行驶系统。车架、支承桥或驱动桥壳无变形或裂缝,车轮定位符合规定。悬架弹簧无断裂或错位,减振器良好,轮胎气压正常且搭配合理、换位适时。

③ 转向系统。转向操纵轻便灵活,不发卡、不松旷\不跑偏、不摆头;转向机构各连接锁卡可靠。转向盘自由行程、最大转向角及最小转弯直径等符合规定,行驶中无摆头、跑偏或蛇行,无恶性磨胎现象;车轮横向侧滑符合规定。

④ 制动系统。行车制动反应灵敏、均匀平顺,不单边、不跑偏、不发咬,制动鼓或制动盘厚度足够、无裂纹和变形且与制动蹄片接触正常;制动距离或制动减速度等符合规定。驻车制动器在制动后不能起步或滑溜等。

⑤ 电气设备

凡维修竣工出厂的汽车电器各总成工作正常。其中：

a）电源系统。蓄电池存电正常，电解液密度及液面高度适当；发电机发电正常。

b）起动系统。能保证用起动机可靠起动发动机。

c）照明系统信号系统及仪表系统。各种照明及信号齐全有效；前照灯光度与光束符合规定；喇叭清脆洪亮无异声；仪表齐全、指示正确。

d）车身。凡维修竣工出厂的汽车其车身应正直并左右对称；客车内外蒙皮平整无凹陷，货车架与车架连接牢靠，油漆表面光泽均匀，颜色协调，无开裂、流痕及起泡；合缝处不漏雨、无异响；货箱栏板坚固无腐朽破损，牵引钩及锁钩牢固；仪表台与内饰贴服整洁；车架所有铆接或焊接处无松动开裂；车窗玻璃清晰且启闭灵、活锁止可靠；座椅靠背完整舒适且固定可靠；各操作操纵灵活有效；随车工具、牌照、刮水器、后视镜及附件等齐全良好。

（2）汽车维修竣工出厂的性能要求

汽车维修竣工出厂后的性能应满足动力性、安全性、经济性、排放性的要求。

1）动力性。维修竣工出厂汽车的加速性能、爬坡性能与滑行性能应符合原厂设计要求。大修发动机的最大功率不应小于额定功率的90%。

2）安全性。维修竣工出厂汽车的制动性能、转向性能、安全装置操纵性能等都应符合GB 7258—2017《机动车运行安全技术条件》的规定。

3）经济性。采用原厂测试工况，测试维修竣工出厂汽车的最低比油耗（每百公里燃油消耗量）及发动机最大转矩，应符合原厂设计规定。

4）排放与噪声。排放污染应符合GB/T 18285—2018《点燃式发动机汽车排气污染物排放限值及测量方法（双怠速法及简易工况法）》、GB 3847—2018《车用压燃式发动机和压燃式发动机汽车排气烟度排放限值及测量方法》、GB 17691—2018《重型柴油车污染物排放限值测量方法（中国第六阶段）》的规定；汽车噪声应符合 GB 1495《汽车加速行驶车外噪声限值及测量方法》（中国第三、四阶段）的规定。

2. 标准的类型

我国汽车维修的技术标准分四级，即国家标准、行业标准、地方标准和企业标准。

（1）国家标准

国家标准是国家对本国经济发展有重大意义的工农业产品、工程建设和各种计量单位所做的技术规定。它由国务院标准化行政主管部门制定。汽车维修竣工出厂验收相关标准主要如下：

GB 7258—2017《汽车安全运行技术条件》

GB/T 18344—2016《汽车维护、检测、诊断技术规范》

GB 13094—2017《客车结构安全要求》

GB T 17275—2019《货运牵引杆挂车通用技术条件》

GB 26877—2011《汽车维修业水污染物排放标准》

GB/T 3790.1—2005《商用汽车发动机大修竣工出厂技术条件第1部分：汽油发动机》

GB/T 3799.2—2005《商用汽车发动机大修竣工出厂 技术条件第2部分：柴油发动机》

GB 1495—2002《汽车加速行驶车外噪声限值及测量方法（中国第三、四阶段）》
GB/T 18285—2018《点燃式发动机汽车排气污染物排放限值及测量方法（双怠速法及简易工况法）》
GB 3847—2018《车用压燃式发动机和压燃式发动机汽车排气烟度排放限值及测量方法》
GB 17691—2018《重型柴油车污染物排放限值测量方法（中国第六阶段）》
GB/T 18274—2017《汽车制动系统修理竣工技术规范》
GB/T 3798.1—2005《汽车大修竣工出厂技术条件 第1部分：载客汽车》
GB/T 3798.2—2005《汽车大修竣工出厂技术条件 第2部分：载货汽车》
GB/T 3799.1—2005《商用汽车发动机大修竣工出厂技术条件 第1部分：汽油发动机》
GB/T 3799.2—2005《商用汽车发动机大修竣工出厂技术条件 第2部分：柴油发动机》

（2）行业标准

行业标准也称部门标准，是全国性各行业范围内的技术标准。由国务院有关行政主管部门制定，并报国务院标准化行政主管部门备案。汽车维修的行业主管部门就是交通运输部，行业标准的代号为JT，如：JT/T 508—2015《机动车前照灯检测仪》。

（3）地方标准

地方标准是省、自治区、直辖市标准化行政主管部门，对未颁布国家和部标准的产品或工程所颁布的标准。汽车维修地方标准由各省、市、自治区标准化行政主管部门制定，并报国务院标准化行政主管部门和国务院有关行政主管部门备案。在公布国家标准或行业标准之后，该项地方标准即行废止。对已有国家标准或行业标准的，国家鼓励企业自行制定严于国家或行业标准的企业标准，在企业内部实施。

（4）企业标准

汽车维修企业里没有国家标准和行业标准的，应当制定企业标准，作为组织维修生产的依据。企业标准须报当地政府标准化行政主管部门和有关行政主管部门备案。

3．汽车维修竣工出厂验收执行标准

1）凡经过汽车大修作业的车辆，应根据国家标准GB/T 3798.1—2005《汽车大修竣工出厂技术条件第1部分：载客汽车》、GB/T 3798.2—2005《汽车大修竣工出厂技术条件第2部分：载货汽车》、GB/T 3790.1—2005《商用汽车发动机大修竣工出厂技术条件第1部分：汽油发动机》、GB/T 3799.2—2005《商用汽车发动机大修竣工出厂 技术条件第2部分：柴油发动机》等规定进行汽车维修竣工出厂验收。

2）凡未经过汽车大修作业的车辆，应按GB 7258—2017《机动车运行安全技术条件》等规定进行汽车维修竣工出厂验收。

3）也可参照汽车制造厂车辆出厂技术要求，按照比国家标准要求更高的企业标准执行。

4）机动车维修经营者应当按照国家、行业或者地方的维修标准规范和机动车生产、进口企业公开的维修技术信息进行维修。尚无标准或规范的，可参照机动车生产企业提供的维修手册、使用说明书和有关技术资料进行维修，并按相关标准、规范或技术要求进行维修竣工出厂验收。

任务4　了解汽车维修竣工出厂后的管理和行业监管

汽车维修竣工出厂后的管理主要包括质量保证、返修处理、投诉处理的管理。我国汽车维修企业实行备案制，行业管理强化事中事后监管。

1. 质量保证

依据《机动车维修管理规定》（交通运输部令 2019 年第 20 号）规定，我国机动车维修实行竣工出厂质量保证期制度。车辆在经过维修并竣工出厂后，在用户正常使用（不违章操作、不超载超速）的情况下，承修方承诺其质量保证项目在质量保证期限内不发生维修质量事故。

（1）质量保证期

质量保证期是指维修竣工车辆出厂后，承修方对车辆的维修质量承诺符合要求的一定的使用时间或者行驶里程，具体规定如下：

1）汽车和危险货物运输车辆整车修理或总成修理质量保证期为车辆行驶 20000km 或者 100 日；二级维护质量保证期为车辆行驶 5000km 或者 30 日；一级维护、小修及专项修理质量保证期为车辆行驶 2000km 或者 10 日。

2）摩托车整车修理或者总成修理质量保证期为摩托车行驶 7000km 或者 80 日；维护、小修及专项修理质量保证期为摩托车行驶 800km 或者 10 日。

3）其他机动车整车修理或者总成修理质量保证期为机动车行驶 6000km 或者 60 日；维护、小修及专项修理质量保证期为机动车行驶 700km 或者 7 日。

4）机动车维修质量保证期，从维修竣工出厂之日起计算。质量保证期中行驶里程和日期指标，以先达到者为准。

5）机动车维修经营者应当公示承诺的机动车维修质量保证期。质量保证期在任务委托书或汽车维修合同中公示，机动车维修经营者承诺的质量保证期不得低于国家规定的行驶时间或行驶里程。

（2）质量保证的基本规定

1）机动车维修经营者应当诚实、守信，确保车辆维修质量合格，保证车辆维修项目在一定的使用时间或行驶里程内不出现质量问题，如果出现维修质量问题，按规定及时进行处理。

2）机动车维修经营者是机动车维修质量责任主体。

3）机动车维修经营者不得通过临时更换机动车污染控制装置、破坏机动车车载排放诊断系统等维修作业，使机动车通过排放检验。

4）机动车维修经营者不得使用假冒伪劣配件维修机动车。

5）机动车维修配件实行追溯制度。机动车维修经营者应当记录配件采购、使用信息，查验产品合格证等相关证明，并按规定留存配件来源凭证。

6）托修方、维修经营者可以使用同质配件维修机动车。同质配件是指产品质量等同或者高于装车零部件标准要求，且具有良好装车性能的配件。

7）机动车维修经营者对于换下的配件、总成，应当交托修方自行处理。

8）机动车维修经营者应当将原厂配件、同质配件和修复配件分别标识，明码标价，供用户选择。

9）承担机动车维修竣工质量检验的机动车维修企业或机动车综合性能检测机构应当使用符合有关标准并在检定有效期内的设备，按照有关标准进行检测，如实提供检测结果证明，并对检测结果承担法律责任。

（3）质量保证范围

1）基本范围。汽车维修企业对其承担的汽车维修项目、提供的配件和材料、采用的维修工艺进行质量保证，在质量保证期内，保证车辆技术状况良好，运行正常。

2）大修竣工出厂车辆质量保证范围

① 发动机。发动机走热后运转正常，无拉缸和异响（如严重的活塞敲缸、活塞销、曲轴承及连杆轴承异响）；在燃料供给系统和点火系统调整正常后，气缸压力和真空吸力均符合标准；机油压力及冷却液温度正常；发动机无"四漏"，在出厂行驶 2500~3000km 后排气管不冒异烟。

② 传动系统。离合器工作正常，不发抖、不打滑、无异响；变速器、分动器、驱动桥的齿轮无恶性磨蚀；运转无异响（允许有磨合声）；无异热（行驶中油温不高于气温60℃）、不跳档、不乱档；传动轴、十字轴轴承及中间支架轴承不松旷和甩动弹响；无因轴颈失圆、封盖与其接合件平面不平而漏油。

③ 转向与制动。转向轻便，无阻滞发响；制动鼓无裂纹和变形；制动鼓与制动蹄片接触正常。

④ 前后桥与车架。行驶时不摆头、不跑偏、不蛇行；无恶性磨胎现象；轮载轴承不走内外圆；车架铆接处不松动，铆钉饱满，不残缺偏移；焊修部位及拖车钩无裂纹。

⑤ 车身。客车车身、货车车箱、驾驶舱及车头不摇晃；各部蒙皮平整无凹陷，连接牢靠不漏水；漆面无开裂、流痕、起泡现象；门窗启闭自如、不晃动发响。

⑥ 基础件和重要零件不破裂、变形，所有轴颈和承孔配合正常，焊接件不脱焊。

2. 返修的处理

（1）返修的含义

返修也称质量返修，是指经过维修竣工且经过质量检验出厂后的车辆，在质量保证期和质量保证范围内发生了故障或出现了零部件提前损坏的现象，且需要返厂维修才能恢复车辆技术状况的作业措施。返修是汽车修理企业对不合格维修的补救，按照汽车维修制度规定，车辆进厂维修过程应贯彻"漏报不漏修，漏修不漏检"的原则。车辆维修之后，出现维修质量问题，修理厂应积极安排、主动配合，及时进行技术鉴定，明确责任划分，属于修理厂责任的尽快安排返修，属于车主责任的安排重修。

（2）返修的行业规定

在《机动车维修管理规定》中明确规定：

1）在质量保证期和承诺的质量保证期内，因维修质量原因造成机动车无法正常使用，且承修方在3日内不能或者无法提供因非维修原因而造成机动车无法使用的相关证据的，机动车维修经营者应当及时无偿返修，不得故意拖延或者无理拒绝。

2）在质量保证期内，机动车因同一故障或维修项目经两次修理仍不能正常使用的，机动车维修经营者应当负责联系其他机动车维修经营者，并承担相应修理费用。

（3）返修的处理原则

承修方在处理返修车辆时，首先应与托修方共同进行技术鉴定，以分清返修责任、并填好返修记录。其处理原则如下：

1）责任属于承修厂的质量返修。凡属于承修厂技术责任引起的返修，应确定为质量返修或维修质量事故，无论所发生的故障车辆距厂远近，承修厂都应及时前往处理，并由承修厂承担全部检修和工料费用。承修厂应填好车辆返修记录，继而分析质量事故，吸取经验教训，提出改进意见。通过质量返修，承修厂的质量管理人员要分析产生质量事故的根源，找出质量管理薄弱环节，提出质量改进措施。

2）责任属于托修方的故障或损失。如果车辆因用户操作不当（如超速、超载）或使用维护不当（如不执行汽车大修走合规定、未执行日常维护等）而引起的故障或损坏，应由托修方自行负责。如果车主委托承修厂修理，修理厂要优先安排，及时处理，车辆修复的工料费用由车主承担，当然修理厂应尽可能地对费用进行优惠。

3）责任涉及双方的，应根据责任认定结果，由双方协商处理。

3. 投诉处理

（1）投诉受理部门

根据 2019 年交通运输部修订的《机动车维修行业管理规定》第六条：交通运输部主管全国机动车维修管理工作；县级以上地方人民政府交通运输主管部门负责组织领导本行政区域的机动车维修管理工作；县级以上道路运输管理机构负责具体实施本行政区域内的机动车维修管理工作。

汽车维修质量投诉受理部门为各级道路运输管理机构。

（2）汽车维修的投诉处理及相关注意事项

1）汽车维修的督查部门，应设置公开投诉电话、通信地址、电子信箱、网络投诉地址或网络投诉网上窗口，确保投诉渠道畅通，并对投诉者保密。

2）有下列情况之一者应移交相关部门处理，并向投诉人说明理由。

① 仲裁机关或者人民法院已经受理或者处理该投诉事项的。

② 其他行政管理部门或者消费者权益保护组织已经依法受理该投诉事项的。

③ 超越受理机构职权范围的。

④ 被诉方因注销、歇业等原因无法查找的。

⑤ 不提供与投诉内容相关材料的。

⑥ 法律、法规、规章规定不能受理的。

3）受理投诉时，应当登记投诉人姓名、单位、联系方式，被投诉人姓名或者单位、地址、投诉内容、理由和有关材料。

4）受理投诉后，应对相关证据进行保存，封存维修档案。应及时查清事实，分清责任，依法处理。

5)投诉处理时间一般在 15 个工作日完毕;情况复杂的,经批准可在 60 日内完毕,但应当告之相关人员。

6)对于发生的质量纠纷,道路运输管理机构引导双方自行协商;协商不成的,道路运输管理机构应组织双方进行协商调解;调解无效的,道路运输管理机构根据维修合同、结算清单、出厂合格证及相关规定进行处理。

7)当事人对道路运输管理机构处理结果不服的,可以依法向仲裁机构提出仲裁申请或向法院提起诉讼。

8)双方当事人、仲裁机构或人民法院可以依法委托第三方"机动车司法鉴定机构"组织专家进行司法鉴定,鉴定结论可以作为仲裁或司法判决的依据,鉴定费用由责任方承担。

9)当事双方都有责任保护当事车辆的原始状态,如果需要拆检时,当事双方都应在场,拆检结果当事双方都应认可。

4.行业监管

我国汽车维修行业实行经营备案制度后,行业监管以事中事后监管为主,并且提倡管理职能向服务职能转变。

(1)监管的方法和手段

汽车维修行业监督管理采用的主要方法如下:

1)定期巡视巡查。为掌握各汽车维修企业乃至整个管辖区行业维修质量的状况,道路运输管理机构定期对辖区维修企业进行巡视巡查,检查辖区内汽车维修企业的备案和安全生产情况。如果有未备案企业,应指导其按要求进行备案;有安全生产隐患应及时下发通知,要求及时整改;有不遵守环保规定情况的,应及时联合环保部门进行违章纠正。

2)随机抽检抽查。道路运输管理机构定期或不定期地对辖区维修企业使用的配件、其他维修材料、维修质量等进行抽检抽查,发现问题及时处理。

3)加强人员培训。道路运输管理机构经过机构改革,职责调整后,应树立服务意识,发挥其在行业中桥梁纽带作用。道路运输管理机构应选择优秀的培训资源,为汽车维修从业人员进行培训,提高他们的理论水平和实际操作技能;引导从业人员参加职业技能培训,鼓励从业人员参加职业技能鉴定,获取职业资格证书。道路运输管理机构还应该利用其所拥有的行业优势资源和互联网新技术,建立从业人员继续教育和专业知识学习平台,并免费开放,助推维修质量的提高,助力企业健康持续发展。

4)开展维修质量创优活动和职业技能大赛活动。要促进维修质量提高,加强正面宣传,树立优秀典型也是很重要的。在行业内开展汽车维修质量创优活动和职业技能大赛,可以有效地激发从业人员学知识、长见识、提升技能的热情,从而使从业人员职业能力提高,使汽车维修质量提高,使企业的形象提升,进而促进行业健康发展。

5)认真开展汽车维修企业质量信誉考核。开展汽车维修企业质量信誉考核,有利于加强机动车维修市场管理,能够加快机动车维修市场诚信体系建设,促进建立和完善优胜劣汰的市场竞争机制及退出机制,引导和促进机动车维修企业依法经营、诚实守信、公平竞争、优质服务,道路运输管理机构通过开展汽车维修企业质量信誉考核,可以促进汽车维修质量的提高,加强对汽车维修企业的监管。

6)充分利用汽车维修电子健康档案系统。完善的汽车维修电子健康档案系统,可以通过系统平台或手机APP、微信公众号,随时随地了解故障车辆附近的维修企业信息,查询企业经营资质、主修品牌、服务能力等基本情况。同时,还能够在系统上查看车辆以往的维修记录,帮助维修企业更快更准地找到车辆故障原因,为故障排除节省时间。企业运行更规范。通过引入消费者监督评价和投诉机制,引导消费者合理选择质量可靠、诚信透明、经济优质及便捷周到的维修企业。在维修过程中,如发生维修质量纠纷和价格纠纷,都可在系统进行投诉,投诉结果会第一时间内反映到运管机构并进行处理。利用系统建立动态抽查机制,对消费者投诉反映问题较多、服务评价较低的维修企业进行重点数字化、信息化监管,提升管理部门事中事后监管能力。同时,将系统中消费者评价数据纳入企业质量信誉考核体系,引导建立优胜劣汰的市场竞争机制,切实形成一批品牌化、专业化、连锁化优质维修企业。

(2)行业监管规定

1)道路运输管理机构应当加强对机动车维修经营的质量监督和管理,采用定期检查、随机抽样检测检验的方法,对机动车维修经营者维修质量进行监督。

2)道路运输管理机构应当加强对机动车维修经营活动的监督检查。

3)道路运输管理机构可以委托具有法定资格的机动车维修质量监督检验单位,对机动车维修质量进行监督检验。

4)道路运输管理机构应当依法履行对维修经营者的监管职责,对维修经营者是否依法备案或者备案事项是否属实进行监督检查。

5)道路运输管理机构的工作人员应当严格按照职责权限和程序进行监督检查,不得滥用职权、徇私舞弊,不得乱收费、乱罚款。

6)道路运输管理机构应当积极运用信息化技术手段,科学、高效地开展机动车维修管理工作。

7)道路运输管理机构的执法人员在机动车维修经营场所实施监督检查时,应当有2名以上人员参加,并向当事人出示交通运输部监制的交通行政执法证件。

8)道路运输管理机构实施监督检查时,可以采取下列措施:

① 询问当事人或者有关人员,并要求其提供有关资料。

② 查询、复制与违法行为有关的维修台账、票据、凭证、文件及其他资料,核对与违法行为有关的技术资料。

③ 在违法行为发现场所进行摄影、摄像取证。

④ 检查与违法行为有关的维修设备及相关机具的有关情况。

9)道路运输管理机构实施监督检查时,不得妨碍企业正常生产,不得索取或者收受经营者的财物,不得谋取部门和个人利益。对维修违法行为,应当立即予以制止,并实施处罚或采取相应的行政措施。

10)道路运输管理机构应当加强机动车维修从业人员管理,建立健全从业人员信用档案,加强从业人员诚信监管。

11)机动车维修经营者应当加强从业人员从业行为管理,促进从业人员诚信、规范从业维修。

12)机动车维修经营者应当建立机动车维修电子健康档案管理系统,将车辆维修信息及时录入系统。确实不具备条件的三类企业，可建立常规档案，但要实行档案电子化管理。维修档案应当包括维修合同（托修单）、维修项目、维修人员及维修结算清单等。对机动车进行二级维护、总成修理、整车修理的，维修档案还应当包括：质量检验单、质量检验人员、竣工出厂合格证（副本）等。

13）机动车维修经营者应当按照规定如实填报、及时上传承修机动车的维修电子数据记录至国家有关汽车维修电子健康档案系统。机动车生产厂家或者第三方开发、提供机动车维修服务管理系统的，应当向汽车维修电子健康档案系统开放相应数据接口。机动车托修方有权查阅机动车维修档案。

任务5　上海大众汽车维修质量检验管理实例

维修竣工车辆质量应按照国家标准或行业标准进行检验，也可以按照企业标准进行检验，但企业标准的要求要高于国家标准及行业标准的，才可以采用。在实际维修过程中，汽车 4S 店均执行汽车生产厂家给出的维修质量检验标准。本任务介绍上海大众汽车 4S 店执行的车辆维修竣工检验的企业标准。

5.5.1　自检责任及自检标准

厂方要求每个工作小组在工作结束后，必须要自检。自检以人工检验为主，自检标准如下：

1. 发动机

关于发动机的自检与前面出厂检验的内容中"发动机在空载情况下的检验"内容相同，此处从略。

2. 变速器

各档位换档时齿轮啮合灵便；互锁和自锁装置有效，无跳档、乱档现象；无渗漏油；运行中无异响。

3. 车身

1）车身骨架各处连接牢固，无裂纹或脱焊，覆盖件平整，线条圆硕均匀，焊缝大小一致。
2）车体周正，左右对称。
3）车门启闭轻便，门锁牢固可靠。
4）密封良好，不透风，不漏水。
5）车门铰链、前后盖铰链灵活但不松旷。

4. 转向器

1）转向轻便，调整准确，连接牢固，转向时与其他部件无干涉。
2）助力系统无渗漏。
3）防尘套无破损，卡箍有效。
4）转向后自动回正，性能好。

5）前轮前束或侧滑符合规定。

5. 后桥

1）后桥不得有变形、翘曲现象，后轮倾角符合定位要求。
2）后桥衬套无严重磨损后的松旷。
3）后桥短轴不变形。
4）后桥固定螺栓紧固。

6. 涂装

1）油漆涂装件外表光滑平整，无明显凹坑、点及划痕、无腻子打磨不平引起的接口裂缝，线条清晰，基本与原车一致。
2）油漆涂装件外表无明显砂纸打磨痕迹或刷痕。
3）油漆外表面无明显流挂、重痕、流痕，外表无严重桔皮型或明显起皱。
4）金属漆在阳光照射下无块状疤痕，外表光泽，颜色基本一致，无明显色差。
5）喷漆厚度符合工艺规范要求。漆面无严重影响外观的气泡孔、针孔或尘点。
6）油漆涂装件以外的表面无飞溅余漆及打磨流痕（做好清洁工作）。
7）烤漆房监控记录符合技术要求。

5.5.2 过程检验的责任及检验标准

厂方将常见的保养项目及维修项目的过程检验责任及检验标准做出了详细规定。过程检验的详细规定见表 5-3。

表 5-3 过程检验规定

序号	维修过程	维修项目	检验项目	检验频次	检验人员	检验方法	判定准则	检验记录
1	机工	首次保养 7500km 保养 15000km 保养	由委托书项目按上汽大众维修手册执行	抽检	检验员	目测，按上海大众维修手册执行	各维修项目的技术性能指标符合上汽大众的要求	委托书
2	电工	30000km 保养 年检保养	按 30000km 竣工检验单执行	每辆检验	检验员	目测，调试，有关检测仪器	30000km 保养项目和作业要求	委托书
3	钣金	安全件范围的维修项目	由委托书项目按上汽大众维修手册执行	每辆检验	检验员	目测，按上海大众维修手册执行	各维修项目的技术性能指标符合上汽大众的要求	委托书
4		事故车、大修车、发动机专项修理	由委托书项目按上汽大众维修手册执行	每辆检验	检验员	目测，调试，有关检测仪器	各维修项目的技术性能指标符合上汽大众的要求	委托书
5	特殊过程	油漆、钣金、焊接	汽车油漆修补涂装工艺过程、焊接操作规范	每辆检验	检验员	目测及汽车油漆修补涂装工艺过程和焊接操作规范中的方法	各维修项目的技术性能指标符合上汽大众的要求	委托书、汽车油漆修补涂装工艺过程、焊接操作规范

5.5.3 竣工检验的责任及检验标准

厂方将常见的保养项目及维修项目的竣工检验责任及检验标准做出了详细规定,竣工检验的详细规定见表 5-4。

表 5-4 竣工检验的详细规定

序号	维修过程	维修项目	检验项目	检验频次	检验人员	检验方法	判定准则	检验记录
1	机工	首次保养	首次 7500km 免费保养服务记录	每辆检验	自检	目测,调试,有关检测仪器	7500km 保养项目检验标准	委托书、首次 7500km 免费保养服务记录
2	电工	7500km 保养	7500km 保养服务记录	每辆检验	自检	目测,调试,有关检测仪器	7500km 保养项目检验标准	委托书、7500km 保养服务记录
3		15000km 保养	15000km 保养服务记录	每辆检验	自检	目测,调试,有关检测仪器	15000km 保养项目检验标准	委托书、15000km 保养服务记录
4		30000km 保养	30000km 保养服务记录	每辆检验	自检检验员	目测,调试,有关检测仪器	30000km 保养项目检验标准	委托书、30000km 保养服务记录
5	钣金	年检保养	年检保养服务记录	每辆检验	自检检验员	目测,调试,有关检测仪器	年检保养项目检验标准	委托书、年检保养服务记录
6		一般修理	委托书项目	每辆检验	自检	按上汽大众维修手册执行	维修项目符合上汽大众的要求	委托书
7		事故车、大修车、发动机专项修理	委托书项目	每辆检验	自检检验员	按上汽大众维修手册执行	维修项目符合上汽大众的要求	委托书及有关检测报告
8	焊接特殊过程	钣金整形中的焊接	委托书、焊接操作规范	每辆检验	自检检验员	按上汽大众维修手册执行	维修项目符合上汽大众的要求	委托书、焊接工艺操作记录
9	油漆特殊过程	表面喷涂	油漆修补涂装工艺过程控制规定	每辆检验	自检检验员	目测	维修项目符合上汽大众的要求	委托书、汽车油漆修补涂装工艺过程、焊接操作规范

5.5.4 最终检验的责任及检验标准

厂方将常见的保养项目及维修项目的最终检验责任及检验标准做出了详细规定,最终检验的详细规定见表 5-5。

表 5-5 最终检验规定

序号	检验范围	检验对象	检验项目	检验频次	检验人员	检验方法	判定准则	检验记录
1	机修电器钣金维修项目	首次保养	首次 7500km 保养项目	每辆检验	服务顾问按委托书项目逐项检验	1. 查看领用材料清单与维修项目是否一致。 2. 就车逐项检验	1. 符合上汽大众《维修手册》的技术要求。 2. 任务委托书维修项目不漏项。 3. 经服务顾问同意	过程检验、竣工检验合格后,服务顾问按委托书进行检验,合格后,在委托书上加盖"最终检验合格"章
2		7500km 保养	7500km 保养项目					
3		15000km 保养	15 000km 保养项目					
4		30000km 保养	30000km 保养项目					
5		年检保养	年检保养项目					
6		一般修理	按上汽大众维修手册执行					
7		事故车、大修车、发动机专项修理	按上汽大众维修手册执行					
8	油漆	油漆喷涂项目	委托书要求的项目					

5.5.5 安全项的抽检项目及检验标准

为了保证维修质量,确保行车安全,厂方规定了安全项的操作规程、抽检项目及检验标准。安全项抽检项目及检验标准见表 5-6,安全项的操作规程见表 5-7。

表 5-6 安全项抽检项目及检验标准

序号	抽检项目	检验要求
1	更换前制动片、盘,后制动片	摩擦表面无油污、无裂损;制动力符合 GB 7258—2017 要求
2	更换后制动分泵	无泄漏、卡滞现象
3	更换制动总泵、加力泵	制动踏板自由行程 10~15 mm;无泄漏、无踏空;接头牢固、可靠;ABS 系统故障灯不亮
4	更换后制动鼓	后制动鼓与后制动片接触良好;制动力符合 GB 7258—2017 要求
5	更换制动软管	制动管接头紧固可靠、无明显渗漏油现象
6	转向机、横拉杆球头	转向轻便灵活,球头不松旷;螺栓螺母紧固可靠;无摆振、跑偏,能自动回位,前束值 0~1.6 mm 或侧滑值小于 5 m/km

表 5-7 安全项的操作规程

序号	维修作业项目	作业要求
1	更换前制动片、盘	摩擦片、盘表面无油污 更换制动摩擦片之后,需多次用力地把制动器踏板踩到底,以便使制动摩擦片位于正常工作位置 摩擦片底板上粘有薄膜的在安装前必须撕掉 原则上同轴二侧摩擦片同时更换
2	更换后制动分泵	更换后分泵无泄漏、活塞无卡滞现象;分泵更换后要放空气
3	更换制动总泵、加力泵	总泵、加力泵各油管、真空管连接牢固不泄漏 制动踏板自由行程 10~15 mm 无踏空、无顶脚现象 ABS 警告灯不亮

项目五 汽车维修企业的质量管理

（续）

序 号	维修作业项目	作业要求
4	更换后制动片、鼓	后制动鼓与摩擦片要有良好的接触面,制动力符合 GB 7258—2017 要求
5	更换制动软管	在制动软管接口安装时,先随手旋入,再用呆扳手紧固（24N·m）; 制动软管无扭曲、无渗漏
6	转向机、横拉杆球头	方向转动灵活,球头自锁螺母拧紧力矩为 30 N·m 方向无摆振、跑偏,能自动回位 前束值 0~1.6 mm 或侧滑值小于 5 m/km

复习思考题（《学习活页册》5-1）

复习思考题参考答案（《学习活页册》5-2）

项目六
汽车维修企业物资与备件的管理

学习目标：
- 了解汽车维修物资管理的意义。
- 知道汽车维修物资管理的主要任务。
- 知道汽车维修物资的分类。
- 掌握汽车维修物资消耗定额的制定和修订方法。
- 掌握汽车维修物资的需要量和储备量的确定方法。
- 熟悉汽车维修物资的采购与库房管理。
- 知道汽车维修物资的清仓盘点、回收利用与信息反馈的有关规定。
- 掌握汽车备件管理的基本流程。
- 熟悉汽车备件的采购、验收、入库及出库管理。
- 掌握备件库存管理的基本要求、材料分类及编码、库存管理的基本方法。

物资是企业生产经营活动的最基本条件，也是保证企业生产活动得以正常进行的基础。物资贯穿于企业整个生产经营活动中，并在生产中不断改变自己的形态，创造价值。加强对企业的物资管理，涉及企业内外各个领域和环节，包括对物资需求、采购、使用、保管的控制等。加强企业的物资管理对于有效利用物资、保证生产经营活动顺利进行、提高企业经济效益有着十分重要的意义。

任务1 汽车维修物资管理

汽车维修物资管理是指对汽车维修经营活动所需的各种物资进行有计划的采购、运输、验收、供应、保管、发放、合理使用和综合利用等一系列管理工作的总称。汽车维修过程不是纯劳务服务过程，它是需要各种维修物资相配合的。汽车维修过程中所消耗的物资不仅品种规格和数量众多，而且还占用着企业70%的流动资金。作为汽车维修业务的物资供应部门，倘若用而无备，就会影响汽车维修任务的完成；但倘若备而无用，又会造成不必要的积压浪费。因而做好汽车维修物资管理具有重要的意义。

6.1.1 汽车维修物资管理的意义和任务

1. 汽车维修物资管理的意义

1) 保证汽车维修正常进行。要保证汽车维修的正常进行,就要有充足的备件,否则将会停工待料。

2) 加强汽车维修企业流动资金周转,提高企业经济效益。严格控制维修物资的库存和采购,严格执行企业维修物资的管理制度,就可以减少物资消耗,降低企业生产成本,减少流动资金占用,提高企业经济效益。

3) 节约物资,减少资源消耗。许多品质优良的材料(有些是贵重紧缺物资)在现代汽车使用,而国家的物资储备是有限的,因此正确地选用物资品种,并提高物资的利用程度,就能为国家节约物资消耗,提高国家宏观社会效益。

4) 提高汽车维修企业管理手段。既要做好汽车维修物资的供应工作,又要减少物资的积压和消耗,还要提高维修质量,组织修旧利废,同时应用新材料,促进企业技术进步等,所有这些都需要加强企业管理。

2. 汽车维修物资管理的主要任务

汽车维修企业物资管理的任务,总的来说,是企业正常经营活动的后勤物资保障,是企业根据经营活动的需要和市场预测,按质、按量、按品种、按时间、成套地供应企业生产经营活动所需的各种物资,并且通过有效的组织形式和科学的管理方法,监督和促进企业合理地使用物资,提高企业经济效益。具体来说,企业物资管理的基本任务有以下方面。

1) 搞好汽车维修物资的市场调查和分析统计,充分掌握维修物资的供需信息。一方面要掌握维修生产中需要什么物资,需要多少,什么时候需要;另一方面要掌握消费品市场、生产资料市场、技术市场等物资供应的数量、质量、价格和品种,以及供应来源和供应渠道等信息。只有全面、及时、准确地掌握本企业汽车维修中消耗物资的品种、数量、质量、价格及供应渠道及其变化规律,才能在物资工作中提高自觉性,掌握主动性。

2) 根据汽车维修物资消耗规律,制订或修订汽车维修物资消耗定额,编制物资供应计划和采购计划,积极合理地组织维修物资的采购和储备。

3) 做好汽车维修物资的入库验收、储存保管、审核发放,以确保汽车维修生产顺利进行,并配合生产技术部门严格检查维修物资消耗定额的执行情况。

4) 做好库存物资的清仓盘点和回收利用,管好和用好汽车维修物资。既要缩短物资流通时间,加速资金周转,也要做好修旧利废,尽可能减少资金占用。

5) 制订维修物资管理的岗位责任规章制度。物资的采购、搬运、保管储存、发放和使用等,都要制订工作岗位责任制。

6.1.2 汽车维修物资的分类、采购、发放的管理

汽车维修企业所用的物资品种繁多,为此首先就要对汽车维修企业所用物资进行科学的分类。

1. 汽车维修物资的分类

工业企业所用物资，若按其用途分类，可分为生产用物资、基本建设用物资等；若按其自然属性分类，可分类金属材料（黑色金属与有色金属等）、非金属材料（如石油产品、化工产品、橡胶产品、木材等）等。在汽车维修企业所用的生产物资中，通常分为汽车配件、汽车维修用辅助材料、汽车维修用原材料与设备等（图6-1）。

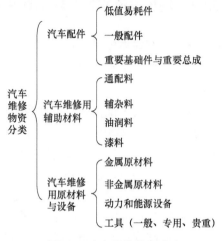

图6-1 汽车维修物资分类

（1）汽车配件

汽车配件是指能直接装用于汽车的零部件。它通常按照其价格的不同，可分为低值易耗配件、一般配件、重要基础件及贵重总成。

1）低值易耗件：指汽车维修中常用的运行消耗性材料，如汽车灯泡、垫子、火花塞等。

2）一般配件：指在汽车维修作业中必须更换的一般性配件，例如汽车大修时需要更换的活塞、活塞环等。

3）重要基础件与重要总成：重要基础件包括气缸体、曲轴、凸轮轴、连杆副、飞轮壳、变速器壳、工字梁及后桥壳、车架等；重要总成包括发动机总成、喷油泵总成、点火模块、散热器总成、变速器总成、差速器总成、主传动器总成、前后桥总成、车架总成、驾驶舱总成、仪表板总成、转向机总成、制动主缸总成、轮胎总成、发电机总成、起动机总成、蓄电池总成、电控单元总成以及汽车专用的大型特殊轴承等。

（2）汽车维修用辅助材料

汽车维修用辅助材料是指在汽车维修过程中使用的辅助性材料。通常按照其品种不同可分为通配料、辅杂料、油润料、漆料。

1）通配料：指通用机械零件和标准件，如轴承、油封、螺栓、螺母、垫圈、开口销等。

2）辅杂料：如铜皮、纸板、石棉线及其他维修原材料等。

3）油润料：指燃油、清洗油与各类润滑油等。

4）漆料：指填料、溶剂、涂料与面漆等。

（3）汽车维修用原材料与设备

1）其他维修用原材料。其他维修用原材料主要是指金属原材料与非金属原材料或型材等。

2）动力和能源设备。动力和能源设备是指汽车维修企业中的能源转换、传输设备，如配电房、变电站、空压站、水泵房、锅炉房等。

3）各类维修用工具。按照其价值，分为一般工具、专用工具、贵重工具等。

2. 汽车维修物资的采购与入库验收

从保障汽车维修的正常进行来看，总是希望库房的储备配件越多越好；但从流动资金利用的角度来看，又总是希望库房的储备配件越少越好；而从采购的角度看，却又总是希望采购量越大而采购次数越少越好。显然这是相互矛盾的，为此就要做出合理的选择，抓好采购管理和备件库房管理。

项目六 汽车维修企业物资与备件的管理

为了避免重复采购和影响汽车维修周期,不仅要在汽车维修开工时加强零件分类检验(即核料),以尽可能集中核料、集中采购和集中发料;还要抓好定期清仓查库和备件供应的计划管理,抓好库房储备备件的出入库管理。

汽车备件采购与库房管理包括采购管理与库房管理方法,如图 6-2 所示。汽车维修企业的备件采购人员与库房管理人员均应归属于材料供应部门管理。当汽车维修企业的备件采购与库房管理主要对外经营时,其材料供应部门可以单独设置为备件销售门市部;但当汽车维修企业的备件采购与库房管理主要对内服务时,则其材料供应部门应在业务上接受生产技术部门的管辖。

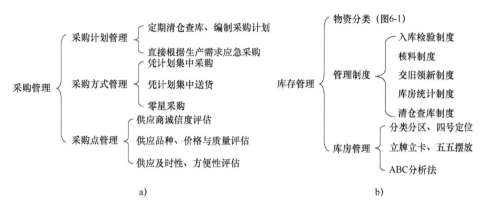

图 6-2 配件采购与库房管理

(1)采购

汽车维修物资的采购管理,包括采购计划管理、采购方式管理和采购点管理。其原则是除了零星材料可由生产部门直接通知采购外,其余材料(特别是汽车配件)均应按零件分类检验后,或清仓查库后所编报的采购计划实施采购,且要求买到即用(库房积压期或周转期不得超过半年),不得多买与错买。

在市场经济条件下,对于采购员的管理,不仅要保质保量地采购汽车维修物资,保证汽车维修业务的正常进行,而且也要堵塞漏洞,降低汽车维修成本。为了防止不法商家贿赂采购人员而购入假冒伪劣备件,一是要选派素质较高的人员负责采购;二是要加强汽车维修物资的入库验收;三是维修企业确定长期供应商,采购人员只负责落实采购计划,不负责价格协商。

汽车维修企业必须要控制好采购环节。为此在建厂选址或者选择汽车维修物资供应商时,要考虑供货商的产品价格、产品质量、售后服务、位置、供应商的存货与供货政策等。具体要求如下:

1)要尽量选择距离最近、交通最便利、供货速度最快的备件供应商(包括利用电子商务由备件供应商直达进货等)。

2)要与备件供应商建立良好而长久的合作关系,以选择最好的备件供货方式(正确选择期货与现货)。

3)要随时掌握备件供应商情,搞好市场预测。其中特别是本企业需用量较大且占用资金较多的重要备件。

4）所采购的汽车物资不仅要保证其质量，而且还要加以比较与选择，货比三家。

(2) 入库验收

入库验收是指对汽车维修物资在入库之前的检查和验收，它是库房管理的重要基础，也是管好汽车维修物资供应的先决条件。入库验收的主要内容如下：

1）根据购货发票和认购合同，核查和验收汽车维修物资的数量、品种、规格。

2）根据技术标准或合同规定，核对和验收汽车维修物资的产品质量，其中，一般材料可由仓库自行检验，汽车配件（特别是重要基础件和贵重总成）及特殊维修辅助材料可委托技术检验部门进行专职检验。

库房在进行汽车维修物资的入库验收时，一定要把好"三关"，即数量关、质量关、单据关；坚持"四不收"制度，即凭证不全不收，手续不齐不收，数量不符不收，质量不合格不收。

3. 汽车维修物资的发放

汽车维修物资的发放主要是指汽车维修配件及维修辅助材料的发放，一般采用核料领料制度。汽车维修物资的发放是库房管理中的重要环节，不仅要在汽车维修过程中建立健全领料、核料制度，而且仓储物资管理要面向生产、面向基层，不断地提高工作质量和服务质量。

(1) 汽车备件的核料制度和发放制度

所谓核料制度，就是指在汽车或总成解体后，由专职核料人员（或主修人）在对所有已经解体的汽车零部件进行一次性分类检验后，分为可用、可修、可换三类，并由此填写核料单。汽车备件库房则凭经过审核的核料单进行一次性发放，或者一次性送货至车间。

所谓发放制度，是指汽车备件库房在发料时一律应凭审核人员的签证或任务委托书发放。具体要求如下：

1）凡属于该车该次维修作业中规定应换或者可换的配件或材料，且属于该级汽车维修费用定额包干的，可经过核料后由主修人报领，由备件库房按照（核料单）限额发放，其实际消耗量计入该车该次维修作业的实际材料成本。

2）凡在该车该次维修作业中一般不应更换，或超出了该车该次维修作业所规定的作业范围和材料消耗定额、不属于该车该次维修作业中费用定额包干的配件或材料，应作为附加材料处理。此时应按照企业的领料审核制度，经技术检验部门审核签证后才能凭证限额发放。其中，凡属于低值易耗材料或一般配件的，可由专职核料员鉴定并审核，主修人报批，并经车主同意；凡属于重要基础件或贵重总成的，应由技术检验主管鉴定并审批，主修人报领，并经车主同意。凡未按照规定程序核料和审批的，库房有权拒绝发放。

3）在需更新的汽车维修物资中，凡具有回收利用价值，应实行交旧领新制度。

4）车辆维修时，更换下来的零部件，根据车主要求需要回收的，应对旧件进行整理后，由车主带走。

5）发料时应贯彻先进先出原则，以避免库存物资存放太久。

6）库管人员应对所发出的维修物资实行质量三包。

汽车备件库房在发料时，应按照"车头"或"人头"审核单车领料记录，倘若发现多领或错领应及时追查原因并予以纠正。在汽车维修过程结束时，备件库房还应将该车全部领料记录交专职核料员（或主修人）审核,并将所发配件或材料分为该车该次汽车维修费用定额中所包干或不包干两类,最后送交财务结账及成本核算。

(2) 汽车维修辅助材料的发放

汽车维修辅助材料包括油润料（除燃油外的润滑油、润滑脂、制动液、防冻液等）、通配料、辅杂料、漆料等。汽车维修中消耗的试车用燃油、清洗用燃油,根据汽车维修类别的发油定额由生产管理部门签发,执行内部油票制度,以限定试车里程及试车次数,严格限制清洗用油,应尽量使用碱水或清洗剂清洗。

通配料、辅杂料、油润料、漆料,这些材料可由相应的维修车间或维修班组按每月维修量及每车消耗定额预领,至每月底成本核算时按实际消耗量汇总核销。

原材料（如金属及非金属型材及其他原材料）均按实际消耗量由使用人报领。其中,凡用于车辆维修的应落实到车头,列为该车的维修成本中,竣工后由专职核料员核销;凡用于其他项目的应列为该项目的材料成本,竣工后由该生产技术部门核销。汽车维修辅助材料的消耗一般均采用摊销办法处理。但为了避免浪费和便于考核,在经过对各种物料消耗具体测算和查定分析的基础上,也应制定原材料消耗费用定额,并以此对车间班组进行成本考核。

(3) 工具、量具及刃具的管理

随机随车工具由机具或汽车使用人报领;汽车维修常用工具及低值量具由汽车维修工报领;易损易耗工具和刃具（如钻头、板牙、锯条、锉刀、砂布砂纸等）可根据以往的消耗量制定暂行消耗定额,由使用人报领。以上均由工具库房按领用人或保管人建账立卡,属于自然消耗的计入企业生产成本,领用时交旧领新,属于异常性损坏的应视情赔偿。贵重量具、精密量具和测试仪具应由技术检验部门领用保管,专机专用。公用工具、电动工具及贵重稀缺工具应由工具房保管,使用者一律凭票借用,并限期归还。

4. 汽车维修物资的清仓盘点

汽车维修企业必须经常或者定期地做好库房仓储的清仓查库工作（一般为日清、月结、年盘点）。其盘点的主要内容包括：检查账、卡、物是否相符；检查物资收发是否有差错；检查各类物资是否超储积压、变质或损坏；检查库房及安全设施等有无损坏等。倘若发现库存物资盘亏或盘盈、超储积压、变质损坏的,不仅应查明原因并采取补救措施,而且还应按规定申报、经企业主管审批后才能核销或处理。

5. 汽车维修物资的信息反馈

在汽车维修物资的仓储管理中所产生的信息,是汽车维修企业物资供应部门编制物资采购计划的重要依据,也是了解企业中主要或重要物资流动情况的重要方法。根据库房信息反馈,及时补充、调整或控制库存,既要杜绝停工待料,也要杜绝库存超储,保证汽车维修企业整体经营目标的实现。为此,汽车维修企业应完善建立库房管理中的信息反馈岗位责任制,并将此纳入企业信息网。

汽车维修企业应使用信息技术手段,采用汽车维修企业管理系统,对生产过程和维修物资进行网络化、信息化管理,可以减轻工作人员的劳动强度,提高维修物资发放的准确率,而且系统还能对维修物资的库存情况进行预警,对汽车维修生产情况进行统计和分析。

任务2　汽车备件管理

6.2.1　汽车备件和汽车备件管理的含义

1．汽车备件

汽车备件是指新车出厂后，在使用过程中为了提高、维持或恢复车辆性能，用于新增、替换原车上的同类物件的零部件和耗材。汽车备件包括新车售后的维修过程中用来更换的新零部件或修复件、需要更换或添加的各种油液，以及用于提高汽车安全性、舒适性和美观性的产品。

2．汽车备件管理

汽车备件管理是指汽车维修企业对维持生产、经营和服务的全过程所需各种维修配件、材料、辅助材料及工具的采购、保管、出库等各环节进行管理和控制的总称。汽车维修所使用的备件，直接影响汽车维修后的质量、安全、企业信誉和经济效益。因此，汽车维修企业须加强对备件的管理，建立和健全包括采购、保管、使用等过程的质量管理体系，有效压缩库存量，降低成本，不断改进管理方法、提高企业信誉和经济效益。

6.2.2　汽车备件分类

汽车备件的种类较为复杂，对汽车备件分类的方法很多，有实用性分类、标准化分类和外包装标识分类等。

1．实用性分类

根据我国汽车备件市场供应的实用性原则，汽车备件分为易耗件、标准件、车身覆盖件与保安件等四类。

（1）易耗件

在对汽车进行二级维护、总成大修和整车大修时，易损坏且消耗量大的零部件称为易耗件。

1）发动机易耗件

① 曲柄连杆机构的气缸体、气缸套、气缸盖、气缸体附件（气缸垫、水道孔盖板、分水管、放水开关、曲轴箱通风管、气门室盖、正时室盖、飞轮壳）、气缸盖附件（缸盖出水管、气缸盖罩、气缸螺栓）、活塞、活塞环、活塞销、连杆、连杆轴承、连杆螺栓及螺母、曲轴轴承、飞轮总成、发动机悬架组件（支架、减振胶垫、夹片、垫片、螺栓和螺母）。

② 配气机构的气门、气门导管、气门弹簧、挺杆、推杆、摇臂、摇臂轴、凸轮轴轴承、正时齿轮、正时带。

③ 燃油供给系统的汽油滤清器滤芯、汽油软管、电动汽油泵、压力调节器、空气流量传感器、喷油器、三元催化装置、输油泵总成、喷油泵柱塞偶件、出油阀偶件、喷油器、高压油管。

项目六　汽车维修企业物资与备件的管理

④ 冷却系统的散热器、节温器、水泵、风扇、散热器进出水橡胶管。
⑤ 润滑系统的机油滤清器滤芯、机油软管。
⑥ 点火系统的点火控制器、点火线圈、高压线、蓄电池、火花塞。

2）底盘易耗件

① 传动系统的离合器摩擦片、从动盘总成、分离杠杆、分离叉、踏板拉杆、分离轴承、复位弹簧、离合器操纵机构的主缸（总泵）和分缸（分泵）总成、离合器油管、变速器的各档变速齿轮、凸缘叉、滑动叉、万向节叉及花键轴、传动轴及轴承、主从动锥齿轮、行星齿轮、十字轴及差速器壳、半轴、半轴套管等。

② 行驶系统的主销、主销衬套、主销轴承、调整垫片、轮辋、轮毂、车轮连接紧固件、轮胎、内胎、钢板弹簧片、独立悬架的螺旋弹簧、钢板弹簧销和衬套、钢板弹簧垫板、滑块和吊耳、吊环、U形螺栓、减振器。

③ 转向系统的转向蜗杆、转向摇臂轴、转向螺母及钢球、钢球导流管、转向器总成、转向扭杆、纵拉杆与横拉杆、球销、球销皮碗、弹簧座、弹簧、防尘罩。

④ 制动系统的制动器及制动蹄、盘式制动器摩擦片、制动总泵、制动分泵、制动气室总成、储气筒、单向阀、安全阀、放水开关、制动软管、空气压缩机泄压阀、制动操纵机构（制动踏板、拉杆、操纵臂、传动杆、复位弹簧、踏板支架、踏板轴）、手制动器总成。

3）电气设备及仪表的易耗件。电气设备及仪表的易耗件主要有高压线、低压线、车灯总成、安全警告灯及低压电路熔断器和熔断丝、点火开关、车灯开关、转向灯开关、变光开关、脚踏板制动开关、车速表、电流表、燃油存量表、冷却液温度表、空气压力表、机油压力表。

4）密封件。密封件就是各种油封、水封、密封圈和密封条等。

（2）标准件

按国家标准设计与制造的，并具有通用互换性的零部件称为标准件。汽车上属于标准件的有气缸盖螺栓、连杆螺栓及螺母、发动机悬架装置中的螺栓及螺母、主销锁销及螺母、轮胎螺栓及螺母等。

（3）车身覆盖件

为使乘员及部分重要总成不受外界环境的干扰，并具有一定的空气动力学特性的构成汽车表面的板件，如发动机舱盖、翼子板、散热器罩、车顶板、门板、行李舱盖等均属于车身覆盖件。

（4）保安件

汽车上不易损坏的零部件称为保安件，保安件有曲轴、起动爪、正时齿轮、扭转减振器、凸轮轴、汽油箱、汽油滤清器总成、柴油滤清器总成、汽油钢管、喷油泵、调速器、机油滤清器总成、机油硬管、发电机、起动机、离合器压盘及盖总成、离合器硬油管、变速器壳体及上盖、操纵杆、前桥、桥壳、转向节、轮胎衬带、钢板弹簧总成及第四片以后的零件、载货汽车后桥副钢板总成及零件、转向摇臂、转向节臂等。

2．外包装标识分类

汽车备件的外包装包括分类标志、供货号、货号、品名规格、数量、重量、生产日期、有效期限、生产厂名、体积、收货地点和单位、发货地点和单位、运输号码等，是为在物流过程中辨认货物而采用的必要标识，它对收发货、入库以及装车配船等环节管理起着特别重要的作用。

其中分类标志是表明汽车备件类别的特定符号，按照国家统计目录汽车备件分类，用几何图形和简单的文字来表明汽车备件类别，作为收、发货之间据以识别的特定符号。汽车备件常用分类图示标志如图 6-3～图 6-6 所示，汽车备件常用分类图示标志尺寸见表 6-1。

图 6-3　五金类标志　　图 6-4　交电类标志　　图 6-5　化工类标志　　图 6-6　机械类标志

表 6-1　汽车备件分类图示标志尺寸　　　　　　　　　　（单位：mm）

| 包装件高度 | 分类图案 | 图形具体参数 | | 备注 |
（袋装件按长度）	尺寸	外框线宽	内框线宽	
500 以下	50×50	1	2	平视距离 5m，包装标志清晰可见
500～1000	80×80	1	2	
1000 以上	100×100	1	2	平视距离 10m，包装标志清晰可见

3. 标准化分类

汽车零部件总共分为发动机零部件、底盘零部件、车身及饰品零部件、电器电子产品和通用件共五大类。根据汽车的术语和定义，零部件包括总成、分总成、子总成、单元体、零件。

（1）总成

由数个零件、数个分总成或它们之间的任意组合而构成一定装配级别或某一功能形式的组合体，具有装配分解特性的部分就是总成。

（2）分总成

由两个或多个零件与子总成一起采用装配工序组合而成，对总成有隶属装配级别关系的部分就是分总成。

（3）子总成

由两个或多个零件经装配工序或组合加工而成，对分总成有隶属装配级别关系的部分就是子总成。

（4）单元体

由零部件之间的任意组合而构成具有某一功能特征的功能组合体，通常能在不同环境独立工作的部分就是单元体。

（5）零件

不采用装配程序制成的单一成品、单个制件，如火花塞、活塞环等；或由两个以上连在一起具有规定功能,通常不能再分解的制件(如含油轴承、电容器等)就是零件。

4．按用途分类

汽车零部件按用途分为维修零件、精品、油类及化学品三大类。

（1）维修零件

维修零件用在汽车的各个部位,是我们常遇见的零件。如果由于已经到了使用寿命或发生故障造成零件的损坏,则必须用新的零件将它更换,从而使汽车能继续正常工作。维修零件对于汽车保持行驶性能和安全性、舒适性都是非常重要的。

（2）精品

汽车精品是指增加客户驾驶愉快和舒适性的那些设备。这些设备包括音响设备、座套、座垫、倒车雷达、倒车影像、360°影像和许多其他装置。

（3）油类及化学品

油类及化学品包括机油、变速器油、防冻液、玻璃清洗液、转向助力油和制动液等。

6.2.3 汽车零部件编号

不管是哪个汽车品牌,其零部件都有自己的编号,但品牌不同,零部件的编号格式不一定相同,本节介绍我国汽车零部件的编号及一汽丰田和一汽大众零部件的编号。

1．我国汽车零部件的编号

为便于对汽车零部件的检索、流通和供应,我国汽车行业有 QC/T 265—2004《汽车零部件编号规则》,把汽车零部件分为 64 个大组,规定完整的汽车零部件编号表达式由企业名称代号、组号、分组号、源码、零部件顺序号和变更代号构成。国产汽车零部件的编号表达式如图 6-7 所示,根据其隶属关系可按下列三种方式进行选择,其中的代码使用规则如下：

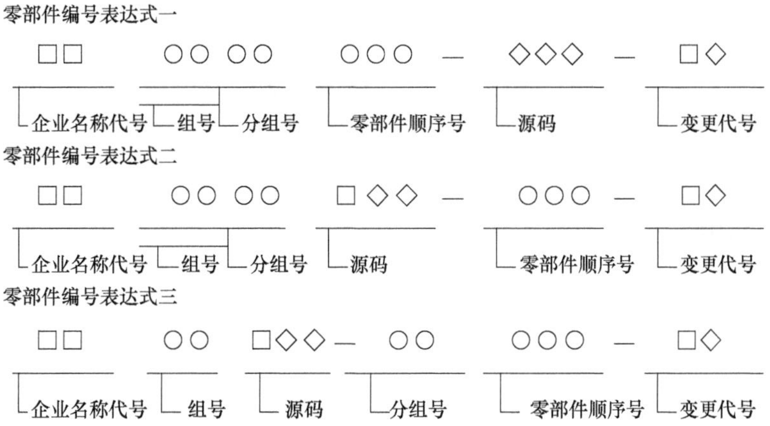

图 6-7 国产汽车零部件的编号表达式

□—字母 ○—数字 ◇—字母或数字。

1）企业名称代号：由2位或3位汉语拼音字母表示。

2）源码：用3位字母、数字或字母与数字混合表示，描述设计来源、车型系列和产品系列，由生产企业自定。

3）组号：用2位数字表示汽车各功能系统分类代号，按顺序排列。

4）分组号：用4位数字表示各功能系统内分系统的分类顺序代号，按顺序排列。

5）零部件顺序号：用3位数字表示功能系统内总成、分总成、子总成、单元体零件等顺序代号。

6）变更代号：用2位字母、数字或字母与数字混合组成，由生产企业自定。

2．一汽丰田汽车零件编号

一汽丰田汽车零件编号是用数字及字母组成的一个10位数或12位数，零件编号并不是数字和字母的简单排列，每个编号都有特定的含义。

（1）零件编号的结构

一汽丰田汽车零件编号包括三部分：基本号、设计号、辅助号。一汽丰田汽车零件编号表达式如图6-8所示。

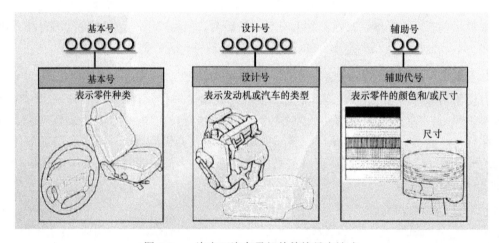

图6-8 一汽丰田汽车零部件的编号表达式

零件编号还可以进一步细分为组号、区分号、细节号、分类代号、设计增补号、主要技术改选号和辅助号，如图6-9所示。

例1：17801-0P020。17801是基本号，表示燃油系统中的空气滤清器；0P020是设计编号，此零件编号无辅助号。

例2：23300-33010。23300中的23代表燃油系统，33010中的33代表车型，为CAMRY。

（2）零件编号的规律

1）品名编码（PNC—Parts Name Code）。品名编码即零件种类代码，一个品名编码表示一个零件种类。

一般品名编码与零件编号的前五位（有时也用六位数、十位数）一致。例如，火花塞的品名编码是90919，即丰田车系所有品种火花塞的零件编号前五位均是90919。燃油滤清器品名编码是23300，即丰田车系所有品种燃油滤清器的零件编号前五位均是23300。

项目六 汽车维修企业物资与备件的管理

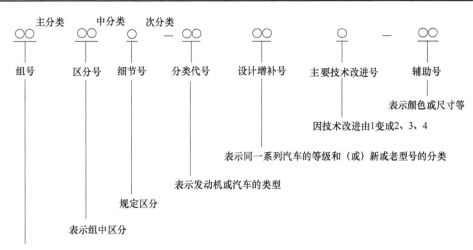

图 6-9 一汽丰田汽车零部件编号各位次的含义

※**特别提示**※

在工作中应该多总结常用的品名编码,对我们的工作是很有帮助的。

2)零件编号的第 1 位规律。第 1 位指的是车辆的各大部分,其含义见表 6-2。

表 6-2 一汽丰田汽车零部件编号第 1 位的含义

数字	含义	部件含义
0	维修件	
1	发动机配件	发动机和燃油系统的相关零件
2	发动机附件	
3	离合器或变速器传动类配件	传动系统和底盘部分的零件
4	底盘配件	
5	外观、内饰类	
6	外观、内饰类	车身零件(车外板、车内饰件)
7	装饰件、饰条、防撞胶	
8	灯具及电器类	电器零件
9	标准件(螺栓、螺母、油封、轴承等)	

3)零件编号前两位规律。零件编号的前两位就是前面所说的组号。知道了组号,就能理解零件编号是如何构成的。这方面的知识对做好工作是很有帮助的。因此理解组号是短时间内记住零件名称代号的关键。例如:04 代表修理包;08 代表机油;09 代表工具;90 代表半标准件等。

3. 一汽大众汽车零部件编号

在德国大众管理体系中,备件通过阿拉伯数字和英语 26 个字母的组合,使之成为一套简明、完整、准确、科学的备件号系统,每个备件只对应一个号码,每组数字、每个字母都表示这个件的某种性质,人们只要找出这个号码,就可以从几万或几十万库存品种中找出所需的备件来。德国大众备件号码一般由 14 位组成。

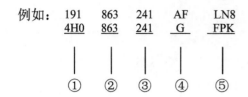

① 为车型及机组型号。它们说明该件最初为哪种车型、哪种发动机和变速器设计及使用，从标记的第 3 位数字可以区别是左驾驶还是右驾驶。一般规定单数为左驾驶，双数为右驾驶。

② 为大类及小类。根据零件在汽车结构中的差异及性能的不同，德国大众备件号码系统将备件号分成十大类（十个主组），每大类（主组）又分为若干个小类（子组）。小类的数目和大小，因结构的不同而不同，小类只有跟大类结合在一起才有意义。各大类的含义如下：

1 大类：发动机，燃油喷射系统。
2 大类：燃油箱，排气系统，空调制冷循环部件。
3 大类：变速器。
4 大类：前轮，前轮驱动差速器，转向系统，前减振器。
5 大类：后轴，后轮驱动差速器，后减振器。
6 大类：车轮，制动系统。
7 大类：手动、脚动杠杆操作机构。
8 大类：车身及装饰件，空调壳体，前后保险杠。
9 大类：电气设备。
0 大类：附件（千斤顶、天线、收音机）及油漆材料。

例如：191　863　241　AF　LN8　863 中 8 为大类；电子目录中称为主组。
　　　4H0　863　241　G　FPK　863 中 63 为小类；电子目录中称为子组。

③ 为备件号。备件号是由三位数（001~999）组成并按照其结构顺序排列的，如果备件不分左右（既可在左边使用，又可在右边使用），最后一位数为单数；如果备件分左右件，一般单数为左边件，双数为右边件。

④ 为设计变更或技术变更号。设计变更号由一个或两个字母组成，表示该件技术变更过。

⑤ 为颜色代码。颜色代码用数字和字母组成的三位数来表示，它说明该件具有某种颜色特征。

如：01C 表示黑色带光泽、041 表示暗黑色、043 表示黑花纹、ROH 表示未加工的原色。上例中的 LN8 及 FPK 均为颜色代码。

6.2.4　汽车备件管理

1. 备件管理的内容

备件管理包括备件的采购管理、备件的入库管理、备件的库存管理、备件的盘点管理、备件的呆废料管理、备件的退货管理、备件的账务登记管理、安全维护管理、备件出库管理、资料保存管理等内容，备件采购、入库、库存及出库每一个主要环节之间搬运的管理。

2. 备件管理流程

特性及规模不同的维修企业其备件管理的特点不完全相同，但大致可归纳出基本管理流程，如图 6-10 所示。

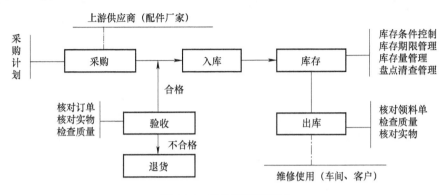

图 6-10　备件管理流程图

3. 备件的采购

备件的采购是备件管理的首要环节，它不仅关系到维修生产能否正常进行，资金周转的快慢，还直接影响着维修服务质量的优劣、成本的高低和企业的盈亏状况。备件采购必须根据备件采购计划，以保证质量、适当数量、合理价格、准确时间、高效率完成任务。

（1）备件采购部门的职责

1）了解备件的供货渠道，分析备件的供应状况，寻找备件的来源。

2）分析市场趋势，搜集市场质量、价格、运费等有关资料，进行购价和成本分析。

3）要求报价，进行议价，对供应厂商的价格、品质、交期、交量等做出评估。

4）选择供应商，与供应商洽谈，签订供货合同，购进备件。

5）组织运输，验收及货款的结算，办理验收和退货手续。

6）呆料和废料的预防与处理。

（2）备件采购原则

1）按计划采购原则。备件采购应有计划地进行，以防止无计划的采购。尤其是对综合性维修企业，需用的备件品种一般都很多，若无计划地采购，势必造成资金积压。备件采购应由仓库保管员按储备定额，提出月度采购数量，并由计划员进行平衡，列出采购计划。

2）要贯彻"五进、四不购、三坚持"的原则。"五进"是指对符合"优、廉、新、特、缺"的这五类备件应该购进；"四不购"是指价格不合理不购、用途不明不购、规格不清不购、质量无保障不购；"三坚持"是指坚持看样选购、坚持签订购销合同、坚持验收后支付货款。

3）非原厂件必须进行技术检验原则。非原厂备件采购时，必须经技术部门和生产使用单位的同意后采购，以免造成备件的积压或者影响维修质量。

4）积极合理的组织货源，保证商品适合用户的需要，坚持数量、质量、规格、型号、价格全面考虑的采购原则。

5）备件必须有合格证。采购的商品必须有产品合格证及商标，实行生产认证制的产品，采购时必须附有生产许可证、产品技术标准和使用说明。

6）包装完整。采购的商品必须有完整的内、外包装。外包装必须有厂名、厂址、产品名称、规格型号数量、出厂日期等标志。

> **知识拓展**
>
> **1. 价格不合理的含义**
>
> （1）价格偏高。一是前期市场调研不到位，商业谈判价格较高；二是配件的进货价格加上进货费用、税金后，价格高于本地批发价，甚至高于本地零售价；三是倒流件或本地批发商存量大的配件，在外地采购时，采购成本价一般是高于本地价格。
>
> （2）价格偏低。价格偏低可能存在质量问题，如假冒伪劣配件、回扣风险等。
>
> **2. 质量无保障的含义**
>
> 以下配件的质量可能存在问题：配件供应厂商不承诺包修、包换、包退的；整车生产商未认证的厂商配件等。

（3）备件采购的一般程序

1）确认采购计划。采购计划的内容包括采购备件的品种、质量、数量要求及到货期限。对于汽车维修企业来说，决定采购什么要与生产维修的需要一致，这需要对生产情况准确的预计和把握。

2）选择供应商。一个好的供应商是确保备件的质量、价格和交货期的关键，因此，在采购管理中，供应商的选择和如何保持与供应商的关系是一个主要问题。供应商的选择，主要通过对供方进行现场调查及样品试用，查询其资质、管理水平、价格、信誉、是否通过质量体系认证等方法进行评价，填写供方评价表，报领导审批，最后确定合格供应商，并建立合格供应商名册。

对于4S店的汽车备件采购，按规定的采购网络和进货渠道进行采购，一般应从汽车生产商认定的配套零部件生产商处采购。

连锁经营店选购备件时，应根据连锁加盟协议确定的备件采购渠道进行采购，或者由总部统一配送，或者自行选择备件供应商，如果是连锁经营店在汽车备件市场自主选择，选择供应商应把握的原则与普通汽车维修企业选择供应商的原则是一样的。

3）采购谈判。采购谈判是指汽车维修企业为了获得质优、价廉的备件和周到的服务，与供货方就购销事务的有关事项进行反复磋商，谋求达成协议，建立双方都满意的购销关系的沟通过程。采购谈判的主要内容包括备件的品种、规格、技术标准、质量保证、订购数量、包装要求、售后服务、价格、交货日期及地点、运输方式、付款条件、备件检验与索赔条件等。

4）订货。订货手续有时很复杂，例如，初次订货或订购价值高的物品；有时也简单，如常年使用的有固定供应商的备件及物品。在有些采购中如国际采购，各种文书及信函的处理量可能非常大，但在某些情况下，也可能一个电话或通过一份电子订单就完成了订货手续。在计算机及网络技术高度发达的条件下，维修企业对长期供货单位可尽量采用快速电子订货。

项目六 汽车维修企业物资与备件的管理

5) 订货跟踪。订货跟踪主要是指订单发出后的进度检查、监督、联络等日常工作,目的是为了防止到货的延误或出现数量、质量上的差错。这些工作较琐碎,往往不被采购人员重视,但却非常重要,特别对非固定的供应商采购,因为备件的延误或差错将影响维修服务,它可能导致生产中断,进而失去顾客信誉和市场机会。严格地说,订单跟踪是一种被动式的管理,这种问题来源往往在于供应商自身的经营管理以及与供应商的关系处理。如果在供应商的选择上能严格把关,能恰当地处理与供应商的关系,给予必要的合作,这种问题就会大大减少。

6) 接货查收。提货接货也是采购部门的职责。提货或承接货物,采购部门要根据提货单或收货单对所提、所收货物在数量及外包装等方面进行认真检查,避免少提、少接货和责任不清,要根据提、接货数量填写相关手续。

> **知识拓展**
>
> 汽车维修企业采购的汽车配件按照用途可分为库存补充件、客户订件、维修急件,他们的订购流程是不同的。《学习活页册》6-1 给出了某汽车维修企业配件订购流程。

(4) 备件供应商的选择

选择供应商是采购工作中一项非常重要的工作,供应商供应备件的顺畅,就会使生产不会因为待料而停工;进料品质的稳定,可保障备件品质的稳定;交货日期的准确,可保障出货期的准确;各项工作良好的配合与协调,可使双方的工作进展顺利。因此,选择好的供应商,将直接影响企业的生产与销售,对企业影响非常大,选择优秀的供应商是非常重要的。

1) 选择供应商应考虑的主要内容。选择供应商应考虑的主要内容有供应商管理人员水平和专业技术能力、备件供应状况、质量控制能力、财务及信用状况、管理规范制度等。

① 供应商管理人员水平和专业技术能力主要包括管理人员素质的高低、管理人员工作经验是否丰富、技术人员素质的高低等。

② 备件供应状况主要包括备件的供应来源、供应渠道是否顺畅、备件品质是否稳定、价格是否合理、供应商备件来源发生困难时其应变能力的高低等。

③ 质量控制能力主要包括组织是否健全、质量控制制度是否完善、备件的选择及进料检验的严格程度、品质异常的追溯是否程序化等。

④ 财务及信用状况主要包括每月的销售额、来往的客户、经营的业绩及发展前景。

⑤ 管理规范制度主要包括管理制度是否系统化、科学化,工作指导规范是否完备、执行的状况是否严格。

2) 考核供应商的主要内容

① 对原有供应商的考核,包括对近年来提供备件的业绩、供货能力、质量、服务、价格、履约能力、交货、财务状况等是否符合规定要求进行评价,评价后填写"供方调查价表",经备件经理审核后,报公司审查。

② 对新的供应商的考核,包括所需备件的技术要求,并明确规格、品牌、厂家、标识等作为采购依据,采取调查和样品评价方式,按质量担保期、价格合理、交付及时、服务周到、位置就近等五原则对供应商进行评价。

③ 采购部门每年对合格供方复评一次,对连续三次有不合格品或不能及时供货的供应

商，应进行重新考核。

④ 对同批次不合格品达到5%的供方提出纠正意见，并要求其及时采取措施加以纠正。若问题严重且无能力纠正的应取消其供应商资格。

4．备件入库

（1）备件入库程序

备件的入库是备件由采购进入库存的中间环节，其基本程序是：订购单——送货单——检查验收——办理入库手续——物品放到指定位置——对物品标识卡加以标识。

1）采购部门根据计划填写订购单，经理批准后，送到仓库，作为核对货物及单价的依据。订购单须详细注明品名、规格、数量、单价及供应商名称。

2）供应商须凭送货单将货物送到指定地点，送货单须注明供应商名称、品名、数量、规格、单价、金额。

3）仓库管理员核对订购单、送货单无误后，清点实物数量、检查质量。

4）仓库管理员填写入库单，送财务经理批准并分单。

5）将物品放到规定的货架，并填写物品标识卡加以标识。

（2）备件入库验收的基本原则

1）入库必验收。备件入库验收是备件管理的一个重要环节，入库验收是按照一定的程序和手续对备件的数量和质量进行检查，以验证备件采购结果与订货合同或采购计划的一致性，所有备件进入仓库储存，必须经过检查验收。备件到库后，首先查看备件清单，与订货合同或采购计划进行比对，如果没有问题，然后在待检区，核对备件的品牌、名称、规格、数量、零件号等，必要时进行开箱验货。

2）要把好"三关"、坚持"四不收"制度。入库验收工作要把好"三关"、坚持"四不收"制度。把好"三关"，即：把好"数量关、质量关、单据关"；坚持"四不收"，即："凭证不全不收，手续不齐不收，数量不符不收，质量不合格不收"。

① 数量关。检查到货备件在数量、品种、规格上是否与运单、发票及合同相符，根据进货发票，逐项验收车辆备件品种、规格、型号等，检查有否货单和货物不相符情况；易碎件、液体类物品，应检查有无破碎渗漏情况；计件产品必须清点件数，辅助油料类必须复称重量；先点收大件，再检查备件包装及其标识是否与发票相符，一般对整箱整件，先点件数后抽查细数；零星散装备件点细数；贵重备件逐一点数；原包装备件有异议的，应开箱开包点验细数。如果数量与订购合同或采购计划数量不相符，坚决不收。

② 质量关。备件库工作人员能对备件质量把关的，由备件库负责验收；凡是要技术部门或专业单位检验的，应由技术部门或专业单位检验，要有相应的检验合格证明。验收内容包括：检验备件证件是否齐全，如有无合格证、保修证、标签或使用说明等；备件是否符合质量要求，如有无变质、水湿、污染、机械损伤等。经过验收，对于质量完好、数量准确的备件，要及时填制和传递"备件验收入库单"，同时组织备件入库，表6-3所示为汽车维修企业的"备件验收入库单"。对于在验收中发现问题的，如数量、品种、规格错误，包装标签与实物不符，备件受污受损，质量不符合要求等，均应做好记录，判明责任，联系供应商解决。如果存在质量问题，坚决不收。

项目六 汽车维修企业物资与备件的管理

表6-3 备件验收入库单

供货单位					入库日期: 年 月 日									在途卡号_____								
供货方发票		货号规格品名	单位	产地牌价	供应	每件数量	应 收								实 收								
年							件数	数量							件数	数量							
月	号码								十万	千	百	十	元	角	分			十万	千	百	十	元	角	分
日																							
入库纪要	编制记录日期:20 年 月 日				短损情况			被盗				破损				仓库主管审批							
	货运记录号码				数 量																		
	普通记录号码				金 额																		
备注							备件存放																

③ 单据关。要认真检查订购合同或采购计划、备件清单、备件合格证或出厂合格证、发票等各项单据是否一致并准确无误,相关人员的签字是否正确、清晰,盖章是否准确。如果单据不齐全或签字盖章不完整、不清晰,坚持不收;特别是不在订购合同或采购计划中的超储备件,坚决不能入库。只有当单据、数量和质量验收无误后,才能办理入库、登账、立卡等手续,认真填写各项单据,并将入库通知单连同发票、运单一起交给财务部门。

(3) 入库验收基本程序

1) 验收准备。准备验收凭证及有关订货资料,确定存货地点,准备装卸设备、工具及人力。

2) 核对资料。入库的备件应有的资料包括入库通知单、供货单位提供的质量证明、发货明细单、装箱单、货运单及其他必要的证件。

3) 实物验收。主要核对备件的品牌、名称、规格、数量、零件号等;检验备件的质量。

4) 办理入库手续。备件验收合格后,准确填写入库验收单,相关人员及时签字确认,及时将备件信息录入管理系统。

5) 备件入库到位。确定备件位置码,并将备件放入相应位置。

(4) 入库注意事项

1) 入库验收要及时。入库验收要及时,以便尽快建卡,立账,销售,这样可以加速备件的流转,降低利息支出。入库时发现备件数量、质量或包装有问题的,应划清责任,及时妥善处理,以免影响备件保管和流转的质量。

2) 入库验收要准确。备件入库验收应根据入库验收单所列内容与实物通项核对,同时对备件外观及包装进行检查,适当抽查备件的质量,以保证入库备件数量准确。点明大件,验收实数。在清点大件的基础上,对包装物标志和唛头认真核对,只有在实物、标志、入库凭证三项相符时方能入库,若发现问题要协助有关人员查明情况妥善处理。入库备件属于原包装大批量的,可开箱抽查 5%~10%,若发现包装质量或外观质量有明显问题,可适当增加开箱比例,直至全部开箱查点,属于非原厂包装小批量的或价值高的备件以及国外进口备件,或是包装破损异常的备件,必须全部开箱点验,点验内容包括品名、车型、规格、产地、单价数量、产品合格证,对备件外观质量作简单查核,经全部查验无误后方可入库保管。

3)单据齐全有效。仓库管理员对所有备件的入库必须凭企业管理系统中生成打印的单据进行操作。单据必须齐全有效、正确完整、符合规定;单据字迹清晰、适合保存;单据上所列物资必须注明规格、型号、位置码等。备件入库单据有备件入库验收单、内部调拨单、备件销售退货单、维修领料退料单等。仓库管理人员应拒绝无入库单据或手续不齐全的物资入库。

4)包装完整,账物相符。所有入库备件都必须包装完整,品牌、规格、数量与入库凭证相符及对应。仓库管理员必须严格履行入库验收手续,查点物资的数量、规格、型号、合格证件等项目,如发现物资数量、质量、单据等不齐全时,不得办理入库手续。未经办理入库手续的物资一律作待检物资处理,放在待检区域内,经检验不合格的物资一律退回,放在暂放区域,同时必须在短期内通知经办人员负责处理。

5)建卡归堆要符合简洁、整齐、方便核对的原则。备件归堆要根据性能特点适当安排货位,归堆时一般按"五五"归堆原则,排好垛位,并与前后左右垛堆保持一定距离,批量大的可另设分堆,但要整存整放,标明数量以及建卡,并注明分堆寄存位置和数量。

6)建卡入位要到位。入库货物填写货卡要准确,货卡粘贴位置要符合要求。依据入库单据上的货位,货物摆入货位时,入库物资必须与原货位物资完全一致,内容包括:厂家、品名、外观、规格等,批次、包装不一致应有说明,按入库时间顺序摆放货物,后入库的在后,先入库的在前。禁止不一致的物资混杂摆放同一货位。入库时,有必要对原货位物资进行存库核对。

7)单据签字要清晰完整。仓库管理员验收合格后,必须在入库单据上签字,字迹要清楚,要签全名,相关人员都要签名。很多时候,验收和入库同时进行,这时还要填写验收记录。

知识拓展

汽车备件鉴别及验收方法

汽车备件鉴别及验收方法主要有五看和四法。

1. 汽车备件的五看

(1)看商标

要查看商标上的厂名、厂址、等级和防伪标记是否真实,正规的厂商在零备件表面有硬印和化学印记,注明了零件的编号、型号、出厂日期,一般采用自动打印,字母排列整洁,笔迹清晰,小厂和小作坊般是做不到的。

(2)看包装

汽车零备件互换性很强,精度很高,为了能较长时间存放、不变质、不锈蚀,需在产品出厂前用低度酸性油脂涂抹。正规的出产厂家对包装盒的要求也十分严格,要求无酸性物质,不产生化学反应,有的采用硬型透明塑料抽真空包装。考究的包装能增进产品的附加值和身价,箱、盒大都采用防伪标记,常用的有激光、条码、暗印等。

(3)看文件资料

一定要查看汽车备件的产品仿单,产品仿单是生产厂进一步向用户宣传产品,为用户做某些提示，帮助用户准确使用产品的资料。通过产品仿单可增强用户对产品的信任感。一般来说，每个备件都应配一份产品仿单（有的厂家配用户须知）。假如交易量相差大，还必须查询技术鉴定资料，进口备件还要查询海关进口报关资料。国家规定，进口商品应配有中文说明，一些假冒进口备件一般没有中文说明，且包装上的外文，有的文法不通，甚至写错单词，一看便能分辨真伪。

（4）看表面处理

鉴别金属机械备件，可以查看表面处理，所谓表面处理，即电镀工艺、油漆工艺、电焊工艺、高频热处理工艺。汽车备件的表面处理是备件出产的后道工艺，商品的后道工艺尤其是表面处理涉及许多现代科学技术。看表面处理详细有以下几个方面：

① 镀锌技术和电镀工艺。汽车备件的表面处理，镀锌工艺占的比重较大。一般铸铁件、锻铸件、铸钢件、冷热板材冲压件等大都采用表面镀锌。质量不过关的镀锌，表面一致性很差；镀锌工艺过关的，表面一致性好，而且批量之间一致性也没有变化。明眼人一看，就能分辨真伪优劣。电镀的其他方面，如镀黑、镀黄等，大工厂在镀前处理的除锈酸洗工艺比较严格，清酸比较彻底，这些工艺要看其是否有泛底现象。镀钼、镀铬、镀镍可看其镀层、镀量和镀面是否平均，以此来分辨真伪优劣。

② 涂装工艺。现在一般都采用电浸漆、静电喷漆，有的还采用真空手段和高等级静电漆房喷漆。采用提高前辈工艺出产的零部件表面，与采用陈旧落后工艺出产的零部件表面有很大差异。目测时可以看出，前者表面细腻、有光泽、色质光鲜；而后者则光彩暗淡、无光亮，表面有气泡和"拖鼻涕"现象，用手抚摸有砂粒感觉，比对之下，真假非常分明。

③ 焊接工艺。在汽车备件中，减振器、钢圈、前后桥、大梁、车身等均有焊接工序。汽车厂的专业化程度很高的配套厂，它们的焊接工艺技术大都采用自动化焊接，能定量、定温、定速，有的还使用低温焊接法等提高产品焊接质量，使焊缝整洁、厚度平均、表面无波纹形、直线性好，即使是点焊，焊点、焊距也很规则，这点哪怕再好的手工操纵也无法做到。

④ 高频热处理工艺。汽车备件产品经由精加工以后才进行高频淬火处理，因此淬火后各种颜色都原封不动地留在产品上。如汽车万向节内、外球笼经淬火后，就有显著的玄色、青色、黄色和白色，其中白色面是受摩擦面，也是硬度最高的面。目测时，凡是全玄色和无色的，肯定不是高频淬火。

（5）看非使用面的表面伤痕

从汽车备件非使用面的伤痕，也可以分辨是正规厂出产的产品，还是非正规厂出产的产品。表面伤痕是在中间工艺环节因为产品相互碰撞留下的。优质的产品是靠提高前辈科学的治理和提高前辈的工艺技术制造出来的。出产一个零件要经由几十道甚至上百道工序，而每道工序都要配备工艺装备，其中包括工序运输设备和工序安放的工位用具。因此，非使用面有表面伤痕的备件质量值得怀疑。

2. 汽车备件的四法

（1）检视法

检视法是检查以下五个方面是否达标。

① 表面硬度是否达标。备件表面硬度都有规定的要求，在征得厂家同意后，可用钢锯条的断茬去试划（注意试划时不要划伤工作面）。划时打滑无痕的，说明硬度高；划后稍有浅痕的说明硬度较高；划后有明显划痕的说明硬度低。

② 结合部位是否平整。零备件在搬运、存放过程中，由于振动、磕碰，常会在结合部位产生毛刺、压痕、破损，影响零件使用，选购和检验时要特别注意。

③ 几何尺寸有无变形。有些零件因制造、运输、存放不当，易产生变形。检查时，可将轴类零件沿玻璃板滚动一圈，看零件与玻璃板贴合处有无漏光来判断是否弯曲。选购离合器从动盘钢片或摩擦片时，可将钢片、摩擦片举在眼前，观察其是否翘曲。选购油封时，带骨架的油封端面应呈正圆形，能与平板玻璃贴合无挠曲；无骨架油封外缘应端正，用手握使其变形，松手后应能恢复原状。选购各类衬垫时，也应注意检查其几何尺寸及形状。

④ 总成部件有无缺件。正规的总成部件必须齐全完好，才能保证顺利装配和正常运行。一些总成件上的个别小零件漏装，将使总成部件无法完成工作，甚至报废。

⑤ 转动部件是否灵活。在检验机油泵等转动部件时，用手转动泵轴，应感到灵活无卡滞。检验滚动轴承时，一手支撑轴承内环，另一手打转外环，外环应能快速自如转动，然后逐渐停转。若转动零件卡滞、转动不灵，说明内部锈蚀或产生变形。

（2）敲击法

使用敲击法判定部分壳体和盘形零件是否有裂纹、用铆钉连接的零件有无松动以及轴承合金与钢片的结合是否良好时，可用小锤轻轻敲击并听其声音。还可采用浸油敲击法，检验时，将备件浸入柴油中一段时间，取出后擦干表面，撒上白粉，用小锤轻轻敲击，看白粉是否变湿，以此检验备件是否有裂纹。

（3）比较法

用标准零件与被检零件做比较，从中鉴别被检零件的技术状况。例如气门弹簧、离合器弹簧、制动主缸弹簧和轮缸弹簧等，可以用被检弹簧与同型号的标准弹簧比较长短，即可判断被检弹簧是否符合要求。

（4）测量法

检查结合平面的翘曲采取平板或钢直尺作基准，将其放置在工作面上，然后用塞尺测量被测件与基准面之间的间隙。检查轴类零件测量曲轴轴颈尺寸的误差，一般用外径千分尺测量，除测量外径，还需测量其圆度和圆柱度。测量时，先在轴颈油孔两侧测量，然后转90°再测量。

5. 备件出库

备件的出库就是备件从备件库向维修车间或用户转移的过程，它是汽车维修企业备件库存管理的最后一个环节。

（1）备件出库流程

备件出库的基本流程如下：

领料人填写领料单—主管签字—凭单领料—核对品名、规格、数量—发料。

从仓库管理角度来看零件出库的程序包括：核单—复核—包转—点交—登账—清理

项目六 汽车维修企业物资与备件的管理

等过程。

1) 核单与备料。发出备件要有出库凭证,严禁无单或白条发放。保管员接到出库凭证后,首先要对领料单填写、审批的规范性及有效期等进行鉴定,然后再依据其备件的品名、型号、规格、数量按货备料。备料应遵循先进先出原则,下货必须同时下卡。

2) 复核。为防止差错,备料后应立即进行复核。复核的形式主要有交差复核和环环复核,大型零备件库有专职复核。除此之外,在发货作业的各道环节上,都贯穿着复核工作。如理货员核对货单,发料员凭单发放,账务员核对账单等。这些分散的复核形式,起到分头把关的作用,都有助于提高仓库发货业务工作的质量。

3) 包装。对于数量较多、重量或体积较大的备件出库,为搬运的方便,要根据不同的情况进行合理的包装。

4) 点交。商品经复核后,要将商品当面交给提货人,办清交接手续。

5) 登账。点交后,保管员要在出库单上填写实发数、发货日期等内容并签名,然后,将出库单联单交给领料人,以便办理维修结算。

6) 清理。在备件管理过程中,要根据情况进行现场和档案的清理。现场清理就是对库存商品、库房、场地、设备和工具进行整理,档案清理就是对收发、盈亏数量和账卡登记情况进行分析。

在整个出库业务程序过程中,复核和点交是两个最为关键的环节。复核是防止差错的重要和必不可少的措施,而点交则是划清仓库和提货方责任的必要手段。

现代汽车维修企业普遍使用企业管理系统或备件管理系统,虽然备件的入库和出库手续与流程比较简单,但入库记账和出库记账一点也不能马虎。

(2) 备件出库原则

汽车维修企业汽车备件出库必须坚持凭单发货、先进先出、及时准确及包装完好的原则。

(3) 备件出库注意事项

1) 单据齐全有效。仓库管理员对实物出库时,必须验收出库凭证单据,出库单据必须正确完整、符合规定。仓库管理员对所有备件的出库必须凭管理系统中生成打印的单据凭证进行操作。备件出库单据凭证有备件销售单、维修领料单、内部调拨单、备件入库退货单、内部领料单等。

2) 签字完整,字迹清晰。备件出库的相关单据上的签字必须完整,字迹清晰,适合保存,出库单据上所列物资必须注明规格、型号、货位,仓库管理员必须在出库单上签字。内部领料的物料必须由分管领导签字,并由分管领导(或其指定人员)统一领取。

3) 出库备件包装完整,单据与实物完全相符。所有出库备件都必须包装完整,品牌、规格、数量与出库凭证相符及对应。

4) 出库必核库。仓库管理员必须严格履行出库手续,以货位为基准,对应发出领用物资,并且要对原货位物资进行库存核对。

5) 出库必下账下卡。备件出库后,仓库管理员必须尽快在管理系统中做出库登记,不能出现因维修急需和仓库管理员工作忙碌,而直接出货忘记下账的现象;另外,在出库时,还必须在货卡上登记出库日期、出库数量等信息。

任务3　仓储管理

仓库管理员根据备件不同性质，对进厂入库的备件进行妥善的保管，确保备件的安全；存放货位编号定位，整齐划一，有条不紊，便于收发查点和库容整洁；备件发放要有利生产，方便工人，配合作业现场；定期清仓和盘点，及时掌握库存量变动情况，避免积压、浪费和丢失，保持账、卡、物相符；做好废旧备件和物资的回收利用。仓储管理包括备件库的管理和库存管理两个方面。

6.3.1　备件库管理

1. 备件库的基本设施和要求

（1）备件库的基本设施

1）要有备件管理系统，软件科学、硬件先进。

2）配备适宜的专用搬运工具和必要提升设备。

3）配备一定数量的货架、货筐、工具挂板等。货架颜色宜统一，一般中货架和专用货架必须采用钢质材料，小货架不限，但必须保证安全耐用。宜采用可调式货架，便于调整和节约空间。

4）配备必要的通风、照明及防火设备器材。

5）要有监控设施，监控无死角。

6）要有办公家具、电脑、电源插座、网口等。

（2）备件库的基本要求

1）备件库各工作区域应有明显的标牌，如发料室、备货区、危险品仓库等。

2）有足够的进货、发货通道和备件周转区域。

3）货架的摆放要整齐划一，仓库的每一条过道都要有明显的标志，货架应标有位置码，货位要有零件号、零件名称。

4）为避免备件锈蚀及磕碰，严禁将备件堆放在地上。

5）易燃易爆物品应与其他备件严格分开管理，存放时要考虑防火、通风等问题，库房内应有明显的防火标志。

6）非仓库人员不得随便进入仓库内，仓库内不得摆放私人物品。

2. 备件库布局规划

（1）备件库布局的原则

1）靠近出口原则。即使用频率越高的配件存放时应越靠近拣配通道、出货口，以减少步行距离，提高拣配的效率。

2）同一性原则。同一物料尽可能的存放在同一位置或相邻位置上，以利仓库的日常管理，这是仓库管理应遵守的重点原则。

3）类似性原则。根据配件的大中小分类，相同类型集中区域保管。

4）重量特性原则。重物应保管于料架的下层位置，而重量轻的配件则置于料架的上层位置。

5）化学特性原则。配件特性不仅涉及配件本身的危险及易腐等性质，也可能影响其他配件，因此在保管时应分开存放，如油品、油漆、清洗剂等。

6）目视化原则。指配件所存放的区域、存储的位置、配件的号码、名称、保管的职责、工作流程等通过看板、标志符号等方式，让作业人员一目了然、容易识别。

（2）有效利用备件库空间的注意事项

1）有效利用有限的空间，根据库房大小及库存量，按大、中、小型及长型进行分类放置，以便于节省空间。

2）用纸盒保存中小型备件，用适当尺寸的货架及纸盒。

3）将不常用的备件放在一起保管。

4）留出用于新车型备件的空间。

5）无用备件要及时报废。

6）防止出库时发生错误，将备件号完全相同的备件放在同一纸盒内。

7）不要将备件放在过道上或货架的顶上。

8）备件号接近、备件外观接近的备件不宜紧挨存放。

9）保持清洁，避免潮湿、高温或阳光直射。

10）备件库内禁止吸烟，须放置灭火器。

（3）整体布局

备件库整体布局及主要要素如图6-11所示。

（4）货架布局

汽车备件货架布局常用垂直式布局。垂直式布局分为横列式、纵列式和纵横式三种。

1）横列式。汽车备件货架横列式的布局如图6-12所示。

货架或货垛的排列与库墙和通道相互垂直。

优点：整齐美观，查点、存取方便；通风和自然采光良好；便于机械化作业。

缺点：主通道占地多，利用率低。

2）纵列式。汽车备件货架纵列式的布局如图6-13所示。货架或货垛的长度方向与通道方向平行。

优点：仓库面积利用率高。

缺点：存取不便，通风和自然采光不好。

3）纵横式。汽车备件货架纵横式的布局如图6-14所示。在同一个仓库中既有横列式又有纵列式，综合了两者的优势。

3．备件分类代码

根据备件的大小、形状、重量及特性等可将所有的备件可分为中小件、中件、大件、不规则件、油品等，并用代码表示，汽车备件分类代码见表6-4。使用汽车备件分类代码方便记录、统计和确定库位。

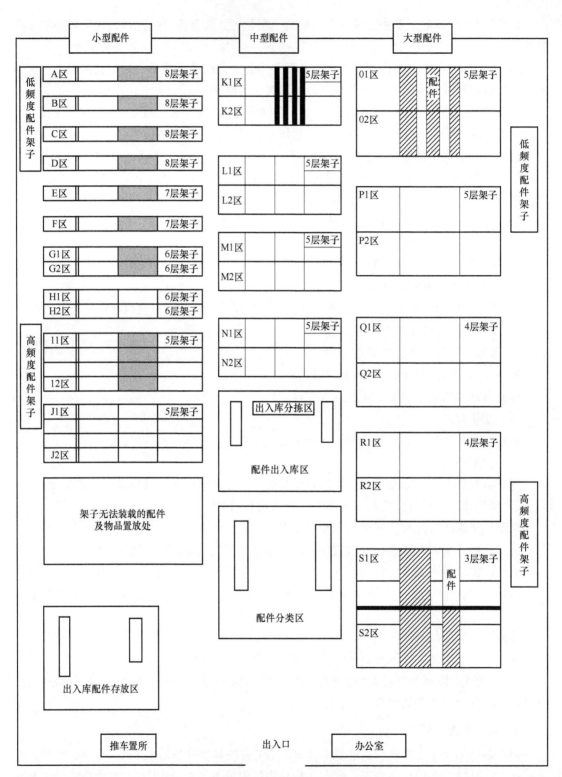

图 6-11 备件库整体布局图

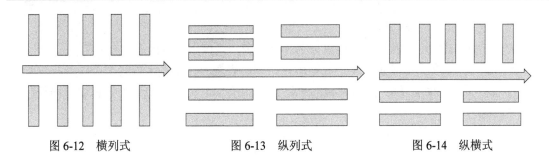

图 6-12 横列式　　　　　图 6-13 纵列式　　　　　图 6-14 纵横式

表 6-4　汽车备件分类代码

序号	种类	种类代码	举例
1	中小件（over pack）	小	油封、螺栓、火花塞等
2	中件（large Semi）	中	发电机、前照灯等
3	大件（bulk）	大	保险杠、座椅等
4	不规则件（jumble）	不规则	油管、消声器等
5	车身装饰条/护板（molding）	装饰件	裙板等
6	危险品/化学品（hazard）	油	油品、油漆等
7	轮胎（tire）	轮胎	轮胎
8	玻璃（glass）	玻璃	风窗玻璃等

4．备件位置码

位置码就是表明备件存放位置的代码，根据位置码可以找到唯一的一个点与之对应，找到该备件的位置，就找到了该备件。

（1）编码原则

1）根据修理项目编组。

2）按大类或车型分区。

3）备件的位置便于取放。

4）流动量大的备件应放在前排货架，流动量小的备件应放在后排货架。

（2）位置码的编号方法

位置码编号可采用"四号定位法"原理进行编号，"四号"实质上是"四段编号"，不一定是 4 位数的一个编号。

1）"库、架、层、位"法。库房的四段编号分别代表库、架、层、位。小规模的库房可用 4 位数表示（如 1433 表示 1 号库、4 号架、3 层、第 3 位），规模大的库房可用 8 位数表示（如 02 31 03 01，表示 02 号库、31 号货架、第 3 层、第 01 位置），为了使编码直观明了，一般用字母和数字混合编码，并且相邻不同类，如上例中的 1433 可用 A4C3 表示，02310301 可用 B31C01 表示。位置码的第一段 1～2 位数表示库或区，第二段 3～4 位数表示架或货区，第三段 5～6 位数表示货架的层或区的排，第四段 7～8 位数表示货位。

2）"区、排、层、位"法。库房的四段编号分别代表区、排、层、位。如 B01611，表示 B 区域、第 01 排、第 6 层、第 11 位。为了直观明了，该编号可调整为 B01F11。如果需要增加库号，可以在最前面增加一个号段，变成"五号定位法"。如上例位置在第 1 号库，位置码编号前增加"01"，变为"01 B01F11"。

（3）位置码编号注意事项

1）位置码中相邻要素代号分别用数字和字母表示，便于识别区分。

2）备件的存放，要根据备件销售频率、体积、质量的大小及备件号大类、小类的先后顺序存放，即最前面是各种车型/型号的号码，然后是主组、子组的号码（有字母的按字母的顺序排列）。

3）备件存放在货架上，要考虑预留空货位，它可作为备件号的更改及品种增加时的补充，这些预留货位可以直线排列、对角排列或间隔排列，如图6-15所示。

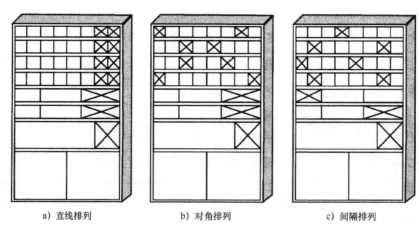

a）直线排列　　　　b）对角排列　　　　c）间隔排列

图6-15　货架预留货位排列图

4）编码时要注意，不同车型的备件应存放在不同库房或同一库房的不同区域。根据维修车辆的类型或企业的具体情况，不同车型的备件应存放在不同库房，或同一个库房的不同区域。库房面积较大时，也要分成几个区，以便分区存放，便于存取和管理。

5）制作位置码标牌，张贴在货架合适的位置处，如图6-16所示。

图6-16　位置码标牌张贴图

5．备件标签

（1）内容

备件标签的内容主要有备件编码、备件名称、备件件号、仓储货位。长安汽车备件标签如图 6-17 所示。

图 6-17　长安汽车备件标签

（2）材料

可使用不干胶的备件标签，操作方便，成本不高。

（3）张贴位置

1）备件标签贴在储物盒正前方。

2）备件存放不能使用专用储物盒时，备件标签贴在备件自带包装的正前方，无包装箱的将备件标签贴在备件放置的醒目处。

6．库房管理的基本要求

1）摆放科学，数量准确，质量不变，消灭差错。

2）对于有毒、易燃等危险物资应该严格按照国家的保管条例进行仓储。

3）要做好"十防"，即：防锈、防尘、防潮、防霉、防腐、防磨、防水、防燃、防变质、防漏电等。

4）要做到"四不，一相符"。"四不"即：不短缺、不损耗、不变质、不混号（规格和型号）；"一相符"指及账卡物相符。

7．备件库管理规定

1）仓库人员必须熟悉备件库内的备件信息，能够快速准确地进行发货及各种操作，备件发放要有利于生产，方便维修人员。

2）仓库管理人员要做到"四会、三懂、二掌握、二做到"。

"四会"：会收发、会摆放、会计算机操作、会保养材料。

"三懂"：懂用途、懂性能、懂互换代用。

"二掌握"：掌握库存物资质量、掌握物资存放位置。

"二做到"：做到准确、快速发货，做到日核、月结、月盘点。

3）库存物资应根据其性质和类别分别存放。按汽车备件类型把相似的零件排放在一起；性质相近和有消费连带关系的汽车备件，存放在一起；互有影响、不宜混存的备件，一定要隔离存放；相同品名，不同规格、不同产地的备件不能混在一起存放；消防灭火方法不同的汽车备件也不得一起存储。

4）摆放货架要以整齐、方便、实用为原则，根据具体情况实施，货架可"背靠背"，也可单排摆放。

5）仓库管理要达到"四洁"、"四无"、"四齐"的管理标准。

"四洁"：库容清洁、物资清洁、货架清洁、料区清洁。

"四无"：无盈亏、无积压、无腐烂锈蚀、无安全质量事故。

"四齐"：库容整齐、堆放整齐、货架整齐、标签整齐。

6）每个零件号码要有一个相对应的货位。确保货物一物一位，每个位置只能有一个零件号码且不能用零件号码代替位置码，摆放时标签朝外。

7）扁平和长条形的零部件宜竖起摆放，轻质长形零件可放置在库房后端墙面悬臂货架上。这样放置可以充分利用库房空间，还可避免因堆放而造成零件损坏。

8）零件放在伸手可及的区域，避免使用梯子等辅助工具，避免不必要的查找。

9）大型较重零件靠近入库口侧，小型零件靠近出库口侧，快流件放在易取易拿的位置，尽可能地放在出库口侧。慢流件集中放置的严禁摆放，确实需要摆放时，选择合适的货架和位置，不要产生对取放其他备件的干扰。

10）库存物资要做到账、卡、物相符。这里的"账"既指管理系统中的账，也包含财务上与备件相关的账。

11）库内不允许有账外物品。

12）对库存物资要根据季节气候勤检查、勤盘点、定期保养。对塑料、橡胶制品的备件要做到定期核查和调位。

13）危险品库管理要达到"四洁、四无"标准。

四洁：库区、库房、容器、加油设备整洁。

四无：无渗漏、无锈蚀、无油污、无事故隐患。

【案例 6-1】张先生的丰田凯美瑞车转弯时发出异响，他到某一维修厂检查，分析是外球笼损坏，业务接待员告诉张先生说："仓库有配件，更换作业时间需要 1 小时左右。"张先生说："好，你们抓紧时间吧，我 2 小时后要到机场接客人。"维修人员很麻利地将外球笼拆下，并到仓库去领配件。当保管员取出配件后，维修人员发现配件不合适。张先生的车带 ABS，球笼上有齿圈，而仓库的配件是不带齿圈的，与 ABS 车不相配。外出购件需 1 小时时间。当业务接待员向张先生说明情况时，张先生很生气地说："你们是干什么的，连什么配件都搞不清，能修好车吗？我等不及了，别误了接机，赶快给我装起来吧。"拆下的球笼防尘套也损坏了，维修厂只好配上了一个防尘套和一瓶润滑脂，将球笼装复。

这次服务不仅赔了钱，而且也失去了这位用户，真是赔了夫人又折兵。

【案例 6-2】王先生的奥迪 A6 轿车，加速时车辆发抖。到维修站检查确定是二缸点火线圈损坏，但维修站没有配件，经联系后，维修站的接待员告诉王先生，配件大约三天才能到货。王先生的住地距离维修站有 150km 的路程，他很不情愿，但也很无奈。三天后，王先生接到电话，说点火线圈到货。他告诉对方，明天去更换。次日，当王先生开着他的故障车跑了 150km 的路到维修站，业务接待员很抱歉地对他说："我们真是万分抱歉，昨天一辆奥迪 A6 车，也是点火线圈故障。由于配件人员不知道这是给您预备的，将配件发给了那位车主。"王先生的愤怒是可想而知的。虽然业务接待员连连道歉，王先生还是用高嗓门、拍桌子等方式发泄了他的不满。他开着他的故障车往回走的时候，发现车况越来越差，这更增加了他对这家维修站的不满，他发誓再也不到这家维修站修车了。

8. 库房管理方法

汽车维修物资在验收入库后，就要根据其物资的理化性能、体积大小、包装情况等分类保管。采用"分类分区""四号定位""立牌立卡""五五摆放"等科学管理办法。

1）分类分区法：根据物资类别、合理规划物资的固定存放区域。

2）四号定位法：对备件给定位置码，采用"四段"编号进行定位。例如 2A23 表示为 2 号库房（或第 2 区域、第 2 排）、A 号货架、第 2 层、第 3 货位（或第 3 个盒子）。

3）立牌立卡法：对存放定位并已经编号的各种物质建立料牌卡片。料牌卡片上应写明物资的名称和编号，以及记录物资进出数量和结存数量等，以便库管人员掌握该物资的进、出、存情况。

4）五五摆放法：按照各类物资的形状，以五为基数，五五成行、五五成方、五五成串、五五成层，以方便计点库存物资数量。

9. 库存盘点

盘点就是如实的反映库存备件的变动和结存情况，使系统记录情况与实物情况相符合，避免备件的短缺丢失或超储积压，保证备件库存货的位置和数量。

（1）盘点的内容

1）查明实际库存量与系统结存数是否相符。查明盘亏、盘盈存货的品种、规格和数量。

2）查对备件位置与货位是否一致，货位卡片信息与实物信息是否一致。

3）查明超储积压、损坏变质和长期闲置的存货的品种、规格和数量，并提出处理意见。

（2）盘点方法

盘点方法有日常盘点、定期盘点和重点盘点等。

1）日常盘点。日常盘点也称动态盘点或永续盘点，是指库管员每天对有收发动态的备件盘点一次，以便及时发现问题，防止收发差错或收发信息差错。日常盘点以每日有出入库记录的备件为对象，如果当日无出入库情况，可以不进行盘点。

2）定期盘点。定期盘点也称实地盘点，是指在季度、半年度、年度组织清仓盘点小组，全面进行盘点清查，并进行备件质量检查与修整，及时处理呆废件，核对系统账面记录与实物、系统账面与财务账面的一致性。

3）重点盘点。重点盘点是指根据季节变化或工作需要，为某种特定目的而对仓库物资进行有针对性的盘点和检查。

（3）盘点工作流程

1）日常盘点工作流程。日常盘点工作流程如图 6-18 所示。

2）定期盘点工作流程。定期盘点工作流程如图 6-19 所示。

（4）盘点准备工作

1）制定盘点方案。成立盘点领导小组和工作小组，确定盘点范围、盘点方式、盘点日程表等工作安排。要召开动员会，必要时先对盘点人员进行培训，各盘点小组的负责人组织各自的碰头会，以明确工作安排、盘点物料位置、人员分工等。

2）确定盘点日期（起始日期及结束日期）。确定盘点日期的起始日期及结束日期，盘点日期一般选择每月的月末或年末日期，也可以选择公司的结账日期作为盘点日期，与结账同时进行，方便于结账。

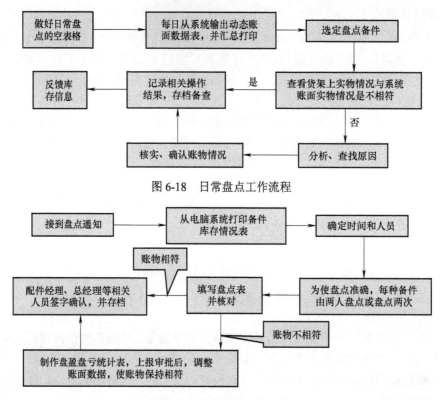

图 6-18 日常盘点工作流程

图 6-19 定期盘点工作流程

3）确定盘点人员。按照同一小组两人各自清点原则，确定盘点人员，参加盘点的管理人必须是内行，清点人员不需要特别的专业人员，必要时可请其他部门工作人员协助，但是清点人员必须工作认真，责任心强，清点结果的准确与否由盘点人员负责。

4）盘点范围。清查盘点所有归属本部门的存货，如常用件、损耗件、索赔件、不适用件等。

5）仓库大扫除。目的是收集、汇总、清除残损件，并登记在册。清扫工作在一年中要经常做，在盘点前，要彻底做一遍，盘点是一个好机会，可以给仓库来一次大扫除。

6）盘点用品。盘点用品主要有盘点的报表、盘点用的表格、工具等用品。

① 盘点卡。盘点卡上有盘点日期、盘点人签字、备件号、备件名称位置码、清点结果。

② 盘点总表。用于盘点结果登记，总表上包括每个备件的位置码、账面数及清点数。

③ 盘点报表。该表包括每个备件的进货价格，反映每种备件库存的账面数与实存数，反映盘亏、盘盈的数量、金额和原因，反映库存变质和超储积压的情况，以此作为盘点的结果和财务处理的依据。

④ 盘点工具。笔、尺、秤及手推车、堆高机、人字梯等。

（5）检查、整理、规范盘点区

1）所有的到货立即全部上货架，这样在清点时才不会遗漏或另放它处，盘点后再入库。

2）所有的备件要分类存放，一目了然，堆放的方式要便于清点，以便清点时节省时间。

3）货架的标签应与实物相符，必要时要改正和补充，不清晰的标签要更新。

4）备件号不同，而实物相同的件，要做好混库处理，做好记录和登记，要注意由此引起的库存实物与账目上的变化。

5）完整的包装放在货架的前面（或上面），已打开的包装放在后面（或下面），数量不足的包装要填充成标准包装。

6）盘点前，通知供应商提前送货或延迟送货，避免盘点日送货，不良品在盘点前退回供应商。

7）维修车间或其他部门存在借用工具或备件情况的，应还回库房或办理规范手续。

8）盘点期间，由于特殊原因必须出库的备件要做好记录和登记，事后再统一处理。

9）对货架上不经常销售的备件进行预先清点是必要的，这样可以在最后盘点时节省时间。清点过的备件要做好标记和记录。

（6）正式盘点

在规定的时间内，盘点人员对所有备件要逐一清点，不能重复也不能遗漏。一般由两人分别清点，或者一人清点、一人核点，盘点完某一单元或"盘点统计表"每小段后，应该核对一次，如果结果不同，要重新清点，如果无误，双方签名确认，以减少复核工作量。

不便清点的小件可以用称重法求总数，即先数出一定数量的备件作为"标准件"，仔细称出这些"标准件"重量，再称出所有库存标准件的重量，即可算出这些件的总数。称重法计算公式为：

$$总数 = 总重 \times 标准件的数量 / 标准件的重量$$

（7）盘点注意事项

1）盘点工作应注意安全。货架高层严禁人员攀爬，第二、三层上架前，确认梯子放牢后方可上架；高空作业一定要看准、走稳、慢慢移动；化学品的搬运，一定要轻拿轻放，严格按照化学品储运方式操作；金属类的在搬运过程中，一定要戴上手套，切忌蛮力操作；玻璃类和塑料类的一定要轻拿轻放。

2）未结订单对盘点的影响。有些企业在盘点前，先关闭未完工的生产订单，这样盘点比较简单。

3）发现变质、损坏、不适用的备件，由库管员列出清单，报仓库负责人和维修部现场审核、确认，提出报废申请，报公司领导批准。未报废之前，待报废品由库管员单独存放，加"待报废"标志，并做好统计。

4）盘点尽量在周末进行，以免影响正常业务。

5）盘点工作必须在 24 小时内完成。

（8）验收及总结

盘点后，其结果应由上级有关部门检查、验收，财务部门核算出盈亏值，并由主管领导签字认可。盘点后应做出总结，对于盘点遗留的问题如变质、毁损或超储积压的备件，要查清原因；对入库、出库、仓储、财务管理系统及其他自然的或人为的因素要进一步处理。

（9）合理储耗

对容易挥发、潮解、溶化、散失、风化的物资，允许有一定的储耗。凡在合理储耗标准以内的库管员填报"合理储耗单"，经批准后，即可转财务部门核销。储耗的计算一般一个季度进行一次，计算公式如下：

$$合理储耗量 = 保管期平均库存量 \times 合理储耗率$$
$$实际储耗量 = 账存数量 - 实存数量$$
$$储耗率 = (保管期内实际储耗量 / 保管期内平均库存量) \times 100\%$$

实际储耗量超过合理储耗部分作盘亏处理，凡因人为的因素造成物资丢失或损坏，不得计入储耗内。由于被盗、火灾、水灾、地震等原因及仓库有关人员失职，使备件数量和质量受到损失者，应作为事故向有关部门报告。

（10）盈亏报告

在盘点中发生盘盈或盘亏时，应反复落实，查明原因，明确责任，由库管员填制"库存物资盘盈盘亏报告单"，经仓库负责人审签后，按规定处理。

10．呆废料管理

（1）呆废料的概念

呆料是指物料存量过多，耗用量少，而库存周转率极低的物料，这种物料可能偶尔使用少许，也可能不知道何时才能动用甚至根本不再使用。呆料为百分之百可用物料，并且一点都未丧失物料原有性能和功能，只是呆置在仓库中而已。

废料是指报废的物料，即经过一段时间使用，本身已残破不堪或磨损过甚或已超过其寿命年限，以致失去原有的功能而本身无利用价值的物料。

（2）呆废料处理的重要性

1）物尽其用。物料成为呆废料后价值急剧下降，呆废料若继续弃置在仓库中不加以利用，物料因锈蚀、腐蚀等原因，其价值将继续降低，因此，当出现呆废料时，要物尽其用，适时予以处理。

2）减少资金积压。呆废料闲置在仓库而不能加以利用，使部分资金呆滞在呆废料上，若能适时加以处理，可减少资金的积压。

3）节省人力及费用。呆废料发生在未处理前仍需有关的人员加以管理，并且发生各种管理费用。若能将呆废料加以处理，则上述人力及管理费用即可节省。

4）节约仓储空间。呆废料日积月累，势必占用庞大的仓储空间，可能影响正当的仓储管理。为节省仓储空间，呆废料应适时予以处理。

（3）呆料产生的原因

1）库存不合理。单次订货过多，造成超过一年时间该批次备件未全部出库；一些特殊的备件或季节性备件在有需求的时候进货量大，剩余部分一年内无需求造成了呆料。

2）车型老化或停产。有些车型老化，产销量极低或已停产，原来库存的备件需求很少或已无需求，造成原有备件无法出库。

3）事故车订货后最终却未更换。为事故车订购的备件，因种种原因最终未更换。

4）客户预订而未接收备件。由于客户的原因或由于到货周期过长，客户订单到货前，客户已在其他维修企业更换。

（4）呆料处理的方法

呆料的处理优先选用折价销售或向其他商家出售的方式。某些企业或4S店的处理方式受到管理限定，则按公司规定或有关规定执行。常用的处理方式如下：

1）低价或打折处理给其他同品牌的备件经销商或维修企业。
2）与车间沟通好，遇到事故车有需求时，优先选用。
3）跟前台和车间的人员沟通好，及时向他们反馈呆滞件的信息，当企业搞活动时，尽量打折销售呆滞件。
4）与其他公司、其他网点或二级网点沟通好，有需要时可进行调货，也可打折处理。
5）对一些存储时间长，性能受到影响的备件，申请报废处理。

（5）废料产生的原因
1）变质。物料长久未用，发生变质失去其原有作用，如油料、清洗剂、制冷剂等。
2）锈蚀。无论如何保养也无法恢复其原有价值，如钢圈、消声器等。
3）变形。主要是橡胶件、塑料件等，因变形而无法使用，如轮胎、仪表台等。
4）拆解的产品。不良产品的拆解必然产生不少已无利用价值的零件或包装材料。

（6）废料的预防方法
要减少废料的产生，预防重于处理。
1）对易变质的物料，要注意保质期，同时要密封。
2）对易锈蚀的物料，要防止酸碱的侵蚀、湿气的侵蚀。
3）对易变形的物料，要注意放置方式，不可被其他物品积压。
4）建立先进先出的物料发放制度。

（7）废料处理的方法
1）废料分解后有部分物料可用做他用。
2）废料可分解为铜、铝、钢等，按不同类别、不同价格出售。

※特别提示※
对于呆废料的处理要充分利用微信朋友圈、QQ群、企业公众号、企业网站等媒体，广泛发布信息，把信息传播给更多的人，也许有朋友恰好正在寻购相应物品，这不就达到了物尽其用，物有所值！

6.3.2 备件库存管理

1．库存及库存管理的含义

（1）库存的含义

库存是指仓库中为今后预定目的而储存的，处于闲置或非生产状态的物品或商品。在汽车维修企业中，库存按其经济用途可分为商品业务库存、维修业务库存、其他库存三种。

1）商品业务库存。商品业务库存指企业购入供转售商品的库存。不少企业在以汽车修理为主要业务的同时还兼有备件的销售业务，即使单纯的汽车维修企业也存在着部分零部件对用户的销售。
2）维修业务库存。维修业务库存指修配企业购入直接用于维修的材料或零部件的库存。
3）其他库存。其他库存指除以上两种库存以外的库存，如企业维修耗用的燃料、油料等消耗品。

(2) 库存管理

库存管理就是在保障供给的前提下，使库存商品数量最少，为此所进行的预测、计划、组织、协调、控制等有效补充库存的一系列工作。

2. 库存管理的主要内容

库存管理往往被误认为只是对库存商品数量的控制，认为其主要内容就是保持一定的库存量，其实这只是库存管理中的一项重要内容，并不是它的全部内容，库存管理的内容主要包括库存信息管理、库存控制、库存管理水平的评价三个方面。

(1) 库存信息管理

库存信息的面广、量大，既包括库存商品本身的信息，如商品的名称、种类、规格、型号、数量、质量等；维修、销售对库存商品的需求信息；库存业务有关的信息，如入库日期、出库日期、存货数量、盘点盈亏、库存成本、客户资料等。

(2) 库存控制

决定与库存有关的业务如何进行，如库存商品的购入或发出的时间、地点，库存商品的品种、数量、质量、构成、订购方式的确定等。

(3) 库存管理水平的评价

一定期间内采用的库存管理方式是否恰当，应给予评价，这不仅关系企业的经济效益，同时也关系到下一阶段库存管理策略的变化，以帮助企业对库存管理进行及时和最优的调整。

3. 库存管理的目标

库存管理的目标就是在确保仓储安全的前提下，通过综合分析，使库存费用、订货费用、缺货损失最小。因为从保管的角度去分析，订货次数多，就可以减少库存量，从而减少库存费用；从订货的角度去分析，订货次数减少就能节省订货费用，因而每次的订货量应大些；从缺货角度去分析，为了减少缺货损失，就应增加库存。因此，库存管理既要满足车辆维修的需要，又要面对这些损益背反的问题，找出库存量最佳点，使库存总费用减少到最低程度，这就是库存管理的目标。

因而，制订一个适宜的库存策略或称订货策略是至关重要的，主要解决三个问题：

1) 确定什么时候订货，或多少时间补充一次库存，即确定订货点。

2) 确定每一次订多少货或每次补充多少库存，即确定订货量。

3) 确定怎样订货或采用什么方式订货，即确定订货方式。

在库存管理中要根据不同物品的消耗特点采取不同的管理方式，如维修用油料、燃料等物品一般采用一次性订货，而维修备件等物品采用重复订货。

同时现代库存管理中很注重供应链管理需求。供应链管理需求是指将视野从一个经营实体扩大到由制造商、供应商、批发商、零售商等组成的供应链整体来考虑库存需求量，进行现代化的库存管理。供应链库存管理需要供应链中各经营者之间相互协调，信息共享，降低库存，从而大大提高用户的满意程度。目前，世界上一些先进的库存管理方法和技术的出现，为实现供应链库存管理奠定了基础。

4. 库存管理的原则

1) 不待料、不断料，保证生产所必需的物料。

2）不呆料、不滞料。生产所需的物料要及时购进，不需要的物料坚决不能进入库房。

3）不囤料、不积料。需要多少购进多少，储存数量要适量，减少资金积压。

5. 库存控制

汽车备件库存控制就是汽车维修企业在备件管理方面采用科学的方法、合理的手段，不断完善和优化库存备件的品种和数量，保持经济合理的备件库存，从而实现既保证维修生产对备件的需求，又最大限度地减少备件库存对资金占用的目的。确定汽车备件库存数量和库存品种的常用指标有储备定额和流通等级。

（1）影响库存控制的因素

影响库存控制的因素主要有订货周期、消耗量、流通等级等。

1）订货周期。国外订货周期一般为2～3个月（船运期货3个月，空运订货15天左右），但空运件的价格是船运的两倍；国内订货周期则因地而异。

2）消耗量。与库存相关的消耗量指标有日消耗量、月消耗量、6个月消耗量、年消耗量。

3）流通等级。汽车备件流通等级是指汽车备件在流通过程中周转速度的快慢程度，通常分为A、B、C三级，并分别称快流件、中流件、慢流件。也可以根据汽车零件寿命周期长短划分。

① A级。A级即快流件，指连续3个月经常使用的消耗性零件及周转性较高的产品，每个月销售占销售总额的70%～80%，在零件类别中占比10%～15%。

② B级。B级即中流件，指连续6个月内有所销售但又属于周转性次高的产品，每个月销售占销售总额的15%～20%，在零件类别中占比15%～40%。

③ C级。C级即慢流件，指一年内属偶发性产品或产品库存金额单价过高不利于周转的产品，每个月销售占销售总额的5%～10%，在零件类别中占比40%以上。

流通等级的确定不一定划分为A、B、C三级，也可以按照汽车制造商推荐的零件流通级别来区分，日本五十铃公司零件流通等级分为A、B、C、D、E、F、G、H、J九级，见表6-5。不同汽车制造商对各等级的周转期确定也不一定相同，长安汽车定义A级的周转期为1个月、B级的周转期为3个月、C级的周转期为6个月。

表6-5 日本五十铃零件流通级别分类表

推荐级别	零件使用或更换情况	
A	需要定期更换的零件，在一年内更换的零件，如三个滤清器	
B	需要定期更换的零件，在二年内更换的零件，如制动蹄	
C	碰撞时首当其冲的零件	在第二年内需要更换的零件，如保险杠
D		各种灯具、反光镜等零件
E		其他零件
F	易磨损件	如油封
G		高速的相对运动零件
H		表面接触应力很高的相对运动零件
J	不易磨损件	在汽车生命周期内不用更换的零件

零件的流通等级不是一成不变的，会受到整车使用周期、设计问题、使用方式、道路状

况、季节性等因素的影响,从而可能使快流件、中流件、慢流件之间产生相互转换。

(2) 库存控制的关键点

库存控制既要降低存货的储备成本,又要充分配合生产的需要,库存控制的关键点有最低存量、订购点及订货量。

1) 最低存量,即维持多少存量是最合理的。

2) 订购点,即何时补充存量是最适时的。

3) 订货量,即补充多少存量是最经济的。

(3) 汽车备件库存品种的控制

每种汽车车型都会经历初期投入市场、较高市场占有率、老车型淘汰三个阶段的生命历程,而与之对应的市场对相应的零部件的需求表现出增长、平稳、衰退的起伏趋势,称为零件的生命周期。备件库存的建立关键是基于零部件的生命周期,对某种零部件何时建立库存,存多少,何时终止库存,均按零部件的生命周期确定。但并不是每种零部件都需要建立库存,不同库存状态的零部件采取不同的零部件管理原则;零件在增长期时,属于非库存管理项目,应采取需一买一原则;零件在平稳期时,属于库存管理项目,应采取卖一买一的原则;零件在衰退期时,属于非库存管理项目,应采取只卖不买的原则,如图 6-20 所示,这样才能在保证最大零部件供应率的同时,降低备件库存对资金的占用。

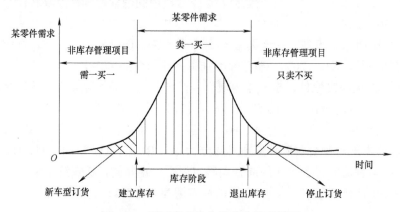

图 6-20 不同库存状态零部件管理原则

汽车维修企业可以从零件需求的历史记录中统计出来的月均需求(MAD)和需求频度,发现零件需求的规律,确定"建立库存"和"报废"的时间点,从而确定需要库存的零件品种。表 6-6 给出了丰田汽车销售服务有限公司的零部件库存品种确定表。

表 6-6 丰田汽车销售服务有限公司的零部件库存品种确定表

级 别	MAD(个/月)	等 级	频度=F	流动速度	管理方法
A	MAD>6	A1	F>12		要库存
		A2	12≥F>6		
		A3	6≥F>0		
B	6≥MAD>1	B1	F>3	快流件	要库存
		B2	3≥F>1		
		B3	1≥F>0		

项目六 汽车维修企业物资与备件的管理

（续）

级 别	MAD（个/月）	等 级	频度=F	流动速度	管理方法
C	1≥MAD>0.2	C1	F>0.8	中流件	有选择性库存
		C2	0.8≥F>0.4		
		C3	0.4≥F>0		
D	0.2≥MAD>0	D1	F>0.4	慢流件	谨慎库存
		D2	0.4≥F>0.2		
		D3	0.2≥F>0		
E	MAD<0	E	7~12个月内未流动	非流动件	不库存
F	MAD<0	F	12~24个月内未流动	非流动件	不库存
G	MAD<0	G	24个月以上未流动	死库	废弃处理

（4）汽车备件库存数量的控制

1）最低安全存量的确定。最低安全存量是指为防止发生汽车维修因待料停工现象而储备的汽车备件的量，也是库存备件的最小储备量，也称为保险储备量。最低安全存量的多少根据紧急购备时间与备件消耗量而定。

$$最低安全存量=平均日消耗量\times 紧急采购天数$$

某备件的紧急采购天数由该备件供应的准时性以及对汽车维修影响程度来确定，它等于到货天数再加上安全系数，安全系数是指因其他意外因素对到货时间的影响天数，因此：

$$最低安全存量=平均日消耗量\times (到货天数+安全系数)$$

对那些随时随地都可以采购到的备件，其紧急采购天数可以为零，最低安全存量也就为零，也就是该备件不需要库存。

2）标准库存量的确定。标准库存量（SSQ）是指在考虑订货周期、在途零件和安全库存的前提下，保证及时供应零件的最大库存数量。标准库存量的影响因素主要有月均需求（MAD）、订货周期（O/C）、到货周期（L/T）、安全库存周期（S/S），其推荐计算公式为

$$标准库存量=月均需求\times (订货周期+到货周期+安全库存周期)$$

① 月均需求（MAD）的确定。月均需求（MAD）的确定有算术平均法和加权平均法两种。算术平均法就是将过去 N 个月，每个月的实际需求数量相加，除以月数之和 N，所得的结果。

例 6-1 某汽车维修企业对机油滤清器的需求情况为第1个月32个，第2个月36个，第3个月31个，第4个月38个，第5个月42个，第6个月35个，则该企业对机油滤清器的月均需求（MAD）=（32+36+31+38+42+35）÷6=35.67≈36

加权平均法就是根据每个观察期观察值的重要程度，分别给予不同的权数，求出加权平均值的方法。选择确定点之前的6个月为汽车备件月均需求的加权平均观察期，推荐权数依次为1、2、3、4、5、6，用加权平均法求月均需求的公式为：

$$月均需求（MAD）=\frac{X_1W_1+X_2W_2+\cdots+X_iW_i}{W_1+W_2+\cdots+W_i}=\frac{\sum_{i=1}^{n}X_iW_i}{\sum_{i=1}^{n}W_i}$$

式中 X_i——第 i 期的实际需求量,即实际出库量;
W_i——第 i 期的权数。
n——期数。

例 6-2 应用上例数据按加权平均法计算月均需求:

$$月均需求(MAD)=\frac{32\times1+36\times2+31\times3+38\times4+42\times5+35\times6}{1+2+3+4+5+6}=36.6\approx37$$

② 订货周期的确定。订货周期指相邻两次订货间隔时间,单位为月,如订货周期为 2 天,则以月为单位的订货周期就是 2/30=1/15(月)。

③ 到货周期的确定。到货周期指从备件订货到搬入仓库为止的月数,单位为月,如到货周期为 5 天,则到货周期=5/30=1/5(月)。

④ 安全库存周期的确定。安全库存周期主要受到货期延迟和特殊需求两个因素影响。如有时由于一些突发的特殊原因(如运输车辆途中出现了故障)导致推迟到货期,或因市场需求的起伏不定导致备件供应出现短缺问题,因此,为了应对"货期延迟"和"特殊需求"两种影响,必须在仓库保有一定量的安全库存。

汽车维修企业备件安全库存周期推荐按下式计算:

$$安全库存周期=(订货周期+到货周期)\times0.7$$

3)安全库存量的确定。由于存在各种不确定原因,安全存量是在最低安全存量的基础上,考虑浪费的存量、呆料和废料、其他因管理不善需要的存量等因素的影响,进行修正后,确定最终的安全存量。安全库存量按如下公式计算:

$$安全库存量=月均需求(MAD)\times安全库存周期$$

4)订货量(SOQ)的确定。推荐订货量计算公式为

$$订货量=月均需求(MAD)\times(到货期+订货周期+安全库存月数)+客户预订数-在库数-在途数$$

按上式计算的订货量也称为建议订货量,每个月的实际订货量应根据备件实际库存量、半年内销售量、安全库存量、季节性因素、节假日因素、促销活动因素等的影响程度,由备件计划人员进行适当调整后确定。

例 6-3 某汽车维修企业对机油滤清器的需求情况如例 6-1 所列,该企业每月订货 2 次。订货日期为每月 15 日和 30 日,到货期 12 天,在途数 25 个,在库数 20 个,客户预订数 8 个,试计算该备件的订货数为多少个?

解:应用例 2 的计算结果,月均需求为 37 个,安全库存周期=(12/30+15/30)×0.7=0.63
订货量=月均需求(MAD)×(到货期+订货周期+安全库存月数)+客户预订数-在库数-在途数
=37×(12/30+15/30+0.63)+8-20-25=19.61≈20(个)

6. 库存管理的基本方法

(1)ABC 管理法

1)ABC 管理法的含义。在库存管理中,将库存的每种物资按其单位价值、消耗数量及其重要程度进行分类的方法称为 ABC 管理法,也称为 ABC 分类法、ABC 分析法。

2)ABC 管理法的基本原理。ABC 管理法的基本原理就根据库存物资中存在着少数物资占

用大部分资金,而大多数物资却占用很少资金,利用库存与资金占用之间这种规律,对库存物资按其消耗数量、价值大小、进行分类排队,将数量少价值大的分成 A 类,将数量大价值小的分到 C 类,介于 A 与 C 类中间的分到 B 类,然后分别采用不同的管理方法对其库存量进行控制。

3）ABC 分类标准。ABC 分类标准见表 6-6。

表 6-6 ABC 管理法分类表

类别	品种	品种所占百分比	金额所占百分比
A	各种重要总成与贵重基础件	8%～15%	70%～80%
B	一般汽车配件	20%～30%	15%～25%
C	低值易耗材料、维修辅助材料	50%～60%	5%～10%

4）ABC 管理法的控制方法。对 A 类物资,应列为备件管理的重点对象,必须严格控制,实行定期订购的控制方式,对库存盘点、来料期限、领发料等要严格要求,可以采用缩短采购周期或增加采购次数的方法,尽可能地减少库存量；对于 B 类物资,企业可根据自己物资管理的能力和水平,选择综合或连续、定期的控制方法,适当缩短采购周期或增加采购次数,把库存量控制到合理的程度；对于 C 类物资,则定为物资管理的一般对象,采用比较粗放的管理方法,可在资金控制和采购周期上适当放宽,适当减少采购次数,可以适当加大保险储备量。最后根据车型车系,环境地域以及季节因素,合理地调控汽车配件 ABC 类库存所占百分比,以及细化确定每个配件安全库存的周期及库存量。

5）ABC 管理法计算的步骤

① 物料的资料统计：将每一物料上一年的使用量、单价、金额等填入 ABC 分析表进行统计。

② 按金额大小顺序进行排列,并计算出各种物资的金额占所统计物资总金额的百分比。

③ 按金额大小顺序计算出每一种物料的累计百分比。

④ 根据累计百分比绘制 ABC 分析表。

（2）最佳经济批量法

最佳经济批量法是侧重企业本身的经济效益来确定物资经常储备的一种方法。从物资储备有关的费用（成本）进行分析,主要费用可以归为两大类：一类是订购费用,主要是指与物资订货和采购有关的差旅费、行政管理费、验收和搬运费等费用；另一类为保管费用,主要包括物资占用资金的利息、仓库和运输工具的维修折旧费用、物资存储损耗等费用。这两类费用各有特点。物资的订购费用主要是与订货和采购的次数成正比,而与每次订购的物资数量多少关系不大。因此,从节约订购费用方面来考虑,应当增加物资的订购次数而减少每次的订购数量。可以看到,节省这两类费用的要求是相互矛盾的。这就产生了求经济订购批量的方法。求出一个恰当的订购批量来,使按此数量订购物资所需的总费用（订购费用与保管费用之和）为最小,那么这个订购批量就是经济订购批量,如图 6-21 所示。

从图 6-21 中可以看出,保管费用是随着订购数量增大而增大,而订购费用则随着订购数量的增大而减少,而将两者加起来所形成的总费用曲线之最低点,即为经济订购批量。根据这一数学模型所形成的求经济订购批量的计算公式如下：

$$经济订购批量 = \sqrt{2 \times 每次订购费用 \times 物资年需用量 / 单位物资年保管费用}$$

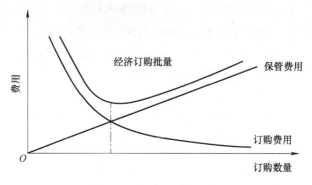

图 6-21 经济订购批量图

例 6-4 某厂对某种物资年需用量为 8000 件，订购费用为每次 50 元，单位物资的年保管费用为 5 元，求经济订购批量。

$$经济订购批量 = \sqrt{2 \times 50 \times 8000/5} = 400（件）$$

$$一年订货次数 = \frac{8000}{400} = 20（次）$$

如果企业按照经济订购批量采购某种物资，该物资的一次到货量就是一个经济订购批量，也就是该物资的经济储备定额。这种制订经常储备定额的方法，充分考虑了企业物资储备的经济效益，对于企业来说是一种比较理想的方法。但是运用这种方法，需要具备一个前提条件，即企业要自行决定采购批量和采购时间。如果订购数量和订购时间主要取决于供货单位和运输条件时，则企业只能应用"以期定量"的方法。

运用经济批量确定企业一次订购数量后，还要注意选择适当的订货点。具体办法是预先规定一个订货点量，当实际库存量降到订货点量时，就按固定的订购数量（即预先确定的经济订购批量）提出订货或采购。这种方式又称订货点法。订货点的库存量可用下列公式确定：

订货点量 = 平均每日需用量×订购时间 + 保险储备量

例 6-5 若某配件平均每日需用量为 20 件，订购时间为 10 天，保险储备为 200 件，计算订货点量。

订货点量 =（20×10+200）件 = 400 件

这就是说，当实际库存量超过 400 件时，不考虑订购，当库存量下降到 400 件时，就及时按预先规定的订购批量提出订购。

（3）定期订购控制法

定期订购控制法是指按预先确定的订货间隔期订购商品，以补充库存的一种控制方法，简称定期订购法。一般仓库可以根据库存管理目标或历年的库存管理经验，预先确定一个订货间隔周期，每经过一个订货间隔周期就进行订货。每次订货数量应视实际情况而定，可以不相同。

定期订购控制订货量 = 最高库存量 − 现有库存量 − 订货未到量 + 顾客延迟购买量

定期定购控制法用于品种数量少，平均资金占用额大的 A 类库存商品。

定期订购控制法的优点：订货间隔期是确定的，多种商品可以同时采购，这样既可以降低订单处理成本，而且还可以降低运输成本。其次，这种订购方式，需要经常地检查库存和盘点，这样便能及时地了解库存的情况。

在企业库存控制中各种方法要综合运用，如采用定期订购方式，在规定订购间隔期时，应当与物资的经济订购批量相适应，以提高物资库存的经济效益。

例 6-6 某零件平均每日需用量为 10 件，如果计算出的经济订购批量为 285 件，则该零件订购间隔期为 285/10=28.5（天），为方便起见，该物资的订购间隔期可定为一个月。如果计算出的经济订购批量为 185 件，相当于 18.5 天的需用量，则订购间隔期为 15 天，即半个月订购一次。

复习思考题（《学习活页册》6-2）

复习思考题参考答案（《学习活页册》6-3）

项目七

汽车维修生产现场 6S 管理

学习目标：

- 掌握 6S 管理的内容及作用。
- 知道 6S 管理实施的场所和应注意的事项。
- 掌握 6S 实施步骤和办法。
- 熟悉维修生产中的不安全因素及应对措施。
- 了解安全生产责任制度。
- 熟悉汽车维修生产中的不安全因素及安全措施。
- 了解汽车维修安全操作规程。

汽车维修企业的生产现场是指在车辆接待、故障检测诊断、车间维修、试车、清洗、检验测试、交车等过程中为客户提供服务的场所，4S 店还包括销售大厅。汽车维修企业应该运用科学的管理原则、管理方法和管理手段，对生产现场的各种生产要素进行合理配置、优化组织，为生产经营提供一个整洁、舒适、布局合理的环境。6S 管理是打造良好环境的有效手段。

任务 1 6S 管理的基本理论

1. 6S 管理的来源

6S 管理是一种管理模式，是 5S 的升级版，5S 管理也被称为 5S 活动，它是指对生产各要素（主要是物的要素）所处的状态不断地进行整理、整顿、清扫、清洁并提高员工素养的活动。5S 是取整理（SEIRI）、整顿（SEITON）、清扫（SEISO）、清洁（SEIKETSU）和素养（SHITSUKE）以上五个单词的日语罗马拼音的第一个字母 S 而成的。5S 起源于日本的家庭生活管理，它针对地面和物品提出了整理和整顿两个 S，日本和西方一些企业将其引入进行生产现场管理，随着管理的需要和水平的提高，后来又加入了其他三个 S，经过企业家和管理学者的总结、凝练、升华，成为一种企业管理理论和管理手段，这样就形成了被世界很多企业所采用的 5S 管理。由于安全是企业生产经营的前提条件，不能保障安全的生产，不但没有生产的意义，还会产生社会的负面影响，"安全"的英文单词为"Safety"，日文罗马单词为"SECURITY"，第一个字母均为 S，在企业管理实践中加入了"安全"，就形成 6S

管理。在6S管理基础上，加入"服务"（Service），形成了7S管理，加入"节约"（Save）、"标准化"（Standard）、"制度化"（Systematize），则形成10S管理。5S之外的S，是英文单词，为了便于描述和突出重点，可以采用"5S+"的方式，这样，就可以将"10S"描述为"5S+5S"或"双5S"。不管是几S，在日语中，只有整理（SEIRI）、整顿（SEITON）、清扫（SEISO）、清洁（SEIKETSU）和素养（SHITSUKE）这五个单词的罗马拼音写法均以"S"开头，也就是最初的"5S"，这"5S"是基础、是核心。由于"安全"在日语中的罗马拼音写法"SECURITY"的第一个字母也是S，并且安全在企业生产经营中，越来越重要，很多企业普遍采用由"5S+安全"而形成的6S管理，汽车维修企业就普遍采用6S管理。

> **知识拓展**
>
> 10S管理有不同的版本：
> 第一种：5S+安全（SECURITY或Safety）+服务（Service）+节约（Save）+标准化（Standard）+制度化（Systematize）。
> 第二种：5S+安全（SECURITY或Safety）+速度（Speed）+节约（Save）+坚持（Shikoku）+习惯化（Shiukanka）。
> 第三种：5S+安全（SECURITY或Safety）+服务（Service）+节约（Save）+满意（Satisfaction）+速度（Speed）。
> 第四种：5S+安全（SECURITY或Safety）+节约（Save）+学习（Study）+坚持（Stick to）+共享（Share）。

2. 6S管理的内容

（1）整理（SEIRI）

将工作场所的物品按常用、不常用和不用，区分为经常用的、不经常用的、不再使用的三类。

1）经常用的。放置在工作场所容易取到的位置，以便随手可以取到，如工具、油盘、抹布等。

2）不经常用的。储存在专有的固定位置，如发动机吊装架、量具等。

3）不再使用的。应及时清除掉，如废机油、废旧料、个人生活用品等。

对于各个工位或设备的前后、通道左右、厂房上下、工具箱内外，以及各个死角，都要彻底搜寻和清理，达到现场无不用之物。

通过整理要达到腾出更大的空间，增加作业面积，防止物品混用、误用，创造一个清爽的工作场所。

（2）整顿（SEITON）

把工作场所需要的物品按需要或要求的数量，摆放到规定位置，摆放整齐。

1）物品摆放位置要科学合理，对放置的场所按物品使用频率进行合理的规划。如经常使用的工具要放到维修工人工具柜，不常使用的专用工具要放到工具库。

2）物品摆放要有专用位置，如设置维修车辆拆卸件存放间、专用工具存放架、专用设备存放架、蓄电池充电室、总成修理间等。

3）物品摆放要目视化，要在显著位置做好适当的标识，过目知数，易取易放。

通过整顿把有用的物品按规定分类摆放好，并做好适当的标识，杜绝乱堆乱放、物品混淆不清，避免该找的东西找不到等无序现象的发生，以便使工作场所一目了然，整齐明快的工作环境可以减少寻找物品的时间，消除过多的积压物品。

（3）清扫（SEISO）

将工作场所内所有的地方清扫干净，包括工作时产生的灰尘、油泥，工作时使用的仪器、设备、材料等。

1）清扫地面、墙面、天花板。

2）仪器设备、工具等的清理、润滑，破损的物品进行修理。

3）对洒漏的机油、防冻液等进行清扫，防止污染环境。

通过清扫使工作场所保持一个干净、宽敞、明亮的环境，使顾客满意，使员工心情舒畅、精神饱满，从而有利于维修服务质量和效率，有利于安全生产。同时，清扫时也可以发现问题，例如：发现了滴漏的废机油，一定要查清是在维修车辆时润滑系统有问题，还是装废机油的容器有问题，而造成的泄漏。清扫时在地面上发现了螺母，就应马上追查螺母的来源。

车间清扫视频

清扫的目的是使员工保持一个良好的工作情绪，并保证稳定汽车维修质量，提高一次维修成功率，降低返修率。

（4）清洁（SEIKETSU）

整理、整顿、清扫之后要认真维护，进行定期与不定期的监督检查，使现场保持完美和最佳状态。清洁不能单纯从字面上去理解，它是对前三项活动的坚持与深入，从而消除发生安全事故的根源。创造一个良好的工作环境，使职工能愉快地工作。

1）落实 6S 工作责任人，负责相关的 6S 责任事项。每天上下班花 3~5min 做好 5S 工作。

2）经常性的自我检查、相互检查，专职定期或不定期检查等。

3）要求不仅物品、环境要清洁，而且员工本身也要"清洁"，工作服要清洁，仪容仪表要整洁。要及时理发、洗澡等，切实搞好个人卫生。

4）员工不仅形体上要清洁，而且精神上要"清洁"，要礼貌待人，尊重他人，助人为乐，友好和善。

清洁的目的是消除工作场所产生脏、乱、差的源头，使整理、整顿和清扫工作成为一种惯例和制度，是标准化的基础，也是一个企业形成企业文化的开始。

（5）素养（SHITSUKE）

素养是 6S 管理的核心和精髓，没有员工素养的提高，6S 管理不能顺利开展，开展了，也不可能坚持下去。因此，推行 5S 活动，要始终着眼于提高人的素质。

素养要求员工：①工作时精神饱满；②遵守劳动纪律。

素养的目的是要每个员工都养成良好的习惯，遵守规则，积极主动。

（6）安全（SECURITY 或 Safety）

重视员工安全教育，树立安全第一的意识，清除隐患，排除险情，预防事故的发生。

安全的目的是保障员工的人身安全，保证生产的连续安全正常的进行，同时减少因安全事故而带来的经济损失。

3．6S 管理的作用

想象一下作为一个顾客，你走进一家汽修企业并发现以下现象：

1）业务接待厅：业务接待员有礼貌地向你问好，并迅速为你办完登记手续。顾客休息室舒适、明亮，生活接待为你倒上茶水，听着优美的音乐。

2）厂区：厂区规划合理，生产车间、货仓、宿舍、餐厅、球场、停车区、草地等，这些映入你的眼帘，顿时觉得心旷神怡。

3）办公室：各个写字间宽敞明亮，办公人员各司其职，办公用品摆放整齐，电话铃声井然有序，没有半点喧闹嘈杂。

4）生产车间：生产现场工作区、通道、物料区、总成维修区、废料区、工具柜等合理规划，各种物品摆放整齐并有明显的标识，地面上干干净净，没有配件、工具放在地上，车辆的维修进度表及时反映生产进度等。

5）员工：员工穿着整洁的工作服，每个人情绪看起来非常饱满，维修工人动作熟练，维修工作有条不紊。

你到这样一个环境优美、管理有序、员工精神饱满的汽修企业，首先就会产生好感，对这家企业会产生充分的信心，会很愿意同这样的企业进行合作。这一切，首先是推行 6S 的效果。这些只是表面能看到的 6S 的作用，归纳起来 6S 具有以下作用：

（1）提升公司形象

1）整洁的工作环境，饱满的工作情绪，有序的管理方法，使顾客有充分的信心，容易吸引顾客。

2）6S 做得好，原来的顾客会不断地免费进行宣传，会吸引来更多的新顾客。

3）在顾客、同行、员工的亲朋好友中相传，产生吸引力，吸引更多的优秀人才加入公司行列。

（2）营造团队精神，创造良好的企业文化，加强员工的归属感

1）共同的目标拉近员工的距离，建立团队精神。

2）容易带动员工积极上进的思想。

3）取得良好的效果，员工对自己的工作有一定的成就感。

4）员工们养成了良好的习惯，容易塑造良好的企业文化。

（3）提高工作效率，减少浪费，降低成本

1）经常习惯性的整理整顿，不需要专职整理人员，减少人力。

2）对物品进行规划分区，分类摆放，减少场所的浪费。

3）物品分区分类摆放，标识清楚，找物品的时间短，节约时间。

4）物品摆放整齐，不用花时间寻找，工作效率自然就提高了。

5）减少人力、减少场所、节约时间就是降低成本。

（4）保障工作质量

工作养成认真的习惯，做任何事情都一丝不苟，不马虎，工作质量自然有保障。

（5）改善情绪

1）清洁、整齐、优美的环境带来良好的心情，员工工作起来更认真。

2）上司、同事、下级谈吐有理、举止文明，给你一种被尊重的感觉，容易融合在这种大家庭的氛围中。

3）工作环境优美，工作氛围融洽，工作自然得心应手。

（6）保证生产安全

1）工作场所宽敞明亮，通道畅通。

2）地上不会随意摆放、丢弃物品，墙上不悬挂危险品，这些都会使员工人身、企业财产有相应的安全保障。

【案例 7-1】某修理厂管理混乱，物品随意摆放，就连顾客的车钥匙也随意乱放。终于出事了。一辆丰田凯美瑞轿车来厂大修，一连几天车钥匙都放在桌子上，这事被一个近几天常来厂的大宇车驾驶人发现了，就趁人不备拿着钥匙出去配了一把。丰田凯美瑞轿车大修出厂的第二天就被盗了，公安机关组织人力、物力侦察此案，三天下来一点线索也没有。后来有人提出，车晚上停在居民区内，日夜有警卫值班，凯美瑞轿车的车门锁、点火开关锁都很坚固，若是破锁不大可能，他认为此案还应从车钥匙入手，一是查找开锁高手，一是查找配钥匙的业户。于是，公安人员拿着凯美瑞轿车的钥匙进行调查，最后在一配钥匙店找到了线索，店主记得前几天有一人开着大宇车来配过钥匙，车号记不清了。公安人员一查配钥匙的日期正好车辆在某大修厂大修，这又找到了修理厂，很容易查到了大宇车车主，破了此案。修理厂管理混乱给了不法分子以可乘之机，在大家街论巷议中，该修理厂的信誉日趋低下。

> **知识拓展**
>
> 6S 管理精炼描述：
>
> 整理：要与不要，一留一弃；整顿：科学布局，取用快捷；
>
> 清扫：清除垃圾，美化环境；清洁：清洁环境，贯彻到底；
>
> 素养：形成制度，养成习惯；安全：安全操作，以人为本。

4. 6S 之间的关系

6S 之间彼此关联，整理、整顿、清扫是具体内容；清洁是指将上面的 3S 实施法制度化、规范化，并贯彻执行及维持结果；素养是指培养每位员工养成良好的习惯，并遵守规则做事，开展 6S 容易，但长时间的维持必须靠素养的提升；安全是基础，要尊重生命，杜绝违章。

6S 在企业的持续推行，要通过训练员工的规范性来提升团队的整体素养，员工要将规范做事当成一种习惯，一种本能的自然反应。俗话说："十年树木，百年树人"，要想改变一个员工的想法、行为、习惯，进而改变其素养，这绝非一朝一夕就能实现的。员工整体素养要得到提升需要大的社会环境与小的企业环境的良性互动才能实现。因此企业创造良好的环境对员工素养的提升至关重要，这也就是所谓的"人造环境，环境育人"。

任务 2　6S 管理的实施与检查

7.2.1　6S 管理的实施

1. 6S 管理实施应注意的问题

6S 管理推行容易，在较短的时间内就可收到明显的效果，但要坚持下去，持之以恒，不断改进，却不容易。很多企业实行过 6S 管理，但不少半途而废。

在开展 6S 管理的过程中，要始终贯彻自主管理和优化管理的原则，从我做起，从优化做起，并注意以下问题：

1）6S 管理要长期坚持，整理、整顿不能平日不做，而靠临时突击将物品整理摆放一下；创造良好的工作环境，不能靠购置几件新设备、刷刷墙面；素养形成更不能靠一个会议解决问题。

2）6S 管理要依靠全体员工自己动手，持之以恒来实施，并在实施过程中不断培养全体员工的 6S 意识，提高 6S 管理水平。

2. 6S 管理实施的场所及需要清理的物品

（1）6S 管理实施的场所

6S 实施的场所包括企业里每一个工作场所，主要有厂区、办公室、生产车间、仓库、工具库、其他地方（包括宿舍、餐厅、停车场等）。

（2）需要清理的物品

汽车维修企业主要工作场所需要清理的物品见表 7-1。

表 7-1 工作场所需要清理的物品

区 域	要用的物品	需清理的物品
修理区	维修设备、工作台、工具车或工具箱、材料配送车、垃圾桶、指示牌、规范标语、企业标识等	1. 杂物、灰尘、纸屑、油污、烟头等等 2. 已更换的废零部件、空油桶、已撤除的备件包装 3. 过时的标识、标语、标签、标牌、张贴物等 4. 地面划痕、墙体破损或脱落、墙体污迹等 5. 脱落和破损电线、蜘蛛网等
预检区 完工检验区	必要设施和工具、企业标识、标牌、指示牌	1. 杂物、灰尘、纸屑、油污、烟头等 2. 过时的标识、标语、标签、标牌、张贴物等
待修区、竣工区来宾停车区	企业标识、标牌、规范标语、指示牌等	
公共区	指示牌、企业标识、规范标语、标牌等	
办公区	办公用品、文具、客户休闲设施、企业标识、规范标语、标牌	1. 杂物、灰尘、纸屑、油污、烟头等 2. 过时的标识、标语、标签、标牌、张贴物等 3. 地面划痕、墙体破损或脱落、墙体污迹等 4. 脱落和破损电线、蜘蛛网等 5. 破旧桌椅等办公设施、废旧票据
客户休息室	电视、电脑、电话、饮水机、消毒柜、茶具、茶几、沙发、桌椅、近期报纸杂志和汽车新产品资料	1. 杂物、灰尘、纸屑、油污、烟头等 2. 过时的标识、标语、标牌、张贴物等 3. 脱落和破损电线、蜘蛛网等 4. 破旧桌椅等办公设施 5. 过期报纸杂志 6. 废旧物品 7. 与客户休息、接待无关的物品
厕所	洗涤液、标牌、标语温馨图片、洗手设施、照明设施等	1. 杂物、灰尘、纸屑、油污、烟头、污渍、积水等 2. 过时的标牌、标语、张贴物等 3. 脱落和破损电线、蜘蛛网等

3. 6S 管理实施的原则

（1）自我管理的原则

良好的工作环境，不能单靠添置设备，也不能指望别人来创造，应当充分依靠现场人员，由现场的当事人员自己动手为自己创造一个整齐、清洁、方便、安全的工作环境，使他们在改造客观世界的同时，也改造自己的主观世界，产生"美"的意识，养成现代企业生产所要求的遵章守纪、严格要求的风气和习惯。另一方面，正因为是自己动手创造的成果，也就容易保持和坚持下去。通过自我管理，把"要我改善"变为"我要改善"，提高员工的改善工作环境的自觉性。

（2）坚持"三现"原则

所谓"三现"是指现状、现场、现物。6S 活动是以现场为中心而推行的一项基础管理活动，坚持"三现"原则就是指在实施 6S 管理过程中，必须分析现状、亲临现场、查看现物，只有不断地深入现场、发现问题、解决问题，自己动手改变现场环境，创造亮点，才能推进 6S 管理深入持久地坚持下去。

（3）勤俭办厂的原则

开展 6S 活动，会从生产现场清理出很多无用之物，其中，有的只是在现场无用，但可用于其他的地方；有的虽然是废物，但应本着废物利用、变废为宝的精神，该利用的应千方百计地利用。需要报废的也应按报废手续办理并收回其"残值"，千万不可只图一时处理痛快，不分青红皂白地当作垃圾一扔了之。对于那种大手大脚、置企业财产于不顾的"败家子"作风，应及时制止、批评、教育，情节严重的应当给予适当处分。

（4）持之以恒原则

6S 活动开展起来比较容易，可以搞得轰轰烈烈，在短时间内取得明显的效果，但要坚持下去，持之以恒，不断优化就不太容易。不少企业发生过一紧、二松、三垮台、四重来的现象。因此，开展 6S 活动，贵在坚持。为将这项活动坚持下去，企业首先应将 6S 活动纳入岗位责任制，使每一个部门、每一名员工都有明确的岗位责任和工作标准；其次，要严格、认真地搞好检查、评比和考核工作，将考核结果同各部门和每一个人的经济利益挂钩；第三，要坚持 PDCA 循环，不断提高现场的 6S 水平，即要通过检查，不断发现问题，不断解决问题。因此，在检查考核后，还必须针对问题，提出改进的措施，使 6S 活动持续不断地开展下去。

（5）兼顾"三易"原则

6S 管理是对生产现场的各种生产要素进行合理配置、优化组织，在 6S 管理实施中，为了提高工作效率，执行现场物件定位、定量、定容时，要考虑易取、易放、易管理的"三易"原则。

4. 6S 管理实施步骤

6S 管理的实施主要有以下几个步骤：

（1）成立组织

企业领导必须重视此项工作，把 6S 管理纳入议事日程，企业一把手任组长，车间、配件、服务主管任组员，可根据需要设立副组长或秘书。小组主要负责如下工作：

1)制定6S推行的方针目标。
2)制定6S推行的日程计划和工作方法。
3)负责6S推行过程中的培训工作。
4)负责6S推行中的考核及检查工作。
(2)制定6S管理规范、标准和制度

成立组织后,要制定6S规范及激励措施。根据公司管理情况,分别制定生产现场6S管理标准及办公现场6S管理标准。生产现场管理标准主要针对车间范围内各区域标线及通道线、物品摆放、地面墙面及门窗玻璃、设备及管线、工作台、消防器材、清扫用具、工具箱、管理看板及台账记录十项,制定了五级管理标准,规定相应的得分标准,考核对象为维修车间。办公现场管理标准主要针对办公设施布局、桌面状态、资料柜状态、抽屉状态、文件架状态及办公素养六项,制定了管理规范,被考核单位为各管理职能部门。

根据企业的实际情况制定发展目标,组织基层管理人员进行调查和讨论活动,建立合理的规范和激励措施。

1)6S管理规范表。6S管理的规范内容很多,为了使内容具体清晰,具体规范内容见表7-2。

表7-2 6S管理规范表

序 号	项 目	规范内容
1	整理	工作现场物品(如旧件、垃圾)区分要用与不用的,定时清理
2		物料架、工具柜、工具台、工具车等正确使用与定时清理
3		办公桌面及抽屉定时清理
4		配件、废料、余料等放置清楚
5		量具、工具等正确使用,摆放整齐
6		车间不摆放不必要的物品、工具
7		将暂时不需要(3天以上)的资料、工具等放置好
1	整顿	物品摆放整齐
2		资料、档案分类整理入卷宗、储放柜、书桌
3		办公桌、会议桌、茶具等定位摆放
4		工具车、工作台、仪器、废油桶等定位摆放
5		短期生产不用的物品,收拾定位
6		作业场所予以划分,并加注场所名称,如工作区、待修区
7		抹布、手套、扫帚、拖把等定位摆放
8		通道、走廊保持畅通,通道内不得摆放任何物品
9		所有生产使用工具、零件定位摆放
10		划定位置收藏不良品、破损品及使用频率低的东西,并标识清楚
11		易燃物品定位摆放
12		电脑电缆绑扎良好、不凌乱
13		消防器材要容易拿取
1	清扫	地面、墙壁、天花板、门窗清扫干净、无灰尘
2		过期文件、档案定期销毁

(续)

序号	项目	规范内容
3	清扫	公布栏、记事栏内容定时清理或更换
4		下班前,确实打扫和收拾物品
5		垃圾、纸屑、烟蒂、塑料袋、破布等扫除
6		工具车、工作台、仪器及时清扫
7		废料、余料、待料等随时清理
8		地上、作业区的油污及时清理
9		清除带油污的破布或棉纱等
1	清洁	每天上下班前5min做6S工作
2		工作环境随时保持整洁干净
3		设备、工具、工作桌、办公桌等保持干净无杂物
4		花盆、花坛保持清洁
5		地上、门窗、墙壁保持清洁
6		墙壁油漆剥落或地上划线油漆剥落修补
1	素养	遵守作息时间,不迟到、早退、无故缺席
2		工作态度端正
3		服装穿戴整齐,不穿拖鞋
4		工作场所不干与工作无关的事情
5		员工时间观念强
6		使用公物时,用后保证能归位,并保持清洁
7		使用礼貌用语
8		礼貌待客
9		遵守厂规厂纪
1	安全	通道畅通,不停放车辆
2		消防设施良好
3		设备安全保护装置良好
4		员工无违章作业现象
5		使用举升机和千斤顶时支撑牢靠
6		电线无裸露,插座无破损
7		烤漆房不堆放油漆、稀料等危险品及其他易燃品
8		危险品存放于专存区

2)标准、制度。制定生产现场必要物品和不必要物品判断标准、工作场所必要物品定位标准、工作场所清扫标准和清洁制度、检查考评制度、岗位责任制和奖惩条例等。

(3)宣传和培训工作

很多人认为维修工作的重点是质量和服务,将人力放在6S上,纯粹是在浪费时间;或认为工作太忙,搞6S是劳民伤财;或认为搞6S是领导的事,与我无关等。因此,要推行6S管理,就应做好宣传和培训工作,宣传和培训包括如下内容:

1)6S基本知识,各种6S规范。

2）为什么要推行6S，6S有什么功效。

3）推行6S与公司、与个人有什么关系等。

4）将6S推行目标、竞赛办法分期在宣传栏中刊出。

5）将宣传口号制成标语，在各部门显著位置张贴宣传。

6）举办一些内容丰富的活动，如编辑一些对6S有教育意义的结合实践的节目，举办6S知识问答比赛等。

宣传和培训的对象是全体干部和员工，培训的方法可采取逐级培训的方式。

（4）推行

由最高管理层做总动员，企业正式执行6S各项规范，各办公室、车间、货仓等对照适用于本场所的6S规范严格执行，各部门人员都清楚了解6S规范，并按照规范严格要求自身行为。推行6S活动的具体办法可以是样板单位示范办法：选择一个部门做示范部门，然后逐步推广；也可以是分阶段或分片实施（按时间分段或按位置分片区的办法）；还可以是6S区域责任和个人责任制的办法。

最好把工作场所划分成小块区域作为单元分配，然后列表排定值日顺序，确定每个人的清洁时间、地点和清洁内容，把责任图和时间表挂在人人都能看得见的地方。

（5）实施

1）整理。区分需要使用和不需要使用的物品。主要有工作区及货仓的物品；办公桌、文件柜的物品、文件、资料等；生产现场的物品。对于经常使用的物品，放置于工作场所近处；对于不经常使用的物品，放置于储存室或仓库；不能用或不再使用的物品，废弃处理。整理前后的对比如图7-1所示。

整理前　　　　　　　　　　　　　　　　整理后

图7-1　整理前后对比

实施整理时，对现场进行全面检查，将要与不要的物品明确界定，当场判断，立即处理，不拖拉或舍不得，不要的物品不带进工作场所或放置于专用废弃物存放处。

对于经常用和不经常用的频率的界定，不同的企业可能不完全相同，但差别也不可能很大。

表7-3为某4S店维修车间对物品的使用频率与处理方式对应关系。

表 7-3　某 4S 店维修车间物品的使用频率与处理方式对应关系

使用频率	次　　数	处理方式
高（经常使用）	每小时使用 每天至少使用 1 次 每周至少使用 1 次	放在作业区附近或身边（由个人保管），如工具车
一般（偶尔使用）	一个月用 2~3 次	放在一个固定区域（统一保管）如示波器、废气分析仪
低（很少使用）	一年使用 1~4 次 或一年也用不到 1 次	放在仓库内归还保管单位或放在较远的地方（由专人负责），如内窥镜
无（从来不用）	已经无法使用的物品或被淘汰的物品	丢弃或报废（依据公司规定处理），如扭曲的扳手

2）整顿。清理掉无用的物品后，将有用的物品分区分类定点摆放好，并做好相应的标识。方法如下：清理无用品，腾出空间，规划场所，如工具库或工具车；规划放置方法，如架子摆放、装入箱子、置于工具栏或悬吊等；物品摆放整齐；物品及存放位置贴上相应的标识。做到定位、定量、定容。整顿前后的对比如图 7-2 所示。

整顿前　　　　　　　　　　　　　整顿后

图 7-2　整顿前后对比

3）清扫。将工作场所打扫干净，防止污染源：地面、墙面、天花板等处打扫干净；机器设备、工模夹具清理干净；有污染的物品处理好。特别是工具、地面，应即用即擦拭干净。清扫前后的对比如图 7-3 所示。

自己使用的物品、场地，如设备、工具、工作间，要自己清扫，而不是依赖他人；公共物品、场地，如专用设备、工具、公共通道和停车场，可设专人清扫或分区值班清扫。

4）清洁。保持整理、整顿、清扫的成果，并加以监督检查，形成制度、贯彻到底，维持整洁和有效的工作环境，并持续改善。

5）素养。人人养成遵守 6S 的习惯，时时刻刻记住 6S 规范，建立良好的企业文化，使 6S 活动更注重于实质，而不流于形式，让员工能发自内心养成贯彻落实 6S 的习惯。

项目七 汽车维修生产现场 6S 管理

清扫前　　　　　　　　　　　　　清扫后

图 7-3　清扫前后对比

6）安全。制订安全培训教育计划，进行全面到位的安全培训，促使员工规范使用设备。排查设备设施、作业现场、办公区域、车辆维修工艺过程、维修操作规程等方面的安全隐患，制定并落实隐患整改方案，培养员工安全生产的良好习惯。

5．6S 管理实施的方法

（1）检查表法

根据不同的场所制定不同的检查表，即不同的 6S 操作规范如车间检查表、货仓检查表、厂区检查表、办公室检查表、宿舍检查表等。通过检查表进行定期或不定期的检查，发现问题及时采取纠正措施。

（2）红色标签警示战略法

利用红色可以表示警示的作用，制作一批红色标签，红色标签上的不合格项有整理不合格、整顿不合格、清洁不合格，配合检查表使用，对 6S 实施不合格物品贴上红色标签，限期改正，并且记录，公司内分部门、部门内分个人绘制"红色标签比例图"，时刻起警示作用。

（3）目标管理法

根据相关标准、要求，制定具体的目标，按目标进行管理，直观明了，在 6S 实施上运用，效果也不错。

（4）PDCA 循环法

6S 活动的目的是要不断改善生产现场，6S 活动的坚持不可能总在同一水平上徘徊，而是要通过检查不断发现问题，不断解决问题，要在不断提高中去坚持。因此，在推行 6S 活动后，要检查、要考评，要针对存在的问题和企业发展的需要，提出改进的措施和计划，并组织实施。通过 PDCA 循环，使 6S 活动得以坚持，水平不断提高。

（5）看板管理法

看板管理可以使工作现场人员，看一眼就知道何处有什么东西，有多少的数量，同时亦可将整体管理的内容、流程以及订货、交货日程与工作议程，制作成看板，使工作人员易于了解，以进行必要的作业。

7.2.2　6S 管理的检查与考核

6S 管理的检查与考核工作，实行领导负责制。成立由公司领导及下属各部门负责人组成的6S管理推行委员会负责决策，6S管理办公室则负责具体的组织、抽查、督促和考评工作。

1. 6S管理的检查

（1）检查的类别

检查分为定期检查和非定期检查，定期检查又可分为日检、周检、月检三种检查。

（2）检查的内容和方法

1）定期检查

① 日检。日检由各部门主管负责，组织班组长利用每天下班前的10min对辖区进行6S检查，重点是整理和清扫。

② 周检。周检由各部门经理负责，组织主管利用周末下班前的30min，对辖区进行6S检查，重点是清洁和素养。

③ 月检。月检由总经理牵头，组织部门经理利用月底最后一个下午，对全厂进行6S检查。

2）非定期检查。一般是企业中、上层在维修工作繁忙，或接到客户、员工投诉或上情下达的渠道受阻时，临时对基层进行的6S检查。

以上检查，不论是定期的还是不定期的，都必须认真做好记录，及时上报和反馈，与6S标准比较，凡不合格项必须发出整改通知，限期整改验收。

2. 6S管理的考核

考核不但是对前期进行的6S管理的总结和评估，还是促进6S管理进一步落实和改进的有效手段，考核形式主要有早会考评、板报考评、例会考评、客户考评、奖惩考评。

（1）早会考评

利用每天上午上班前的早会时间，简明扼要地对前一天或前一周6S检查情况进行小结，表扬做得好的，指出存在的问题和改进方法。

（2）板报考评

利用统计图表，鲜明直观地将每天、每周、每月的检查评比结果公布于众，让每个员工都知道自己所在的部门、班组的6S做得是好还是差。

（3）例会考评

利用每周或每月的生产例会，把6S检查的结果作为一个议题在会上进行讲评，重点是树立典型，推广经验，解决带普遍性或倾向性的问题，提出下周或下月6S活动的重点和目标。

（4）客户考评

利用客户问卷表、座谈会、意见箱等形式广泛收集、征求客户对本企业6S活动的意见，让客户来考评哪个部门、班组做得好，哪个部门、班组做得差。

（5）奖惩考评

按6S奖惩制度，对6S做得好的部门、班组或个人进行表扬和奖励，对做得差的进行批评和处罚，并把6S活动的考评结果与员工的加薪、晋级和聘用直接挂钩。

各职能部门、各生产厂、车间的6S管理采取被考核单位自检、自查、自控，6S管理推行办公室联合进行定期或不定期检查、考核、评定的管理模式。每月由6S管理推行办公室负责组织 6S 管理推行委员会成员对被考核单位进行现场管理联合检查和综合考评,以得分多少为依据进行考评结果的排序,并将结果公开。

3. 6S 实施中常见的问题

习惯是很难以改变的,在执行的过程中,容易碰到以下问题:
1)6S 规范制定不太完整。
2)检查时仅作一些形式上的应付。
3)借口工作太忙不认真执行规范。
4)检查完毕后又恢复原样。

任务 3　安全生产管理及安全操作规程

汽车维修企业在生产经营过程中,因为存在物的不安全状态(如移动的车辆、使用的举升机)、人的不安全因素(如维修工操作失误)、管理缺陷(如无驾驶证的维修工移动车辆),所以就不可避免地会发生生产安全事故,安全生产管理也是汽车维修企业的第一责任。

7.3.1　安全生产管理概述

"安全为了生产,生产必须安全"。企业员工既有依法获得安全生产的保障权利,也有依法履行安全生产的职责义务,也是企业中每个职工的职业责任和职业道德。

根据交通运输部令 2019 年第 20 号《机动车维修管理规定》规定:"机动车维修经营者应当加强对从业人员的安全教育和职业道德教育,确保安全生产。机动车维修从业人员应当执行机动车维修安全生产操作规程,不得违章作业"。为此,汽车维修企业不仅应建立健全企业的安全生产责任制度及安全监督制度,实施全面的、全员的、全过程的安全生产管理,确保企业安全生产,而且还应加强安全生产的宣传、教育和培训,并完善安全生产技术条件,提高企业职工的安全操作技能等。

1. 安全生产和安全生产管理的概念

(1)安全生产的概念

安全生产是指在劳动生产过程中,通过努力改善劳动条件,克服不安全因素,防止事故的发生,使企业生产在保证劳动者安全健康和国家财产及人民生命财产安全的前提下顺利进行的活动。生产安全包括劳动者本人及相关人员的人身安全和设备设施安全两个方面。安全生产是安全与生产的统一,安全促进生产,生产必须安全。

(2)安全生产管理的概念

安全生产管理是指对安全生产工作进行的管理和控制。企业主管部门是企业经济及生产活动的管理机关,按照"管生产同时管安全"的原则,在组织本部门、本行业的经济和生产工作中,同时也负责安全生产管理,并组织督促所属企业贯彻安全生产方针、政策、法规、标准。根据本部门、本行业的持点制订相应的管理法规和技术法规,并向劳动安全监察部门备案,依法履行自己的管理职能。企业是安全生产管理的责任主体,企业主要负责人及安全管理人员要做好企业生产经营全过程的安全管理。

2. 安全生产的重要性

安全生产事关人民群众生命财产安全，关系改革发展和社会稳定大局，搞好安全生产工作，切实保障人民群众的生命财产安全，体现了最广大人民群众的根本利益，反映了先进生产力的发展要求和先进文化的前进方向。做好安全生产工作是全面建设小康社会、统筹经济社会全面发展的重要内容，是实施可持续发展战略的组成部分。

企业应该树立以人为本的理念，强化红线意识、底线意识，实施安全发展战略。抓紧建立健全安全生产责任体系，强化企业主体责任落实。所有企业都必须认真履行安全生产主体责任，善于发现问题、及时解决问题，采取有力措施，做到"五到位、五落实"，即：安全投入到位、安全培训到位、基础管理到位、应急救援到位；落实党政同责、落实一岗双责、落实安全生产组织领导机构、落实安全管理力量、落实安全生产报告制度。加快安全监管改革创新，建立安全生产检查工作责任制，实行谁检查、谁签字、谁负责。全面构建长效机制，安全生产要坚持标本兼治、重在治本，建立长效机制，坚持"常、长"二字，经常、长期抓下去。要建立隐患排查治理、风险预防控制体系，做到防患于未然。

安全生产是对任何一个维修企业最基本的要求，如果没有安全保障，企业的维修质量、客户满意度，以及企业的经济效益就都无从谈起，在目前的维修企业里，由于不重视安全生产管理而吃亏的企业不在少数。例如，一个企业因没有根据电控燃油喷射车辆的特点制定安全生产规程，结果一个维修工在测试汽油泵时引起火灾，使得企业的大半个厂房被烧毁。

3. 安全生产的方针

我国安全生产的方针是：安全第一，预防为主，综合治理。

7.3.2 汽车维修生产中的不安全因素及安全措施

1. 与维修场地有关的不安全因素及安全措施

1）维修企业建筑布局合理，要有消防通道，维修车间与员工宿舍有一定的安全距离。

2）维修车间的平面布局合理，符合维修工艺的组织要求，维修工位和车辆通道搭配合理，提高场地利用率，并使维修车辆进出方便。

3）维修车间的消防设施、安全设施应齐全良好，并要验收合格后，方可投入生产和使用。

4）对存在安全风险的设备，尽可能进行质量检验，获得质量检验合格证后，投入使用。

5）每个维修工位要有足够的面积和高度，一般轿车维修工位的面积不小于4m×7m，高度不小于4m。

6）维修车间的通风应良好。机修车间如果需要应配备专用汽车尾气排放设备。喷漆车间应有专用的通风装置。

7）维修车间采光应良好，灯光应齐全，达到一定亮度，避免出现死角。

8）维修车间的地面应采用水泥、水磨石或塑胶，不要采用光滑的瓷砖地面。

9）维修车间的车辆通道上不要停放车辆，不要摆放任何物品。

10）维修车间应有合理的供排水系统，并满足环保要求。

11）对于面积较大的维修车间还应设有可供人员逃生的紧急疏散安全通道。

【案例7-2】某修理厂厂房面积很大，但没有划分作业区域，一天，一位维修工在车间的通道内躺在地上修车，一位检验员倒车时没有注意到躺在地上的修理工，结果车轮压在修理工的一条腿上，造成修理工粉碎性骨折。像这种通道维修造成的事故在全国有很多例，因此应引起每一位修理厂管理人员的注意。

2．与维修人员有关的不安全因素及安全措施

1）特种作业人员（如电工、焊工、新能源车的维修电工），必须按国家的有关规定经专门的安全作业培训，取得特种作业操作资格证书后，方可上岗作业。

2）维修企业应当教育和督促全体人员严格执行本单位的安全生产规章制度和安全操作规程，并向全体员工如实告知作业场所和工作岗位存在的危险因素、防范措施以及事故应急措施。

3）维修企业与维修人员订立的劳动合同，应当写明有关保障从业人员劳动安全、防止职业危害的事项，以及依法为从业人员办理工伤社会保险的事项。

4）维修人员应了解其作业场所和工作岗位存在的危险因素、防范措施以及事故应急措施，并及时对维修企业的安全生产工作提出建议。

5）维修人员在维修作业过程中，应严格遵守本企业的安全生产规章制度和操作规程，服从管理，正确使用劳动防护用品。

6）维修人员应接受安全生产教育和培训，掌握安全生产知识，提高安全意识，增强事故预防和应急处理能力。

7）维修人员发现事故隐患或不安全因素，应及时向现场管理人员汇报，接到报告的人员应及时处理。

8）企业管理人员不得违章指挥，不能违反安全生产法律、法规，侵犯维修人员合法利益。

【案例7-3】某修理厂是当地一家很有名的汽修厂，经营业绩很好。有一天，一个员工在使用汽油试验汽油泵时，由于油泵接线柱产生火花，引起油箱里的汽油燃烧，而现场没有放置灭火器，等到员工从其他地方找来灭火器时，火势已不可控制，当场将一辆凯迪拉克轿车烧毁，大半厂房化为灰烬，企业损失惨重。

3．与维修设备有关的不安全因素及安全措施

1）维修企业必须对安全设备进行经常性维护，并定期检测，保证设备正常运行。

2）对危及生产安全的工具、设备应当停止使用，及时淘汰。

3）选购设备时应优先考虑是否配置有自动控制安全保护装置，如汽车举升机的自锁防坠落装置，轮胎平衡机的安全防护罩等。

4）维修车间的设备应布置有序，各设备使用时不得有干涉现象。

5）各设备的总用电量应小于维修车间设计用电容量，以防发生火灾。

4．与维修操作过程有关的不安全因素及安全措施

1）维修手册中规定的安全注意事项和操作规程，要求维修人员都要熟知并严格遵守。

2）当进行车辆检修时，要拔下点火钥匙，以防他人起动车辆。

3）检修电喷发动机的供油系统时，必须先对油路进行泄压处理，以防汽油泄漏飞溅到漏电的高压线或高温物体上引起燃烧。

4）发动机温度高时，不可拧开散热器盖，以防有压力的高温冷却液烫伤人员。

5）制动系统放气时，应在放气螺栓上接上专用的储液瓶，以防制动液飞溅到眼部，损伤眼睛，或飞溅到轮胎、油漆上，造成损失。制动系统维修后应进行制动系统放气或踩几下制动踏板，当制动踏板高度合适时方可挂档行驶。

6）检修安全气囊时必须断开蓄电池负极线，拆装安全气囊时必须轻拿轻放。

7）检修汽车电路时，不可乱拉电线。对于经常烧断熔丝的故障，应查明故障原因，不可贸然换上大容量的熔丝或用铁丝代替熔丝。

8）在烤漆房烤漆时，汽车烤漆的时间一般为30~40min，温度一般为60~70℃，防止因时间过长或温度过高引起车用电脑损坏或线路老化。

9）对车身进行电焊作业时，应断开蓄电池负极，以防损坏车用电脑或控制器。

5．与维修车辆试车或移动有关的不安全因素及安全措施

1）维修车辆试车或移动时，应有专门的规定，从制度上消除不安全因素。

2）维修车辆试车或移动应由安全意识和驾驶技术好的人员担任，不允许未经批准的人员随意移动车辆或试车。

3）维修车间进行规划设计时应考虑车辆的专用通道、车辆的移动路线并设置必要的限速牌、转弯处的反光镜等交通设施。

【案例7-4】企业里都有规章制度，未经允许不得私自开车。某企业里的维修工小王刚参加工作，对开车很感兴趣，经常偷偷摸摸地学开车。这天，大客户张老板的皇冠轿车来厂维修。修理完毕后，车停在竣工处。小王趁人不备，钻进驾驶舱开车就跑。这时，对面突然驶来一辆汽车，他急忙踩制动踏板，谁知由于紧张，竟把加速踏板当制动踏板，结果车速急剧提升，小王忙打转向盘躲过了来车，皇冠却重重撞在墙上，损失达万元，大客户张老板暴跳如雷，非让维修厂赔他一辆新车。小王苦苦哀求，最后修理厂花钱将车修好，并赔付张老板2万元。小王被开除，大客户张老板再也不愿将单位的车开到管理不善的该厂来修了。

6．与危险品有关的不安全因素及安全措施

1）汽车维修企业的危险品主要有汽油、柴油、燃油添加剂、发动机油、变速器油、制动液、油漆、稀料、乙炔等。

2）危险品应存放于专用的危险品库，且由专人负责管理。

3）危险品库内应有消防器材。

4）危险品在运输、使用、存放时应注意密封良好、轻拿轻放，避免强光照射，避免高温，远离火源。

5）用不完的危险品应及时回收，不得临时存放在车间里。

7.3.3 安全教育与安全责任制

1. 安全教育

企业发生安全事故的原因有很多,既有企业管理生产技术设备设施等方面的原因,也有人员素质、安全意识和精神状态等方面的原因。倘若生产人员的安全观念薄弱纪律松弛麻痹大意,或者安全规章制度执行不力,不能文明生产及安全生产,就极易发生安全事故。为此,现代企业必须坚持"以预防为主、安全第一、综合治理"的方针。其中,所谓"以预防为主",就是要将安全生产管理从过去的事故处理型转变为现在的事故预防型,从而积极主动地采取各种防范措施。

防止事故发生,而不是等到出了事故才去处理。所谓"安全第一",就是要求企业的生产经营管理者必须始终把生产安全放在首位,抓生产的必须首先抓安全,生产服从于安全。为此企业生产经营管理者不仅要在安排生产时必须同时开展安全教育(安全的思想教育与技术教育),以教育职工遵章守纪和文明生产,保证生产安全;而且在安排生产时必须同时检查安全设施。企业负责人及部门负责人一定要有强调安全的"婆婆嘴",讲不讲是你的事,听不听是他的事,安全教育绝对不能松懈。

2. 安全生产责任制度

(1) 建立安全生产责任制度的原则

为了做好企业内部安全生产的监督与管理,不仅要建立安全生产责任制度及安全检查责任制度,以使企业的各部门和各车间都能检查监督与管理各自职权范围内和各自工作区域内的安全工作,而且还应配备专职或兼职的安全管理人员,检查监督与管理各生产作业区内的日常生产作业过程,及时报告及处理可能存在的安全隐患。逐层负责、逐级管理,以此组建企业内部的安全教育网及安全检查网,确保企业内部的生产现场安全和设备使用安全。在建立企业内部安全生产责任制度时应当执行"一岗双责"和"党政同责"的原则。所谓"一岗双责"是指管生产就必须管安全,岗位责任人就是安全负责人;所谓"党政同责"就是指在安全管理方面行政领导(业务领导)与党务领导负同等责任,而不是谁有谁无或谁轻谁重的问题。

(2) 严格遵守安全技术操作规程

汽车维修企业要制订和实施各工种、各工序、各机具设备的安全技术操作规程,安全技术操作规程包括安全规程、技术规程、操作规程,安全规程是指保证生产安全的管理规程;技术规程是指保证生产安全的工艺规范;操作规程是指保证生产安全,在实际操作机具设备时的规定程序。汽车维修企业对于某些特殊工种(如电气起重、锅炉压力容器、电焊、汽车驾驶和汽车修理等)还要经过专门训练、在严格考核合格后方能上岗操作。

7.3.4 维修企业员工安全职责和岗位安全操作规程

1. 维修企业员工安全职责

汽车维修企业员工安全生产的主要职责如下:

1) 遵守有关设备维修保养制度的规定。
2) 自觉遵守安全生产规章制度和劳动纪律。
3) 爱护和正确使用机器设备、工具,正确佩戴防护用品。
4) 关心安全生产情况,向有关领导或部门提出合理化建议。
5) 发现事故隐患和不安全因素要及时向组织或有关部门汇报。
6) 发生工伤事故,要及时抢救伤员、保护现场,报告领导,并协助调查工作。
7) 努力学习和掌握安全知识和技能、熟练掌握本工种操作程序和安全操作规程。
8) 积极参加各种安全活动,牢固树立"安全第一"思想和自我保护意识。
9) 有权拒绝违章指挥和强令冒险作业,对个人安全生产负责。

2. 安全操作规程

(1) 汽车维修人员通用安全操作规程
1) 工作时应佩带、使用安全防护用品,不得穿凉鞋、短裤、背心等,女工不得留长发、穿高跟鞋等。
2) 工作场地不得吸烟,若发现客户吸烟应及时制止。
3) 不得喝酒后上班。
4) 严禁无证驾车。
5) 作业时应注意保护汽车漆面及驾驶舱内卫生。
6) 维修用工作灯应不超过 36V 安全电压。

(2) 汽车维修工安全操作规程
1) 熟悉汽车维修应注意的问题和操作方法。
2) 正确使用工具、设备。
3) 熟悉安全用电要求和消防器材的使用。
4) 使用举升机和千斤顶时,应确保车辆固定牢固和支撑牢固,确保车辆、人员和设备的安全。
5) 拆卸作业时应使用合适的工具和专用工具,严禁野蛮拆卸。
6) 废油、废水应倒入指定容器,禁止倒入排水沟内。

(3) 汽车电工安全操作规程
1) 熟悉安全用电要求和消防器材的使用。
2) 严格遵守汽车电器维修的操作规程和注意事项。
3) 维修时所有用电线路、熔丝必须符合安全容量。
4) 电气线路或设备发生火灾时应立即切断电源,采取消防措施。
5) 进行蓄电池充电作业时,要将蓄电池盖打开,并保持室内通风良好。
6) 进行空调作业时,制冷剂应远离明火及灼热金属,制冷剂瓶要轻拿轻放。

(4) 汽车钣金工安全操作规程
1) 电、气焊工必须经特种作业培训,持证上岗。
2) 焊接场地应通风良好,并备有消防器材,10m 内不得有燃油和其他易燃、易爆物品。
3) 氧气瓶和乙炔瓶应符合安全要求,两者分开放置,不得倒置,避免曝晒,5~10m 不得接近烟火。

4）使用钻床、电焊机时必须检查各部件及焊机接地情况，确保无异常时，方可进行工作。

5）电焊条要干燥防潮，工作时应根据具体情况选择适当的电流及焊条，电焊时操作者必须戴面罩及劳动防护用品。

（5）汽车烤漆工安全操作规程

1）烤漆工必须经特种作业培训，持证上岗。

2）油漆和溶剂及其他化工原料应储存于阴凉通风室内，严禁接近烟火。

3）喷漆作业必须严格遵守操作规程，戴好防毒口罩、护目镜及其他防护用品。

4）烤漆车辆进入烤房前应清洁干净。

5）作业前应检查供油泵烤炉不漏油。

6）进行保温烘干时，不得将温度调节器设定在80℃以上。

（6）汽车举升机安全操作规程

1）操作者要熟悉所用举升机操作要领。

2）举升车辆的质量要小于举升机的额定举升质量。

3）举升前要检查确认设备各部位技术状况正常。

4）按车辆使用说明书的要求选择正确的车辆支撑位置。

5）车辆举升离地约10cm时，应停止举升并检查车辆的稳定情况，确认平稳可靠后方可继续举升。

6）对液压举升机，当举升到工作高度后，要确认锁止块锁止是否有效，确认有效后方可进行维修作业。

7）举升机落地前，必须将托架下方台面清理干净，防止因有异物垫起托架影响下端限位开关的正常工作而导致托架产生"落空"现象。

8）对螺旋传动举升机，每周要检查螺母磨损指示线的位置，防止因螺母磨损超限而产生意外。

9）及时加注润滑油和润滑脂，以保证丝杠、丝母等得到良好润滑。

10）发现异常情况，要立即停机检修。

7.3.5 作业现场的安全管理

1. 机具设备和生产设施加装安全防护装置

根据国家生产安全规定，机具设备和生产设施应该配备必要的安全防护装置和消防设施。

1）在电力电路、受压容器、驱动设备应加装超负荷保险装置。

2）在机器的外露传动部位（如传动带、传动齿轮、传动轴、砂轮等）应加装防护罩。

3）在冲压设备的操作区域应加装联锁保护装置。

4）在危险地段和事故多发地段应加装信号警告装置。

5）应经常检查电气设备的绝缘状况，并加装触电防护装置。

6）对于起重运输设备要规定其活动区域，锅炉与受压设备要设置隔离带。

7）要保证机器设备的正确安装，保持间距，车间内设置安全通道，并加强机器设备的使用维修管理。

8）抓好车间的防火、防爆工作。厂房设计应符合相关防火标准，并严格规定其防火等级，并配置相应的消防器材与必要的防爆设施等。

2. 维修车间的安全管理

维修车间的安全工作包括车辆维修技术的安全和人员的安全。

（1）车辆维修技术的安全管理

1）所有维修人员在上班到岗后都应先报到、后就位，并做好开工前的技术准备。

2）由厂部或车间下达派工单或返工单，并由专人将待修车辆送至指定工位。

3）各维修班组应根据派工单或返工单所规定的作业项目对车辆进行必要的检查诊断，以判断故障原因，确定维修方法（对于疑难故障可委托技术检验人员会诊）；若发生超范围作业或涉及更换重要基础件或贵重总成时，主修人应及时报请车间主管，并及时报告生产调度和车主，在获准后增补作业。

4）维修人员在维修过程中应严格遵守汽车维修操作规程、工艺规范和技术标准。

5）在承修项目竣工后，主修人应做好各自工位的自检（并签字）和各工序之间的互检（并签字），最后交专职检验人员验收（并签字）。

6）在汽车维修竣工后，主修班组应清理车辆卫生，做好收尾工作，并交由质量总检验员验收，并签字，竣工车辆的钥匙应交回生产调度人员。若需要路试的可由质量总监指派专职试车员负责。

7）在汽车维修竣工后，各维修工位应及时清理和清扫，例如将设备恢复原状、切断电源、关闭电源等。

（2）人员的安全管理

人员的安全包括人员的身体和精神两个方面的安全。员工是为企业创造效益、为社会创造价值的主力军，要为员工提供一个安全的生产环境。为此，应当制定严明的车间纪律，并建立监督机制。车间纪律的要点如下：

1）维修人员的职责是维修汽车，严禁维修人员向客户洽谈业务或索贿受贿。

2）维修人员有责任妥善保管承修工单、零部件及维修车辆上的客户物品，不得遗失。

3）维修人员必须遵守作息制度和劳动纪律，遵守岗位责任制，上班时间不得擅离岗位或串岗会客。

4）严格遵守安全技术操作规程，严禁野蛮违章操作。

5）不得随意动用承修车辆或擅自将客户车辆开出厂外，不准在场内试车和无证驾车。

6）上班时间必须佩戴工作证、穿戴劳保用品，并严禁吸烟。

7）工作后应及时清除油污杂物，并按指定位置整齐堆放，以保持现场整洁。

3. 停车场的安全管理

生产车间内只能停放在修车辆，待修车辆及修竣车辆须移出生产车间，停放在专用的停车场，对停车场的安全管理要求如下：

1)停车场地坚实平整,停车场内应有照明。

2)车辆停放地点不准堆放易燃易爆物品和火种。场内不得加注燃油,不准吸烟。

3)停车场内应设"停车""限速5km""严禁高音喇叭""严禁烟火"等禁令标志以及安全停放指示标志,并备有消防器材,如灭火器、沙箱沙袋、消防栓等。

4)停车场内车辆应靠边停放、排列整齐并保持不少于0.6m的车距,车头向着通道,并留出安全通道,以保证每辆汽车都能顺利驶出。

5)竣工车辆与待修车辆应分别摆放。其中凡能行驶的车辆都应保持在随时可开动状态(挂车与车头保持连接);封存、停驶车辆以及外单位临时停放车辆应另行集中停放;凡装有易燃易爆物品的车辆应单独停放并应有专人看管。

6)停车场内车速不得高于5km/h,场内不准试车。无驾驶证的人员一律不准动车。

7)汽车维修厂的厂门口应建立门杆和门卫值班制度。进出车辆都应接受门卫的清点和检查,门卫应对场内停放车辆负有安全保管的职责。

8)进厂车辆均须由本厂专职驾驶人操作,出厂车辆须凭生产调度(或财务部门)出具的出门证才能放行。

复习思考题(《学习活页册》7-1)

复习思考题参考答案(《学习活页册》7-2)

项目八
汽车维修企业人力资源管理

学习目标：
- 了解人力资源和人力资源管理的概念。
- 熟悉人力资源的特性和人力资源管理的特点。
- 了解人力资源管理的目标、任务和功能。
- 掌握人力资源管理的基本原理。
- 知道人力资源规划的主要内容。
- 掌握人力资源规划原则、制定程序。
- 掌握人力资源需求预测方法和人力资源供给的预测。
- 掌握人力资源供求平衡方法。
- 学会编写岗位说明书。
- 知道员工聘用的基本条件、基本原则和基本程序。
- 知道员工培训的必要性、员工培训的形式、内容与培训制度。
- 知道绩效考评的意义、内容及考评方法。
- 知道绩效考评实施过程中需要考虑的问题。
- 知道常见工资制度的特点和有关激励的理论。
- 知道常用的激励方法。

从经济学的角度看，一切经济活动都要涉及五类资源：人力资源、物力资源、财力资源、时间资源和信息资源。其中只有人力资源是能动的"活的资源"，能够主动地创造和改造世界，而且是最难以控制与把握的。其余的均是被动的、机械性的，是容易控制的"物的资源"，是由人力资源去控制和把握的。因此，人是生产力中最活跃的要素，是构筑企业核心竞争力的基石，是企业最宝贵、最有价值的资源，是在企业生存与发展中起决定性作用的因素。

员工是在企业生存与发展中起决定性作用的因素。现代汽车维修企业之间的竞争，很大程度上是人力资源的竞争。因此，人力资源管理是现代汽车维修企业管理的重要内容。

假如有两个相同的汽车维修企业，它们拥有相同数量与质量的"物的资源"，那么决定企业效益的就是人力资源开发与利用的情况，人力资源的数量和质量决定了对"物的资源"的使用与驾驭，是浪费、高耗、低效，还是节约、低耗、高效。现代维修企业之间的竞争，很大程度上是人力资源的竞争。因此，人力资源管理是现代维修企业管理的重要内容。现代人力资源管理的根本点就是以人为本的战略性激励，它不是管人，而是爱人、善待人、尊重人和理解人。

任务1　了解人力资源管理的基本知识

人力资源管理的基本知识包括：人力资源和人力资源管理的定义；人力资源的特性；人力资源管理的特点、基本原理、目标、任务等。

8.1.1　人力资源的定义及特性

现代工业企业的人力资源管理虽起源于传统工业企业中的劳动人事管理，但不同的是传统工业企业中的劳动人事管理重于管理，而现代工业企业的人力资源管理更重于开发。

1．人力资源的定义

人力资源是指在一定时间、空间条件下，现实的和潜在的劳动力的数量和素质的总称。人力资源从时间的概念上，包括现有的和潜在的（转业、再从业、新生劳动力等）两种劳动力；从空间概念上，可以区分为某个国家、某个区域、某个产业或某个企业的劳动力。人力资源的总体概念，既包括劳动力的数量，还包括其素质，更包含着它的结构。由此可知，人力资源体现在它的体质、知识、智力、经验和技能等诸方面。

2．人力资源的特性

人力资源的特性，对企业而言，人力资源包括了全体员工，即从最高层领导管理者到最基层的实际操作者在内的所有人。这是一种既特殊又重要的资源，与其他资源相比，有其鲜明的独特性。

（1）具有自有性，即不可剥夺性

劳动力是以劳动者的身体为载体，离开了劳动者的身体，劳动力就不复存在了，这就是人力资源的不可剥夺性。在任何时代，人力资源首先都是属于劳动者个人自身所有，别的自然人或法人虽然可以用行政手段、经济手段或其他的手段，强行无偿地或协商有偿地得到它，但是必须是在劳动者个人愿意或认可的情况下才行。劳动者在劳动过程中随时对劳动力都有支配权。不可剥夺性是区别于其他任何资源的根本特征。

（2）具有生物性

人力资源存在于人体中，是一种"活"的资源，与人的生理特征、基因遗传等紧密相连，具有生物的一切特性。

（3）具有主观能动性

人力资源的主观能动性是人力资源区别与物力资源的一个重要特征，这主要体现在以下几个方面。

1）自我强化。人类的教育和学习活动，是人力资源自我强化的主要手段。人们通过正规教育或非正规教育和各种培训，学习理论知识和实际技能，锻炼意志和身体，使自己获得更高的劳动素质和能力。

2)选择职业。人作为劳动力的所有者可以自主择业,选择职业是人力资源主动与物质资源结合的过程。

3)积极劳动。敬业、爱业、积极工作,这是人力资源能动性的最主要的方面,也是人力资源发挥潜能的决定性因素。

(4)具有时代性

不同时期社会经济发展的总水平必然决定了人力资源的数量和质量,决定着人力资源的整体素质与水平。今人不同于古人,此代人不同于彼代人。

(5)具有时效性

人能从事劳动开发、能被开发利用的时间被限制在生命周期中的某一段,在这一段中又因为人才类别、层次的不同,有才能发挥的最佳期、最佳年龄段。

(6)具有知识性和智力性

人类运用自己的智力和知识,创造了各种各样的工具,使自己的器官得到延伸和扩大,从而增强了自身征服自然和改造自然的能力。这表明,人力资源具有巨大的潜力,应该花大力气进行挖掘,使它变成财富。

(7)具有开发的持续性

对于一个人来说,直到他的生命终结前,或者更准确地说直到他的职业生涯结束前,都是一个可以持续开发的资源。

(8)具有再生性

人力资源是一种可再生资源,这是基于人口的再生产和劳动力的再生产,通过人口总体内各个个体的不断替换更新和一生中劳动力的消耗—生产—再消耗—再生产的过程实现的。

(9)具有生产性和消费性的双重性

生产性强调人力资源首先是物质财富的创造者,而且是有条件的创造者;消费性强调的是人力资源的保护与维护需要消费一定量的物质财富,并且是无条件消费。

8.1.2 人力资源管理概述

人力资源管理就是要通过人力资源的计划、激励、绩效评估等环节,使人力资源得到最有效的利用。

1. 人力资源管理的定义

人力资源管理是指企业为了实现其既定目标,运用现代管理措施和手段,对人力资源的取得、开发、培训、使用和激励等方面进行规划、组织、控制、协调的一系列活动的综合过程。

人力资源管理是从系统的观点出发,通过其组织体系,应用科学管理方法,对企业中的人力资源进行有效的开发(招聘、选拔、培训)、合理的利用(组织、调配、激励与考核)的综合性管理。现代企业管理学家认为,处于劳动年龄、具有劳动能力的人力也是一种生产资源,而且是具有能动作用的生产资源。人力资源管理就是为了使企业的人力与物力、财力保持最佳的配合,并恰当地引导、控制和协调人的理想、心理和行为,充分发挥人的主观能动性,人尽其才、人尽其用、人事相宜,实现企业最终的目标。

2. 人力资源管理的特点

（1）综合性

人力资源管理是一门复杂的综合性学科，涉及政治、经济、技术、文化、教育、艺术、民族、风俗、民情、家庭、婚姻、心理、生理、卫生、医学、环保和安全等诸多因素。

（2）实践性

人力资源管理理论源自生产、生活实践，它是管理经验的总结和概括，反过来指导实践，并接受实践的检验。

（3）发展性

人力资源管理的发展演变是人类不断实践、不断总结的结果。即不能一步完成，到此止步，而总是在发展、进步的。

（4）社会性

人力资源管理总是离不开人生活的社会、地域、民族的影响。

3. 人力资源管理的功能

人力资源管理具有以下的基本功能是选择人、培育人、使用人和激励人。

（1）选择人

选择人包括招聘、选拔和委派。招聘是通过各种信息传播的媒介渠道，把可能成为和希望成为企业员工的人吸引到企业来应聘；选拔是企业根据用人标准和条件，运用适当的方法和手段，对应聘者进行审查、选择、聘用；委派是把招聘、选拔来的员工安排到一定的岗位上，担任一定的职务。

（2）培育人

这里的培育包括三个方面：一是对于新招聘来的员工要进行一定时间的教育，如企业光荣传统的教育、企业发展现状和远景教育、企业宗旨和企业价值观教育等，使新员工尽快地熟悉企业情况、环境，尽快地消除焦虑、不安的心情，建立和加强对企业的认同感和责任感；二是坚持不懈地对员工进行培训，通过各种针对性不同、方式不同的培训，不断提高员工的水平；三是在做好企业人力资源规划基础上，指导、帮助员工对自己的未来发展进行规划，明确自己的发展方向和道路。

（3）使用人

对人要量才使用，不能大材小用，也不能小材大用；要用其所长，避其所短，充分发挥其优势。要坚持员工的素质评估和绩效考评制度，对员工的德、智、能、技做出客观的、公正的评价。对那些素质高、绩效显著的员工给予奖励和升迁；对那些素质低、绩效差的员工适当采取降格使用、惩罚、解雇等措施，要做到奖惩分明。

（4）激励人

在绩效考评的基础上，为员工提供所需的、同其事业成功度相匹配的工资、奖酬，充分发挥工资、奖酬的激励功能，增加员工的满意度。

4. 人力资源管理的基本原理

（1）能位匹配原理

能位匹配原理是指根据人的才能和特长，把人安排到相应的职位上，尽量保证岗位要求与人的实际能力相适应、相一致，做到人尽其才，才尽其用，用其所长，扬长避短。

（2）互补优化原理

互补优化原理是指充分发挥每个员工的特长，助长抑短，采用协调优化的组合，形成整体优势，顺利有效地发挥强大的合力功能。

（3）动态适应原理

动态适应原理是指在动态下使人的才能与其岗位相适应，以达到充分开发利用人力资源潜能，提高组织效能目标。

（4）激励强化原理

激励强化原理是指通过奖励和惩罚，使员工明辨是非，教育、激发、鼓励人的内在动力、自觉精神和良好动机，朝着期望的目标迈进。

（5）公平竞争原理

公平竞争原理是指竞争各方从同一起点，进行公平、公正、公开考核、录用和奖惩的竞争方式。

5. 人力资源管理的目标

1）最大限度地满足企业人力资源的需求，保证企业的正常运转。

2）最大限度地开发与管理企业内外的人力资源，促进企业的持续发展。

3）最大限度地维护与激励企业内部人力资源，充分发挥员工潜能，使人力资源得到应有的补充和提升。

4）最大限度地利用人力资源的规律和方法，正确处理和协调生产经营过程中人与人的关系、人与事的关系、人与物的关系，维持人、事、物在时间和空间上的协调，实现最优结合。

5）最大限度地保障人力资源的环境条件，确保劳动安全，避免生产事故。

6）最大限度地提高劳动生产效率，尽力以最小、最合理的投入获取最佳的经济效益。

7）最大限度地遵循价值杠杆原理，发掘人才，使用人才，培养人才，留住人才。

8）最大限度地研究、分析企业生产纲领和规模效益的配比关系，精心进行岗位设计，达到职数、职位的科学、合理配置。

9）最大限度地从战略高度前瞻企业的发展前景，准确预测人力资源的目标，制订人力资源规划。

10）最大限度地创造和培育企业人际氛围，塑造良好的企业文化，以利于员工工作、学习和生活。

6. 人力资源管理的任务

（1）做好人力资源规划

对于未正式组建的企业，人力资源管理工作首先是人力资源规划工作，而对于已建成的企业，人力资源规划仍然是一项重要的常规工作，其主要内容见表8-1。人力资源部门要认真分析与研究企业的发展战略与发展规划，主动提出相应的人力资源发展规划建议，制定人力资源规划的制度，并积极落实。人力资源部门要积极配合有关部门做好分析、组织、设计工作，指导基层做好岗位设置工作。

项目八 汽车维修企业人力资源管理

表 8-1 人力资源规划的主要内容

规划项目	主要内容	预算内容
总体规划	人力资源管理的总体目标和配套政策	预算总额
配备计划	中长期内不同职务、部门或工作类型的人员分布情况	人员总体规模变化而引起的费用
退休解聘计划	各种原因离职人员情况及其所在岗位情况	安置费
补充计划	需要补充人员的岗位、补充人员的数量、对人员的要求	招募、选择费用
使用计划	人员晋升政策、晋升时间；要轮换工作的岗位情况、人员情况、轮换情况	职业变化引起的薪酬福利等支出的变化
培训开发计划、职业规划计划	培训对象、目的、内容、时间、地点场所、培训师资情况、骨干人员的使用和培养方案	培训的总投入、脱产人员工资及损失
劳动关系计划	减少和预防劳动争议，改进劳动关系的目标和措施	诉讼费用及可能的赔偿

（2）工作和岗位分析

工作分析是确定完成各项工作所需的技能、责任和知识的系统过程。它提供了关于工作本身的内容、要求以及相关的信息。通过岗位说明书，进行工作分析，确定某工作的任务和性质，确定适合从事这项工作的人。

工作分析主要用于解决工作中以下六个方面的重要问题，即正确回答 6W。

1）员工完成什么样的体力和脑力劳动（What）。

2）由谁来完成上述劳动（Who）。

3）工作将在什么时间内完成（When）。

4）工作将在哪里完成（Where）。

5）如何完成此项工作（How）。

6）为什么要完成此项工作（Why）。

以上六个问题涉及一项工作的职责、内容、工作方式、环境以及要求五大方面的内容。工作分析也就是在调查研究的基础上，理顺一项工作在这五个方面的内在关系。工作分析的过程也是一个工作流程分析与岗位设置分析的过程。

人力资源部门要对企业的工作进行分析，全面、正确地把握企业内每个岗位的各项要求与人员素质匹配情况，及时、准确地向有关部门与人员提供相关信息。这种具体要求必须形成书面材料，这就是工作岗位职责说明书。这种说明书不仅是招聘工作的依据，也是对员工的工作表现进行评价的标准，进行员工培训、调配、晋升等工作的依据。

（3）人力资源配置

人力资源管理部门应该全面掌握企业工作要求与员工素质状况，及时对那些不适应岗位要求的员工进行适当调整，使人适其岗、尽其用、显其效。

（4）员工招聘

招聘包括吸引和录用两部分工作。对于那些一时缺乏合适人选的空缺岗位，人力资源管理部门要认真分析岗位工作说明书，选择合适的广告媒体积极宣传，吸引那些符合岗位要求的人前来应聘，给每个应聘的人提供均等的就业机会。人力资源部门在招聘过程中，应充分理解招聘和应聘工作是一个双方权衡的过程，并非单方面对应聘人条件的衡量。录用时，除考虑人员的应聘条件外，还应考虑企业的承受能力与特点。

（5）人才维护

全部岗位人员到位，形成优化配置后，如何维护与维持配置初始的优化状态是人力资源管理的核心任务。人才维护包括积极性的维护、能力的维护、健康的维护、工作条件与安全的维护等。人才维护主要通过激励机制、制约机制与保障机制的建立与发挥来完成，包括薪酬、福利、奖惩、绩效考评和培训等手段。

（6）人力资源开发

人力资源的潜能巨大。有关研究表明，当员工经过一定的努力并适合当前的岗位工作要求后，只要发挥40%左右能量，就足以保证完成日常工作任务。换一个角度来看，人力资源在维持状态下一般只发挥了 40%的作用，尚有 60%的潜力有待开发、挖掘。人力资源维护是保证企业人力资源需要的基础，而开发才是促进企业持续发展的根本，维护总是有限的，开发才是无限的。因此开发人力资源是企业人力资源管理永恒的主题。

小型汽车维修企业可以只设置专职或兼职的人力资源管理人员。中、大型汽车维修企业要设置人力资源部，配备若干专职人员，人力资源管理是一项重要的工作，因而大多由企业高层管理者主抓，归属于厂长/经理办公室或由厂长/经理直接领导。

知识拓展

《学习活页册》8-1　人力资源管理与传统劳动人事管理的比较

任务2　掌握汽车维修企业岗位研究方法

8.2.1　岗位研究

岗位是指企业赋予每一个员工的职务、工作任务及其所承担责任的统一体，是人力资源管理的基本单位。如汽车修理工、汽车电工、前台接待员、销售经理等。企业中的一个岗位对应着一项工作。

岗位研究就是对每一个员工所做的工作进行研究。研究的内容有四个层次：任务、职位、职务、职业。例如让一个机修工检修一辆车的运行情况就是一项任务；一个中等规模的维修企业会设有十几个汽车机修工职位，同时汽车机修工也是一种职务；汽车维修就是一种职业，它包含有不同的职务和一些职位。

岗位研究是组织设计的基础，解决的问题是组织最基本单位的优化，属于一个企业管理的微观问题。组织和岗位的关系就像楼房和组成楼房的砖瓦。

岗位研究按照研究工作的时间顺序和目的、作用的不同可以分为五种活动。

（1）岗位调查

以工作岗位为对象，采用科学的调查方法，搜集各种与岗位有关的信息和资料的过程。它包含两方面的内容，即担任本岗位工作员工的一般情况和岗位工作的详细情况。

（2）岗位分析

在进行了岗位调查之后，对企业各类岗位的性质、任务、职责、劳动条件和环境以及员工承担本岗位任务应该具备的资格条件进行系统分析，并制订岗位说明和上岗资格等人力资源管理文件。

（3）岗位设计

利用岗位分析的信息，对现有岗位进行改进，对新设岗位进行分析，明确岗位的性质、任务和职责。具体就是，规定某个岗位的任务、责任、权利以及组织中与其他岗位关系的过程。

（4）岗位评价

以企业工作岗位为对象，综合运用多学科的理论和方法，按照一定的客观标准，对岗位的劳动环境、劳动责任、所需资格条件等因素，系统地进行测定、比较、归类和分级的过程。

（5）岗位分类归级

在岗位分析、岗位评价的基础上，采用一定的科学方法，按照岗位工作的性质、特征、繁简、难易程度、工作责任大小和人员必须具备的资格条件，对企业全部岗位进行的多层次划分。

8.2.2 岗位说明书的编写

对企业进行岗位研究之后，需要写出岗位说明书。这是一件非常重要的工作，它不但可以帮助任职人员了解其工作，明确其责任范围，还可以为管理者的决策提供参考。大致包括岗位基本信息、工作目标与职责、工作内容、工作的时间特征、工作完成结果及建议参考标准、所需教育背景、需要的工作经历、专业技能证书、专门的培训、体能要求等几个方面。说明书详细具体地说明了岗位自身特性和工作对人的要求。因此，对于岗位说明书的要求准确、规范、清晰。

> **知识拓展**
>
> 《学习活页册》8-2　某品牌汽车 4S 店销售经理岗位说明书

任务 3　学会人力资源规划

人力资源规划是科学的预测、分析本企业在外界环境变化中的人力资源供给和需求的状况，制定必要的措施和政策，以确保自身在需要的时间和需要的岗位上获得各种需要的人才，实现企业的经营目标。

8.3.1　人力资源规划的作用

人力资源规划是维修企业发展战略和年度计划的重要组成部分，是维修企业人力资源管理各项工作的基本依据。

人力资源管理部门必须对维修企业未来的人力资源供给和需求做出科学预测，保证维修企业在适当的时间、适当的岗位获得适当的人员，使人力资源得以有效配置，进而保证实现企业的战略目标。所以人力资源规划在各种管理职能中起着桥梁和纽带的作用。

人力资源规划在维修企业中的主要作用如下：

1）通过人力资源供给和需求的科学分析，制订合理的人力资源规划，有助于一个维修企业战略目标、任务及规划的制订与实施。

2）合理的人力资源规划，可以充分发挥人的能动性，实现技术和其他工作流程的改进。

3）增强企业竞争优势，如最大限度地削减经费，降低成本，创造最佳效益。

4）改变劳动力队伍结构，如数量、素质、年龄、知识等结构。

5）辅之以其他人力资源政策的制订和实施，如招聘、培训、职业生涯设计和发展等。

6）按计划检查人力资源规划与方案的效果，进而帮助管理者进行科学和有效地管理决策。

7）适应并贯彻实施国家的有关法律和政策，如《中华人民共和国劳动法》《中华人民共和国职业教育法》《中华人民共和国社会保障条例》等。

8.3.2 人力资源规划原则

人力资源规划要与企业发展规模、经营规模相匹配。

1. 充分考虑内外环境的变化

人力资源规划如果没有充分考虑到内外环境的变化，就不可能合理，不可能符合汽车维修企业发展目标的要求。任何时候，规划都是面向未来的，而未来总是含有多种不确定的因素，包括内部和外部的不确定因素。内部变化涉及汽车维修企业销售的变化、产品的变化、发展战略的变化、汽车维修企业员工的变化等，外部变化涉及市场的变化、政府人力资源政策的变化、人力供需矛盾的变化以及竞争对手的变化等。为了能够更好地适应这些变化，在人力资源规划中，应该对可能出现的情况做出预测和分析，以确定应对各种风险的策略。

2. 注意汽车维修企业战略与人力资源规划的衔接

人力资源规划涉及的范围很广，可以运用于整个汽车维修企业，也可以局限于某个部门或某个工作集体；可以系统地制定，也可以单独制定。但是，不管哪种规划，都必须与汽车维修企业战略相衔接，才能保证汽车维修企业目标与汽车维修企业资源的协调，保证人力资源规划的准确性和有效性。从图8-1中可以看出，各个层次的汽车维修企业计划是如何影响人力资源规划的。

3. 使汽车维修企业和员工共同发展

人力资源规划不仅为汽车维修企业服务，而且要促进员工发展。在知识经济时代，随着人力资源素质的提高，汽车维修企业员工越来越重视自身的职业前途。工作不仅是谋生手段，而且是员工实现自我价值的方式。汽车维修企业的发展离不开员工的发展，二者是互相依托、互相促进的。一个好的人力资源规划，必须是能够使汽车维修企业和员工都得到长期利益的计划，应该使汽车维修企业和员工共同发展。

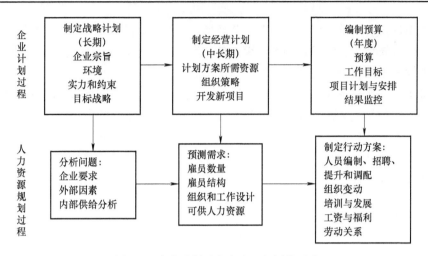

图 8-1 企业计划对人力资源规划的影响

8.3.3 制定人力资源规划的程序

汽车维修企业人力资源规划工作，是一个从收集信息和分析问题，到找出问题解决办法并加以实施的过程。这一过程大致包括如下环节（图 8-2）。

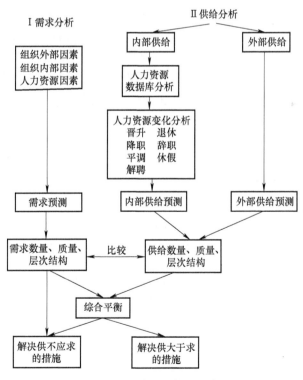

图 8-2 人力资源规划程序

（1）调查收集和整理相关信息

影响汽车维修企业经营管理的因素很多，如产品结构、市场占有率、生产和销售方式、技术装备的先进程度以及汽车维修企业经营环境，包括社会的政治、经济、法律环境等。这些因素是汽车维修企业制定规划的硬约束，任何汽车维修企业人力规划都必须加以考虑。

(2) 了解汽车维修企业现有人力资源状况

人力资源状况包括现有人员的数量、质量、结构以及人员分布状况。汽车维修企业应当弄清这些情况，为人力规划工作做好准备。这项工作要求汽车维修企业建立人力资源信息系统，详细记载汽车维修企业员工的各种信息，如个人自然情况、录用资料、工资、工作执行情况、岗位和离职记录、工作态度和绩效表现等。只有这样，才能对维修企业人员情况全面了解，才能准确地进行企业人力规划。

(3) 分析影响人力资源需求和供给的相关因素

进行人力资源供求关系的预测，即采用定性和定量相结合的预测方法，对维修企业未来人力资源供求进行分析和推断。这是一项技术性较强的工作，其准确程度直接决定人力规划的效果和成败，是人力资源规划工作的关键。

(4) 制定人力资源供求关系的总计划和各项业务计划

结合实际，充分利用各种条件，制定人力资源供求关系的总计划和各项业务计划，并提出调整供求关系的具体政策措施这是人力资源规划活动的落脚点，人力资源供需预测是为这一工作服务的。

(5) 对人力资源规划工作进行控制和评价

人力规划的基础是人力资源预测，但预测与现实毕竟是有差异的，因此，制定出来的人力资源规划在执行过程中必须加以调整和控制，使之与实际情况相适应。人力资源规划的控制包括两方面内容。一是整体性控制，使人力规划与汽车维修企业经营计划一致，与汽车维修企业内外部各方面一致。二是操作性控制，即对人力资源规划的实施情况进行跟踪与控制，考察人力资源管理活动是否按规划进行。在实施控制的过程中，必须重视员工的意见和反映。

8.3.4 人力资源规划的方法

1. 人力资源需求预测方法

(1) 预测的依据

汽车维修企业的人力资源需求受许多因素影响，对这些因素的把握直接影响到人力资源需求预测结果的精确程度。概括起来，这些因素可以分为三大类，见表 8-2。

表 8-2 影响人力资源需求的三大因素

外部因素	内部因素	人力资源
经济、市场 社会、政治、法律 技术 竞争对象	战略 预算 生产和销售预算 新建部门或企业扩张 工作设计	退休 辞职 终止合同、解聘 死亡 休假

(2) 预测的相关变量

一般说来，人力资源需求预测依据的变量包括以下几个方面。

1）汽车维修企业的业务量及相应的生产作业方式。
2）预期的人员流动率，即由于辞职或解聘等原因引起的职位空缺的规模和数量。
3）提高产品和劳务的质量或进入新行业的决策对人力需求的影响。
4）生产技术水平或管理方式的变化对人力需求的影响。
5）汽车维修企业所拥有的财务资源对人力需求的约束。

（3）预测的方法

人力资源需求的预测方法多种多样，常用的预测方法有以下几种。

1）德尔菲法。即专家征询法也称集体预测方法，德尔菲法原本是美国著名的兰德公司专门用来听取专家们关于重大技术问题意见的一种方法，后来也常用于因技术变革引起的人才需求预测。它是收集若干专家对某一问题有关意见并加以整理分析的方法。专家应该是对所研究的问题有充分发言权的人，可以来自组织内部，也可以来自组织外部，专家越多，预测结果越客观，所需费用也越多，通常聘请的专家人数为10~20名，这种方法适合于对人力资源需求的中长期趋势预测。

德尔菲法的具体操作过程：首先在汽车维修企业内外广泛选择各个方面的专家，每位专家都应拥有关于人力资源预测的某种知识或专长。主持预测的人力资源管理部门要向专家们说明预测对组织的重要性，以获得他们对这种预测方法的理解和支持，同时通过对汽车维修企业战略定位的审视，确定关键的预测方向、相关变量和难点，列举出必须回答的有关人力资源预测的具体问题。然后使用匿名填写问卷等方法，设计一套可使各位专家自由表达自己观点的预测工具系统。人力资源部门需要在每一轮预测后，将专家们提出的意见进行归纳，并将综合结果反馈给他们，然后再进行下一轮预测。如此不断重复，让专家们有机会参考别人的意见，独立地修改自己的看法并说明原因，直到专家们的意见趋于一致。

在预测过程中，人力资源部门应该为专家们提供充分的信息，包括已经收集的历史资料和有关的统计分析结果，目的是使专家们能够做出比较精确的预测。另外，所提出的问题应尽可能简单，以保证所有专家能够从相同的角度理解相关的概念。对于专家的预测结果不应过分要求精确，但是要求专家们必须说明对所做预测的肯定程度。

2）转换比率分析法。人力资源需求分析是要揭示未来经营活动所需要的各种员工的数量。转换比率法的目的，是将汽车维修企业的业务量转换为人力的需求，是一种适合于短期需求预测的方法。

转换比率分析法的具体操作过程：首先估计组织中关键岗位所需的员工数量，然后根据这一数量估计辅助人员的数量，从而加总出汽车维修企业的人力资源总需求。

3）回归分析法。回归分析法是从过去情况推断未来变化的定量分析方法。最简单的回归分析是趋势分析，即根据汽车维修企业或汽车维修企业中各个部门过去的员工数量变动状况，对未来的人力需求变动趋势做出预测。简单的回归分析，是把过去趋势直接导向未来，这实际上是以时间因素作为唯一解释变量，没有考虑未来时间变化中其他相关因素对趋势的影响，因此比较简单。在实际工作中，一般不会这样使用回归方法。

4）计量模型分析法。它是一种实用的回归方法，其基本思路是首先找出对组织中劳动力需求影响最大、最直接的一种因素，然后研究过去一段时间中员工人数随这种因素变化而变化的规律,并考虑业务规模变动和劳动生产率变化对它的影响;再根据这种趋势对未来的人力需求进行预测;最后用预测的需求数量减去供给的预测数量,就是人力资源净需求的预测量。

人力资源需求预测方法还有主观判断法、散点分析法等。无论使用何种预测方法,都是以某种函数关系的不变为前提的,这通常并不符合实际。所以,实际进行人力资源需求预测时,参考管理人员的主观判断进行修正是必要的。

2. 人力资源供给的预测

与人力资源的需求预测不同,人力资源的供给分析需要从组织内部和组织外部两方面进行。在供给分析中,首先要考察组织现有的人力资源存量,然后在假定人力资源管理政策不变的前提下,结合汽车维修企业内外条件,对未来的人力资源供给数量进行预测。在预测过程中,需要优先考虑组织内部的人力资源变化趋势,如晋升、降职、调配、辞职、下岗、退休、开除等因素的影响。得到的预测结果也不应该仅仅是员工数量,而应该是对员工数量、能力和结构等方面的综合反映。

(1) 内部供给分析

内部供给分析的思路:首先确定各个工作岗位上现有员工的数量,然后估计下一个时期,在每个工作岗位可能留存的员工数量。这就需要估计有多少员工将会调离原来的岗位或离开组织。由于实际情况比较复杂,如组织的职位安排会发生变化等,因此在进行预测时,需要管理人员的主观判断加以修正。常用的内部供给分析方法有以下几种:

1) 技能清单。技能清单是用来反映员工工作能力特征的列表,这些特征包括培训背景、以前的经历、特有的证书、通过的考试、主要的能力评价等。技能清单是对员工竞争力的反映,可以帮助人力规划工作者估计现有员工调换工作岗位的可能性,决定哪些员工可以补充汽车维修企业未来的职位空缺。人力规划不仅要保证为汽车维修企业中空缺的工作岗位提供相应数量的员工,还要保证每个空缺都由合适的人员填充,因此,有必要建立员工的工作能力记录,其中包括基层操作员工的技能和管理人员的能力,包括这些技能和能力的种类及所达到的水平。表 8-3 是一个技能清单的实例。技能清单可以用于晋升人选的确定,管理人员接替计划的制定,以及对特殊项目的人员分配、调动、培训、工资奖励、职业生涯规划和组织结构分析等。员工频繁调动的汽车维修企业或经常组建临时性团队或项目组的汽车维修企业,其技能清单应包括所有骨干员工。而那些主要强调管理人员接替计划的汽车维修企业组织,技能清单可以只包括管理人员。

2) 管理人员接替图。管理人员接替图也称职位置换卡,它记录管理人员的工作绩效、晋升的可能性和所需的训练等内容,由此决定有哪些人员可以补充企业的重要职位空缺。

制定这一计划的过程:确定人力规划所涉及的工作职能范围;确定每个关键职位上的接替人选;评价接替人选目前的工作情况和是否达到提升的要求;了解他本人的职业发展需要,并引导其将个人的职业目标与组织目标结合起来。管理人员接替图的最终目标,是确保组织在未来能有足够的合格管理人员供给。

技能清单描述的是个人的技能,接替图则是确认可以胜任组织中关键岗位的候补人选。

项目八　汽车维修企业人力资源管理

表 8-3　技能清单

姓名			性别		婚否		出生年月	
部门				科室			职称	
到职时间				工作地点			填表日期	
教育背景	类别	学位情况		毕业日期		毕业学校		主修科目
	初中							
	高中							
	大专							
	本科							
训练情况		训练内容			训练单位		训练时间	
技能		技能种类				技能证书		
志向		你是否愿意担任其他工作？		是		否		
		你是否愿意到其他部门工作？		是		否		
		如果可能，你愿意承担哪种工作？						
自己需要接受何种训练								

3）人员接替模型。人员接替模型与管理人员接替有相似之处，目的都是确认特定职位的内部候选人，但其涉及的面更大，对各职位之间的关系也描述得更具体。建立人员接替图的关键，是根据工作分析的信息，明确不同职位对员工的具体要求，然后确定一位或几位较易达到这一职位要求的候选人；或者确定哪位员工具有潜力，可以经过培训后胜任这一工作，然后把各职位的候补人员情况与汽车维修企业员工的流动情况综合起来考虑，控制好员工流动方式与不同职位人员接替方式之间的关系，对企业人力资源进行动态管理。

（2）外部供给预测

当维修企业内部的人力供给无法满足需要时，就要分析汽车维修企业外部的人力供给情况。

1）分析宏观经济形势。分析宏观经济形势主要了解劳动力市场的供给情况，判断预期失业率。一般说来，失业率越低，劳动力供给越紧张，招聘员工越困难。这一步可以参考各类统计资料和公开出版物。

2）分析影响外部人力资源供给的职业市场状况。分析影响外部人力资源供给的职业市场状况包括该行业全国范围内的人才供需状况；国家关于该类职业在就业方面的法规和政策；全国范围内该职业从业人员的薪酬水平和差异；全国相关专业的大中专学生毕业人数及分配情况等。

3）分析外部人力资源供给的地域性因素，包括汽车维修企业所在地的人力资源整体现状；汽车维修企业所在地的有效人力资源供求现状；汽车维修企业所在地对人才的吸引程度；

汽车维修企业本身对人才的吸引程度,涉及薪酬、福利等因素。

8.3.5 人力资源供求平衡方法

在人力资源供给与需求的动态比较中,产生了人力资源供求的平衡问题。人力资源供求平衡不仅包括供求在数量上的大致相等,还包括供求在员工的质量、多元性及成本水平上的协调。这时就需要考虑哪一方面的差距是关键缺口,并依此建立弥补的方式和平衡的目标。

实际上,在经营过程中,汽车维修企业始终处于人力资源的供需失衡状态。在汽车维修企业扩张时期,维修企业人力资源需求旺盛,人力资源供给不足,人力资源部门用大部分时间进行人员的招聘和选拔。在企业稳定时期,维修企业人力资源表面上可能稳定,但实际上仍然存在着退休、离职、晋升、降职、补充空缺、不胜任岗位、岗位调整等情况,即处在结构性失衡状态。在汽车维修企业收缩时期,汽车维修企业人力资源需求不足,人事部门要制定退休、裁员、下岗等政策。总之,在汽车维修企业的整个发展过程中,维修企业的人力资源供求都不可能自然处于平衡状态。人力资源部门的重要工作之一,就是进行人力资源动态管理,使汽车维修企业的人力供求不断取得平衡。只有这样,才能有效地提高人力资源利用率,降低汽车维修企业人力资源成本。

一般说来,汽车维修企业实现人力资源供求平衡的方式大致如下:

1. 人力资源供给不足时的解决办法

1)增加员工的数量。通常可以通过以下途径解决:寻找新的员工招聘来源;增加对求职者的吸引强度;降低录用标准;增加临时性员工或使用退休员工等。

2)提高员工的生产率或增加他们的工作时间。这就需要提高每位员工的工作能力并增强工作动力。其方法有培训、进行新的工作设计、采取补偿政策或福利措施、调整管理人员与员工的关系等。

3)进行岗位设计修订,提高劳动生产率。

4)制订非临时工计划,返聘已退休人员或聘用临时人员。

5)制订全日制临时工计划。

2. 汽车维修企业人力资源供给过剩时的解决办法

1)提前退休。制定相应的政策鼓励提前退休或内退,维修企业可以适当放宽退休条件的限制,促使较多的员工提前退休。

2)减少人员补充。当出现员工退休、离职等情况时,对空闲的岗位不进行人员补充,而是进行内部人员调配。

3)采用轮休制,减少人员的工作时间,随之降低工资水平。当维修企业出现短期人力过剩的情况时,增加无薪休假的方法比较合适。如将员工按照工作岗位的性质和要求分为若干组,进行较长期限(期限可选择 1 个月、2 个月、3 个月,但不能超过半年)的轮休制度,在休假期间发给员工基本生活费。

4)提供新的就业机会,让企业的供货商等上游合作伙伴以比较低廉的费率使用自己闲置的劳动力。

5）裁员。裁员是一种最无奈的方式。在进行裁员时，要制定相应的裁员政策，以尽量减少可能带来的副作用，比如为被裁减者发放失业金等；然后，裁减那些主动希望离职的人员，永久性地裁减或辞退那些劳动态度差、技术水平低、劳动纪律观念不强的员工。

3．维修企业留人的七种方法

一个员工离职以后，企业从招聘员工到员工完全适应岗位，整个替换过程的成本就高达离职员工薪水的 1.5 倍到 2.5 倍，优秀人才的替换成本则更大。因此，留住人才是企业越来越关注的问题，以下是企业留住人才的几种方法：

1）职业发展留人。企业指导员工的职业生涯设计并与员工共同努力，促进其职业生涯计划的实现。

2）企业发展留人。企业制定有明确的发展战略目标，并使员工感受到他们的工作与实现企业的发展目标是息息相关的。

3）公平竞争机制留人。企业内部建立健全各种必要的制度，努力促进公平竞争，使优秀人才脱颖而出。

4）高薪留人。

5）"超弹性工作时间"留人。

6）"黄金降落伞"制度留人。为确保员工在企业被收购或兼并时失业的风险，企业和员工之间有一种特殊的雇佣契约，通常包括一笔为数可观的退职金或其他特殊恩惠。

7）沉淀福利制度留人。员工实施年薪制，当年只能拿走一部分，剩余部分沉淀下来，一定时间后方可拿走，如果有人提前离开，沉淀工资是不能全部拿走的。

8.3.6　人力资源规划信息系统

人力资源规划信息系统是收集、汇总和分析与人力资源管理有关信息的工作体系。人力资源规划信息系统是从组织目标出发，对与岗位和职员有关的工作信息进行收集、保存、分析和报告的整体工作过程。在小型汽车维修企业中，人工的档案管理和索引卡形式的人力资源信息系统即可满足需求。规模较大的汽车维修企业，则较难用人工的方式管理人事资料，需要采用计算机信息系统，对人力资源各方面的信息进行收集、整理、分析和报告。

人力规划的制定和实施离不开人力资源信息系统，人力资源规划起码需要两种信息的支持。首先是人事档案，人事档案的作用是用来估计目前员工的知识、技术、能力、经验和职业抱负，反映现存的人力资源状况。其次是组织未来的人力资源需求预测，只有对未来组织所需员工的数量及他们所应具备的技术和经验有充分的了解，才能制定出切实可行的人力资源规划，并通过规划有效地解决可能出现的问题。实际上，人力资源信息系统覆盖的范围很广，包括员工个体情况以及人与事结合过程中各方面的数据和资料。其大致的内容结构如图 8-3 所示。

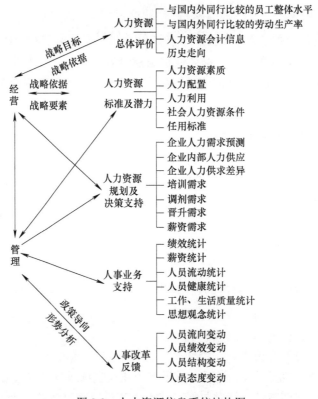

图 8-3 人力资源信息系统结构图

8.3.7 汽车维修行业人力资源信息系统

21 世纪是信息时代的世纪，汽车维修行业应建立一个相对独立、功能齐全、综合性、一体化的人力资源信息及维修行业信息服务系统，通过信息服务系统将行业管理部门、修理企业、客户及从业人员紧密地联系起来，为修理企业、客户及从业人员提供相互交流和信息沟通的平台。该系统由人力资源信息平台和维修业信息服务平台两部分组成。

1. 建立汽车维修行业人力资源信息平台

人力资源信息平台以行业主管部门为主导，维修企业为主体，面向社会，为客户和从业人员服务。该平台由行业动态、全省维修企业概况（包含查询系统）、人才交流、人力资源库、专家介绍等模块组成。通过该信息平台行业主管部门将对我省汽车维修业的人力资源情况有一个全面、客观的了解，以便正确的指导和决策，也为维修企业、从业人员、客户之间的沟通架起一座桥梁，为资源共享，优势互补，进一步发挥人力资源的作用奠定了基础。

2. 依托汽车维修电子健康档案管理系统，建立维修行业信息服务系统

汽车维修电子健康档案管理系统是一个比较成熟的使用企业比较多、维修企业信息、车辆维修信息比较齐全的国家级平台。依托这个平台，建立一个相对独立、功能齐全、综合性、一体化的省、地、县三级维修行业信息服务系统，把这个维修行业信息服务系统植入汽车维修电子健康档案管理系统，或者把该系统接入电子健康档案管理系统，形成功能更加强大的机动车维修行业信息服务平台。省级道路运输管理机构采用计算机网络技术建立信息中心站，负责向汽车维修企业、广大汽车用户提供技术标准、规范、法规、政策等文件；提供新的汽车结构参数、维修参数、维修工艺及设备状况；发布汽车及维修行业信息及公告，提供汽车配件及汽车维修质量技术监督报告。另外负责汇总、分析各地维修和车辆技术管理方面的管理信息及I/M制度规定的汽车尾气检测数据。该网应逐步与国家信息中心联网，最终实现国际联网。各地（州、市）级道路运输管理机构应建立信息分站，与中心站联网，负责为中心站提供维修及车辆技术管理方面的管理信息及I/M制度规定的汽车尾气检测数据；汇总、分析各县（市、区）提供的各种管理数据。县（市、区）级道路运输管理机构应至少有一台计算机与所在地地级分站联网，负责为分站收集各种基础信息。除了维修网络服务主系统外，特别要重视培育和发展如下四个系统：一是质量监控鉴定系统。主要负责对顾客投诉的车辆进行鉴定，及对汽车维修企业的维修质量进行有系统、有计划的监控。二是人才培训考核系统。主要负责维修业的管理人员、技术人员、维修工人等维修业从业人员的定期培训和技术等级考核。三是维修救援系统，该系统应能充分满足全省运输车辆发展的需要。四是维修业的信息服务系统（包括政策、法规、标准查询服务、技术信息服务、配件销售服务、顾客投诉咨询、维修点查询、维修设备选型、经销服务和维修技术人才流通服务）。该系统应支持来访咨询、电话咨询和网上查询。汽车维修业人力资源信息系统基本组成如图8-4所示。

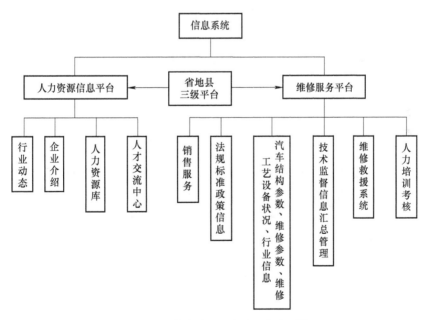

图8-4 汽车维修业人力资源信息系统

8.3.8 人力资源规划的主要内容

人力资源规划的主要内容见表8-4。

表 8-4　人力资源规划的主要内容

规划项目	主要内容	预算内容
总体规划	人力资源管理的总体目标和配套政策	预算总额
配备计划	中长期内不同职务、部门或工作类型的人员的分布情况	人员总体规模变化而引起的费用变化
退休解聘计划	各种原因离职人员情况及其所在岗位情况	安置费
补充计划	需要补充人员的岗位、补充人员的数量、对人员的要求	招募、选拔费用
使用计划	人员晋升政策、晋升时间；轮换工作的岗位情况、人员情况、轮换情况	职位变化引起的薪酬福利等支出的变化
培训开发计划、职业规划计划	培训对象、目的、内容、时间、地点场所、教员情况、骨干人员的使用和培养方案	培养总投入、脱产人员工资及损失
劳动关系计划	减少和预防劳动争议，改进劳动关系的目标和措施	诉讼费用及可能的赔偿

任务 4　员工的招聘和培训

8.4.1　员工招聘

员工招聘是指从企业外吸纳对本企业有兴趣的、具有一定业务能力的、适合本企业特点的人员到企业工作的选人过程。人才招聘是人力资源管理的第一个环节，聘用的人才是企业人力资源的基石。英国有句谚语："与其训练小狗爬树，不如一开始就选择松鼠。"这句谚语形象地说明了人才招聘的重要性。因此，员工招聘是企业人力资源管理的关键点。

1. 员工招聘的原则

（1）以岗定员

汽车维修企业在招聘人员时，应根据生产需要按照事先确定的岗位，并结合人力资源规划，确定企业要招聘员工的人数和素质要求，维修企业应依据人力资源规划进行招聘，无论是多招、少招，还是招错，都会造成很大负面影响，除了增加人员工资的有形损失外，还会由于"人浮于事""办事不力""效率低下""质量下降""待料停工""贻误工期"等无形损害，削弱企业文化氛围。

（2）双向选择

招聘工作涉及招聘者和应聘者两个主体，双方应处于平等的地位，招聘过程是两个主体相互选择的过程。企业按照设计的标准和条件选择应聘者，应充分了解应聘者的文化水平、技术技能、社会经历、职业道德，并向应聘者详细介绍企业的生产现状、发展前景、用人要求以及员工的福利待遇，做到选择目标明确，为企业选择合适的人。同时，应聘者也在按照心中的标准选择适合自己发展的企业，作为应聘者应向企业推荐自己，介绍自己的特长并提供相关证件，还要对企业进行考察，充分了解应聘岗位的职业要求和职业发展前景，做到自愿就业，不盲目就业。只有当双方"情投意合"时，才能实现招聘工作的成功，从而做到企业与招聘者双向选择。

(3) 公开、公平、竞争、择优的原则

公开是指把招聘的类别、数量及招考的资格条件、方法和时间等信息向社会通告，公开进行。既给予社会上人才以公平竞争的机会，达到广招人才的目的，也使招聘工作置于社会和大众的公开监督之下，防止不正之风。公平是确保选拔制度给予每一位申请人平等的获选机会，不得人为地制造各种不平等的限制或条件（如性别歧视等）。竞争是指通过考核竞争以确定人员的优劣和人员的取舍，为了达到竞争的目的，一要吸引足够多的应聘者，二要严格招聘的程序和手段，科学地录用人选，排除"走后门，拉关系"、贪污受贿和徇私舞弊等现象发生。择优是在公开、公平和竞争的基础上从应聘者中选择优秀人才，要事先制定择优的标准。

(4) 人尽其才、适才适岗、能位匹配的原则

人与人之间存在着能力特点和能力水平的差异，各种工作的难易和要求也有区别，具有不同能力特点和水平的人，应安排在与要求相应特点和层次的职位上，并赋予该职位应有的权力和责任，使个人能力水平与岗位要求相适应。招聘员工，不能追求十全十美，而要量才录用，做到用其长，避其短，适其岗，最大限度地发挥其潜能。此外，在确定录用人员时，要走出重学历轻能力、重显能轻潜能、重优秀人才轻适才适岗的招聘误区。

(5) 德才兼备，以德为先的原则

德是品质、修养，才是能力。企业都希望招聘的员工个个德才兼备，但实际上一个人所受的教育不同、生活及工作环境不同，其形成的品德和修养不同。企业招聘的员工，如果能力弱一点，可以通过培训、培养来提高，但如果能力很强、品德较差，可能会对企业产生不必要的影响，因此，人才招聘中必须注意应聘人员的品德修养，在此基础上考察应聘者的才能，做到德才兼备，以德为先。

(6) 确保质量的原则

当组织花费了大量的人力、物力、财力，却找不到合适的人选时，是选择"前功尽弃"，还是"委曲求全"挑选一个接近岗位要求的应聘者？对大多数公司来说，都会选择前者，因为选择前者，只是损失了固定的招聘费用；如果选择了后者，表面上完成了招聘任务，但实际上造成了不适当招聘，其损失不仅包括招聘费用、薪酬、管理费用、培训费等在内的直接费用，而且，当把与业务相关的间接损失也考虑在内时，损失就是不可估量的。

(7) 成本最低原则

不管采取何种招聘方法，都要支出经费。一般来说，招聘成本包括两个方面，一是招聘的获取成本，反映在招聘活动本身所发生的各项支出上，如招聘人员工资、广告费、差旅费、通信费、评价和考核费用等。二是招聘的离职成本，主要是指一旦招聘了不合格员工，要予以辞退并重新进行招聘所发生的各项支出（重置成本）以及由于招收了不合格员工，而造成培训费的流失（历史成本）和与组织业务有关的商业机密、商机、技巧、方法和经验等的一切间接损失（机会成本）。成本最低原则就是根据不同的招聘要求，灵活选用适当的招聘方式和方法，在保证招聘人员质量的前提下，尽可能地降低成本。

2. 员工聘用的基本条件

(1) 汽车维修技工聘用的基本条件

1) 符合国家规定的人员招聘基本条件，年龄适当，身体健康。

2）具有良好的职业道德和政治思想素质。

3）适当的从业年限和本工种工作年限。

4）必要的学历与技术培训状况，如中专以上学历或高职以上学历等。

5）持有相应级别的汽车维修工职业资格证书、汽车维修职业技能等级证书或"1+X"汽车运用与维修等级证书者应当优先。

6）有企业需要的其他特长。

（2）普通管理人员聘用的基本条件

1）年龄适当，身体健康，符合国家规定的招聘人员条件。

2）熟悉汽车维修、检测及其定价，具有业务洽谈经验。

3）已考取汽车驾驶证，有适当从业年限和参加管理工作年限。有的企业要求有3年从业经历。

4）具有适当的学历或相当的学历。

5）具有较强的组织能力和经验。

6）具有事业心、责任感和良好的职业道德。

7）愿与企业同心同德、荣辱与共。

8）有企业需要的其他特长。

（3）高层管理人员的基本条件

1）年龄适当，身体健康，达到参加管理工作相应年限。

2）具有相应的学历或相当的学历。

3）具有事业心、责任感和良好的职业道德。

4）愿与企业同心同德、荣辱与共。

3. 员工招聘的途径

人员招聘有传统招聘和公开招聘两种途径。

（1）传统招聘

传统招聘就是通常采用的熟人介绍和"挖人"方式。

1）熟人介绍。一般由企业现有员工或与企业有业务来往的人员介绍，经企业进行简单考察，聘用为企业员工的用人方式。

2）挖人才。以更优厚的待遇作为条件，吸引同类企业中的优秀人才到本企业工作。有时从其他企业挖到的人还会带来原单位的下属人员。

传统的招聘方法简单实用，但也有一些不足之处，对企业的长期发展可能会存在如下一些隐患。

1）容易形成帮派。人与人之间都是有感情的，这本无可非议，但如果形成比较密切的"私人关系"，再加上某些利益关系，久而久之就会形成一些帮派，给企业的工作带来阻力，若他们内外勾结就会伤害企业的根本利益。

2）制约机制丧失。一些相互制约的职位，如质量检验员和维修工，采购员和仓库保管，由于关系密切或来自同一个企业，可能导致制约机制的丧失。

3）人员不稳定。采用挖人才的方式招聘员工也可能被其他企业用更优惠的条件挖走，这样就会影响企业正常经营。

（2）公开招聘

公开招聘一般可采用的以下形式。

1）通过报纸、杂志、电台、广播、网络、电视台等媒体发布广告进行招聘，这种方式宣传力度大，人员来源广，选择余地大，利于找到优秀人才。

2）校园招聘。根据各类学校的教学计划与教学环节的安排，在学生完成校内学习，进行顶岗实习或毕业前，企业到学校直接招聘学生到企业进行顶岗实习，然后经过双向选择，留用优秀学生作为企业的员工或在学生毕业前到学校进行直接招聘。这样招聘的员工易于管理，有上进心，思想素质较高，厂规厂纪、工作职责、工作流程等可以从零开始培训，避免从社会招聘人员所具有的一些不良习惯或作风。学校从自身利益出发，也愿意与企业合作，尽量向企业提供关于学生的准确信息。

3）委托中介机构招聘。这样做可以节省企业的人力物力。

4）张贴海报、在企业的网站、企业的公众号上发布招聘信息进行招聘。这种方式成本低，比较适合企业内部招聘。

5）人才市场招聘。

4．员工招聘的程序

1）企业用人部门根据业务发展需求情况，提出需招聘岗位名称、人员基本要求。

2）人力资源部门根据用人部门的申请，进一步分析岗位要求，列出空缺岗位所要求的知识范围、技术等级和实际操作能力等，制定岗位说明书和招聘计划，上报企业管理者批准。

3）选择招聘方式，确定招聘预算，上报企业审批。根据企业用人的类别、急需程度、招聘人才的资源地，选择适合的招聘方式、招聘渠道、招聘时间、招聘地点，并做出招聘工作需要经费的预算，上报企业进行审批。招聘预算包括广告预算、招聘测试预算、体格检查预算、其他不可预见预算。

4）发布招聘信息。注明岗位名称，人员要求。

5）初审。人力资源部门根据求职人员的简历、求职申请表等资料进行初审，将一些明显不符合条件的人员筛选掉。选择标准可参考以下三个方面：

① 来企业的目的。如果想得到更高的工资、负更大的责任、获得更好的培训等都是正常的原因，而如果是原工作太累之类的原因，说明他工作不安心，这样的人可以去掉。

② 工作经历。如果他以前一直从事这项工作，可能在这方面积累了丰富的经验，如果工作岗位变来变去，可能专业技能就不会太强，如果经常跳槽，可能存在思想问题、对工作的态度问题等，这种人要慎重选择。

③ 工资要求。将他过去的工资信息和他的要求相比较，如果差距太大就没有必要再试了。

6）笔试。主要测试应聘者的基本理论水平、专业基础知识、基本技能，通过笔试可以测定拟聘人员的基本素质及发展的潜力。

7）面试。面试是个费时费力的工作。面试时，面试官要根据求职表、笔试的情况选出基本符合条件的人员，与其进行面对面的交谈，客观地了解应聘者的知识水平、工作经验、求职动机、个人素养等情况。面试是双向的,企业在寻找合适的员工,员工也想了解企业,因此,面试时企业应给应聘者个轻松的环境。

8)录用人员体检。

9)试用。新聘用人员一般需要进行 3 个月的试用期,并签订试用合同。试用期满后由企业确定试用者的去留。若继续考查,可延长试用期。

10)录用、签订劳动合同。 试用期结束后,员工所在部门出具试用期表现鉴定意见,试用合格的就可签订正式劳动合同。

5. 劳动合同签订

新劳动合同法对劳动合同做了严格的规定,企业应严格执行劳动合同法的规定。劳动合同签订的主要内容如下:

1)建立劳动关系,应当订立书面劳动合同。已建立劳动关系,但未同时订立书面劳动合同的,应当自用工之日起 1 个月内订立书面劳动合同。用人单位与劳动者在用工前订立劳动合同的,劳动关系应自用工之日起建立。

2)劳动合同期限 3 个月以上不满年的,试用期不得超过 1 个月;合同劳动合同期限 1 年以上不满 3 年的,试用期不得超过两个月;3 年以上固定期限和无固定期限的劳动合同,试用期不得超过 6 个月。

同一用人单位与同一劳动者只能约定一次试用期。 以完成一定工作任务为期限的劳动合同或者劳动合同期限不满 3 个月的,不得约定试用期。试用期包含在劳动合同期限内,劳动合同中仅约定试用期的,试用期不成立,该期限应为劳动合同期限。

劳动者在试用期的工资不得低于本单位相同岗位最低档工资或者劳动合同约定工资的 80%,并不得低于用人单位所在地的最低工资标准。

3)用人单位为劳动者提供专项培训费用,对其进行专业技术培训的,可以与该劳动者订立协议,约定服务期。

劳动者违反服务期约定的,应当按照约定向用人单位支付违约金。违约金的数额不得超过用人单位提供的培训费用。用人单位要求劳动者支付的违约金不得超过服务期尚未履行部分所应分摊的培训费用。

用人单位与劳动者约定服务期的,不影响按照正常的工资调整机制提高劳动者在服务期期间的劳动报酬。

4)用人单位应当按照劳动合同约定和国家规定,向劳动者及时足额支付劳动报酬。用人单位安排加班的,应当按照国家有关规定向劳动者支付加班费。

5)劳动合同的解除和终止。用人单位与劳动者协商一致,可以解除劳动合同。劳动者提前 30 日以书面形式通知用人单位,可以解除劳动合同,劳动者在试用期内提前 3 日通知用人单位,可以解除劳动合同。

现在很多汽车维修企业在招聘新的员工时,非常注重员工试用及试用期的考核工作,一方面这是本行业要求员工具有一定的实际操作技能和相应的理论基础所致;另一方面,这样也有利于更好地进行双向选择。

【案例 8-1】兰州金岛汽车销售服务有限公司的员工招聘具体程序和考核内容

项目八 汽车维修企业人力资源管理

招聘程序：应聘人员需填写求职申请表，经面试和考试合格，办妥有关手续后方能试用。

试用：新聘用人员需进行 3 个月的试用，并签订试用合同，享受试用期工资待遇。试用期满，做出去留决定。如需继续考察，采用延长试用期。合格者签订正式员工合同，享受正式员工待遇。

试用期解约：试用期内任何一方提出解约，均需提前通知对方，不需任何补偿。1 个月内提前 1 天；2 个月内提前 2 天；3~6 个月内提前 7 天。

试用期培训：试用期内，需要进行培训的，应签订培训合同，并注明培训时间、内容、培训费用等。

对员工具体考核的内容见表 8-5、表 8-6。

表 8-5 拟招聘员工综合素质考核表

分 类		评定内容	分 数
工作态度 （5分）	1	不迟到、早退、缺席	
	2	工作态度认真	
	3	做事敏捷、效率高	
	4	尊重领导、及时地向上司报告工作进度	
	5	责任感强、能完成交付的工作	
基础工作能力 （5分）	6	精通职务内容、具备处理事情的能力	
	7	掌握职务上的要点	
	8	善于安排工作、准备工作有条不紊	
	9	严守报告、联络、协商的原则	
	10	在规定时间内完成工作	
业务数量程度 （5分）	11	掌握工作进度	
	12	善于与客户沟通	
	13	高效率完成业务	
责任感 （5分）	14	勇于面对艰难的工作	
	15	用心地处理事情，避免过错发生	
协调性 （5分）	16	重视与其他部门的协调	
	17	做事冷静，不感情用事	
	18	与别人配合，和睦工作	
	19	在工作上乐于帮助同事	
职业规划 （5分）	20	审查自己的能力，并学习新知识、新技术	
	21	以广阔的眼光来看自己与企业的未来	
	22	有长期的职业目标或计划，并付诸实施	
	23	即使是自己分外的事，也能企划或提出提案	
评价分数合计			
考核组评议			

表 8-6 拟招聘员工试用期出勤考核表

试用期间		年　　月　　日至　　　年　　月　　日		
出勤工作状况			说明	
缺席	事假	日		
	病假	日		
	无故	日		
	迟到	次		
	早退	次		
	缺席总计	次		
	实际上班日数	日	评价分数	分
	标准上班日数	日		

评价分数=（实际上班日数／标准上班日数）×30 分－（迟到早退次数×0.5）

8.4.2 员工的培训

员工培训是指企业为了实现其战略发展目标、满足培养人才、提升员工职业素质的需要，采用各种方法对员工进行有计划的教育、培养和训练的活动过程。

员工培训工作关系到企业的生存与发展，具有高素质的员工队伍才是企业发展的真正动力。丰田公司总裁前石田退三也非常看重培训的价值，他曾经说过："世事在于人，人要陆续培育，一代一代接续下去。任何工作，任何事业，要想大力发展就得打下坚实基础，而最紧要的一条就是造就人才。"

1. 员工培训的必要性

（1）员工培训是提高企业整体素质的主要途径

美国《管理新闻简报》发表的一项调查表明：68%的管理者认为由于员工培训的不够而导致企业整体素质的下降，失去竞争力。员工培训，可以提高工作和管理水平。因为每一个人的整体素质提高了，由人组成的企业整体素质相应的也提高了。

（2）员工培训是保证高质量维修的基础

通过培训，员工可以掌握新知识、新技术，正确理解新技术的要求。随着人们需求的增加，汽车厂商每一年都会推出新车型，应用新技术来提高市场占有率。就要求维修服务人员也能够很快掌握这些新技术。

（3）可以提高员工工作的能动性

随着新技术的引进，新车型的推出，如果相应地提供培训，就能满足维修人员追求自身发展的愿望，也调动了他们的能动性。

（4）可以促使员工认同企业文化，做到与企业荣辱与共

韩国著名的企业家郑周永说："一个人，一个团体或一个企业，它克服内外困难的力量来自它本身，来自它的信念。没有这种精神力量和信念，就会被社会淘汰。"这里谈到的精神力量和信念就是企业文化，它是企业发展的动力源泉。通过培训，使员工接受企业文化，理解企业文化，执行企业文化。

2. 员工培训的形式

员工培训的形式多种多样，维修企业可以根据企业特点，采取不同形式。

（1）按照员工在培训时的工作状态分类

按照员工在培训时的工作状态分为在职培训、脱产培训、半脱产培训。

1）在职培训。在职培训就是利用工作时间或就某一个问题，在实际工作中进行的短期培训。它的特点是：培训时间灵活，不影响正常的维修任务；边学边干，学以致用，易掌握知识要点，实践性强；结合本企业自身的维修特点；利用本单位技术骨干而不需聘专职教师，也利于员工之间的交流；经济，不需添置设备场所；所培训的知识不系统不规范；受训的人数受培训场地所限。维修企业中，对新进设备、工具的使用、某一种新车型新总成的维修方法、安全培训等均可采用在职培训。

2）脱产培训。脱产培训就是在一定的时间里，受训者离开工作岗位接受专门、系统的知识培训。它的特点是：培训的知识系统化、理论化、专业化，受训者可以得到全面的提高；受训者可能来自不同的地区、行业，可以进行相互的交流、学习；学习更专心，不受工作的干扰。例如：上海大众汽车公司培训中心每年都组织全国各地维修站的技术或管理人员进行相关的内容培训。

3）半脱产培训。半脱产培训介于在职培训和脱产培训之间，兼顾二者的优缺点。

（2）按照培训的目的分类

按照培训的目的分为文化技术培训、学历培训、岗位（职务）培训。

1）文化技术培训。文化技术培训的目的是提高企业员工文化素质和维修技术，如某车型的结构特点培训、企业管理培训等。它的特点是针对性强，短期内可提高员工的维修技术。

2）学历培训。员工可以利用业余时间接受更高一层的培训，以便全方位的提高自己。如现在各个行业内普遍流行的专升本培训、自学考试培训等，在一些高校中针对中高级管理人员开设的 MBA、MPA 培训也是学历培训的一种。有时员工选择的专业与工作岗位不一致。从企业的角度出发，对员工的这种自我培训应当鼓励，在条件允许的情况下，给予支持。

3）岗位（职务）培训。这是从工作的实际需要出发，针对某些岗位的特殊要求而进行的培训。其目的是传授对于个人行使职位职责、推动工作方面的特殊技能，偏重于专门知识的灌输；使受训人在担任更高职务之前，能够充分了解和掌握未来职位的职责、权利、知识和技能等。如：对维修站中高层管理人员进行的财务培训和人力资源培训，对服务总监进行的服务理念更新、市场的开拓培训，对维修电工进行的计算机基础控制的培训等等。

（3）按照培训内容的层次分类

按照培训内容的层次可分为初级、中级、高级培训。

1）初级培训。初级培训主要是一般性的知识和技术方法培训，如入厂培训、维修人员的应知应会等。

2）中级培训。中级培训针对培训对象加入一些相关专业的理论知识，如汽车维修中、高级工培训。

3）高级培训。高级培训主要是将一些汽车行业的新技术、新观念、新方法以短期培训、研讨会的方式进行。

(4)按照培训对象不同分类

按照培训对象不同分为新员工、在职员工培训。

1)新员工培训。新员工培训是职前培训,其目的是让新员工对企业、工作岗位、工作环境有一个全面的认识,领会企业文化,熟悉企业的规章制度,能够很快进入状态。

2)在职员工培训。在职员工培训主要是指员工的继续培训。其目的是全方位的提高素质。

【案例8-2】上海大众设有培训部,下设"职前"与"在职"两个培训职能机构。每一天大约有几百人参加职前培训或在职培训。它的职前培训大致程序是:理论学习与技能培训同步进行。技校学习是其中重要的一种,主要以专业学习为主,学习内容不局限于一个工种。经过3年的学习,可以实现一专多能。优秀毕业生在生产岗位工作几年后,可以继续深造。在职培训是:结合本部门的实际需要培训,在大众车间设有"培训岛"。需要什么,培训什么。结合岛内配有的教室、实际零件、生产仪器,就地培训。

3. 员工培训的内容

维修企业员工的培训内容应根据企业的具体情况而定,原则上与企业发展方向、规模相匹配,培训的方法可以多种多样。一般可按照国家有关规定和企业的发展要求对现有岗位分期分批进行。从目前的实际情况来看,考虑到企业的经济效益,大多数企业培训的内容仅仅局限于专业技术的培训。从长远发展来看,具有一定规模的维修企业,培训内容应与员工职业生涯设计结合起来,以培养一个优秀的、具有本企业特色的员工为宗旨。

【案例8-3】如IBM公司的终身培训体制,任何一名职工跨入公司大门第一步就是接受新职工入场培训;3个月后,成为一名正式员工;1~3年间,接受"入场培训"的再培训;5年后,可以接受特殊骨干职工培训;8年后,参加候补管理者培训;之后,再根据所在岗位的不同,每年利用20天左右接受各种进修;即将退休或已离开的员工可接受公司提供的内容为提高修养的培训。IBM希望这些退了休或被辞退的员工,无论走到哪里,都能以他的风采、才能、气质展示IBM的形象。

任务5 绩效考核及薪酬管理

8.5.1 绩效考核

绩效考核就是根据一整套的标准来收集、分析考核一个员工或一个组织一段时间内在工作岗位上的表现和工作结果。它作为一种衡量、评价员工工作表现的工作体系,通过绩效考核可以引导员工的行为趋向于企业的经营目标,调整员工不规范的行为,可以起到鼓励先进、鞭策后进的作用,并以此来检查或控制工作进程,从而激发员工的潜能,使企业和员工同时收益。通常从企业组织的最基层做起,上一层的主管考评所管辖的每一个员工,层层对应,最高层领导评估整个企业的工作绩效。

由于企业组织是由员工个体组成的,因此,对每一个员工的绩效考核是一件非常重要的事情。

项目八 汽车维修企业人力资源管理

【案例8-4】奥塞公司,主要生产和销售精密材料、零部件和照明产品,年销售额为18亿元。公司拥有12个工厂,大约12000位员工,其中约30%为固定工,其余为小时工。因为是著名的西门子家族公司的组成部分,它有一套传统的工资和薪酬体系。1993年形成一定规模后,企业中出现了一些问题。一年一度的绩效考核大事,只有少数一些经理会认真评审;员工在评价会议期间,非常想知道自己真实的业绩反馈,并希望所得报酬与之一致;没有人对这个流程满意。发现这些问题后,公司进行一系列的改革,人力资源管理部门就公司的经营目标分解,建立一套新的绩效管理流程,用新的员工绩效评级法将绩效评估放在日常管理工作中,使管理实现经常化、规范化和民主化。在实施改革的两年后,各事业部的经营利润都超过了目标要求。绩效计划的3/4被证明对公司的经营目标起到了强有力的支持作用。更让人鼓舞的是,中高层管理人员把评估过程看成是一种诚实、公开、公平的对话。一般员工得到真实可靠的绩效表现的反馈,使他们更积极主动地为公司做贡献。由此可见,绩效考核对一个企业来说是至关重要的。

1. 绩效考核的作用

(1) 绩效考核是建立薪酬制度的基础

按劳分配、奖勤罚懒,是制定薪酬制度的一贯原则。怎样判断企业员工的劳动业绩,绩效考核可以提供量化数据,真实、可靠的数据是建立薪酬制度的基础。

(2) 绩效考核是绩效工资和奖金发放的依据

员工在企业中工作的态度和工作效果不尽相同,为了有效控制企业中"干好干坏一个样""干的不如看的,看的不如捣乱的""能干的不如能说的"等不良现象,制定科学的业绩考核办法,进行科学的绩效考核,根据考核结果确定绩效工资、发放奖金,可以有效地调动员工的工作积极性。

(3) 绩效考核是员工职务职称晋升、工作调整、业务培训主要依据

在一群年龄、学历相当的员工中,只有进行了科学的绩效考核,才能找到工作业绩出色者,才能为人员的任用、调遣提供可靠的依据。同时,针对工作业绩出现问题的员工,可以分析问题所在,发现另有所长的,可横向调动;发现工作中员工需要帮助的,可考虑进行相应内容的培训。

(4) 绩效考核是激励员工的根本

在工作中,每一个人都希望得到肯定或褒奖。通过绩效考核,肯定成绩、肯定努力,鼓舞士气,增强信心;同时,也使一些人看到不足。通过比较,先进的更努力,后进的变压力为动力,使工作良性循环。

(5) 绩效考核是体现公平竞争的前提

提倡公平竞争,展开公平竞争的前提是要有一个科学、良好的工作业绩考评。

(6) 绩效考核有助于实现员工的自我价值,提高企业效益

绩效考核细化了工作要求,使员工的工作责任心增强,同时也明确努力方向,满足员工渴望成功的愿望,从而提高企业效益。

2. 绩效考核的内容

绩效考核是一件综合性很强的工作,需要多个部门共同协作完成。

(1) 绩效考核的组织实施步骤

第一步：员工、主管领导、人事管理人员、企业领导共同商议绩效考核内容，并组成相应的办事机构或领导小组。

第二步：领导小组通知有关人员准备考评，并下发相关文件和考核表。

第三步：参评人员在规定的时间内完成考评内容，并上报领导小组。

第四步：将考核结果通知被考核的人员，如有异议，可与主管或领导小组共同商议解决办法。

第五步：根据考核结果，进行奖惩，并将结果纳入员工档案，交于人事部门存档。

(2) 绩效考核的内容

在绩效考核工作中，首要考虑内容的科学性、合理性。绩效考核的内容，根据考核对象的不同而不同，可分为个体考核和团队考核两种。

1) 个体考核。就是考核的对象是岗位个体。如汽车维修工、配件库管理人员、前台接待人员、车间技术总监、车间主任、服务经理、配件经理、企业副总等，不同的岗位，要求不同。汽车维修机修工岗位，首先考虑维修量的多少；其次，考虑他的服务质量。配件库管理人员岗位，首先考核的指标应为服务质量；其次才是配件利润的多少。前台接待人员岗位，首先考核的是工作方式，解决和处理问题的能力。考评车间主任时，很重要的指标是车间利润，而这个指标是整个车间的员工在考核周期内共同完成的，而不是车间主任一个人的业绩。

个人的"德""能""勤""绩"是个人各种能力的全面反应，我国对公务人员的考核、事业单位对个人的考核、国有企业对管理人员的考核，普遍从这四个方面进行。德，指德行，一个人的品质包括政治素养和个人修养；能，指能力，主要是指工作能力；勤，指勤奋，表征对工作努力的程度；绩，指成绩，表征在考核的这一时段的工作成绩。很显然，这是一个比较全面的概括性的考核，也是一个综合性的考察。值得注意的是，在使用这种方式时，需要考虑两个方面的问题：第一，这四个字涵盖了一个人的方方面面，但对于具体岗位（群体）上的任一个员工来说，我们不能求全责备，考核内容不可能面面俱到。因此要找出与这个岗位（群体）工作业绩关系最为紧密的内容，并将之细化和深化。第二，根据岗位（群体）的实际要求，我们是强调工作结果还是强调工作行为。作为生产性岗位（群体），主要强调工作结果即"绩"；而管理性岗位（群体），则主要强调工作行为即"德""能""勤"。

企业对普通员工与基层管理人员的考核，尽可能选取相关指标，进行量化考核，并结合上级主管的评价打分，综合评定。

【案例8-5】一汽奥迪公司在它的维修站中的具体做法

一般员工的考核结构由三部分组成：个人详情及工作范围、部门特殊考核标准、特殊任务（必要时）。第一部分是必考内容，第二、三部分作为选择项。考核顺序是由总经理、人事部门考核部门经理，部门经理考核一般员工。一年至少考核一次。个人详情及工作范围包括工作数量、工作质量、合作意识、赢得客户、客户保持五个方面，具体内容见表8-7。

表 8-7 个人详情及工作范围

考核项目	考核内容
工作数量	1）员工完成工作是否落后 2）员工在一天结束时是否能完成手头的工作 3）员工在短时间内是否能完成一定的工作量 4）员工是否能够超额完成规定的工作量 5）员工工作时精力是否集中
工作质量	1）员工工作是否认真，是否需要重复工作、纠正错误 2）是否能够系统地工作，总揽全局 3）是否利用有价值的辅助工具 4）员工的工作是否能够达到规定的质量标准 5）工作质量是否利于工作流程的顺利进行 6）是否能够在规定的最后期限内及时完成任务 7）是否主动提出过合理化建议
合作意识	1）是否向同事传达重要的工作信息 2）是否与他人一起协调分担小组的工作量 3）是否对同事的处境漠不关心 4）是否避免与他人接触，不能促进同事与上司的合作 5）能否处理小组中出现的矛盾
赢得客户	1）是否主动接近客户，并尽量满足他们的合理要求 2）是否保持本人与客户已建立的工作联系 3）是否遵守约定的时间
客户保持	1）是否主动接触客户 2）是否能够通过个人的咨询服务使客户与经销商紧密联系起来 3）是否积极参与活动规划

2）团队考核。考核的对象是由一些不同的岗位组成的工作小组。大致有管理性团队、科技性团队、生产性团队、服务性团队几种。维修企业中，前台服务组、汽车维修组就分别属于服务性团队和生产性团队。服务性团队，考核的主要指标为工作效率、服务方式；生产性团队，考核的主要指标则是维修量、维修质量、服务质量。

对一个团队或部门的业绩考评，哈佛商学院教授卡普兰和咨询师诺顿曾提出平衡记分法。具体办法是将各部门在日常工作中需要考虑的所有最重要的因素列为考核内容，并给出它们各自成绩的一个最低值；在所有指标都达到最低值的基础上，利用加权的方式计算出这个部门的最后结果；如果其中一项未达到最低值，则考核结果为没有达标。因此考核因素的选择是至关重要的。一般来说，按表 8-8 中的三个方面选择考核要素。这样做能很好地将企业的战略目标与部门的绩效结合起来，指明部门工作的努力方向。同时，在工作中全面照顾，避免顾此失彼。

表 8-8 平衡记分法考核内容

考核因素	具体指标	最低值
财务指标方面	资金报酬率 现金流 财务指标方面 销售额	

（续）

考核因素	具体指标	最低值
顾客方面	顾客排名调查结果 顾客满意度指数 市场占有率	
内部业务方面	维修质量、返工情况 安全事件	

3．考核指标

（1）工作态度方面考核指标

工作态度包括工作责任感、主动性、工作热情，常用指标有出勤率、投诉次数和投诉率、客户满意度、主管领导评分等。

（2）工作数量和质量方面考核指标

1）完成的工时数、工时费、材料费、总产值。

2）完成工作任务定额百分比。

3）一次性合格率、返修工时损失、返修率。

（3）技术技能方面的考核指标

1）技术技能竞赛获奖等级及次数。

2）发表的论文和提交的技术总结的数量及等次。

3）解决技术难题的次数及效益评价。

4）技术成果或科研成果的数量及等级。

（4）团队合作精神考核

团队成员的民主测评打分或评级。

（5）服务方面的考核指标

1）入厂维修台次、完成维修台次。

2）产值及产值增长率。

3）服务保持率（从服务站买车的客户有多少回到本站维修和保养）。

4）零件在库总额或零件在库月数。

5）保险车辆续保率。

6）毛利率。

4．绩效考核的方法

美国著名的人力资源管理专家韦恩·卡肖指出："多少年来，有些人事管理专家一直在煞费心地寻找一种'完美无缺'的绩效评估方法，似乎这样的方法是万灵药，它能医治好组织的绩效系统所患的种种顽疾。不幸的是这样的方法并不存在……总而言之，工作考核过程是一个同时有人和数据资料在内的对话过程。这个过程既涉及技术问题，又牵连着人的问题。"绩效考核的方法多种多样，它们都是人们在实践中积累起来的。常用方法有民意测验法、共同确定法、配对比较法、等差图表法、要素评定法、欧德伟法、情景模拟法。

（1）民意测验法

民意测验法，就是让企业所有人员或与之有工作联系的人来评价被考核者，然后得出结果。这种方法的优点是评价的人员多，民主性强，可以看到大家的实际看法。缺点是最后的评价结果往往受被考核者的人缘的影响,并不代表实际的工作业绩。

(2) 共同确定法

共同确定法,这是一种层层确定的方法,先由最基层小组提出意见,进行上一级专业小组评定,上报总的评定委员会评议,得出结果。优点是层层评议,最后由专家确定,可以保证考核者的水平、能力等方面确实与实际相符。缺点是当某些业绩不能很好地量化时,结果受考核者的主观因素影响大。

(3) 配对比较法

配对比较法,将被考核者进行两两逐对比较,成绩较好的可加1分,成绩相对不好为0。然后统计大家的加分,可以得出被考核者的优劣次序。优点是因是两两比较,相比而言,最后结果的准确度较高。缺点是这样比较的工作量较大,也可能有循环的结果。如:A比B好,B比C好,C比A好。如果现有五位员工比较,结果可见表8-9。

表8-9 五位员工配对比较结果

被比较者	员工一	员工二	员工三	员工四	员工五	被比较者的得分
员工一		1	1	0	0	2
员工二	0		0	0	0	0
员工三	0	1		0	0	1
员工四	1	1	1		1	4
员工五	1	1	1	0		3
考核结果	从优到次的顺序:员工四、员工五、员工一、员工三、员工二					

(4) 等差图表法

等差图表法也称为图解式评定量表。首先确定考核项目,确定评定等级和分值,然后根据这个表格由考核者给出被考核人的分数。它的优点是考核内容全面,打分档次可以因岗而定,灵活方便。缺点是在一些不能量化的考核项目上受考核者主观因素影响过大,另一个缺点是考核项目的每一项内容的地位都是等同的,不能突出主要考核内容。表8-10是一个企业利用等差图表法对配件库管理人员的考核。

表8-10 利用等差图表法对配件库管理人员考核表

姓 名	总 分		得 分
考核项目	评定等级		
配件销售数量	超过规定额30%以上	30	
	超过10%~30%	25	
	等于规定额	15	
	低于规定额10%~30%	10	
	低于规定额30%以上	5	
服务质量	配件供应充足	15	
	配件供应及时	10	
	配件供应不及时	5	
相关配件知识	十分了解配件知识	15	
	比较了解配件知识	10	
	不了解	5	
资金使用	资金使用合理	10	
	资金使用不合理	5	
备 注			

（5）要素评定法

要素评定法又称为点因素法。在等差图表法的基础上，考虑到不同考核项目的侧重性，考虑到加权的因素，通过不同的分值来表示。它的优点是考核要素全面，并且考虑了要素的侧重性，符合岗位的实际要求。缺点是比较烦琐，费时费力。表 8-11 是利用要素评定法对一个员工的考核内容。

表 8-11 利用要素评定法对员工考核内容

因 素	1级	2级	3级	4级
知识	14	28	42	56
经验	12	24	36	48
创造力	14	28	42	56
数量	20	40	60	80
质量	20	40	60	80
特殊贡献	10	20	30	40
责任感	10	20	30	40
协作态度	10	20	30	40

（6）欧德伟法

欧德伟法就是首先给每一个人规定一个基础分，根据主管人员在考核时间内记录的每一个下属员工在工作活动中所表现出来的关键事件（好行为或不良行为）来加减分，然后计算出总的得分。最后，公司根据总的得分进行奖惩。它的优点是以在考核期间内的员工表现为依据，在一定程度上排除了主观因素的干扰，较为准确。使用这种方法，可以让员工较为清楚的了解自己工作的不足，今后改善的方向。表 8-12 表示的是利用欧德伟法考核汽车维修企业管理岗位的情况。

表 8-12 利用欧德伟法考核汽修企业管理岗位内容

职 责	目 标	关键事件	加、减分
安排全年的维修计划、发展计划	编制的计划合理、科学；下发的命令及时	在规定的时间内编制出了新的维修计划；4 月的指令延误率降低了 10%	+10 +10
合理调配人力	不能出现闲散富余人员	5 月出现依次人员不到位的情况	−10
合理使用物力	保证机器、仪器的使用率在 95% 以上	2 月机器的使用率达到了 98%	+10
合理调遣财力	在满足原材料供应的前提下，使用材料、配件的库存成本降低到最小	7 月的库存成本提高了 18%，其中二类部件的订购富裕了 15%。一类部件的订购短缺了 10%	−10
掌握生产、经营、运作情况	车间维修秩序良好、正常	1 月、6 月因等待时间过长，无人服务，分别出现一次顾客投诉现象	−20
……	……	……	……
考核结果	在考核期间，该员工在调遣人员、降低库存成本上存在问题		

（7）情景模拟法

情景模拟法，就是为了适应管理和执行工作的发展而提出来的。工作越来越复杂，每一项任务的执行都需要多方面的素质和能力，而不同任务所需要的素质和能力又是不同的。单凭一些人为规定的考核项目无法全面测评员工是否胜任工作，为此，利用仿真评价技术，通过计算机仿真、模拟现场等技术手段进行模拟现场考核；或者通过代理职务进行真实现场考核。优点是被考核者可以真实地面对工作，表现出自己水平；缺点是需要大量的财力、人力，不能应用于所有的岗位。

以上列举了一些员工考核的方法，这些方法各有优缺点，汽车维修企业在使用时可斟酌考虑，找出适应自己的方法。

5．绩效考核实施过程中需要考虑的问题

我们在前面已经讨论了大量有关绩效考核的方法、内容等方面的问题，当我们把这些都确定以后，绩效考核工作是否能够很容易完成呢？答案是否定的。这是因为，一方面，绩效考核工作本身难度很大，不仅仅是主管领导给员工画钩、打分。如美国著名的管理专家爱得华戴明将绩效考核视为企业管理的七大痼疾之一。另一方面，在绩效考核中的任何一点偏差都会导致考核结果不真实可靠。

（1）绩效考核过程中可能会出现的方面
1）很难考核创造的价值。
2）很难考核团队工作中的个人价值。
3）忽略了不可抗拒的因素。
4）考核方法本身需要不断提高。
5）主管害怕出现负面影响。
6）员工总认为没有得到公正的待遇。
7）考核过程容易受到外界因素的影响。
8）缺乏明确的工作绩效标准。
9）工作考核的标准不现实。
10）考核者的失误。
11）消极的沟通。
12）反馈不良。
（2）减少可能出现上述问题的措施
1）必须清楚上述可能出现的问题。
2）分析每一种方法的优缺点，选择一、两种合适的评价方法。
3）对参与考核的考核者进行如何避免常见错误的培训。

知识拓展

《学习活页册》8-3　某品牌汽车 4S 店服务顾问绩效考核表
《学习活页册》8-4　某品牌汽车 4S 店销售顾问绩效考核表

8.5.2　报酬

1．报酬的概念

报酬是指完成某项工作应得到的回报，包括精神上的和物质上两个方面的回报。精神上的报酬主要是指满足个人成就感、心理满足感的报酬，如个人获得升迁、进一步进修培训的机会，更多地参与企业的管理，赋予更大的工作责任，获得较大的工作自由度等；物质上的报酬主要是指得到了满足个人物质生活需要的报酬，如基本工资、各种津贴、绩效工资、股票期权、企业提供的保健计划、企业提供舒适的办公环境、带薪旅游等福利待遇。在员工报酬中，基本工资、绩效工资及各种津贴是提供大多数员工物质生活的基本保障。

2. 工资制度

工资是根据员工的工作数量和质量，按照一定的制度付给他的工作报酬。工资的形式因使用的制度的不同多种多样。工资制度是指在一定原则的指导下，分析、计算员工的实际劳动成果，并支付相应报酬的准则、标准或办法。基本工资、各种津贴和绩效工资是通过工资制度得到确定，好的工资制度会激发员工的积极性大大提高员工的工作效率，同时也为企业创造更大的经济效益。工资制度必须坚持"按劳分配、多劳多得"的原则。常见的工资制度有岗位技能工资制、结构工资制、提成工资制、计件工资制、计时工资制。

（1）岗位技能工资制

岗位技能工资制就是按照工人的实际操作岗位的技术水平、工作的复杂程度来制定工资标准。主要有岗位工资、技能工资两部分组成。岗位工资就是对企业现有的工作岗位进行科学的岗位评价，将岗位划分成不同的档次或等级，并制定出相对应的工资标准。其中，岗位评价的内容主要从劳动条件的好坏、劳动强度的大小、工作责任的轻重三个方面考虑。技能工资应根据员工具备的工作技能的多少、具备的劳动技术技能水平的高低来确定不同的等级，并制定出相应的工资标准。

岗位技能工资制是国有企业推广使用的最主要的工资制度，用科学的岗位测定方法，明确各个岗位对员工的要求，兼顾员工自身的素质，比较好地将工资、技术、工作成绩结合起来，在较大程度上实现了同工同酬的分配原则，很大程度上提高了年轻员工的工作积极性，激发了年轻员工学习、掌握更多专业技能的热情。这种工资制的缺点是，一方面它没有真正与这个员工的岗位工作业绩结合起来，可能会出现两个工作岗位相同、技能水平相当、工作业绩不同的员工，岗位技能工资可能基本一样的情况，这样就会挫伤部分员工的工作积极性。另一方面，员工掌握技能的多少可能与他的现在工作岗位没有直接相关，这时单纯的根据掌握技能的多少来加减工资，也会挫伤一部分人的工作积极性。

（2）结构工资制

结构工资制就是根据决定工资的不同因素，将工资划分为几个部分，根据这些因素起的不同作用，确定所占的份额，构成员工的工资。一般有基础工资、职务工资、工龄工资、业绩工资等几部分组成。

1）基础工资。基础工资就是为了保障员工的基本生活费用而制定的工资。对于不同的岗位，企业可以根据自身的特点，基础工资数目可以制定为一样的，或考虑职务（职称）的不同做相应的变化，但变化不能太大。

2）职务工资。职务工资包含行政职务、技术职称，就是担任什么职务，具有什么职称，相应的确定什么样的工资标准。当一个人同时具有两种职务时，就高不就低。职务的升迁、职称的晋升，职务工资会随之变动，即一职一薪。

3）工龄工资。工龄工资是根据工作时间的长短，来确定工资标准。有些企业为了鼓励员工能够长时间为自己效力，还设置了本企业工龄工资。这一部分在整个工资总额中占的比例不大，大部分企业的工龄工资为每年 50～70 元，个别企业的工龄工资也有达到每年 100 元的。

4）业绩工资。业绩工资是根据企业、部门或个人工作业绩的好坏来确定的比例工资。随着现代企业奖励机制的完善，这一部分占的比例越来越大。

结构工资制是一种比较好的工资制度，较为全面地考虑了员工的需要。它的优点包括：一方面基础工资的确定，保证了员工的最低生活水平，解除了员工的后顾之忧；另一方面，不同比例的业绩工资，又激发了员工的工作热情，较好地体现了多劳多得的分配原则。

这样的以效益为主的激励型工资制度，员工的工资会随着他的责任、技能、知识含量、工作业绩的变化而变动，强调多劳多得、绩优者多得，调动了员工的工作积极性。

（3）提成工资制

提成工资制就是根据完成业绩的多少提取一定的百分比作为工资的主体部分，加上规定的基本工资构成提成工资总额。这种工资制度适应于工作业绩数完全能够量化的岗位，如汽车销售人员、汽车维修人员，可以根据他们销售或维修数量的多少提取一定的比例作为提成工资。

有的小型维修企业，采用这种提成工资制时，往往上不封顶，下不保底，无最低基本工资，相当于股份制，企业提供平台，员工提供劳务及技术，工资提成一般如下计算：

普通维修工当月收入=当月工时费总额×30%

钣金工当月收入=当月工时费总额×40%

油漆工当月收入=当月喷漆总收入×50%（当月喷漆总收入包括喷漆用的原材料费及工时费）

这种工资制度，可以为钣金工和油漆工提供兼职机会，减轻企业用人成本。

（4）计件工资制或计时工资制

计件工资制和计时工资制，大体结构是一样的，是由计件工资（或计时工资）、企业利润分成、奖金、津贴四部分加在一起构成员工工资总额。

计件工资就是根据员工在规定的劳动时间内完成的作业量与事先规定的计件单价结合一起计算的结果。

计时工资就是直接以员工工作的时间计量报酬，可分为小时工资制、日工资制、月工资制三种。天数、一天工作的小时数可以由企业在符合国家有关规定的前提下根据自身的工作特点而定。

3．企业利润分成

根据企业利润的一定比例来分配报酬，这种工资制度将员工和企业紧密结合在一起，使员工成为企业的真正主人，有利于调动员工的工作积极性，能够提高企业的生产效率。这些报酬可以直接以现金的方式支付，也可以以股权的方式支付。后一种方式在股份制企业中可以使用。

4．奖金

根据企业的整体经济效益（超额利润），结合个人的工作业绩用现金的形式发给员工的一种物质奖励。形式有年终奖、月奖、季度奖、质量奖、安全奖、全勤奖、合理化建议奖、超额奖等。

5．津贴

主要是指针对在一些特殊的岗位、特殊的工作条件下工作员工的一种补偿。作用主要是保护员工的身心健康，稳定部分岗位的队伍。主要形式有夜班补贴、加班补贴、高温（取暖）补贴、保健补贴等等。

【案例 8-6】某 4S 店维修车间绩效工资考核分配实例

车间主任工资总额=（机修工工时总额×10%+钣金工工时总额×12%+油漆工工时总额×15%）/1.17×提成系数

各班组组长工资总额=一般提成+班组长津贴

机修工工资总额=小组本月工时费总额/1.17×0.1×技术等级系数×一次维修成功率

钣金工工资总额=小组本月工时费总额/1.17×0.12×技术等级系数×一次维修成功率

8.5.3 激励

激励就是通过高水平的努力实现企业目标的意愿，而这种努力以能够满足员工个体的某些需要为条件，激励的过程就是调动员工积极性和创造性，使他们始终保持高昂的工作热情，使他们奋发向上，努力工作，去实现事先规定好的目标和任务。

1．激励和激励过程的概念

（1）激励的概念

美国管理学家雷尔森（Berelson）和斯坦尼尔（Steiner）给激励下的定义为"一切内心要争取的条件、希望、愿望、动力都构成了对人的激励——它是人类活动的一种内心状态。"

（2）激励过程的概念

员工的需要、动机、期望通过他在工作中的行为表现完成相应的任务与目标，如果员工感到满意，就会继续努力，进一步实现新的需要、动机、期望，形成一个持续循环。这种持续循环过程就是激励过程，如图 8-5 所示。

图 8-5 激励过程

2．有关激励的理论

（1）马斯洛的需要层次理论

著名的心理学家 A.H..Maslow 在总结前人的经验的基础上提出了著名的需要层次理论。他认为：人类都是有需要的动物，人类的需要产生了他们的目的和工作动机，而正是这些需要才是激励员工的关键所在。具体内容见表 8-13。

项目八 汽车维修企业人力资源管理

表 8-13 人类的需要层次

层 次	需 要	具体的内容
第五层	自我价值实现（实现自我）	有较高的工作满意度，有挑战性的工作，自立，可以获得新的知识和技能
第四层	受人尊重（地位显要）	得到奖赏和认可，有一定的专长、成就，享有一定的职位、声望、权利
第三层	社会需要（有意义）	有归属感、得到尊重、好的工作氛围、受欢迎、有工作生活的目标
第二层	保障需求（被关怀照顾）	保证工作、福利、养老、足够的休假、可承受的工作负荷
第一层	生理需要（不再受苦）	生活平稳、满足生活的薪水

可见，人的需要是以层次出现并逐层上升的。当较低层次需要得到满足时，它就失去了对行为的激励作用，而追求更高一层次需要的满足就成为激励其行为的驱动力。需强调的是，从第一层到第五层，人数越来越少，即人的需要结构不是一样的，对具体人应当因人而异。

（2）赫兹伯格的双因素理论（激励—保健理论）

通过调查访问，心理学家赫兹伯格发现了两种因素对人的作用不同。保健因素——类似于卫生保健对身体所起的作用的那些因素，低于员工可以接受的程度时会引起员工的不满。改善后，可以消除不满，但不会导致积极的后果。只有那些激励因素——成绩、工作本身、责任，才能使员工产生满意的积极效果。

（3）克莱顿·爱尔得弗的 ERG 理论

ERG 理论是耶路大学的克莱顿·爱尔得弗教授发展、重组了马斯洛的需要层次理论，将人的五种需要改为三种核心需要：生存（existence）、相互关心（relatedness）、成长（growth）。具体内容见表 8-14。

表 8-14 ERG 理论中人的 3 种核心需要层次

层 次	需 要	具体的内容
第三层	成长	一个人发展的内部需要
第二层	相互关心	维持重要的人际关系、满足社会的和地位的需要
第一层	生存	满足我们物质生活需要的方面

（4）詹姆斯的期望理论

詹姆斯认为，当人们预期自己的行动将达到他向往的目标时，就一定会激励他竭力去实现这个目标。例如：当一名应届毕业生在寻找工作时，面对三种不同的招聘广告，其行动是不一样的。第一种，招聘职位是公司副总经理，年薪 12 万元，考虑到职位要求高，他会认为自己得到的可能性太小了，这样，他选择了放弃。第二种，职位是操作工人，每小时的工资为 5 元，他认为不能发挥专业所学，也放弃了。第三种，职位是企业某部门的管理人员，年薪为 2 万元左右。薪水合适，又能学以所用，因此，他决定努力争取这个职位。

选择性行动成果的强度，是指一个人选择某一行动所导致的成果的渴望程度。例如：管理人员是否愿意被提拔为管理者，不愿意的强度为零或负数，愿意的为正数。期望概率，是指一个人对某个行动导致的报酬或成果的可能性大小的估计和判断。范围在 0-1 之间，越接近于零，可能性越小，反之，越大。由图 8-6 可见，选择性行动成果的强度和期望概率共同作用于员工的激励力，使效果更明显。

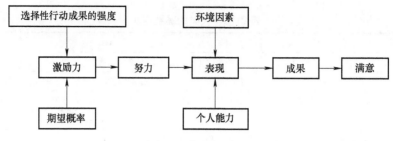

图 8-6 期望理论图

(5) 公平理论或社会比较理论

亚当斯提出的公平理论，也称为社会比较理论。他认为：员工之间经常会自觉不自觉地把他在工作中的付出和报酬与相类似的别人进行权衡比较，比较之后，可能会有三种结果：认为自己的报酬与别人比是公平的，他感到满意，随之工作积极性高；认为自己的报酬太低，与别人比太不公平，他就不满意，无法调动积极性；认为自己的报酬与别人相比太高，有受愧之感，也会不利于积极性的发挥。

(6) 麦克莱兰德的三种需要理论

麦克莱兰德及其合作者提出了主要关注三种需要的理论，这三种需要是成就需要、权利需要、归属需要。他们认为，人与人之间是有差别的。一些人具有获得成功的强烈动机，他们追求卓越。相比起成功的报酬本身，个人成就更让他们关注，这种驱动力就是成功需要。权利需要是指影响和控制别人的一种愿望。这样的人倾向于有竞争力和地位向上的工作环境，喜欢承担责任。归属需要是指那些渴望友谊、理解、共同的工作环境，寻找一种被接纳和喜欢的愿望。我们通过分析员工是属于那一种人，相应采取激励手段。

(7) 目标设置理论

目标设置理论，就是指员工接受一定难度、具体的工作目标后，会比容易的目标更能够激发高水平的绩效。这是因为，一旦一个人知道了一个具体、困难的目标，他会全力以赴地朝着这个方向去努力，并且通过反馈的信息引导自己的行为。另一个优势是，当他们参与目标的设定时，即使一个困难的目标也容易被员工接受。

3．激励的方法

前面介绍了一些有关激励的理论，每一种理论都有它的关注点，企业的管理者可以针对企业自身的特点、员工的特点斟酌选用。

(1) 物质报酬

物质报酬就是指员工获得的工资、奖金和其他的物质享受，其实就是金钱。毋庸置疑，这是一种非常有效的激励方法。从前面提到的激励理论，我们可以知道，满足人们第一层需求的就是保证足够的生活费用，对于一般人来说，这一点很重要。面对那些已经功成名就的人来说，只用物质报酬这种方式，显然作用不大。如果想使物质报酬成为一种有效的激励手段，对于那些职位相当的员工，给出的薪水或奖金必须与他们的工作业绩相对应。否则，即使增加了工资和奖金，也会有一些人不满意。

(2) 员工参与

从目标设置理论可以知道，让员工参与制定目标，即使目标更高一点，员工也能够接纳它,这就是员工参与的作用。所谓员工参与,就是调动员工的能动性,并鼓励员工对企业的成功做更多努力而涉及的一种参与过程。员工参与的形式有参与管理、代表参与、质量圈、员工股份所有制四种。

1)参与管理。参与管理就是和员工共同决策。它的优点是:让了解工作的员工参与管理,可以得到更完善的决策;增加了对团队的需要,便于解决共同问题;参与作为一种内部奖励手段时,可以满足归属感和成就感的需要和受人赞赏的需要。

2)代表参与。代表参与是通过选出的一部分员工来代替全部员工参与企业管理。

3)质量圈。质量圈就是由8~10个员工和监管者组成的共同承担责任的一个工作团体。他们定期会面,讨论质量问题,探讨原因,提出建议和措施,并上报给企业管理层。许多企业的实践证明,质量圈对生产力可以产生积极影响。

4)员工参股。员工参股就是让企业员工持有企业的一部分股票。这种方案使得员工成为公司的主人,使得公司的业绩与员工的收入紧密挂钩,因此,它具有提高员工工作满意度和工作激励水平的潜力。

(3)认可和赞赏

认可和赞赏有时可以成为比金钱更具激励作用的奖酬资源。在管理实践中,用认可和赞赏的方式对员工进行奖励,可以采取多种灵活形式。

(4)带薪休假

带薪休假对很多员工来说都具有吸引力,特别是对那些追求丰富业余生活的员工来说,更是情之所钟。

(5)享有一定的工作自由度

对能有效地完成工作的员工,可以减少或撤销对他们的工作检查,允许他们选择工作时间、地点和方式,或者允许他们选择自己喜欢干的工作。

(6)提供个人发展机会

企业应尽力为员工提供增加收入的机会或平台,为员工的职业发展创造机会,提供晋升通道,让他们得到社会认可度,满足他们的心理需要,发挥他们的更大潜力。比如建立员工的技术等级制度、职称晋升制度、职务提升制度等。

(7)长期奖励

相对来说,各级管理人员的工作对组织的长远发展能产生比较大的影响,因此,对管理人员的报酬激励要突出对其长期行为的引导。长期奖励的作用就是能克服管理人员的短期行为,从而保证组织的持续发展。长期奖励的主要形式有股票和股票期权等。有统计数字表明,参加股票期权计划者80%以上都是企业的管理人员。

(8)特别福利

特别福利是针对达到一定职位的管理人员的特别待遇。当这种待遇可观时,也能起到一定的激励作用,这种特殊福利包括无偿使用组织的车辆、带家属旅行、从组织获得无息和低息贷款等。

【案例8-7】某4S店实行的7大类、21种非经济激励方法,见表8-15。

表8-15 个人详情及工作范围

序号及类别名称	具体类别	激励方法
1. 目标	生涯目标	用成功故事激励斗志，点燃员工心中的梦
	年度目标	让员工参与业务计划的制订，在执行自己制定的计划中获得成就感
	临时目标	将重要的短期项目交由员工推进
2. 竞争	生存竞争	动态评估，末位淘汰，让员工明白在组织内生存的挑战
	新陈代谢	以绩效为标准能上能下，使员工产生紧迫感和责任感
	分组竞争	分成若干组形成对比，在攀比中提升
	破除垄断	让内部机构与外部企业形成市场化竞争，以机构的生存压力调动激情
3. 危机	危机	灌输危机意识，生于忧患，死于安乐
4. 沟通	方便沟通	建立各种沟通渠建以方便与员工的沟通，让员工感觉自己受重视
	反向沟通	在员工犯错误时给予帮助和指导，让员工自觉反省，主动改进
	积极沟通	在员工犯错误时沟通，消除员工被管的心理障碍，产生被重视的激励
5. 兴趣	参与决策	适当让员工参与公司决策
	简化程序	减少和简化各类流程，以协助员工提高工作效率
	自选领地	给予费用支持员工创新
	留有余地	允许和鼓励员工做一些常规程序外的尝试
6. 空间	明确通道	建立明确的、可预期的晋升通道
	岗位轮换	轮换岗位，使员工在变动中求发展
	培训机会	提供多方位多层次的培训机会，提升员工软技巧和硬实力
7. 赏识	亲情回馈	给一些带有情感的小礼物或纪念品，肯定成绩
	即时表扬	关注员工的工作，找到好的立即表扬
	给予名誉	给突出贡献的员工以头衔或称号

4．员工的满意度、报酬与激励

员工报酬和现行的工资制度，无论采用哪一种工资制度或决定付给员工多少报酬时，我们最终目的都是吸引和留住企业需要的优秀员工，鼓励他们积极主动提高工作所需的技能和能力，并能够高效率的工作。同时，创造企业自身的文化氛围，并控制经营成本。要达到这个目的，我们必须考虑以下几个问题：

（1）员工的满意度

当员工对所得的报酬不满意时，可能会心中有怨言，然后消极怠工，直至离开企业。能否让员工满意，是一件非常重要的事情。当员工将他们的工作、教育、努力和业绩同他们所获得所有报酬相比，不一致时，会产生不满意情绪。这种比较包括：自己的付出及回报与周围同事比较；自己的付出及回报与自己的主管比较；他的情况与同行业中其他企业的类似岗位相比较。通过比较，员工如果对自己的现状感到不满时，就会产生消极的情绪，让他们感觉差距较大的原因主要有以下几个方面：

1）心理学发现，大多数的人存在一种心理防御机制，人们倾向于低估他人的绩效，而高估他人的报酬。尤其在员工的绩效与报酬透明度不高的企业中，容易出现此类情况。

2）员工的满意度是由内、外报酬综合作用的结果，并且不能替代。例如，某一品牌汽车维修企业中的机工或电工，每天维修同一品牌的汽车，多是单调、重复性的工作，即使他们每一天工作量较多，可以得到较高的物质报酬，也容易让人产生厌倦，缺乏工作的激情。同样的企业中，汽车销售人员，每一天面对不同的人和事，富有挑战性，假如企业付给的物质报酬较低时，也会让他们不满意。

由此可见，对于一个企业来说，较高的报酬会带来较高的员工满意度、较低的离职率。但是，高报酬并不能够解决所有的问题。对于那些非常优秀的员工来说，必须要有一个结构合理、管理良好的绩效付薪制度，让他们认同自己的投入产出比，才能留住他们。

（2）报酬与激励的关系

报酬可以激励员工，究竟在什么时候能够真正激励员工呢？通过许多事实证明，报酬与绩效联系在一起时，能够真正激励员工。

推动员工努力工作的动机是由各种报酬的预期引发的。如果员工的努力会带来成就，成就又会带来所期望的报酬，员工就会由此得到满足并被激励再次行动。在绩效和报酬之间的相互作用及对激励的反馈循环意味着激励作用取决于绩效与报酬的关系。显然，个人的激励取决于：达到预期的绩效所需的努力；员工对绩效与报酬的预期；个人感知到报酬的吸引力。

如果我们用报酬作为一种主要的激励手段时，就必须建立一个合理的、有效的绩效与报酬关系。针对不同的员工，采用不同的报酬方式。

例如，有的企业做法是将企业的整体效益和岗位的劳动因素、劳动贡献作为工资分配的要素，建立起以岗效薪级工资制为主要内容的基本工资制。

岗效薪级工资由岗位薪级工资、工龄工资、业绩工资三个单元组成。

岗位薪级工资是体现岗位劳动差别的工资单元，实行以岗定薪、岗变薪变。实行全员岗位动态管理，建立岗位竞争机制，坚持竞争上岗和岗上竞争。打破工人、干部身份界限，根据业绩考评进行人员配置。连续考核优秀的增加岗位工资上浮系数，有一次考核不称职的去掉工资上浮系数，连续考核不称职的降岗或待聘处理。

年工龄工资主要是以员工实际工作工龄工资。

业绩工资根据公司效益和部门、个人业绩考评确定。公司考评业绩分为两个层次进行，即二级部门考评和个人考评，考核的原则是科学考核、严格兑现。

对于科研人员实施科研项目工资制，即工资构成为基础工资和科研业绩奖。

这种工资制度优点是体现了按劳分配的原则，表现了不同劳动贡献的人在工资分配上的差别；强化了职工的效益观念和对企业的关心度，增强了企业的凝聚力；在企业内部形成了竞争的氛围。它的缺点是：面对其他管理或销售的岗位，分配模式单一；总体上收入差距过小；对于高层次的人才，这种分配制度没有吸引力。

因此，针对上述缺点，需要建立产权明晰、权责明确、政企分开、管理科学的现代企业制度，相应地需要建立多种激励作用明显的工资分配制度。具体内容包括：

1）综合企业的经济效益指标、职工平均工资水平、当地劳动力市场价位三者因素，确定经营者的基本年薪；经过年终考核后，得到效益年薪。

2）在实行岗效薪级工资的基础上，对于高级管理人员和高级技术专家，收入与企业的年度经营结果挂钩。

3）通过推进科研项目成果的后评估制度，完善科研业绩评价体系，对科研人员，采用基薪+提成奖。

4)针对不同岗位的购销人员,采用两种类型:高风险与低保障、高保障与低风险的"基薪+佣金"的工资制度。

5)对中高管理人员及科研人员采用持有股权的方式激励。

经过进一步探索按要素分配的形式,科学分析各种岗位的劳动要素的侧重点和对企业的影响程度,探索建立多种收入的模式,显然体现了高收入、高要求、高效率、多劳多得。

复习思考题(《学习活页册》8-5)

复习思考题参考答案(《学习活页册》8-6)

项目九
汽车维修企业财务管理

学习目标：
- 掌握有关财务的基本知识。
- 掌握企业收入及费用管理。
- 掌握成本管理的内容及方法。
- 掌握企业利润管理的内容及方法。
- 掌握企业财务分析的内容及方法。

汽车维修企业的生产经营过程，从价值形态来看表现为资金运动。企业在资金运动中与有关方面发生的经济关系即财务关系。

汽车维修企业财务管理是组织企业资金运动（或称资金活动），处理企业同各方面的财务关系的一项经济管理工作，也是企业管理的重要组成部分。财务管理区别于其他管理的特点在于它是一种价值管理，即对企业再生产过程中价值运动所进行的管理。财务管理利用资金、成本、收入等价值指标来组织企业中价值的形成、实现和分配，并处理这种价值运动中的经济关系。其目的是千方百计使资金释放出最大的能量，实现增值，提高资金效益。汽车维修企业的规模相对较小，作为企业的员工和管理人员，都应该了解或掌握财务管理的基本知识。

任务 1　熟悉财务基本知识

在市场经济中，汽车维修企业从业人员掌握财务基本知识是非常必要的。财务基本知识包括现金管理、银行结算、支票结算、银行汇票结算等内容。

9.1.1　现金管理

会计范畴的现金又称库存现金，是指存放在企业并由出纳人员保管的现钞，包括库存的人民币和各种外币。现金是流动性最大的一种货币资金，它可以随时用以购买所需物资，支付日常零星开支，偿还债务等。

依国际惯例解释，"现金"是指随时可作为流通与支付手段的票证，不论是法定货币或信用票据，只要具有购买或支付能力，均可视为现金。因此，现金从理论上讲有广义与狭义之分。

狭义现金是指企业所拥有的硬币、纸币，即由企业出纳员保管作为零星业务开支之用的库存现款。

广义现金则应包括库存现款和视同现金的各种银行存款、流通证券、微信零钱、支付宝余额等。财务管理中的现金通常指广义现金。

1. 现金管理的原则

1）开户单位库存现金一律实行限额管理。

2）不准擅自坐支现金。所谓坐支，即从企业的现金收入中直接用于支付各项开支。坐支现金容易打乱现金收支程序，不利于开户银行对企业的现金进行有效的监督和管理。

3）企业收入的现金不准作为储蓄存款存储。

4）收入现金应及时送存银行，企业的现金收入应于当天送存银行。

5）严格按照国家规定的开支范围使用现金，结算金额超过起点的，不得使用现金。

6）不准编造用途套取现金。企业在国家规定的现金使用范围和限额内需要现金，应从开户银行提取，提取时应写明用途，不得编造用途套取现金。

7）企业之间不得互相借用现金。

2. 现金管理的规定

企业应在国务院颁布的《现金管理暂行条例》规定的范围内使用现金，并主动接受开户银行的监督。

（1）现金使用范围

现金使用范围包括：职工工资、各种工资性津贴；个人劳务报酬，包括稿费和讲课费及其他专门工作的报酬；支付给个人的奖金，包括根据国家规定颁发给个人的科学技术、文化艺术、体育等各种奖金；各种劳保、福利费以及国家规定的对个人的其他支出，如转业、复员、退伍、退职、退休费和其他按规定发给个人的其他费用；出差人员必须随身携带的差旅费；向个人购买农副产品和其他物资支付的价款；支付各单位间在转结算起点以下的零星支出；中国人民银行确定需要支付现金的其他支出。

企业与其他单位的经济业务，除上述规定的范围可进行现金结算外，都要通过银行进行转账结算。

（2）核定库存现金限额

库存现金限额是指为保证各单位日常零星支付按规定允许留存现金的最高数额。库存现金的限额，由开户银行根据开户单位的实际需要和距离银行远近等情况核定。其限额一般按照企业 3～5 天日常零星开支所需现金确定。远离银行机构或交通不便的，单位可依据实际情况适当放宽，但最高不得超过 15 天。超过限额的现金必须按规定及时送存银行。

9.1.2 银行结算

所谓结算，就是指经济往来所引起的货币收付行为。这里我们讲的货币主要是指现金和银行存款。使用现款进行的结算叫作现金结算。按照现金管理制度规定，现金结算主要用于对个人的款项收付，单位之间发生的大宗经济往来不直接动用现金，而是通过银行将款项从付款单位账户划转到收款单位账户，这种结算方式，叫作银行结算（也称转账结算，或称非现金结算）。国内现行的转账结算办法主要有支票结算、银行本票结算、银行汇兑结算、委托收款结算、银行汇票结算、商业汇票结算、托收承付结算。本文主要介绍支票及银行汇票的结算。

1. 银行结算的基本要求

各单位办理银行结算，必须了解并遵守下列基本要求：

1）各单位办理结算必须遵守国家法律、法规和银行结算办法的各项规定。

2）各项经济往来，除了按照国家现金管理的规定可以使用现金以外，都必须办理转账结算。

3）在银行开立账户的单位办理转账结算，账户内须有足够的资金保证支付。

4）各单位办理结算必须使用银行统一规定的票据和结算凭证，并按照规定正确填写。

5）银行、单位办理结算应遵守"恪守信用，履约付款，谁的钱进谁的账，由谁支配，银行不垫款"的结算原则。

6）银行按照结算办法的规定审查票据和结算凭证，收付双方发生的经济纠纷应由其自行处理，或向仲裁机关、人民法院申请调解或裁决。

7）银行依法为单位、个人的存款保密，维护其资金的自主支配权。除了国家法律规定和国务院授权中国人民银行总行的监督项目以外，其他部门和地方委托监督的事项，各银行均不受理，不代任何单位查询、扣款，不得停止单位存款的正常支付。

8）各单位办理结算必须严格遵守银行结算纪律，不准签发空头支票和远期支票，不准套取银行信用。

9）各单位办理结算，由于填写结算凭证有误而影响资金使用、票据和印章丢失而造成资金损失的，由其自行负责。

总之，各单位要严格按照银行结算的规定和要求来办理银行结算，违反银行结算规定和纪律，银行按有关规定予以经济处罚，情节严重的，应停止其使用有关结算办法，因此造成的后果由各单位自行负责。

2. 填写结算凭证的要求

在办理银行结算过程中，无论是银行还是单位和个人，填写的各种票据和结算凭证是办理转账结算和现金收付的重要依据，直接关系到资金结算的准确、及时和安全，同时，还可以用来代替会计凭证，是记载经济业务和明确经济责任的一种书面证明。所以，必须按照有关规定填写票据和结算凭证的主要内容。

1）结算凭证的内容。结算凭证的内容主要包括日期、收款人或付款人、开户银行名称、账号、大小写金额以及用途等。

2）结算凭证的填写要求。在填写票据和结算凭证时，必须遵循：要素齐全，内容真实；数字准确，字迹清楚；不潦草，无错漏，严禁涂改；单位和银行的名称用全称[异地结算应冠以省（自治区、直辖市）、县（市）字样]等要求。

军队一类保密单位使用的银行结算凭证可免填用途。

9.1.3 支票结算

支票是银行的存款人签发给收款人办理结算或委托开户银行将款项支付给收款人的票据,实际上是存款人开出的付款通知。

支票结算可用于商品交易、劳务供应、资金调拨以及其他款项结算。凡在银行设立账户的单位、个体工商户和个人经开户银行同意,均可使用支票结算。

1. 支票的种类

支票按支付方式可分为现金支票和转账支票两种。

(1) 现金支票

现金支票是开户单位用于向开户银行提取现金的凭证,现金支票的支票上印有"现金支票"字样,如图 9-1 所示。现金支票既可用于向银行提取现金,又可以办理转账。

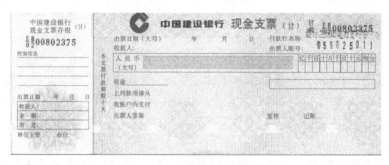

图 9-1 现金支票格式

(2) 转账支票

转账支票是用于单位之间的商品交易、劳务供应、债务清偿或其他款项往来的结算凭证,转账支票的支票上印有"转账支票"字样,如图 9-2 所示。转账支票只能用于转账结算,而不能提取现金。

图 9-2 转账支票格式

2. 支票的填写

(1) 填写要求

签发支票应使用墨汁、碳素墨水或蓝黑墨水填写,未按规定填写,被涂改冒领的,由签发人负责。支票上各项内容要填写齐全,内容要真实,要素齐全,字迹要清晰,数字要标准,大小写金额要一致。支票大小写金额,签发日期和收款人不得更改,其他内容如有更改,必须由签发人加盖预留银行印鉴章之一证明。

为了防止编造票据的出票日期,必须用中文大写。

(2) 日期填写

填写日期时,月为壹、贰和壹拾的,日为壹至玖和壹拾,贰拾和叁拾的,应在其前加"零"。日为拾壹至拾玖的,应在其前加"壹"。填写日期时填写位置要规范,不得出现错位、挤压现象,否则就是无效支票。

(3) 金额填写

1) 大写。大写用正楷或行书填写。大写填写时应紧接"人民币"字样填写,不得留有空白。数字到"元"为止的,在"元"之后必须加"整";数字到"角""分"为止的,"角""分"后不可以加"整"。

2) 小写。小写使用阿拉伯数字填写时,均应在小写数字前填写人民币符号"￥"。

3. 支票结算的基本规定

(1) 支票一律记名

签发的支票必须注明收款人的名称,并只准收款人或签发人向银行办理转账或提取现金。我国的支票都是记名支票,就是在使用前必须记载收款人名称,而且收款人名称必须是具有确定性和唯一性,不能含混不清。支票的收款人,在票据关系上是债权人,必须具有唯一性。如果可以记载两个人,那么支票的票款如何分配,付款银行付款时,款项到底应该划给谁?不光是收款如此,票据上所有的有关系人,如出票人、付款人、承兑人、背书人等等,都必须是确定的一个人,而不能是两个人。在中国人民银行总行批准的地区,转账支票可以背书转让。

(2) 支票的有效期

支票的有效期为 10 天,自出票日期开始计算,遇到节假日依此顺延。支票上没有填写出票年月日的支票,受票人最好不收。银行规定缺少出票年月日的支票是无效支票,由于疏忽出票人不必负任何的票据责任。如果出票人没有填写,授权收票人代填日期,收票人在收受支票时,同时应要求出票人出具"授权书"作为证明,没有授权书就可能吃伪造有价证券的官司。如果需要出票年月日改写,必须在改写处盖章,如不盖章,视为无效,这种支票会被银行退票。过期支票银行不予受理,支票自行作废。

(3) 支票的金额起点

支票的金额起点为 100 元。起点以下的款项结算一般不使用支票,但交纳公用事业费、缴纳基本养老保险基金、住房公积金等,可不受金额起点的限制。

(4) 签发支票的规定

签发人必须在银行账户余额内按照规定向收款人签发支票。不准签发空头支票或印章与预留银行印鉴不符的支票,否则,银行除退票外还要按票面金额处以 5%但不低于 1 000 元的罚款,另收 2%的赔偿金给收款人。对屡次签发空头支票的,银行将根据情节给予警告、通报批评,直至停止其向收款人签发支票。

(5) 支票的背书

持票人向其开户行提示付款的，不需要做委托收款背书（又称主动付款，出票人主动到自己的开户行送交支票，付款给收款人）。委托收款背书要求被背书人栏填写收款人开户银行的名称、签章栏填写"委托收款"字样并签章。支票转让背书应当连续，也就是指在转让中，转让支票的背书人与受让支票的背书人在支票上的签章，依次前后衔接。

(6) 进账

收到转账支票以后，最好立刻转账。根据有关规定，收到转账支票以后，受票人填写一张进账单到自己的开户行去进账，等款项到账后，银行会给你一份回单，如果超过提示付款期限的，付款人银行可以不予付款。

(7) 支票挂失

丢失支票后，可以依据《票据法》的规定，及时通知付款人或代理付款人挂失止付。挂失主要的条件是支票的各项要素必须齐全。在挂失时应填写挂失止付通知书并签章。填写内容包括支票丢失的时间和事由；支票的种类、号码、金额、出票日期、付款日期、付款人名称和收款人名称；挂失止付人的名称、营业场所、住所及联系方法；交纳票面金额1%，但不低于5元的手续费；立即到人民法院办理挂失止付。银行暂停止付权限为12日，在这12日内银行没有收到人民法院的止付通知书，自第13日起，挂失止付通知书失效。在失票人到银行办理挂失止付之前，此支票已经依法向持票人付款的，就不再办理挂失止付了。

(8) 交存支票

① 收款人交存支票填写二联进账单。

② 出票人交存支票填写三联进账单。

③ 收款人和出票人在同一行开户的，收款和付款都是当时入账。

④ 出票人主动付款的，付款金额当时入账，收款金额提出交换。

⑤ 收款人交存他行支票，在过了退期没有退票的情况下入收。

(9) 禁止单位签发的支票

① 签发支票的金额不得超过付款人实有的存款金额（空头支票）。

② 支票的出票人预留银行签章是银行审核支票付款的依据。因此，出票人不得签发与其预留银行签章不符的支票。

③ 银行还可以审核与出票人约定的使用支付密码，出票人不得签发密码错误的支票。

以上三种情况即签发空头支票、印鉴不符和密码错误，根据中国人民银行的规定，银行应予以退票，并收取票面金额的5%，但不低于1000元的罚款。

4. 支票结算的基本程序

(1) 现金支票结算程序

开户单位用现金支票提取现金时，由本单位出纳人员签发现金支票并加盖银行预留印鉴后到开户银行提取现金；开户单位用现金支票向外单位或个人支付现金时，由付款单位出纳人员签发现金支票并加盖银行预留印鉴和注明收款人后交收款人，收款人持现金支票到付款单位开户银行提取现金，并按照银行的要求交验有关证件。

(2) 转账支票结算程序

付款人按应支付的款项签发转账支票后交收款人，收款人审查无误后，填制一式两联进账单连同支票一并送交本单位开户银行,经银行审查无误后,在进账单回单上加盖银行印章,退回收款人,作为收款人入账的凭据,另一联和支票银行留存,作为划转款项和记账凭据。

5．支票结算应注意的事项

1）存款人向开户银行领取支票时,必须填写"支票领用单",并加盖预留银行印鉴章,经银行核对印鉴相符后,按规定收取工本费和手续费,发给空白支票,并在支票登记簿上注明领用日期、存款人名称、支票起止号码,以备查对。

银行出售支票每个账户只准一次一本,业务量大的可以适当放宽。出售时应在每张支票上加盖本行行名和存款人账号。单位撤销、合并结清账户时,应将剩余的空白支票,填列一式两联清单,全部交回银行注销。清单一联由银行盖章后退交收款人,二联作清户传票附件。

2）要严格控制携带空白支票外出采购。对事先不能确定采购物资的单价、金额的,经单位领导批准,可将填明收款人名称和签发日期、明确了款项用途和款项限额的支票交采购人员,使用支票人员回单位后必须及时向财务部门结算。

款项限额的办法是在支票正面用文字注明所限金额,并在小写金额栏内用"￥"填定数位。

3）支票应由财会人员或使用人员签发,不得将支票交给收款人代为签发。支票存根要同其他会计凭证一样妥善保管。

4）收款人在接受付款人交来的支票时,应注意审核以下内容:支票收款人或被背书人是否确为本收款人;支票签发人及其开户银行的属地是否在本结算区;支票签发日期是否在付款期内;大小写金额是否一致;背书转让的支票其背书是否连续,有无"不准转让"字样;支票是否按规定用墨汁或碳素墨水填写;大小写金额、签发日期和收款人名称有无更改;其他内容更改后是否加盖印鉴证明;签发人盖章是否齐全等。

5）对持支票前来购货的购货人必须核对身份,查验有关证件。为了防止发生诈骗、冒领或收受空头支票,收款人或被背书人接受支票时,可检查持票人的身份证,摘录身份证号码并问明联系电话等。按常规应将受理的支票及时送存银行,待银行将款项收妥并存入本单位账户后再行发货。

9.1.4 银行汇票结算

1．银行汇票的含义

银行汇票是出票银行签发的,由其在见票时按照实际结算金额无条件支付给收款人或者持票人的票据。银行汇票是汇款人将款项交存当地银行,由银行签发给汇款人的,因此,收款人或持票在在异地办理转账结算或支取现金是无风险的。

银行汇票适用于异地单位、个体经济户、个人之间需要支付的各种款项。凡在银行开立账户的单位、个体经济户和未在银行开立账户的个人,都可以向银行申请办理银行汇票,而且也都可以受理银行汇票。

2．银行汇票的类型

（1）纸质普通银行汇票

因为早期的银行汇票都是纸质的,所以人们习惯把纸质普通银行汇票简称为银行汇票。

银行汇票如图 9-3 所示。

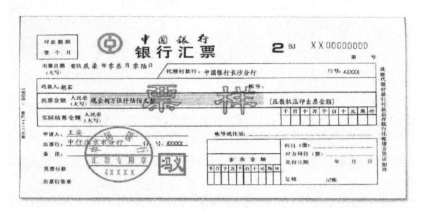

图 9-3 银行汇票样式

（2）电子商业汇票

电子商业汇票是指出票人依托电子商业汇票系统，以数据电文形式制作的，委托付款人在指定日期无条件支付确定金额给收款人或者持票人的票据。

电子商业汇票分为电子银行承兑汇票和电子商业承兑汇票。

电子银行承兑汇票由银行业金融机构、财务公司（以下统称金融机构）承兑；电子商业承兑汇票由金融机构以外的法人或其他组织承兑。

电子商业汇票的付款人为承兑人。

由于电子银行承兑汇票安全性和便捷性高，加之付款期限可以延长到 1 年，对于企业来说将有非常大的吸引，能够更好地满足企业短期融资需要，而且中国人民银行鼓励使用电子银行承兑汇票，所以电子银行承兑汇票使用比较多。电子银行承兑汇票如图 9-4 所示。

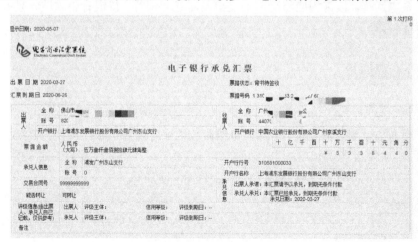

图 9-4 电子银行承兑汇票样式

3．银行汇票的要素

银行汇票的要素包括要标明"银行汇票"字样、出票金额、出票日期、到期日期或有效期、付款人名称、收款人名称、出票人签章、无条件支付承诺等，欠缺诸要素之一的银行汇票无效。

4．银行汇票结算程序

（1）签发银行汇票

汇款人需要办理银行汇票时，应先填写"银行汇票委托书"一式三联，送本单位开户银行申请签发银行汇票（本单位开户银行不能办理银行汇票的，应将款项转交附近签发银行汇票的银行办理，没有在该银行开户的应同时交付现金）。银行受理后，根据"银行汇票委托书"第二、第三联办理银行收款手续，然后签发银行汇票一式四联，留下第一联和第四联，将第二联汇票、第三联解讫通知和加盖印章后的银行汇票委托书第一联交给汇款人。

（2）兑付

汇款人取得签发银行签发的银行汇票以后，则可到异地向收款人办理结算。对已注明收款人的银行汇票，可直接将汇票交收款人到兑付银行办理兑付；对收款人为持票人的银行汇票，可由持票人到兑付银行办理兑付手续，也可将银行汇票背书转让给收款人，由收款人到兑付银行办理兑付。收款人向银行兑付时，应将实际结算金额填入第二联汇票和第三联解讫通知，并填写进账单一式二联，一并送开户银行办理入账手续。

（3）结算余额

兑付银行按实际结算金额办理入账后，将银行汇票第三联解讫通知传递给汇票签发银行，签发银行核对后将余款转入汇款人账户，并将银行汇票第三联多余款收账通知转给汇款人，汇款人据此办理余款入账手续。

5．银行汇票结算的基本规定

1）银行汇票一律记名。汇款人申请办理银行汇票时，应在填写的"银行汇票委托书"上详细填明兑付地点、收款人名称、账号、用途等项内容。能确定收款人的，需详细填明单位、个体经济户名或个人姓名。确定不了的，应填写汇款人指定人员的姓名。签发转账银行汇票，不得填写代理付款人（兑付行）名称。

2）银行汇票金额起点。银行汇票金额起点为 500 元。

3）银行汇票的付款期。银行汇票的付款期为 1 个月（不分大月、小月，统按次月对日计算，到期日遇例假日顺延）；电子银行承兑汇票的有效期有 3 个月、6 个月和 1 年的，最长不超过 1 年。逾期的银行汇票，兑付银行不予受理。

4）汇款人持银行汇票可以向填明的收款单位或个体经济户直接办理结算，收款人为个人的也可以将转账的银行汇票经背书向兑付地的单位或个体经济户办理结算。

5）在银行开立账户的收款人或被背书人受理银行汇票后，在汇票背面加盖预留银行印鉴章，连同解讫通知、进账单，送交开户银行办理转账。未在银行开立账户的收款人持银行汇票向银行支取款项时，必须交验本人身份证或兑付地有关单位足以证实收款人身份的证明，并在银行汇票背面盖章或签字，注明证件名称、号码及发证机关后，才能办理支取手续。

6）支取现金的规定。申请人和收款人均为个人，需要使用银行汇票代理付款人（兑付行）支取现金的，申请人在填写"银行汇票申请书"时，要注明代理付款人名称，在"出票金额"大写金额栏先填写"现金"字样，后填写出票金额。申请人或收款人为单位的，不得办理现金汇票。

7）分次支取的规定。收款人持银行汇票向银行支取款项时，如需分次支取，应以收款人的姓名开立临时存款户办理支付，临时存款户只付不收，付完清户，不计利息。

8）转汇的规定。银行汇票可以转汇，可委托兑付银行重新签发银行汇票，但转汇的收款人和用途必须是原收款人和用途，兑付银行必须在银行汇票上加盖"转汇"戳记，已转汇的银行汇票，必须全额兑付。

9）退汇的规定。汇款人因在银行汇票超过付款期或因其他原因要求退款时，可持银行汇票和解讫通知到签发银行办理退汇。

10）挂失的规定。持票人如果遗失了填明"现金"字样的银行汇票，持票人应当立即向兑付银行或签发银行请求挂失。在银行受理挂失前（包括对方行收到挂失通知前）被冒领，银行概不负责。如果遗失了填明收款单位或个体经济户名称的汇票，银行不予挂失，可通知收款单位或个体经济户、兑付银行、签发银行请求协助防范。遗失的银行汇票在付款期满后1个月内，确未冒领的，可以办理退汇手续。

6. 银行汇票结算应注意事项

1）汇款人申请办理银行汇票时，应根据需要确定是否支付现金和允许转汇，如需支取现金，可在填写"银行汇票委托书"大写金额前注明"现金"字样，银行受理后签发带有"现金"字样的银行汇票；如明确不得转汇的，可在"银行汇票委托书"备注栏注明"不得转汇"字样，银行将根据要求在签发的银行汇票用途栏注明"不得转汇"字样，这样汇票就不能再办理转汇。

2）收款人为个人的银行汇票，如需背书转让给兑付地点的单位或个体经济户，则可办理背书转让手续。先由持票人（或汇票的收款人）在银行汇票的背面"背书人"栏加盖汇票原收款人的名章，再在"被背书人"栏填明受让人的名称，然后交给受让人。受让人在"被背书人"栏加盖预留银行印鉴中的财务专用章后，就可以到银行办理收款入账手续。

3）收款人受理银行汇票时，要注意审查如下内容：

① 收款人或被背书人是否确为本收款人。
② 银行汇票在付款期内，日期、金额等内容填写是否正确无误。
③ 印章是否清晰，是否有用压数机压印的金额。
④ 银行汇票与解讫通知是否齐全，是否相符。
⑤ 汇款人与背书人的证明或证件是否真实，是否与其背书相符。

4）收款人收到银行汇票之后，应在出售金额内，将实际结算金额和多余金额准确、清晰地填入银行汇票和解讫通知的有关栏内，未填写实际结算金额和多余金额或实际结算金额超出票面金额的银行汇票，银行不予受理。

5）持票人向银行提示付款时，应在汇票的背面"持票人银行提示付款签章"处签章，签章必须与预留银行的签章相同，并将银行汇票、解讫通知和进账单一同送交银行，缺一不可。

6）如果持票人是未在银行开立账户的个人，则可以向选择的任何一家银行提示付款。提示付款时，应在汇票的背面"持票人向银行提示付款签章"处签章，并填写本人身份证名称、号码及发证机关，由其本人向银行提交本人身份证及其复印件。

7）收款人在受理银行汇票办理转账时，如果将实际结算金额或多余金额填错，可用红线划去金额，在其上方重新填上正确的数字并加盖印章，但只限更改一次。

8）申请人因银行汇票超过付款提示期限或因其他原因要求退款时，应将银行汇票和解讫通知同时提交到出票银行，做未用退回处理。申请人为单位的，应出具该单位的证明；申请人为个人的，应出具该本人的身份证件。此证明或证件也同时提交出票银行。

9.1.5 票据

1. 发票

发票是单位和个人在购销商品、提供或者接受服务以及从事其他经营活动中，开具、取得的收付款凭证。发票根据其作用、内容及使用范围的不同，可以分为普通发票和增值税专用发票两大类。

（1）普通发票

1）开具发票时有如下规定

① 发票限于领购单位和个人自己使用，不准买卖、转借、转让、代开。向消费者个人零售小额商品，也可以不开发票，如果消费者索要发票不得拒开。

② 开具发票要按规定的时限、顺序、逐栏、全部联次一次性如实开具，并加盖单位财务专用章或者发票专用章。未经税务机关批准，不得拆本使用发票。

③ 填开发票的单位和个人必须在发生经营业务确认经营收入时开具发票，未发生经营业务的一律不准开具发票。发票只能在市场监督管理部门发放的营业执照上核准的经营业务范围内填开，不得自行扩大专业发票使用范围。填开发票时，不得按照付款方的要求变更商品名称、金额。

④ 开具发票应当使用中文。民族自治地方可以同时使用当地通用的一种民族文字，外商投资企业和外国企业可以同时使用一种外国文字。

2）开具发票的特殊规定

① 用票单位和个人在整本发票使用前，要认真检查有无缺页、缺号、发票联无发票监制章或印刷不清楚等现象，如发现问题应报告税务机关处理，不得使用。整本发票开始使用后，应做到按号顺序填写，填写项目齐全，内容真实，字迹清楚，填开的发票不得涂改、挖补、撕毁，若发生错开现象，应将发票各联完整保留，书写或加盖"作废"字样。

② 开具发票后，发生销货退回的，应收回原发票并注明"作废"字样，或取得对方有效证明后，可以填开红色发票；发生销售折让的，应收回原发票并注明"作废"字样，重新开具销售发票。

③ 使用计算机开具发票，须经主管税务机关批准，并使用税务机关统一监制的机打发票，开具后的存根联要按照顺序号装订成册。

（2）增值税专用发票

增值税专用发票是为加强增值税的征收管理，根据增值税的特点而设计的，专供增值税一般纳税人销售货物或应税劳务使用的一种特殊发票，增值税专用发票只限于经税务机关认定的增值税一般纳税人领购使用。

1）增值税一般纳税人在填开增值税专用发票时，必须按下列要求开具。

① 使用国家税务总局统一印制的专用发票，不得开具伪造的增值税专用发票。

② 按规定的使用范围、时限填开。

③ 字迹清楚、项目填写齐全、内容正确无误。

④ 不得涂改。如果填写有误，应另行开具增值税专用发票，并在填写错误的专用发票上注明"误填作废"四字。如果专用发票填开后因购货方不索取而成为废票的，也应按填写有误办理。

⑤ 一份发票一次填开完毕，各联内容、金额完全一致。

⑥ 发票联、抵扣联加盖开票单位的财务专用章或发票专用章。

⑦ 不得拆本使用专用发票。

2）开具专用发票的具体要求

① "销售单位"和"购货单位"栏要写全称，"纳税人登记号" 栏必须填写购销双方新15位登记号码，否则不得作为扣税凭证。

② "计量单位"栏应按国家规定的统一计量单位填写，"数量"栏按销售货物的实际销售数量填写，"单价"栏必须填写不含税单价，纳税人如果采用销售额和增值税额合并定价方法的，应折算成不含税价。

③ "金额"栏的数字应按不含税单价和数量相乘计算填写。计算公式为

"金额"栏数字=不含税单价×数量

④ "税率"栏除税法另有规定外，都必须按税法统一规定的货物的使用税率填写。

⑤ "税额"栏应按"金额"栏和"税率"栏相乘计算填写。计算公式为

"税额"栏数字="金额"×"税率"

或"税额"栏数字=单价×数量×税率

⑥ 税务所为小规模企业代开增值税专用发票的，应在专用发票"单价"栏和"金额"栏分别填写不含其本身应纳税额的单价和销售额；"税率"栏填写增值税征收率6%；"税额"栏填写其本身应纳税的税额，即按销售额依照6%征收率计算的增值税额。

3）增值税专用发票的开具时限的规定

① 采用预收货款、托收承付、委托银行收款结算方式销售货物的，专用发票的开具时间为货物发出的当天。

② 采用交款提货结算方式销售货物的，专用发票的开具时间为收到货款的当天。

③ 采取赊销、分期付款结算方式销售货物的，专用发票的开具时间为合同约定收款日期的当天。

④ 采用其他方式销售货物、应税劳务或按税法规定其他视同销售货物的行为应当开具专用发票的，应于货物出库、转移或劳务提供的当天填开专用发票。

4）纳税人销售货物并向购货方开具发票后，发生退货或销售折让时，应根据具体情况来办理。

① 购货方尚未付款，并且未作账务处理。在这种情况下发生退货，销货方应收回原填开的专用发票的发票联和抵扣联，在各联上都注明"作废"字样，作为扣减当期销项税额的

凭证。

② 购货方尚未付款，并且未作账务处理。在这种情况下发生销售折让，销售方收回原填开的专用发票，该折让后的货款重新填开专用发票。

③ 购货方已付货款，或者货款未付但已作账务处理。在这种情况下发生退货或销售折让、发票联及抵扣联无法退还，这时购买方必须取得主管税务机关开具的《进货退出及索取折让证明单》，送交销货方作为其开具红字专用发票的依据。红字专用发票的存根联、记账联作为销货方扣减退货当期销项税额的凭据；发票联和抵扣联作为购货方扣减进项税额的凭证。

2. 税票

税票是税务机关征收税款时所用的各种专用凭证。

（1）特点

1）税票是一种可以无偿收取货币资金的凭证。

2）税票填用后将成为征纳双方会计核算的原始凭证。

3）税票是纳税人履行纳税义务的唯一合法凭证。

（2）分类

1）按税票的征款方式划分。按税票的征款方式可划分为以下税收缴款书类、税收完税证类、纳入票证管理的其他票证类三类。

① 收缴款书类。收缴款书类包括税收缴款书、出口产品税专用缴款书、固定资产投资方向调节税专用缴款书、税收汇总专用缴款书共四种。

② 税收完税证类。税收完税证类包括税收完税证、税收定额完税证、车船使用税定额完税证、代收代扣税款凭证、印花税票共 5 种。

③ 纳入票证管理的其他票证类。纳入票证管理的其他票证类包括税收罚款收据、税收收入退还书、小额税款退税凭证、出口产品完税分割单、固定资产方向调节税零税率项目凭证、税票调换证、纳税保证金收据、印花税票销售凭证、税收票证监制章、征税专用章、印花税收讫专用章、车船使用税完税和免税票共 12 种。

2）按是否通过税控设备开具并纳入防伪税控系统划分。按是否通过税控设备开具并纳入防伪税控系统分为系统内发票（需通过税控设备开具的发票）和系统外发票（需通过税控设备开具的发票）两大类。

① 系统内发票

（a）《国家税务总局关于全面推行增值税发票系统升级版有关问题的公告》（国家税务总局公告 2015 年第 19 号）规定，增值税发票系统升级版纳税人端税控设备包括金税盘和税控盘（统称专用设备）。专用设备均可开具增值税专用发票、货物运输业增值税专用发票、增值税普通发票和机动车销售统一发票。

（b）《国家税务总局关于停止使用货物运输业增值税专用发票有关问题的公告》（国家税务总局公告 2015 年第 99 号）规定，增值税一般纳税人提供货物运输服务，使用增值税专用发票和增值税普通发票，开具发票时应将起运地、到达地、车种车号以及运输货物信息等内容填写在发票备注栏中，如内容较多可另附清单。为避免浪费，方便纳税人发票使用衔接，货物运输业增值税专用发票最迟可使用至 2016 年 6 月 30 日，7 月 1 日起停止使用。

（c）《国家税务总局关于增值税发票管理若干事项的公告》（国家税务总局公告 2017 年第 45 号）还规定，自 2018 年 4 月 1 日起，二手车交易市场、二手车经销企业、经纪机构和拍卖企业应当通过增值税发票管理新系统开具二手车销售统一发票。

（d）《交通运输部 国家税务总局关于收费公路通行费增值税电子普通发票开具等有关事项的公告》（交通运输部公告 2017 年第 66 号）规定，自 2018 年 1 月 1 日起施行收费公路通行费增值税电子普通发票（简称通行费电子发票）。

② 系统外发票

（a）各省自行确定的发票种类。通用机打发票、通用定额发票、通用机打发票、汽车客票、门票、通用手工发票、医疗发票等。

（b）总局确定的发票种类。国家税务总局关于铁路运输和邮政业营业税改征增值税发票及税控系统使用问题的公告（国家税务总局公告 2013 年第 76 号）规定，中国铁路总公司及其所属运输企业（含分支机构）可暂延用其自行印制的铁路票据，其他提供铁路运输服务的纳税人以及提供邮政服务的纳税人，其普通发票的使用由各省国税局确定。根据《发票管理办法》这些发票统一样式由各省自治区直辖市税务局确定。

国家税务总局、中国民用航空局关于印发《航空运输电子客票行程单管理办法（暂行）》的通知（国税发［2008］54 号）规定，《航空运输电子客票行程单》（简称《行程单》）纳入发票管理范围，由国家税务总局负责统一管理，套印国家税务总局发票监制章。经国家税务总局授权，中国民用航空局负责全国《行程单》的日常管理工作。

（3）增值税发票的类型

1）增值税发票按抵扣功能分类。增值税发票按抵扣功能分为增值税普通发票和增值税专用发票两类类型。

① 增值税专用发票。增值税专用发票是由国家税务总局监制设计印制的，只限于增值税一般纳税人领购使用的，既作为纳税人反映经济活动中的重要会计凭证又是兼记销货方纳税义务和购货方进项税额的合法证明；是增值税计算和管理中重要的决定性的合法的专用发票。

② 增值税普通发票。增值税普通发票是将除商业零售以外的增值税一般纳税人纳入增值税防伪税控系统开具和管理，也就是说一般纳税人可以使用同一套增值税防伪税控系统开具增值税专用发票、增值税普通发票等，俗称"一机多票"。增值税普通发票是不能抵扣的一种发票。

2）根据使用范围分类。值税发票根据使用范围可分为增值税专用发票、增值税普通发票、机动车销售统一发票、货物运输业增值税专用发票四种。

① 增值税专用发票。增值税专用发票是增值税一般纳税人销售货物或者提供应税劳务开具的发票，是购买方支付增值税额并可按照增值税有关规定据以抵扣增值税进项税额的凭证。

② 增值税普通发票。增值税普通发票（含电子普通发票、卷式发票）是增值税纳税人销售货物或者提供应税劳务、服务时，通过增值税税控系统开具的普通发票。

③ 机动车销售统一发票。凡从事机动车零售业务的单位和个人，从 2006 年 8 月 1 日起，在销售机动车（不包括销售旧机动车）收取款项时开具的发票。

④ 货物运输业增值税专用发票。货物运输业增值税专用发票是增值税一般纳税人提供货物运输服务（暂不包括铁路运输服务）开具的专用发票，其法律效力、基本用途、基本使用规定及安全管理要求等与现有增值税专用发票一致。

（4）增值税专用发票与普通发票的主要区别

1）使用的主体不同。增值税专用发票一般只能由增值税一般纳税人领购使用，小规模纳税人需要使用的，只能经税务机关批准后由当地的税务机关代开；普通发票则可以由从事经营活动并办理了税务登记的各种纳税人领购使用。

2）税款是否允许抵扣。增值税专用发票不仅是购销双方收付款的凭证，而且还可以用作购买方（增值税一般纳税人）扣除增值税的凭证，因此不仅具有商事凭证的作用，而且具备完税凭证的作用。而增值税普通发票除税法规定的经营项目外都不能抵扣进项税。

9.1.6 税收

1. 税务登记

税务登记是税务机关依法对纳税人与履行纳税义务有关的生产经营情况及其税源变化情况进行的登记管理活动。

（1）税务登记的范围和时间

凡经国家市场监督管理部门批准，从事生产、经营的纳税人，都属于税务登记的范围，均应按规定向当地税务机关申报，办理税务登记。

（2）税务登记的内容

税务登记的内容包括开业税务登记和变更税务印记。从事生产经营的纳税人，应当在规定的时间内向税务机关书面申报办理税务登记；变更或注销税务登记，税务登记内容发生变化时，纳税人在市场监督管理机关办理注册登记的，应当自市场监督管理机关办理变更登记30日内，持有关证件向原税务机关申报办理变更税务登记；纳税人不需要在市场监督管理机关办理注册登记的，应当自有关机关批准或者宣布变更之日起30日内，持有关证件向原税务机关申报办理变更税务登记。

2. 纳税申报

纳税人办理纳税申报时，应当如实填写纳税申报表，并根据不同情况相应报送下列有关证件、资料：

1）财务、会计报告表及其说明材料。
2）与纳税有关的合同、协议书。
3）外出经营活动税收管理证明。
4）境内或境外公证机构出具的有关证明文件。
5）税务机关规定应当报送的其他关证件、资料。
6）纳税申报的时间和期限。

3. 适用税种与税率

我国现行使用的税种有增值税、消费税、营业税、资源税、外国投资企业和外国企业所得税、固定资产投资方向调节税、城市维扩建设税、城镇土地使用税、房地产税、车船使用税、印花税、土地增值税、契税、进出口关税等。税率是应纳税额与征税对象之间的比例，是计算税额的尺度，反映了征税的深度。在征税对象数额已定的情况下，税率的高低决定了税额的多少。我国税率分为三种，即比例税率、累进税率和定额税率。

（1）比例税率

比例税率是对同一征税对象，不论数额多少，按照所需税目，都按同一个比例征税。这种税率在税额和征税对象之间的比例是固定的。如：车辆购置税、城市维护建设税、消费税、契税等。

（2）累进税率

累进税率是按照征税对象的数额大小或比率高低，划分为若干等级，每个等级由低到高规定相应的税率。税率与征税对象数额或比率成正比，征税对象数额大、比率高；反之，税率就低。如个人所得税、土地增值税等。

（3）定额税率

定额税率是按征税对象的一定计量单位直接规定一定数量的税额，而不是征收比例。如车船税、城镇土地使用税、耕地占用税等。

9.1.7 财务结算

1．同城结算与异地结算

根据国内转账结算交易双方所处的地理位置，分为同城结算与异地结算两种。

（1）同城结算

同城结算指同一城镇内各单位之间发生经济往来而要求办理的转账结算。同城结算有支票结算、委托付款结算、托收无承付结算和同城托收承付结算等。其中支票结算是最常用的同城结算。

（2）异地结算

异地结算指异地各单位之间发生经济往来而要求办理的转账结算。异地结算基本方式有异地托收承付结算、信用证结算、委托收款结算、汇兑结算、银行汇票结算、商业汇票结算、银行本票结算和异地限额结算等。其中，异地托收承付结算、银行汇票结算、商业汇票结算、银行本票结算和汇兑结算是最常用的异地结算手段。

2．现金结算与转账结算

货币结算按其支付方式的不同，可分为现金结算和转账结算。

（1）现金结算

现金结算发生经济行为的关系人直接使用现金结清应收应付款的行为。

（2）转账现金

转账现金发生经济行为的关系人使用银行规定的票据和结算凭证，通过银行划账方式，将款项从付款单位账户划到收款单位的账户，以结清债权债务的行为。转账结算是货币结算的主要方式。转账结算的主要信用工具有：支票、汇兑、委托受款、银行汇票、商业汇票、银行本票和信用卡等7种。支票结算是最常用的同城结算方式。

3. 支票结算流程

1）开立账户办理结算。
2）付款人根据商品交易、劳务供应或其他经济往来向收款人签发支票。
3）收款人将商品发运给付款人，或向付款人提供劳务服务。有时，根据实际情况，收款人在未接到支票的情况下，也可先提供商品或劳务服务，后收取支票。
4）收款人将支票送交开户银行入账。
5）收款人开户银行向付款人开户银行提出清算。
6）付款人开户银行根据有关规定计划转货款或劳务服务款。
7）收款人开户银行给收款人收妥款项后，通知收款人入账。
8）付款人与开户银行定期对账。

任务 2 财务管理基础

财务管理指企业以货币为主要度量形式，在企业的生产经营活动过程中组织财务活动、处理财务关系的一系列经济管理活动的总称，是企业管理的一个重要组成部分。可以说，只要有资金运动的地方，就必然有财务管理活动。在市场经济条件下，企业管理的核心是财务管理，财务管理的核心是资金管理。企业管理的目的是为了生存、获利及发展，作为企业管理系统的一个子系统，财务管理的目的是使得企业价值达到最大化。

9.2.1 财务管理原则

财务管理的原则是企业组织财务活动，处理财务关系应遵守的准则。它是从企业财务管理实践中抽象出来的，并在实践中证明是正确的和规范的，它反映了企业财务活动的内在要求。为确保实现企业财务管理的总体目标，在实际工作中应贯彻财务管理的基本原则。

1. 成本效益原则

成本效益原则中的"效益"泛指收入、收益、所得甚至是"有用性"在内的多方位的多层次概念；而"成本"则泛指与效益相关的各种耗费和价值牺牲。成本效益原则是投入产出原则的价值体现，是社会再生产活动得以延续和发展的基本要求。该原则是市场经济条件下财务管理必须坚持的首要基本原则。坚持成本效益原则，要结合特定的经济目的进行投入产出的对比分析或价值工程分析，力争耗费一定的成本后应取得尽可能大的效益，或者在效益既定的条件下最大限度地降低或控制成本，使成本与收益得到最优的结合，以求获得最多的盈利。企业一切经济财务活动都要发生资金耗费和资金收入，对每一项具体的经济财务活动，都要分析研究其成本与收益，求得资金增值。

2. 收益风险均衡原则

所谓收益风险均衡原则，是指对每项财务活动要分析其收益性和安全性，使企业可能承担的风险与可能获得的收益相适应，据此做出决策。在市场经济条件下，由于企业内外部环境的复杂多变性，要获取收益往往伴随着风险的发生，风险要得到补偿，是财务管理处理风险问题的依据。为此，企业应按照风险与收益适当均衡的要求，决定采取何种方案，同时，在实践中趋利避害，做到既降低或控制风险，又能得到较高的收益。

坚持风险与收益均衡原则，要求企业不能承担超过收益限度的风险，在收益既定条件下，应最大限度地降低或控制风险。如果收益既定，承担较大的风险，会直接导致效益的降低；承担超过收益限度的风险，会带来负效益。其结果不利于企业整体目标的实现，甚至会危及企业的生存与发展。

3. 资金合理配置原则

所谓资金合理配置，就是要通过对资金运动的组合和调节来保证各生产经营环节的生产经营要素具有最优化的结构。坚持资金合理配置原则，要求企业的各相关财务项目必须在数额与结构上有效搭配与协调，具体而言，就是要合理地确定固定资产和流动资产的构成比例；对外投资和对内投资的构成比例；货币性资金和非货币性资金的构成比例；材料、在产品和产成品的构成比例；负债资金和自有资金的构成比例；长期负债和短期负债的构成比例等，使企业的资金合理地配置在生产经营的各个阶段上，保证各种形态资金占用适度，实现企业资金的优化配置。资金合理配置是经销商持续、高效经营的必不可少的条件，在财务管理工作中，要把企业资金合理地配置在生产经营的各个阶段上，并保证各项资金能顺畅运行。

4. 利益关系协调原则

利益关系协调原则，是指企业财务在组织实施管理中应兼顾和协调好债权人和债务人，所有者和经营者，投资者和受资者之间的各种利益关系的原则。这种利益关系如果处理得不好，轻则可能会影响相关权益主体的积极性，重则会给企业效益的谋取带来消极影响，甚至引发重大社会问题。因此，财务管理要坚持利益关系协调原则。

坚持利益关系协调原则，要求企业在税金的缴纳、股利的分配、利益的支付、工薪福利的发放等方面应公平合理，切实维护有关各方正当的合法权益，并不断促进企业财务状况和经营成果之间实现长期的、稳定的良性互动效应。

5. 收支积极平衡原则

资金收支不仅要在一定期间总量上求得平衡，而且要在每一时点上协调平衡。资金收支的平衡取决于购产销活动的平衡，它能对各项经营活动以积极的影响。在财务管理中要利用开源节流、资金融通等各种积极的办法实现收支平衡。

9.2.2 财务管理制度

财务管理有严格的管理制度，任何人都必须按照财务管理制度进行企业的财务活动。

1. 财务管理一般原则

1）财务管理应按照国家统一的会计制度进行核算，企业的会计处理方法一经确定不得随意变更，确实需要变更的，应将变更情况、原因以及对财务状况和经营成果的影响，在财务报告中说明。

2）应以实际发生的经济业务及能证明经济业务发生的凭证为依据，如实反映财务状况和经营成果。

3）提供的会计信息应能满足各方面了解公司财务状况和经营成果的需要，满足公司内部经营管理的需要。

4）应在发生经济业务时及时进行会计处理，讲求时效。

5）会计记录和会计报表应简明易懂地反映财务状况和经营成果。

6）在全面反映财务状况和经营成果的同时，对影响决策的重要经济业务，应单独反映，重点列报。

7）正确确定公司的收益、成本、费用，依法合理核算可能发生的损失和费用。

8）各项资产应按其取得时所发生的实际成本记。

2. 会计核算规定

1）财务部门及财会人员应按照国家有关财税、财务、会计制度进行会计核算。

2）收入、成本、费用的计算，经营成果的计算和处理，款项和有价证券的收付，债权、债务的发生和结算，财务的收发、增减和使用及其他需要办理会计手续、会计核算的，应办理会计手续，进行会计核算。

3）会计资料应真实、完整，并符合国家法律及会计制度的有关规定。

4）办理有关会计事项，应填制或取得原始凭证，并及时交财务部门，经财务人员审核后，编制记账凭证，记入有关账簿。

5）按会计制度的规定，设计会计科目和会计簿。

6）按会计制度的记账规则，根据已编制的会计凭证登记账簿。

7）财务部门应妥善保管会计资料。

3. 财务监督规定

1）财务部门及财务人员有权对公司的经营活动，实行财务监督。

2）财务人员对违反财务制度的经营业务，应不予办理。

3）财务人员对不真实、不合理的原始凭证，应不予受理。对记载不明确、不完整的原始凭证，应退回，并要求其补充、更正。

4）财务部门应定期和不定期地进行财务检查，要求做到物、账相符，账、证相符，账、账相符。如不符应查明原因，按有关规定进行处理。

5）财务部门应如实接受税务部门、审计部门的检查。

6）完善内部监督制度，钱账分管。

【案例 9-1】兰州某汽车维修厂是一个有 8 名员工的小修理厂，老板既是管理者，也是采购员，还是技术员，他整天忙于业务，把财会结算和配件管理都交给了会计，只是在收工时才问问今天的收入情况，并将钱交给他或让他将钱存入银行账户。有两次老板发现会计有几笔钱没有上交，老板问了一下，会计都说忘了进账，老板催促之后，再没有管。后来老板听说，会计和结算不能一个人干，这样有很多弊端，老板再查财务账目，发现企业已亏损 2 万多元，老板找会计进行账目核查时，会计不承认账目有问题，又由于会计是自己的亲戚，只好解雇会计，自认倒霉。所以说，企业再小，会计和结算不能一个人承担。

4. 货币资金管理规定

为规范货币资金管理，规范企业货币资金的收支行为，企业应制定货币资金管理规定，具体包括以下条款：

1）任何项目的货币资金收入，必须做收入凭证，所制收入凭证（发票或收据）上必须有收缴人与收款人签章。

2）任何项目的货币资金支出，均必须取得有效的原始凭证，否则不予支付。

3）原则上所有款项的支出，均必须经主管会计审核签章后，出纳方可支付。

4）出纳付款时，原则上应做到能用银行转的款项，不得使用现金支出。

5）任何款项的支出凭证上，必须有收款人签章。

6）出纳必须将当日的收支，逐项登入现金日记或银行存款日记，做到账、款相符。出纳必须及时将所有的有关收支凭证，交给主管会计进行账务处理。

7）银行存款预留印鉴必须分开保管，财务专用章由主管会计负责管理，不得随意使用。

8）日库存用现金原则上不得超过公司规定限额。

9）下班前应将留存现金存入银行，不允许现金在公司过夜。

10）任何人不得以任何形式和借口挪用公款。

【案例 9-2】某维修厂的结算员由于疏忽，在收款时收到一张 50 元的假币。他没有将假币销毁而是又找给另一位顾客，结果被这位顾客当场识破，并与结算员发生争吵，用户认为结算员在欺骗他，并对修理厂的信誉产生了很大的怀疑。

5. 资产管理制度

1）财务部门应控制现金使用效率，满足公司现金使用需要。

2）现金收支应做到日清日结，做到账、款相符，确保库存现金的安全和完整。

3）加强现金收支凭证的管理工作。

4）根据公司业务发展需要，确定最佳现金持有量。

5）存货的发出，采用实际成本法进行会计核算。

6）低值易耗品原则上采取一次摊销法，计入当期成本费用。

7）定期对存货情况进行清查盘点，如出现盈盈、盈亏等情况，应查明原因，及时处理。

8）根据公司业务发展需要，确定经济存货量，尽可能减少营运资金的占用。

9）固定资产的计价和折旧，按国家有关规定执行。

10）固定资产的修理费用，原则上一次计入当期费用。对数额较大的可通过待摊费用进行分摊。

9.2.3 财务管理的基本环节

财务管理的基本环节包括财务预测、财务决策、财务预算（计划）、财务控制、财务分析与考核等。

1. 财务预测

财务预测是对企业计划期各项财务指标进行的事前估算。它是根据财务活动的历史资料，考虑目前的条件和要求，对企业未来的财务活动和财务成果做出科学的预计和测算。财务预测既是财务管理的基本方法，又是财务管理的首要环节。

2．财务决策

财务决策是指财务人员在财务管理目标总体要求下，采用专门方法，从若干个备选方案中，经过分析比较，选择某一种最优方案（或手段）的过程。财务决策在财务管理中居于决定性地位，是财务管理的核心。财务决策的正确与否，将关系到企业的兴衰与成败。广泛占有资料，注重决策手段的现代化和决策思想的创造性、民主性，是提高财务决策水平的重要途径。财务管理通过财务决策提高报酬率，降低风险，从而实现财务管理目标。

3．财务预算（计划）

财务预算（计划）是以财务预测提供的信息和财务决策确立的方案为依据，运用科学的技术手段和数量方法，对目标进行综合平衡，制定和协调各项主要的计划指标。财务预算（计划）作为针对特定期间的财务规划和财务预算，是财务预测和财务决策的具体化，是控制和分析财务活动的依据。财务预算（计划）是管理活动中重要的中介环节，也是企业生产经营计划的重要组成部分和指导组织企业财务活动的重要综合手段。

4．财务控制

财务控制是利用财务反馈信息影响与调节企业财务活动、使之按照预定目标运行的过程。实行财务控制是落实财务预算任务和保证财务预算实现的有效措施。财务控制和财务预算（计划）有密切联系，财务预算（计划）是财务控制的重要依据，财务控制是执行财务预算（计划）的手段。

5．财务分析与考核

财务分析是根据核算资料提供的信息，运用特定的方法，对企业财务活动过程及其结果进行分析和评价的一项工作。借助于财务分析，可以掌握各项财务计划的完成情况，评价财务状况，研究和掌握企业财务活动的规律性，有利于改善财务预测、财务决策、财务预算（计划）和财务控制，从而提高企业管理水平和经济效益。财务考核是将报告期财务指标实际完成数与规定的考核指标进行对比，确定有关责任单位与个人是否完成任务的过程。通过财务考核，可以正确贯彻按劳分配原则，克服平均主义，促使企业加强基础管理工作，提高企业素质。

上述财务活动的基本内容与基本环节之间相互联系、相互依存，形成周而复始的财务管理循环过程，构成了完整的企业财务管理活动体系。

9.2.4 财务管理的基本价值观念

企业财务管理要在一定的前提条件下进行，最基本的就是其依据的基本价值观念，主要包括资金时间价值和投资风险价值。

1．资金时间价值

资金时间价值是商品经济中客观存在的经济范畴。任何企业的财务及其管理活动，都是在特定的时空中进行的，离开了资金时间价值这一范畴，就无法正确计算不同时期的财务收支，也无法对企业盈亏进行正确分析和评价。资金时间价值原理，正确地揭示了不同时点上资金之间的换算关系，它是现代企业财务管理与决策的基本依据。

按照马克思主义观点，货币是价值的表现形式，但货币本身并不能增值，只有当投资者将货币进行了投资，才可带来价值的增值。资金的时间价值，具体表现为资金在周转使用过程中而发生的增值，它是剩余价值的转化形式。根据这种理论阐述，可以将资金时间价值定义为：一定量的资金经历一定时期的投资和再投资后所产生的增值额。简言之，资金时间价值就是一定量资金在不同时点上价值量的增值量。

具有时间价值的资金，不仅仅是货币资金，还有非货币资金。全部生产经营中的资金都具有时间价值，这是资金运行的一种客观规律性。利润和利息都是资金时间价值的基本形式，二者都是社会资金增值的一部分，是社会剩余价值在不同部门的再分配。利润在生产部门和经营部门产生，利息是以信贷为媒介的资金使用权的报酬。从量的规定性来看，资金的时间价值用相对数表示时，就是没有风险和没有通货膨胀条件下的社会平均资金利润率（在特定情况下，也可视同借款利率）。

资金时间价值应是企业资金利润率的最低限度，因而，它是衡量企业经济效益、考核经营成果的重要依据。

2. 投资风险价值

在市场经济条件下，由于企业内外部环境的复杂多变性，使得风险广泛存在于企业的财务活动中，并对企业实现财务管理目标有着重要的影响。一般而言，风险通常是指某一行动的后果具有不确定性，简单地讲，如果做一件事有几种可能的结果，就有风险；反之，若只有一种结果则没有风险。

风险按个别投资主体划分，可分为市场风险和公司特有风险。市场风险是指那些影响所有公司的因素引起的风险，这类风险涉及所有的投资对象，不能通过多角化投资来分散，因此，又称不可分散风险或系统风险，如通货膨胀、经济衰退、高利率等，都属于市场风险。公司特有风险是指发生于个别公司的特有事件所造成的风险，造成这类风险的事件发生是随机的，因而，是可以通过多元化投资来进行分散，即发生于一家公司的不利事件，可以被其他公司所发生的有利事件所抵消，公司特有风险，又称可分散风险或非系统风险。如某公司新产品开发成败、法律诉讼成败和行销计划的成败等，都属于典型的非系统风险。

从风险形成原因不同分，可分为经营风险和财务风险。经营风险是指生产经营方面的原因给企业盈利带来的不确定性风险，它是任何商业活动都有的，也叫商业风险。例如，由于市场销售、生产成本、生产技术、经济状况等变化，使企业的收益变得不确定，从而给企业带来的风险。财务风险是指因借款而给企业财务成果带来的风险，是筹资决策带来的风险，也叫筹资风险。举债不仅可以解决企业资金短缺的困难，还可提高企业自有资金的盈利能力。但借入资金需要还本付息，它加大了企业的风险，若企业经营不善，会使企业财务陷入困境甚至导致破产。

风险与风险报酬之间具有对等性，反映为风险和报酬的基本关系是风险越大，则要求的投资报酬应越高。风险收益的大小取决于投资者，投资者愿意冒风险，就会选择风险较大的投资项目，其相应的风险收益就高。风险和报酬的这种联系，是市场竞争的必然结果。高风险对应的应该取得高收益，但实践上未必一定会取得高收益。企业财务管理工作几乎都是在风险和不确定性情况下进行的，离开了风险因素，就无法正确地评价企业报酬的高低。风险报酬原理正确地揭示了风险和报酬的关系，是财务管理的一项基本原理。

任务3　汽车维修企业营业收入管理

营业收入是汽车维修企业最要经济指标之一，它直接反映企业的经济状况，是企业现金流入量的主要来源，是衡量企业经营成果的重要标志。

9.3.1　汽车维修企业营业收入的内容

汽车维修企业的营业收入是指企业在生产经营中通过销售汽车零配件、提供汽车维修劳务等所取得的收入，一般分为主营业务收入（即汽车维修收入）和副营业务收入（即其他业务收入）。

1．主营业务收入（汽车维修收入）

汽车维修企业的汽车维修收入是指企业提供汽车维修劳务等所取得的营业收入。它可以根据规定的工时定额、材料消耗总额和其他收入计算确定。它由汽车维修工时收入、材料配件收入和其他收入三个部分组成。

2．副营业务收入（其他业务收入）

汽车维修企业的其他业务收入是指各类主营业务以外的不独立核算的副营业务所取得的收入，如从事汽车配件零售与批发等副营业务活动所取得的营业收入。

需要指出的是主营业务和副营业务内容的划分是相对的，会因企业经营项目的多元化而发生变化，应根据具体情况来进行确定。

9.3.2　汽车维修企业收入的计算

1．汽车维修企业营业收入的确认

企业应在发出商品和提供劳务，同时收讫或者取得索取价款的凭据时，确认企业的营业收入。其基本标志，一是企业的商品已经发生或者劳务已提供；二是企业已经收到价款或者等到了收取价款的凭据。据此，对汽车维修营业收入，如果采取交款提车的管理方式，当车辆已经维修完毕并开出了发票收取了款项，则证明汽车维修劳务已提供完毕，便可确认营业收入已经实现；如果采用预收款项的办法，在车辆已经维修完毕，发票已经开出，则证明汽车维修劳务已经提供完毕，在发票单已经开出和提走被维修车辆时，便可确认营业收入已经实现。

2．汽车维修收入的计算方法

汽车维修费用主要由两个部分组成，一是维修企业维修车辆，提供汽车维修技术和劳务取得的收入，二是维修企业在维修车辆过程中，由于更换汽车零部件，消耗各种材料和辅助材料的收入。

（1）汽车维修技术和劳务费的收入

汽车维修技术和劳务费的收入，主要是汽车维修工时费的收入。汽车维修工时费是按照汽车维修行业的工时定额和工时单价作为计算价格的依据，这是与其他行业不同的一个显著

特点。工时费的基本计算公式为

$$汽车维修工时费=工时单价×工时定额$$

工时定额和工时单价，根据交通部的规定，由各省级行业主管部门和价格主管部门根据不同类型的维修企业或维修车辆的成本核算，予以确定。

汽车维修工时单价由各省级行业主管部门和价格主管部门根据当地经济发展情况制订，一般为最高限价，有的地方还针对不同的类别和项目制订不同的工时单价。

随着汽车工业的发展，电子技术在汽车上的普遍运用，故障诊断和仪器检测收费将成为汽车维修企业收费的重要组成部分，因此企业只有加快引进高新技术人才和先进检测诊断设备，才能顺应市场、占领市场。

（2）汽车维修材料费的收入

汽车维修材料费是指汽车维修过程中消耗的外购件（包括汽车配件、材料、油料等）费用、自制配件和辅料费用，它是车辆维修中因必然消耗而得到的营业收入。

（3）其他业务收入的核算

汽车维修企业除了汽车维修业务之外，还有其他的经营业务，其他经营业务活动所取得的收入被称为其他业务收入。如不进行独立核算的附属车队为外单位提供劳务而取得的收入，企业零星销售配件等所取得的收入，出租固定资产所取得的收入以及废旧物资出售所取得的收入等都属于汽车维修企业的其他业务收入。这些收入通过"其他业务收入"据实记载，单独核算。

（4）汽车维修费用结算方法

1）汽车维修费用的计算。如前所述，汽车维修费用主要包括工时费用、材料费用、其他费用，也就是说，汽车维修费用是此三项费用之和。

$$汽车维修费用=工时费用+材料费用+其他费用$$

2）汽车维修费用的结算。汽车维修费用的结算业务分为现金结算和转帐结算，具体内容前已述及。

9.3.3　汽车维修结算凭证的管理

汽车维修结算凭证是汽车维修承修、托修双方在汽车维修经营活动与各方面经济关系的基本依据，是汽车维修承修、托修双方发生结算关系的有效凭证。统一汽车维修结算凭证，规范使用汽车维修结算凭证是维修行业管理的一种有效手段。它对加强汽车维修企业管理，进一步完善管理功能，实现管理规范化、科学化、制度化有着十分重要的作用。

1. 汽车维修结算凭证的特点

汽车维修结算凭证同财政统一报销凭证相似，但又具有行业特点。

1）汽车维修结算凭证的样式，一般由交通主管部门制订，报当地税务部门批准印制。

2）为区别汽车维修项目的作业类别，结算凭证按维修类别分别印制，即分别印制带有"大修""维护""小修""专项""摩托车"明显标志类别的专项结算凭证。

3）因汽车维修结算凭证所列汽车材料费用和主要配件费用只显示总额，一般应在凭证备注栏逐项写出材料名称、数量或配件名称、数量，如属维护以上作业或备注栏内不易写清

项目九 汽车维修企业财务管理

的，须填写《材料（配件）明细表》，随同结算凭证一并交托修方。

2．汽车维修结算凭证的内容

汽车维修结算凭证的内容包括：单位（车主）、车型、车牌号；维修级别或作业项目、工时单价、计费工时、工时费用；汽车材料费用、辅助材料费用；配件费用；管理费用；总费用等。

在汽车特约服务站，实际使用的结算单的格式与行业要求的格式不完全一样，但包括的主要内容是相同的，表 9-1 为一汽—大众特约服务站使用的结算单。《学习活页册》9-1 为比亚迪车辆费用结算单；《学习活页册》9-2 为甘肃永宁汽车销售服务有限公司结算单。

表 9-1 一汽—大众特约服务站结算单

一汽—大众特约服务站
结算单

结算日期：2019 年 12 月 07 日

客　户	兰州市×××××	2-20071200303	牌照号	WJ25XA3××
底盘号	LFV2A11G663038128	进厂日期	2019/12/07	发票号	1
车　型	04 款捷达前卫 GIF	行驶里程	18.6014 万 km	发动机号	BJG189446

修　理　项　目			
修理项目代号	项目名称	工时	工时费	性质
00000017	更换机滤，三滤		80.00 元	
01120000	常规保养（每次/15000km）		实收：80.00 元	

配　用　材　料						
备件代码	备件名称	批号	数量	计量单位	金额	性质
L06A 115 561 D	机油滤清器		1.00	件	26.06	
L1GD 129 620 A	空气滤芯		1.00	个	80.73	
L1HO 201 511 A	汽油滤清器		1.00	只	38.26	
LN052 167 01	机油 SJ（4L）（VW 5W/40）		1.00	桶	115.00	
N024 122 2	夹箍		1.00	件	16.64	

应收材料费用276.69 元			实收：276.69 元	
应收工时费：80.00 元	管理费：		其他收费 1：	
实收工时费：80.00 元	辅材费：		其他收费 2：	
应收材料费：276.69 元	包工费：		其他收费 3：	
实收材料费：276.69 元	施救费：			
合计金额	357.00 元	已收金额	357.00 元	欠收金额
本次收款	357.00 元	大　写	叁佰伍拾柒元整	

地址：兰州市北滨河东路 88 号　　　　　　　开户行：建行铁支办
邮编：730000　　　站长：杨戟　　　　　　　账号：263541234
电话：0931-8311876　　　　　　　　　　　　税号：6201018888888888
结算：冯娟　　　　　　　　　　　　　　　　户名：兰州金岛汽车销售有限公司
说明：若您对我们的服务满意请告诉您
　　　的朋友，若对我们的服务有什么
　　　意见和建议，请告诉我们。（请凭此单兑换发票）　　服务顾问签字：
打印日期：2019 年 12 月 07 日 16 时 31 分
　　　　　　　　　　　　　　　　　　　　　　　　　　用户签名：_____

3. 汽车维修结算凭证的管理

1）汽车维修结算凭证应由主管部门统一管理，目前汽车维修行业管理现状，结算凭证经税务部门批准印制后，由交通主管部门管理，以利于督导和规范经营。

2）汽车维修业户应分类使用结算凭证，应凭核定的维修类别证件到管理部门统一购置相应及以下类别的结算凭证，即大修企业可领取大修及其以下类别结算凭证；维护企业可领取维护及其以下类别结算凭证；专项及摩托车维修类别只可领取专项类别结算凭证。

3）实行交旧领新制度，并按财政要求实行有效期保存制度。

4）各级管理部门对交回的凭证必须进行核查，发现问题及时查处。

5）做好维修结算凭证的使用情况的检查监督。

4. 汽车维修结算凭证的使用

1）汽车维修结算凭证填写应与维修类别相对应，即承接哪一类别的作业项目，使用哪一类别的结算凭证。

2）结算凭证的所有内容应逐项填写。

3）备注栏不能写清所用材料或配件的费用时，必须填写材料（配件）费用明细表，修理项目及工时费用反映不清的，必须填写工时费用明细表，并随同结算凭证一并交托修方。

任务4　汽车维修企业成本费用管理

汽车维修企业的成本是指车辆维修及其服务在经营活动中直接耗费的各种价值的货币支出量总和。由于各级汽车维修的实际作业内容差异较大，且费用收入大多只有在车辆维修竣工后才能获得，因此根据收入和为获得这些收入而付出相应费用相结合的原则，对于汽车维修企业生产经营管理活动中所发生的各项耗费可分经营成本与期间费用两类。

9.4.1　汽车维修企业成本费用的内容

汽车维修企业的经营成本包括直接成本和间接成本。

1. 直接成本

汽车维修企业的"直接成本"是指汽车维修过程中直接消耗的材料费用和人工费用。包括：

1）直接材料费用。指企业在汽车维修过程中实际消耗的汽车配件费、汽车维修辅助材料费，以及燃料费、动力费、包装费等。

2）直接人工费用。指企业直接从事汽车维修的生产人员工资、奖金、津贴和补贴。

3）其他直接费用。指直接从事汽车维修的生产人员福利费等（汽车维修企业的职工福利费通常是按照生产人员工资的14%计提的）。

2. 汽车维修企业的间接成本

汽车维修企业的"间接成本"是指在汽车维修过程中间接发生的材料费用及人工费用。主要包括以下内容：

1）企业非直接生产人员（包括管理人员）的办公费、差旅费、工资、奖金、津贴及补贴、职工福利费、保险费、计算制图费、试验检查费、劳动保护费。

2）生产厂房维修费、取暖费、水电费、运输费、停工损失费；机具设备的租赁费、折旧费与修理费，物料消耗费及低值易耗品费，以及其他费用等。倘若企业内设有辅助性机修车间，还包括该机修车间所发生的各种费用。

由于汽车维修企业的企业规模一般较小，除了将直接消耗的汽车配件费作为企业维修该车辆的直接成本外，其他费用（如汽车维修工人工资、维修辅助材料费及与维修相关的其他费用）均可作为企业的间接成本，并直到年末后才分配到各维修车辆上，再计算各维修车辆的单车成本。

3. 汽车维修企业的期间费用

汽车维修企业的期间费用是难于认定其归属车辆，因而暂不计入企业经营成本；但可与当期收入相配合、可按其发生的当期计入当期企业损益的费用。

汽车维修企业的期间费用包括经营费用、管理费用和财务费用。

1）经营费用。经营费用指汽车维修企业在生产经营过程中所发生的费用，如配件的采购、储存和销售等。在小型汽车维修企业，企业经营费用通常合并于企业管理费用。

2）企业管理费。企业管理费指企业的行政管理部门为管理和组织企业的生产经营活动而发生的各项费用，例如：公司经费、工会经费、职工教育经费、劳动保险费、待业保险费、董事会费、咨询费、审计费、诉讼费、排污费、绿化费、税金、土地使用费、土地损失补偿费、技术转让费、损坏损失费、存货盘亏、无形资产摊销、差旅费、业务招待费以及其他管理费用。为了控制企业管理费用，汽车维修企业通常制定有《费用报销管理条例》。

3）财务费用。财务费用指企业财务活动所发生的各项费用，包括企业在生产经营期间发生的利息支出、汇兑损失、金融机构所收取的手续费，以及企业为筹集资金所发生的其他费用。

9.4.2 汽车维修企业的成本管理

汽车维修的成本管理与费用管理是汽车维修企业财务管理中的核心内容。加强汽车维修的成本管理与费用管理可以减少成本与费用开支，提高经济效益，增强企业的生产竞争能力。

1. 汽车维修企业成本管理的内容

汽车维修企业的成本管理，其内容包括成本预测、成本计划、成本控制、成本核算、成本信息、成本分析、成本检查等。

2. 成本管理的任务

汽车维修企业的生产经营管理者在成本管理中应重点抓好以下各项工作：

1）加强企业成本管理的思想教育和组织领导工作。

2）落实成本管理责任制，明确各职能人员的岗位责任。

3）加强定额管理，抓好各项技术经济定额的制订和修订，并严格考核各职能部门的定额执行情况。

4）合理确定成本目标，抓好成本预测，编制成本与费用计划；同时实施分级归口管理，随时追踪和监督检查成本费用的执行情况。具体表现为以下几个方面：

① 各职能部门应控制其相关的成本和费用，并由财务部门监督检查和分析考核其执行情况。

② 由财务部会同相关管理部门共同制定工时标准成本与费用、物资的标准成本与采购计划、间接费用预算等。

③ 各项费用开支不得超出其预算限额，否则须报主管领导单项审批。

5）严格按成本计划开支，严格遵守成本开支范围，严格控制生产费用与生产成本。成本和费用的计提一般应按其实际消耗数量和单价进行计算。例如汽车维修企业在生产经营活动中所发生的各项费用，应按其受益期内的实际发生数直接计入或分摊计入。既不得将不属于成本开支范围的费用列为成本；也不得将应该列为成本的费用由其他费用开支；不得将由本期负担的费用计入它期成本，且不得以计划成本、定额成本或估计成本代替实际成本。下列各项支出不得列入生产成本：如固定资产的购置或建造费用；无形资产的购入费用；归还固定资产投资借款的本金和在固定资产投入使用前发生的借款利息和外币折合差额；职工福利基金中的开支费用；企业对外投资以及分配给投资者的利润；与生产经营业务无关的其他支出（如被没收财物，支付的各种滞纳金、罚金，企业赞助费和捐助费等）。

6）对于企业的新老产品要规划一定时期的成本目标，并遵照技术与经济相结合的原则，对比分析为实现成本目标所采取的各种技术方案，从中选择最佳方案。包括功能及成本分析和成本预测，实现以最低的耗费而获得最大收益的功能；提高成本的计划水平。

7）定期开展企业的技术经济活动分析，抓好企业的成本分析。严密组织企业内部的成本核算，加强成本核算基础工作。例如，在生产过程中要做好各种原始记录（如材料消耗记录、工时记录等），做好计量、验收和物资发放工作，并开展企业内部单车核算、车间核算或班组核算。

9.4.3 汽车维修企业成本控制

汽车维修企业的利润是企业的收入与成本之差，增加企业的收入和降低企业的成本是提高企业利润的两个方面。在收入不增加的情况下，降低成本就能提高企业的经济效率，因此，掌握成本控制与分析，对汽车维修企业是非常必要的。

成本控制是现代成本管理的重要方法之一。成本控制是指在企业生产经营活动中，根据预定的计划目标，对影响成本的各种因素加强管理，及时发现与预定的目标成本之间的差异，采取一定的纠正措施，尽可能以最少的耗费，取得最大收益的一种行为。从成本形成过程来看，要做好成本管理工作，必须了解成本控制的三个环节，即事前控制、事中控制和事后控制。事前控制就是在生产之前先做出规划，对影响成本的经济活动和投资效益进行预测、计算。事中控制就是对生产过程中的各项费用、人力和各种材料物资消耗进行控制。事后控制就是对成本进行分析，分析成本超支、节约的因素和确定责任的归属，并对有关责任部门进行评价和考核。

1. 成本控制的意义

成本控制是现代企业管理的一个重要方面，因为成本偏高，会失去市场的竞争力，导致利润的下降，甚至会威胁企业的生存。因此，任何一个企业都必须对其成本实施有效的控制。

（1）成本控制是降低成本的保证

在成本计划阶段，只对计划期的成本目标进行了规划，但要想实现既定目标，关键问题在于执行过程中的成本控制。通过成本控制，使生产过程中的各项支出限制在规定的开支范围和标准之内，并且能及时发现执行过程中的问题，避免损失、浪费现象和其他不合理的成本负担。同时还可以随时总结并推广节约成本支出的经验，不断提高管理水平，保证成本目标的实现。

（2）成本控制能够不断提高企业的经营管理水平

成本费用的消耗指标综合性很强，能够集中地反映企业的经营管理水平。如材料消耗水平、劳动生产率的高低、费用支出的标准执行情况、设备利用率状况等，都能从成本费用指标中反映出来。因此，为了实现成本降低目标，就要对有关管理工作提出新的要求。如物资供应、劳动工资、生产技术、设备利用、基础工作等都要求与成本管理目标做出相应的改进，以保证成本降低任务的实现，从而不断提高企业的经营管理水平。

（3）成本控制有利于建立管理责任制

由于构成成本的各种费用支出都发生在企业生产经营过程的各个环节中，成本的高低也取决于企业各部门、各环节的各类人员的工作质量。因此，为保证成本目标的实现，要求企业各有关部门和职工对成本目标负有一定的责任，通过落实成本责任制，动员企业的方方面面都对成本负责，形成一个成本控制的组织体系和指标体系，从而通过责任制的落实，保证成本计划的实现。

（4）有利于企业严格控制成本费用开支范围

《企业财务通则》对成本开支范围作了明确规定，这是市场经济发展的要求，也是保证产品成本的真实性和可比性的前提条件。通过成本控制，能促使企业各部门及广大职工严格遵守成本开支范围，把应该计入产品成本的费用按规定计入成本，不应该计入的有关费用也决不计入成本，从而增加企业各部门、各环节执行成本开支范围的自觉性。

2. 成本控制的条件

企业要有效地实施成本控制，必须具备一定的条件，否则难以收到实效。

（1）企业要形成全员成本控制的局面

首先是领导重视，身体力行，要求职工做到的，自己首先做到；其次是要提高全体职工的成本控制意识，形成全员成本控制的局面。应使广大职工明确以下几方面的问题：什么是成本，成本是怎样形成的，自己的工作与产品成本有什么关系，自己应如何努力才能为成本控制做出贡献等。

（2）成本控制是全体职工的共同责任

降低成本需要大家的共同努力，降低成本对每一个职工都有利，而且是有利于企业，有利于国家。挖掘成本的潜力无止境，需要全体职工协作努力。

(3) 建立成材控制体系和责任制度

企业应建立成本控制体系，建立健全成本责任制度。如成本归口分级管理制度，明确规定各级各部门，每一位职工在成本管理方面的责任和管理内容。

3. 成本控制的内容

汽车维修企业成本控制的主要内容是对各种开支、人力、物力消耗的控制。有些控制是绝对控制，有些是相对控制。绝对控制是对费用开支总额的控制，控制其不超过预算数；相对控制是把工作量、成本、收入等指标结合起来而进行的控制。当某些费用开支超过预算总额时，只要同时能获得较多的收益，即使超过预算的开支也是合理的。相对控制是积极控制。有时为了增加收益宁肯主动使费用开支超出预算数。在实际工作中，相对控制得到广泛的应用。

4. 成本控制的方法

成本控制主要是管理问题，有效的成本控制必须遵循以下原则：即经济原则、因地制宜原则、全员参与原则、领导推动原则等。在实际工作中，由于各企业的成本控制系统不一样，在成本控制的不同阶段采取的方法也不同。常用的成本控制方法是标准成本法。

(1) 标准成本控制制度

所谓标准成本制度是指以预先制定的标准成本为基础，通过比较实际成本和标准成本，随时揭示、分析各种成本差异及其原因，借以加强成本控制、评价经营业绩的一种成本核算及成本控制制度。

所谓标准，是指衡量的尺度，它是一种预定的基准。实际上是按成本项目反映的产品的目标成本，也就是运用科学方法预定的、在高效运行条件下应该实现的成本。

标准成本有两种基本含义：一是指"单位产品标准成本"，它是单位产品标准用量和标准价格之乘积，通常所说的成本标准即指此，其表达式为

$$单位产品标准成本=单位产品标准用量×单位产品标准价格$$

另一种含义是指"实际产量的标准成本"，它是产品实际产量与单位产品标准成本之乘积，其表达式为

$$标准成本=实际产量×单位产品标准成本$$

按照标准的不同尺度，标准成本可分为理想标准成本、宽松标准成本、基本标准成本、现实标准成本和预期标准成本五类。

1) 理想标准成本。理想标准成本也称为理论标准成本或最高标准成本，它建立在各种生产经营条件和状况均处于最佳状态的基础上，要求做到十全十美，不容许有丝毫差错存在。也就是说，它是根据资源无浪费、设备无故障、产出无废品、工时全有效的假设前提的最低的标准成本。显然，由于其前提的苛刻，在现实经济生活中几乎无法实现，从而使得此标准仅是一种"理想"，而难于实际运用。

2) 宽松标准成本。宽松标准成本是根据以往一段时期内实际成本的平均情况而确定，它建立在实际的耗费、实际的价格、生产能力的实际利用的基础上，包含着长期沿袭下来的资源和效率浪费，不需经过努力便可达到，缺乏应有的鞭策作用，实际中亦很少采用。

3) 基本标准成本。基本标准成本是指材料、人工成本一旦确定，只要生产条件不发生

重大变化就不予变动的一种标准成本,它往往是过去某一年度的实际成本,但实际上企业的经营环境随时间在不断地变化,因此这种基本标准成本实际发挥作用的基础也很脆弱。

4) 现实标准成本。现实标准成本亦即可实现标准成本,它是本着"跳起来方可摘到桃子"的原则,通过对现实生产经营环境和条件的分析、研究,根据合理的耗费、合理的价格、生产能力的有效运用而制定的,通过有效的经营管理和努力应该达到也可以达到的标准。这一标准包容了部分理论上不应存在,而现实中尚不能避免的、正常的设备故障、人工闲置等,是一种最切实可行的标准。

5) 预期标准成本。预期标准成本是根据企业现有的生产技术条件,结合总的目标成本,在尽力提高生产率、避免浪费损失的情况下,考虑到未来时期可能的变化因素而制定的一种标准成本,是对现行标准成本的改进。一般企业选择预期标准成本进行成本控制比较适宜。

如何选择标准,会因不同管理者的态度而有所不同。部分管理者认为:标准应该定得尽可能高,才能促使职工奋发努力,从而发挥其应有的激励作用。然而若高出了人们的努力极限,则会因其不够"现实",而使职工产生消极情绪,从而使其无从努力。当然,标准也不应定得过低,那种根本无须努力便能达到的标准是缺乏"目标性"的,它不具备鞭策和激励作用,无法调动人们提高效率、节约开支的积极性,从而失去其在成本控制中的意义。因此,理想标准成本、基本标准成本和宽松标准成本均不宜采用,现实标准成本和预期标准成本才是可行的标准,是实际工作中运用最广泛的标准。

(2) 标准成本制度实施程序

标准成本制度的核心即按标准成本记录和反映产品成本的形成过程和结果,并借以实现对成本的事前、事中和事后的控制。其基本实施程序如下:

1) 正确制定各成本项目的标准成本。成本控制标准,就是为了对其进行评价和判断而预先确定的尺度。要控制成本,就首先要确定一个标准,以作为衡量实际成本水平的依据,确定成本控制标准是成本控制的起点。成本控制标准,可以根据成本形成的不同阶段和成本控制的不同对象从数量和金额两方面来确定。

2) 实际成本和标准成本的比较。通过实际成本与标准成本的比较,以揭示成本差异,是成本控制的中心环节。通过揭示成本差异,就能发现实际成本比标准成本是节约了,还是超出了。如果实际成本比标准成本低,其差异称为有利差异;反之,如果实际成本高于标准成本,其差异则称为不利差异。为了便于比较,揭示成本差异时所利用的成本资料,应与标准成本制定时相一致。如标准成本是按车间下达的,实际成本资料也必须分车间搜集和汇总,否则,两者就不可比。重点是进行直接材料、直接人工和间接费用的实际发生额与其相应的标准成本的比较。

实际成本与标准成本的比较,主要是要起到监督和引导的作用,使实际成本沿着控制标准所规定的目标形成和发展。具体的过程是:首先,通过对比,确定实际成本脱离控制标准的差异,然后,根据成本的动态,预计偏差及其程度,最后,掌握企业降低成本和提高效益方面存在的问题,及时提供企业节约的信息。

(3) 分析原因,纠正偏差

成本控制不仅是一种监督活动,在很大程度上是一种纠偏活动,这是成本控制的主要职能之一。通过对成本形成过程的科学分析,确定成本差异的程度、性质、原因和责任,采取科学的方法,消除成本差异,挖掘潜力,提出降低成本措施或修订成本标准的建议。在此过程中还要注意分清哪些是可控制的,哪些是不可控制的;哪些是全面的,哪些是局部的;哪些是管理原因,哪些是技术、工艺方面的原因等。

以上三个程序是相互影响,相互联系的,三者缺一不可。没有成本标准,成本控制就失去了方向和依据,不能进行监督和纠正偏差,成本控制就不可能起到作用。

9.4.4　汽车维修企业成本分析

汽车维修企业的成本分析,是指汽车维修企业经济活动分析的重要内容和组成部分,维修成本分析与维修生产计划和利润计划完成情况的分析有着紧密地联系。前者的分析是维修成本的基础,后者的分析要以维修成本分析为依据。

1. 成本分析的步骤

1) 根据汽车维修成本的计划资料、实际资料或上年实际资料,计算出成本降低额,确定维修成本的分析对象。

2) 对汽车维修企业的降低额进行分析,计算出各类费用和各个项目运用效率指标变动影响维修成本的降低额。

3) 各项维修成本降低额按维修成本项目及运用指标进行详细分析,找出维修成本升降的具体原因。

2. 成本分析的方法

汽车维修成本分析是根据成本降低额和成本降低率指标来分析的。具体方法通常是对成本计划的完成情况进行对比分析,主要分析实际成本与计划成本的差异,或者对成本降低指标完成情况进行对比分析,表明本期实际成本与上期实际成本的差异,从而反映本期成本管理工作的改进情况。计算公式如下:

$$成本降低额 = 实际周转量 \times 计划单位成本 - 实际总成本$$

$$成本降低率 = \frac{实际与计划对比的成本降低额}{实际周转量的计划总成本} \times 100\%$$

$$= \left(1 - \frac{实际单位成本}{计划单位成本}\right) \times 100\%$$

为了分析本期实际总成本与上期实际总成本的成本降低额和成本降低率,只需将上述算式中的计划单位成本换为上期实际单位成本即可。

3. 降低成本的途径

由于影响维修成本的因素有很多,既有存在于企业内部的因素,又有存在于企业外部的因素。企业内部的因素主要指生产经营方面的,如维修设备的技术状况、车辆维修质量、企业职工素质和经营管理水平等。企业外部的因素主要包括国家(行业)的有关方针政策、维修市场竞争情况及其他外部条件等。综上所述,要降低维修企业成本的途径应该从以下三个方面入手。

(1) 人的因素

要降低维修成本,首先就要从人的因素方面进行分析,这是一个很关键的因素。因为人是一个企业生产经营活动的主体,所以要非常重视人在企业中发挥的作用。先进的生产设备和生产技术,需要有懂现代科学技术的人去掌握和使用;企业领导干部如果不懂得现代企业的生产经营管理;企业的职工特别是直接生产的人员,如果没有科学技术的武装,没有高度的责任心和主人翁意识,企业的各项生产经营活动就很难高质量的运行。企业的综合素质是来自企业各方面众多素质的凝聚,是企业各方面能力的综合表现。这主要包括技术素质、职工素质和管理素质。增强企业的综合素质,尤其是企业领导干部的政治思想和业务技术素质的提高,这对提高企业的整体竞争能力和应变能力提高企业的经济效益起到关键作用。

随着现代汽车工业的发展,高性能、自动化、电子化的新型汽车不断出现,汽车维修设备将朝着精密化、自动化、电子化的方向发展,这就要求设备使用者不仅是一名体力劳动者,而且是掌握相应科学技术知识和生产技术水平的脑力劳动者,因此,企业职工的技术培训工作,应该引起企业管理者足够的重视。

(2) 维修技术和设备因素

汽车维修设备的合理使用是保持设备处于正常运行状态、保证汽车维修质量、降低维修成本的重要环节。

汽车维修企业应根据生产规模、工艺流程和作业方法,概括维修车型,配备先进的仪器和设备以及专用和通用的汽车维修设备,以适应维修生产的需要。例如,汽车维修企业必须配备检测发动机故障的解码器、喷油器检测仪和前轮定位仪、侧滑检测台、车身整形、底盘矫正台等。先进的、合适的设备,是降低成本的物质保证。企业还应为维修设备创造良好的工作环境和工作条件,以延长设备的使用寿命,保证设备的正常运行、保证安全生产。同时做好设备的更新与报废工作,以适应汽车维修生产的需要。

(3) 管理因素

企业生产经营管理的好坏,直接影响到维修成本的高低。为此,必须加强全面质量管理,实行成本管理责任制;加强维修用材料的管理,提高维修质量减少材料消耗。

任务5 汽车维修企业的利润和分配

汽车维修企业的利润是企业在一定经营期内,通过汽车维修服务、汽车与配件营销等所取得的财务成果,它综合地反映了汽车维修企业各项技术经济指标的完成情况以及企业生产经营管理的经济效益。所谓企业利润,是企业各项业务收入在扣除各项生产成本和税金以后的差额。汽车经销商必须建立以单位为利润中心的核算制度,包括新车销售部、售后服务部、备件精品部、公司控股之二级网点等。

9.5.1 汽车维修企业利润的内容

汽车维修企业的利润由营业利润、投资净收益、营业外收支净额三部分构成。

1. 营业利润

营业利润指汽车维修企业的税后营业的业务利润(由汽车维修劳务所取得的基本业务利润和其他业务利润组成)扣除汽车维修中的企业管理费用和财务费用后所取得的经营成果。

$$营业利润=（汽车维修利润+其他业务利润）-管理费用-财务费用$$

其中，汽车维修利润=汽车维修收入-（汽车维修成本+汽车维修经营费用+汽车维修营业税及附加费）。

2. 投资净收益

投资净收益指汽车维修企业的投资收益扣除投资损失后的净值（税后数额）。

$$投资净收益=企业投资收益-投资损失$$

其中，企业投资收益包括企业在对外投资（入股或债券）中所分得的利润或利息、投资到期收回或者中途转让后所取得的净增值等。投资损失包括企业对外投资（入股或债券）在到期收回或者中途转让时出现的损失，以及按照股权投资比例所应分担的亏损额。

3. 营业外收支净额

营业外收支净额指与企业的主营业务无直接关联的额外收入（即营业外收入减去营业外支出后的余额），例如固定资产的盘盈或出售的净收入、罚款收入、教育附加费返还等。营业外支出是指与企业的主营业务无直接关联的额外支出，例如固定资产盘亏和报损、非正常原因的停工损失费、救急和捐赠、赔款与违约金等。

9.5.2 汽车维修企业利润的预测

利润预测是实现企业利润目标的基本前提，通常采用量本利分析法进行。

1. 量本利分析法的定义

量本利分析法又称本量利分析法或盈亏平衡分析法。量本利分析是一种与传统分析方法完全不同的分析方法。传统的分析方法往往认为，在产品售价和单位产品成本一定的情况下，销售量的变化与利润的变化呈正比例关系，即销售量的改变会引起利润同方向、同等幅度的改变，但人们在经济活动中以及利用量本利分析法进行分析时发现事实并非如此。量本利分析法以成本性态分析为基础，将总成本按照成本性态分为变动成本和固定成本两类。

固定成本是指在一定时期一定业务量范围内，其总额不随产量、业务量的增减而变动的费用。例如管理人员的工资、固定资产的折旧费、计时工资制度下工人的工资等。若就单位成本而言，这一类费用则是变动的，随产量的增加，每单位产品应负担的费用数额将随之减少。反之，随着产量的减少，每单位产品应负担的费用数额将随之增加。

变动成本是指在一定时期一定业务量范围内，与产量、业务量增减有直接联系的费用，如汽车配件的费用、计件工资制度下维修工人的工资、车辆的燃料费用等。这类费用都与产品产量成正比例变动，每增加一个产品产量，就增加一个单位费用。若就单位变动成本而言，则是固定的，无论产量如何变动，每单位产品应包括的这类费用相对不变。

量本利分析的关键在于正确认识业务量、成本和利润之间的关系，量本利分析所蕴含的基本理念和所提供的分析信息，对于企业的经营风险分析、决策制定和决策执行与控制都有重要意义。其分析主要从保本分析和保利分析两方面进行。

保本点即盈亏平衡点，它意味着"所得"等于"所费"，"销售收入"等于"销售成本"。在保本点上企业处于不亏不赚的状态，即企业利润为零时的销售额或销售量。保本点有两种表现形式,一种是用实物量表示,称为保本销售量;另一种是用货币金额表示,称为保本销售额。盈亏平衡点是企业重要的经济指标,只有当企业的销售量或销售额超过盈亏平衡点的量时,企业才有可能盈利,否则,企业就亏损。

保利点则是指企业为达到一定的利润目标而必须实现的销售量或销售额。

2. 量本利分析法的具体操作方法

利用量本利分析法进行预测和决策时,通常有两种具体的操作方法,即利润方程式法和贡献毛利法。

(1)利润方程式法

将成本、费用与利润三者之间的关系方程式为

$$销售收入-变动成本总额-固定成本总额=利润$$

由于在保本点上利润为零,则上式变为

$$销售收入-变动成本总额-固定成本总额=0$$

移项后得: 销售收入=变动成本总额+固定成本总额

或: 销售单价×销售量=固定成本总额+(单位变动成本×销售量)

则:

$$销售量=\frac{固定成本总额}{销售单价-单位变动成本}$$

根据上式计算出的销售量就是保本销售量,用保本销售量乘以销售单价得到保本销售额。

为合理地简化分析,利润一般采用税前的营业利润,而销售价格不包含增值税,假设产销一致。量本利分析的基本关系式还有其他的变换形式,一般是在假设其中三个因素为常量的基础上,将另外两个因素作为自变量和因变量,然后利用上述关系式进行数学上的换算,求得所需要的分析指标。

【案例9-3】某企业准备生产一种产品,根据设计部门有关资料计算,每件产品的变动成本为200元,为生产该产品必须建设一条新的生产线,需分配固定成本5万元,如果现在假定该产品的销售价格为450元,那么,企业必须售出多少件该产品才能保本?

解:由题意知,固定成本总额为5万元,销售单价为450元,单位变动成本为200元,代入公式:

$$销售量=\frac{固定成本总额}{销售单价-单位变动成本}$$
$$=\frac{50000}{450-200}$$
$$=200(件)$$

由此可见,该企业销售量在200件时(销售额为90000元),利润为零,处于不赚也不赔的状态;若要有利润,其销售数量必须在200件以上;而销售量为200件以下时,企业则亏损。

还是以这个例子为例,若企业的销售量为125件,销售价格定为多少,才能使企业不亏也不盈?

解:由于销售单价×销售量=固定成本总额+(单位变动成本×销售量)则:

$$销售量 = \frac{单位变动成本 + 固定成本总额}{销售量}$$

$$= \frac{200 + 50000}{125}$$

$$= 600（元）$$

（2）贡献毛利法

贡献毛利法，又称边际利润法，边际贡献法。首先了解几个概念：边际成本，是指在一定的生产技术条件下，每增加或减少一个单位的业务量，所引起的总成本的增量；边际利润是指每增加一个单位的销售量，引起的利润的变化量，即产品销售收入超过变动成本的金额，它通常有三种形式：一是单位边际利润，即以销售单价减去单位变动成本；二是边际利润总额，即以销售收入总额减去变动成本总额；三是边际利润率，用单位边际利润除以销售单价，或者用边际利润总额除以销售收入总额，就称为边际利润率。以上各因素之间的关系为

$$边际利润 = 销售收入 - 变动成本总额 \tag{1}$$

$$单位边际利润 = 单价 - 单位变动成本 \tag{2}$$

$$边际利润率 = \frac{边际利润}{销售收入} \times 100\%$$
$$= \frac{单位边际利润}{单价} \times 100\% \tag{3}$$

将式（1）的左右两边各减固定成本总额，等式仍然成立，即

$$边际利润 - 固定成本总额 = 销售收入 - 变动成本总额 - 固定成本总额 \tag{4}$$

而式（4）的右边即为利润，则式（4）变化为

$$边际利润 - 固定成本总额 = 利润 \tag{5}$$

式（5）表示的含义为边际利润首先用来补偿固定成本支出，如果补偿后仍有余额，才能为企业提供利润。

由于在保本点上的利润为零，将式（1）、式（2）代入式（5）得：

固定成本总额 = 边际利润 = （单价 - 单位变动成本）× 盈亏平衡销售量 = 单位边际利润 × 盈亏平衡销售量

所以：
$$盈亏平衡销售量 = \frac{固定成本总额}{单位边际利润}$$

利用上述量本利分析原理，可以确定，在售价、单位变动成本、固定成本总额一定的情况下，当售价与变动成本之差（即边际利润）等于固定成本总额，企业即处于盈亏平衡状态；当实际销售量（销售额）低于这一销售水平时，企业销售产品或劳务所提供的边际利润小于固定成本总额，此时企业经营亏损；当实际销售量（销售额）高于这一销售水平时，企业销售产品或劳务所提供的边际利润大于固定成本总额，此时企业盈利，即企业利润的高低取决于销售量的大小。我们还可以确定为达到企业目标利润所要求的目标销售量，并使其与实际销售水平相比较，从中找出差距，寻找原因，以保证企业管理目标的实现。对利润和销售量之间的关系进行分析，就形成保本保利分析。

3. 量本利分析法在经营决策中的应用

企业在生产经营过程中经常会遇到对某项业务是否应接受定单的选择，此时才可以用量

本利分析法。

【案例9-4】某维修厂是 A、B、C 三种车型的特约维修站，上年度核算各车型损益情况分别为：A 车型净利 50 万元，B 车型亏损 20 万元，C 车型净利 10 万元，A 车型与 C 车型净利共为 60 万元，而因 B 车型亏损致使企业净利只有 40 万元。企业老板要财务部门做是否需要停止 B 车型特约维修服务的决策分析。

固定成本总额	180 万元（按各车型维修金额比例分摊）			
编制贡献毛益及净利计算表如下：				
车型名称	A 车型	B 车型	C 车型	合 计
维修收入总额	200 万元	300 万元	100 万元	600 万元
变动成本总额	90 万元	230 万元	60 万元	380 万元
贡献毛益总额 固定成本总额	110 万元 （180 万元×2/6） =60 万元	70 万元 （180 万元×3/6） =90 万元	40 万元 （180 万元×1/6） =30 万元	220 万元 180 万元
净利	50 万元	−20 万元	10 万元	40 万元

由于固定成本总额总是要发生的，若 B 车型停产，其原负担的 90 万元则要求 A、C 两种车型分别负担，其结果如下：

车型名称	A 车型	C 车型	合 计
维修收入总额	200 万元	100 万元	300 万元
变动成本总额	90 万元	60 万元	150 万元
贡献毛益总额	110 万元	40 万元	220 万元
固定成本总额	（180 万元×2/3）=120 万元	（180 万元×1/3）=60 万元	180 万元
净利	−10 万元	−20 万元	−30 万元

分析结论：如果将 B 车型停产，其原来所分担的固定成本改由 A、C 两车型分别承担，结果反而造成企业的全面亏损。因此，B 车型特约维修服务不宜停止。

9.5.3 企业利润的分配

汽车维修企业在一定的经营期内所获得的利润，要按照有关的法律规定按一定的程序进行分配，在分配时要正确处理国家、集体、个人三者间的利益关系。

1. 分配程序

1）按照现行税法规定，按企业所得利润额与所得税率，向国家缴纳所得税。
2）在交纳所得税后的税后利润中，按照下列次序和原则实行分配：
① 支付被没收的财产损失，支付滞纳金和罚款。
② 弥补企业以前的亏损。
③ 提取法定公积金与公益金。
④ 向投资者分配利润。

2. 在税后利润分配时应注意的问题

在财务报告中应分项列示其利润的构成和利润分配的项目。按税后利润扣除有关费用后的余额，计提 10%的法定盈余公积金，5%的法定公益金（用于职工集体福利设施），10%的任意盈余公积金。该三项资金的使用权在总经理。在计算税后利润分配时应注意的问题是：

1）若企业以前年度亏损未弥补完的，不得提取盈余公积金和公益金。

2）在提取盈余公积金和公益金前，不得向投资者分配利润。

3）企业必须按照当年税后利润的 10%（减弥补亏损后），提取法定盈余公积金。当法定公积金提取已达到注册资本的 50%时，不再提取。

4）企业以前未分配利润，可以并入本年度的利润分配。

5）企业在向投资者分配利润前，经董事会决定，可以提取任意公积金。但若企业当年无利润时不得向投资者分配利润。

6）提取的盈余公积金和公益金，其中盈余公积金可以用于弥补亏损或者用于转增资本金。但转增资本金后，企业的法定盈余公积金一般不得低于注册资本的 15%，盈余公益金主要用于职工的集体福利设施。

复习思考题（《学习活页册》9-3）

复习思考题参考答案（《学习活页册》9-4）

参 考 文 献

[1] 沈树盛,安国庆. 汽车维修企业管理[M]. 4版. 北京:人民交通出版社,2019.
[2] 栾琪文. 现代汽车维修企业管理实务[M]. 4版. 北京:机械工业出版社,2017.
[3] 谭敬,窦肖菲. 汽车维修企业管理[M]. 北京:中国农业大学出版社,2017.
[4] 许兆棠. 汽车服务企业管理[M]. 北京:机械工业出版社,2015.
[5] 陈昌建,王忠良. 汽车维修企业管理[M]. 西安:西安电子科技大学出版社,2014.
[6] 胡立伟,冉广仁. 汽车维修企业设计与管理[M]. 2版. 北京:人民交通出版社,2017.
[7] 高青. 汽车服务企业管理[M]. 北京:机械工业出版社,2015.
[8] 陈婧. 汽车维修企业管理[M]. 重庆:重庆大学出版社,2019.
[9] 彭朝晖,倪红. 汽车备件管理[M]. 北京:人民交通出版社,2010.
[10] 晋东海. 汽车维修企业管理实务(运营制胜篇)[M]. 2版. 机械工业出版社,2016.
[11] 晋东海. 汽车维修企业经营与管理[M]. 2版. 北京:机械工业出版社,2015.
[12] 崔政敏. 汽车维修企业管理[M]. 北京:机械工业出版社,2017.
[13] 夏长明. 汽车维修企业管理[M]. 北京:机械工业出版社,2018.
[14] 刘军. 汽车维修企业经营与管理实操手册[M]. 北京:化学工业出版社,2019.

读者服务

机械工业出版社立足工程科技主业,坚持传播工业技术、工匠技能和工业文化,是集专业出版、教育出版和大众出版于一体的大型综合性科技出版机构。旗下汽车分社面向汽车全产业链提供知识服务,出版服务覆盖包括工程技术人员、研究人员、管理人员等在内的汽车产业从业者、高等院校、职业院校汽车专业师生和广大汽车爱好者、消费者。

一、意见反馈

感谢您购买机械工业出版社出版的图书。我们一直致力于"以专业铸就品质,让阅读更有价值",这离不开您的支持!如果您对本书有任何建议或意见,请您反馈给我。我社长期接收汽车技术、交通技术、汽车维修、汽车科普、汽车管理及汽车类、交通类教材方面的稿件,欢迎来电来函咨询。

咨询电话:010-88379353　　编辑信箱:cmpzhq@163.com

二、课件下载

选用本书作为教材,免费赠送电子课件等教学资源供授课教师使用,请添加客服人员微信手机号"13683016884"咨询详情;亦可在机械工业出版社教育服务网(www.cmpedu.com)注册后免费下载。

三、教师服务

机工汽车教师群为您提供教学样书申领、最新教材信息、教材特色介绍、专业教材推荐、出版合作咨询等服务,还可免费收看大咖直播课,参加有奖赠书活动,更有机会获得签名版图书、购书优惠券。

加入方式:搜索QQ群号码317137009,加入机工汽车教师群2群。请您加入时备注院校+专业+姓名。

四、购书渠道

机工汽车小编
13683016884

我社出版的图书在京东、当当、淘宝、天猫及全国各大新华书店均有销售。
团购热线:010-88379735
零售热线:010-68326294　88379203

推荐阅读

书号	书名	作者	定价（元）
智能网联、新能源汽车专业教材			
9787111678618	智能网联汽车技术入门一本通（全彩印刷）	程增木	69
9787111715276	智能汽车技术（全彩印刷）	凌永成	85
9787111702696	智能网联汽车技术原理与应用（彩色版）	程增木 杨胜兵	65
9787111628118	智能网联汽车技术概论（全彩印刷）	李妙然 邹德伟	49.9
9787111693284	智能网联汽车底盘线控系统装调与检修（附任务工单）	李东兵 杨连福	59.9
9787111710288	智能网联汽车智能传感器安装与调试（全彩活页式教材）	中国汽车工程学会 等	49.9
9787111712480	智能网联汽车底盘线控执行系统安装与调试（全彩印刷）	中国汽车工程学会 等	49.9
9787111709800	智能网联汽车计算平台测试装调（全彩印刷）	中国汽车工程学会 等	49.9
9787111711711	智能网联汽车智能座舱系统测试装调（全彩印刷）	中国汽车工程学会 等	49.9
9787111710318	新能源汽车检测与故障诊断技术（彩色版配实训工单）	吴海东 等	69
9787111707585	新能源汽车电动空调 转向和制动系统检修（彩色版配实训工单）	王景智 等	69
9787111702931	新能源汽车整车控制系统检修（彩色版配实训工单）	吴东盛 等	69
9787111701637	新能源汽车动力电池及管理系统检修（彩色版配实训工单）	吴海东 等	59
9787111707165	新能源汽车技术概论（全彩印刷）	赵振宁	55
9787111706717	纯电动汽车构造原理与检修（全彩印刷）	赵振宁	59
9787111587590	纯电动/混合动力汽车结构原理与检修（配实训工单）（全彩印刷）	金希计 吴荣辉	59.9
9787111709565	新能源汽车维护与故障诊断（配实训工单）（全彩印刷）	林康 吴荣辉	59
9787111700524	新能源汽车整车控制系统诊断（双色印刷）	赵振宁	55
9787111699545	智能网联汽车概论（全彩印刷）	吴荣辉 吴论生	59.9
9787111698081	新能源汽车结构原理与检修（全彩印刷）	吴荣辉	65
9787111683056	新能源汽车认知与应用（第2版）（全彩印刷）	吴荣辉 李颖	55
9787111615767	新能源汽车概论（全彩印刷）	张斌 蔡春华	49
9787111644385	新能源汽车电力电子技术（全彩印刷）	冯津 钟永刚	49
9787111684428	新能源汽车高压安全与防护（全彩印刷）	吴荣辉 金朝昆	45
9787111610175	新能源汽车动力电池及充电系统检修（全彩印刷）	许云 赵良红	55
9787111613183	新能源汽车电机驱动系统检修（全彩印刷）	王毅 巩航军	49
9787111613206	新能源汽车辅助系统检修（全彩印刷）	任春晖 李颖	45
9787111646242	新能源汽车维护与故障诊断（全彩印刷）	王强 等	55
9787111670469	新能源汽车结构原理与检修（彩色版）	康杰 等	55

(续)

书号	书名	作者	定价（元）
9787111448389	电动汽车动力电池管理系统原理与检修	朱升高 等	59.9
9787111675372	新能源汽车动力蓄电池与驱动电机系统结构原理及检修	周旭 石未华	49.9
9787111672999	电动汽车结构原理与故障诊断（第2版）（配实训工作手册）	陈黎明 冯亚朋	69.9
9787111623625	电动汽车结构原理与维修	朱升高 等	49
9787111610717	新能源汽车结构与维修（第2版）	蔡兴旺 康晓清	49
9787111591566	电动汽车电机控制与驱动技术	严朝勇	45
9787111484868	电动汽车动力电池及电源管理（"十二五"职业教育国家规划教材）	徐艳民	35
9787111660972	新能源汽车专业英语	宋进桂 徐永亮	45
9787111684862	智能网联汽车技术概论（彩色版配视频）	程增木 康杰	55
9787111674559	混合动力汽车结构与检修一体化教程（彩色版）（附赠习题册含工作任务单）	汤茂银	55
	传统汽车专业教材		
9787111678892	汽车构造与原理 （彩色版）	谢伟钢 范盈圻	59
9787111702474	汽车销售基础与实务（全彩印刷）	周瑞丽 冯霞	59
9787111678151	汽车网络与新媒体营销（全彩印刷）	田凤霞	59.9
9787111687085	汽车销售实用教程（第2版）（全彩印刷）	林绪东 葛长兴	55
9787111687351	汽车自动变速器原理与诊断维修 （彩色版）	张月相 张雾琳	65
9787111704225	汽车机械基础一体化教程（彩色版配实训工作页）	广东合赢	59
9787111698098	汽车检测与故障诊断一体化教程（彩色版配工作页）	秦志刚 梁卫强	69
9787111699934	汽车舒适与安全系统原理检修一体化教程（配任务工单）	栾琪文	59.9
9787111711667	汽车发动机电控系统结构原理与检修（彩色版配实训工单）	李先伟 吴荣辉	59
9787111689218	汽车底盘电控系统原理与检修一体化教程（彩色版）（附实训工作页）	杨智勇 金艳秋 翟静	69
9787111676836	汽车底盘机械系统构造与检修一体化教程（全彩印刷）	杨智勇 黄艳玲 李培军	59
9787111699637	汽车电气设备结构原理与检修（配实训工单）（全彩印刷）	管伟雄 吴荣辉	69
	汽车维修必读		
9787111715054	动画图解汽车构造原理与维修	胡欢贵	99.9
9787111708261	汽车常见故障诊断与排除速查手册(赠全套352分钟维修微课)（双色印刷）	邱新生 刘国纯	79
9787111649571	新能源汽车维修完全自学手册	胡欢贵	85
9787111663546	汽车构造原理从入门到精通（彩色图解＋视频）	于海东 蔡晓兵	78
9787111626367	新能源汽车维修从入门到精通（彩色图解＋视频）	杜慧起	89
9787111661290	汽车电工从入门到精通（彩色图解＋视频）	于海东 蔡晓兵	78
9787111602699	汽车维修从入门到精通（彩色图解＋视频）（附赠汽车故障诊断图表手册）	于海东	78

1-1 美国汽修业五巨头介绍

随着汽车保有量的不断增加，汽车后市场的规模越来越大。在中国，汽车后市场正在以极快的速度发展，而在汽车工业发达的美国，汽车后市场经过多年的发展，已经形成了"多足鼎立"之势，下面介绍美国五个汽车后市场巨头。

1. 汽车地带（AutoZone）

汽车地带（AutoZone）是美国的汽车修配连锁品牌，AutoZone 的前身 Autoshack 建于 1970 年，1979 年开设了首家店，并命名为汽车小屋，1987 年更名为 AutoZone。1979 年 7 月 4 日，AutoZone 在纽约股票交易所上市（NYSE:AZO），已经拥有了 3600 家连锁店，其连锁卖场主要集中于美国东部及西海岸经济较发达城市。汽车地带主要经营汽车配件、维修器件等，同时也提供汽车信贷服务、销售汽车诊断和修理软件。

2. 前进汽车（Advance Auto Parts）

美国前进汽车零部件公司（Advance Auto Parts，NYSE:AAP）创立于 1932 年，总部位于美国弗吉尼亚州 Roanoke，有全职雇员 73000 人，是仅次于 AutoZone 的全美第二大汽车零部件品牌，是一家主要经营汽车零配件、蓄电池和维修工具的专业零售商，AAP 提供原厂及副厂汽车零配件。至 2016 年 2 月 2 日，AAP 共经营 5171 家分店、122 个发货仓以及 1300 多家 CARQUEST 品牌店，服务遍布美国、加拿大、波多黎各、美属维京群岛，主要品牌有 Advance Auto Parts、Advance Discount Auto Parts 和 Western Auto。

3. 奥莱利（O'Reilly）

奥莱利汽车公司（O'Reilly Automotive，NASDAQ:ORLY）创立于 1957 年，总部位于美国密苏里州斯普林菲尔德，有全职雇员 67569 人，连同其附属公司，是在美国从事汽车售后零部件、配饰及工具的公司。截至 2015 年 6 月 30 日，O'Reilly Automotive 在全美 43 个州共开设了 4465 家汽车零配件、装饰产品及维修用品店。所有的连锁店均提供工具供客户自助维修，或者由其专家代为修理，服务范围包括小车、面包车、客车及货车，涵盖所有的国产车及进口车。

4. 美国 NAPA

美国全国汽车零部件协会（National Automotive Parts Association，NAPA），成立于 1925 年，是世界级的汽车配件及用品销售商之一。蓝霸汽配超市连锁有限公司是美国 NAPA 在中国的代理商。公司秉承了 NAPA 汽车配件连锁经营理念与先进的连锁管理模式，并充分利用其全球采购的资源优势，引进美国、日本、韩国及欧洲等各种汽车相关产品，同时通过与美国 NAPA 的合作，面向国外汽车后市场，融入国际化经营轨道，将本土优势的汽车配件出口销售，率先步入国际汽配营销服务业特许经营的行列。

5. AC 德科

AC Delco（德科）是美国通用汽车旗下的独立售后市场业务品牌，成立于 1908 年的 AC 德科，100 多年来致力于为全球车主提供高品质汽车配件，提供超过 10 万个品种的汽车零部件，覆盖全球 100 多个国家和地区的汽车独立售后市场。上汽通用汽车宣布，从 2016 年 1 月 1 日起，正式承接通用汽车旗下知名售后零部件百年品牌 AC Delco，并整合推出全新的汽车配件品牌——德科，致力于开拓国内汽车独立售后市场。虽历经改变，AC Delco 的品牌承诺却始终未变。作为一个零件及服务品牌，AC Delco 优势在于它是一个值得信任的产品系列齐全的品牌，同时它也是一个全车系品牌，适合美国、中国、日本、韩国及欧洲等各类不同车型，提供全面的零部件、替换及维修服务。自 1999 年正式进入中国以来，AC 德科经销商网络已经遍及全国，拥有 100 多家 AC 德科维修保养中心，并且致力于发展售后市场。AC 德科素以提供"全车全系列"的汽车配件产品而著称，通过具有高质量保证的产品，以及受过良好专业培训的 AC 德科技术人员，为不断扩大的保修期过后的汽车零部件和维修市场的消费群体提供世界一流的全车系维修保养及客户服务。2002 年以后，AC 德科更是进入了一个迅速拓展阶段。在经销网络中，共有 20 多种高质量且价格极具竞争力的产品线，并且销售适合于中国汽车和路况的零部件。AC 德科的产品主要包括蓄电池（包括免维护蓄电池和加水蓄电池）、油品（包括最新的全合成和半合成机油、SM 级发动机机油）、汽车保养化学品、减振器（液压和气压）、制动盘及无石棉制动片、滤清器（空气/机油/燃油）、火花塞（白金、标准）、刮水片（包括四季型、加强型及超级无支架刮水片）、空调压缩机和冷凝器、制冷剂、传动带（包括 V 带/多楔带和正时带）、水泵、灯泡、离合器从动盘和盖总成、等速万向节、散热器等，同时于近年推出了汽车美容精品，包括汽车防爆隔热膜、高强度气体放电灯等高品质产品。

1-2 项目一复习思考题

一、填空题

1．汽车维修企业按照行业管理划分为_____和_____及_____；汽车维修企业按经营形式可分为_____、_____和_____；按经营项目分为_____、_____、_____、_____、_____、_____、_____、_____、_____等。

2．《机动车维修管理规定》最早于_____年____月由交通部发布，____年___月第一次修正，____年____月第二次修正，_____年____月第三次修正。

3．4S 特约维修站中的 4S 是_____、_____、_____、_____四个英文单词的词头缩写。

4．国家标准化管理委员会于 2015 年 9 月 11 日批准发布了由中国物品编码中心、中国自动识别技术协会等单位起草的 CB/T 32007—2015_____，标准于 2016 年 1 月 1 日正式实施。

5．汽车维修企业统一管理维修工具，要做到_____、_____、_____，不得错乱，有齐全的领用和交还手续。

6．汽车生产者应在该车型上市之日起_____月内公开维修技术信息。

7．交通运输部令 2019 年第 20 号《机动车维修管理规定》提出："鼓励汽车维修企业实行_____、_____、_____，促进汽车维修业合理分工和协调发展。"

8．连锁经营模式有_____、_____、_____三种。

9．连锁经营企业总部应当按照统一_____、统一_____、统一_____、统一_____、统一_____、统一_____、统一_____、统一_____和统一_____的要求，建立连锁经营的作业标准和管理手册。

10．_____主管全国机动车维修管理工作。

11．机动车维修管理应当_____、_____、_____和_____。

12．根据《汽车维修技术信息公开实施管理办法》（交运发〔2015〕146 号）规定要求汽车维修信息_____公开。

13．机动车维修经营备案制度是交通运输部在_____中首次明确规定的。

二、判断题

1．3S 和 4S 特约服务站的服务内容是相同的。　　　　　　　　　　　　　（　　）
2．特约维修服务站的部门经理以上级别人员可以任意着装。　　　　　　　（　　）
3．各类汽车维修企业都有企业负责人和专职检验员。　　　　　　　　　　（　　）
4．汽车维修企业必须具有独立的法人资格。　　　　　　　　　　　　　　（　　）
5．汽车生产者应在该车型上市之日起半年内公开维修技术信息。　　　　　（　　）
6．交通运输部主管全国机动车维修管理工作。　　　　　　　　　　　　　（　　）
7．县级以上地方人民政府负责组织领导本行政区域的机动车维修管理工作。（　　）

8．县级以上道路运输管理机构负责具体实施本行政区域内的机动车维修管理工作。
（　　）

9．县级以上地方人民政府交通运输主管部门负责组织领导本行政区域的机动车维修管理工作。
（　　）

三、问答题

1．概括汽车维修企业的特点。

2．汽车维修企业的作用是什么？

3．机动车维修管理总则是什么？

4．汽车维修企业有哪些类型？

5．特约维修服务站应具备哪些条件？

四、论述题

1．论述我国汽车维修行业的机遇。

2．试分析汽车维修行业发展趋势。

1-3 项目一复习思考题答案

一、填空题

1. 汽车整车维修企业 汽车综合小修业户 汽车专项维修业户；3S 或 4S 特约维修站 连锁（加盟）经营店 传统的汽车维修厂；专业维修 汽车养护 汽车美容、护理 汽车装饰 汽车改装 轮胎服务 汽车俱乐部 二手车经营
2. 2015 6；2016 4；2019 6
3. 整车销售（Sale） 零配件供应（Spare part） 售后服务（Service） 信息反馈（Survey）
4. 《汽车零部件的统一编码与标识》
5. 定人 定位 定工具
6. 6个
7. 集约化 专业化 连锁经营
8. 直营连锁 特许连锁经营 自由连锁
9. 管理 采购 配送 标识 经营方针 服务规范 价格 品牌宣传 远程诊断
10. 交通运输部
11. 公平 公正 公开 便民
12. 强制免费
13. 2019年修订的《机动车维修管理规定》

二、判断题

1. × 2. × 3. × 4. × 5. √ 6. √ 7. × 8. √ 9. √

三、问答题

1. 概括汽车维修企业的特点。

答：汽车维修企业的主要特点如下：①汽车维修企业具有工业生产和社会服务双重特征；②汽车维修企业具有"点多、面广、规模小"的特点；③汽车维修企业的维修对象和服务对象具有高科技特征；④汽车维修企业的维修手段具有高科技特征；⑤汽车维修企业的维修人才的要求高科技特征；⑥维修技术的高科技特征；⑦维修管理的高科技特征；⑧汽车维修企业具有社会分散性；⑨汽车维修企业具有市场的调节性；⑩汽车维修企业具有很强的竞争性。

2. 汽车维修业的作用是什么？

答：汽车维修业是汽车运输业的重要组成部分，是延长车辆的使用寿命，减少行车故障，保障运输安全，节约能源，减少环境污染，降低运输消耗，提高运输质量的技术保障基地。

3. 机动车维修管理总则是什么？

答：机动车维修管理应当公平、公正、公开和便民。

4. 汽车维修企业有哪些类型？

答：按照行业管理划分为汽车整车维修企业和汽车专项维修业户，按照规模大小不同汽车整车维修企业分为一类汽车整车维修企业和二类汽车整车维修企业；汽车维修企业按经营

形式可分为 3S 或 4S 特约维修站、连锁（加盟）经营店和传统的汽车维修厂；按经营项目分为专业维修、汽车养护、汽车美容护理、汽车装饰、汽车改装、汽车俱乐部、二手车经营。

5．特约维修服务站应具备哪些条件？

答：（略）

四、论述题

（答案略）

2-1 机动车维修经营备案表

机动车维修经营备案表

（□首次备案　□备案变更）

经营者名称			（与营业执照名称一致）		
经营地址			××省（区、市）××市（州）××县（市、区）××街（镇、乡）××号		
企业法定代表人 （个体不填写此项）			统一社会信用代码		
主要负责人 （个体填写经营者，企业填写法人任命的负责人）		姓名		身份证号	
		联系电话		电子邮箱/传真	
企业性质		□国有　　□集体　　□私营　　□外资（国别　　　　）			
经营类型		□综合修理　□机动车生产、进口企业授权维修　□其他（　　　）　□连锁经营			
经营范围	业务类型	□汽车维修		□摩托车维修	□其他机动车维修
	业户类别	□一类　□二类　□三类		□一类　□二类　□三类	□一类　□二类　□三类
	项目种类	一类	□大中型客车维修　□大型货车维修　□小型车维修　□危险货物运输车辆维修（可多选）		
		二类	□大中型客车维修　□大型货车维修　□小型车维修（可多选）		
		三类	□综合小修　□发动机维修　□车身维修　□电气系统维修　□自动变速器维修　□轮胎动平衡及修补　□四轮定位检测调整　□汽车润滑与养护　□喷油泵和喷油器维修　□曲轴修磨　□气缸镗磨　□散热器维修　□空调维修　□汽车美容装潢　□汽车玻璃安装及修复（可多选）		
其他备案材料	通用要求	□1. 维修经营者的营业执照复印件 □2. 经营场地、停车场面积、土地使用权及产权证明等相关材料 □3. 技术人员汇总表，以及各相关人员的学历、技术职称或职业资格证明等相关材料 □4. 维修设备设施汇总表，维修检测设备及计量设备检定合格证明等相关材料 □5. 维修管理制度等相关材料 □6. 环境保护措施等相关材料			
	特殊要求	□7. 与其作业内容相适应的专用维修车间和设备、设施等相关材料（危险货物运输车辆维修经营者填写） □8. 突发事件应急预案（危险货物运输车辆维修经营者填写） □9. 安全管理人员汇总表（危险货物运输车辆维修经营者填写） □10. 安全操作规程材料（危险货物运输车辆维修经营者填写） □11. 连锁经营协议书副本（连锁维修经营者填写） □12. 连锁经营的作业标准和管理手册（连锁维修经营者填写） □13. 连锁经营服务网点符合机动车维修经营相应条件承诺书（连锁维修经营者填写）			

本经营者声明：

1. 已知晓《道路运输条例》《机动车维修管理规定》《汽车维修业开业条件》（GB/T 16739）、《摩托车维修业开业条件》（GB/T 18189）等国家机动车维修有关法律法规及标准，知晓机动车维修开业条件要求和备案要求；

2. 所提供的备案材料信息内容真实、准确，不存在虚假记载、误导性陈述或者重大遗漏，所有文件的签名、印章真实有效。如有不实之处，愿承担相应的法律责任。

法定代表人或主要负责人（签字）：	单位（盖章）：　　　　　年　月　日
□备案材料齐全 □备案材料不齐全，请补充：	复核（签字）： 备案编号：
承办人（签字）：　　　　　年　月　日	备案机关（盖章）：　　　　　年　月　日

填写说明：（1）请根据《机动车维修管理规定》有关要求填写此表；（2）其他备案材料：维修经营者备案应依法提交第1至6项材料，危险货物运输车辆维修经营者还需提交第7至10项材料，维修连锁经营服务者还需提交第11至13项材料；（3）承办人是指备案机关受理备案并对备案材料依法进行审查的工作人员，复核是指备案机关对备案材料进行复核并备案编号的工作人员；（4）办理备案变更的，仅需填写变更事项，并与原备案表一并存档。

2-2 机动车维修企业经营变更备案表

机动车维修企业经营变更备案表

企业名称			
资质证号码		工商营业执照号码	
法定代表人		固定电话	
		移动电话	
备案事项	1. 变更企业名称　□ 2. 变更法定代表人　□ 3. 变更经济性质　□ 4. 变更经营场所　□ 5. 变更经营范围　□ （其中4、5项需要重新申请机动车维修经营资质评定）		
变更内容			
声明：本备案表所申报的内容及提交的相关材料真实、合法、有效。因隐瞒真实情况或者提供虚假材料而引起的法律责任，均由申请人承担。 　　　　　　　　　　　　　　　　　　　　　　　　申请人（签章）： 　　　　　　　　　　　　　　　　　　　　　　　　　　　年　　月　　日			
备案需提交的申报材料明细			
1. 变更企业名称：机动车维修企业经营变更备案表；工商营业执照复印件；《机动车维修企业资质证》复印件；委托书。 2. 变更法定代表人：机动车维修企业经营变更备案表；工商营业执照复印件；法定代表人身份证复印件；委托书。 3. 变更经济性质：机动车维修企业经营变更备案表；工商营业执照复印件；委托书。 4. 变更经营场所：机动车维修企业经营变更备案表；工商营业执照复印件；《机动车维修企业资质证》复印件；委托书。 5. 变更经营范围：机动车维修企业经营变更备案表；工商营业执照复印件；《机动车维修企业资质证》复印件；委托书。 （经办人非法定代表人的，需提供法定代表人的委托书及身份证复印件）。 注：以上材料均用A4纸规格			

2-3　北京现代特约服务站申请书

北京现代汽车有限公司	申请号码：BHMC-SC

特约服务站申请书

申请人		
姓　名		年　龄
联系电话		
传　真		

申请人照片

申请公司			
公司名称			
所属地区	省(自治区/直辖市)		市(地区/区)
公司地址		邮政编码	
项目联系通信处	联系人		
	手　机		
	座机电话		
	传　真		
	电子邮箱		
申请日期			

北京现代	
收件人	北京现代汽车有限公司售后服务部售后企划科
收件地址	北京市朝阳区霄云路38号现代汽车大厦6层　邮编：100027
接收人/日期	

申请书的填写	
北京现代	·　提供申请书网上下载
申请者	·　在下载的申请书电子文档上填入内容
	·　完成制作后,打印申请书并与要求的附加材料一起装订成册后,寄往北京现代汽车有限公司售后服务部售后企划科,并注明为服务站申请

声　　明

1) 申请单位必须提供本申请表所要求的全部资料，无论任何原因而造成的资料的不完整从而导致北京现代对其作出不利的判断，其责任由申请单位承担。

2) 申请单位声明按本申请书要求所提供的所有资料都是真实的。无论任何原因，所呈交的相关申请内容中如有错误资料，北京现代将决定不再考虑它的申请或者立即终止由北京现代与其签署的一切协议。

3) 申请单位同意由其承担的义务或花费由申请单位自己承担。

4) 申请单位同意北京现代可以对认为有必要核对的资料进行调查，不能认为这是对其权利的侵犯。

5) 申请单位在申请过程中，向北京现代所提供的所有文件或是复印件、相片等资料在今后将成为北京现代的财产并由北京现代保管。

6) 随着申请单位所处地区市场的成熟，北京现代将对当地的授权网点有所调整，申请单位应积极配合北京现代在当地的市场调整行为。

申请单位：	（盖章）
法人代表签名：	
申请日期：	

有关申请北京现代特约服务站

1. 申请程序		
申请者	• 从北京现代网站下载特约服务站申请书，并按要求准备附加内容	
	• 附加：维修厂入口外道路、维修厂入口、维修厂全景、维修车间全景、客户接待室、客户休息室、配件仓库等的照片一套	
	• 附加：申请公司的人员组织机构图一份	
	• 附加：申请公司的维修人员职称情况列表一份	
	• 附加：申请公司的设备清单一份	
	• 附加：该城市地图一份并标出维修厂的位置	
	• 附加：申请公司的营业执照、行业资质证书等的复印件一套	
北京现代	• 提供申请书下载以及从申请者接收申请书	
	• 对于申请书审核合格者进行实地考察	
	• 通过评价后，通知最终合格者并发出整改方案及相应通知	
合格者	• 与北京现代售后服务部协商业务并签订意向书	
	• 在期限内完成整改方案及相应通知内容	

2. 申请者条件					
位置	交通便利，对该城市/地区具备很强的辐射能力				
厂房	总面积	至少1000m^2	设备	举升机	至少6台
	维修区面积	至少700m^2		尾气分析仪	至少1台
	客户接待室	至少30m^2		四轮定位仪	至少1台
	客户休息室	至少20m^2	人员	站长	1名
	配件仓库	至少80m^2		索赔员	至少1名
资金	投资能力	20万元以上		配件管理员	至少1名
计算机	ADSL上网计算机	2台以上		维修工	至少6名
其他	有经营能力、事业热情、信用度及影响力等，具备创新汽车文化及开拓市场的能力				

3. 北京现代政策

1) 根据当地经济水平及汽车市场规模，综合考虑当地申请单位软、硬件实力，择优合作
2) 根据各地区/城市的汽车市场规模和经济水平，决定网点授权类型、分布及数量
3) 服务站的投资回收取决于经营者自身在彻底的客户管理中所作出的努力

Ⅰ．所处地区基本情况

城市地理位置				
主要产业				
当地人口（万人）				
当地轿车保有量	辆	北京现代汽车保有量		辆
最近3年轿车新增量	20 年	20 年		20 年

Ⅱ．申请单位基本情况

公司名称				
主营业务				
企业类型	私人，三资，股份，集体，乡镇，国有，其他（ ）			
注册资金		公司成立时间		
股东（名称）		投入金额	万元	％
股东（名称）		投入金额	万元	％
股东（名称）		投入金额	万元	％
股东（名称）		投入金额	万元	％
☞ 如果是集团公司，请提供所有各分公司的名称和主营业务，与总公司的资产关系				
现有资产	总 万元，固定资产 万元，流动资金 万元			
现有场地面积	总面积	m²	维修车间	m²
	客户接待室	m²	客户休息室	m²
	配件仓库	m²	其他	m²
维修厂从业人员 （另附组织机构图） （另附维修人员职称）	管理人员	机电维修	钣喷维修	接待及索赔	配件人员	其他人员
	人	人	人	人	人	人
维修厂主要设备 （另附设备清单）	举升机	四轮定位仪	尾气分析仪	烤漆房
	台	台	台	台
特约服务	① 无 ② 有（品牌名称： ）			
☞ 请提供能反映贵司经营状况的全套照片 → 包括维修厂入口外道路、维修厂入口、维修厂全景、维修车间全景、客户接待室、客户休息室、配件仓库				

Ⅲ．申请公司经营者

姓名		出生年月日		性别	
主要简历	期间	学校或工作单位		学位或职务	

自我介绍（主要经历、业务负责范围、业绩）

Ⅳ．维修厂近3年业绩

	20 年	20 年	对比上年增长	20 年	对比上年增长
进厂量	辆	辆	%	辆	%
保养	万元	万元	%	万元	%
维修	万元	万元	%	万元	%
其他	万元	万元	%	万元	%
总产值	万元	万元	%	万元	%
总毛利	万元	万元	%	万元	%

2-4 项目二复习思考题

一、填空题

1. 市场调研的方法分为____和实地调查,实地调查的方法有 ____、____和 ____三种方法。
2. 汽车维修企业位置类型分为 _____、_____、_____三类。
3. 国家标准《汽车维修业开业条件》中规定了汽车维修业必须具备 _____、_____、_____、_____、_____、_____、_____等条件。
4. 汽车综合小修业户,停车场面积应不小于____ m^2。
5. 一般以修理为主的技术维修效率为_____辆/(年·人),以保养维护为主的为_____辆/(年·人)。
6. 经营战略的形式有_____、_____、_____、_____。
7. 汽车维修企业可以在__、__、____、____、____、____六个方面寻求差异化。
8. 企业CIS策略,即_____,由_____、_____、_____三大部分组成。也可以简称理念识别、行为识别、视觉识别,英文缩写分别为MI、BI、VI。
9. _____是企业文化战略整合的核心识别系统。
10. 企业理念识别系统的主要应用于__、____、____、____、____、____等应用要素中。

二、判断题

1. 汽车整车维修企业允许一人二岗,可兼任一职。　　　　　　　　(　　)
2. 鼓励汽车维修企业维修过程、配件管理、费用结算和维修档案等实现电子化管理。
　　　　　　　　　　　　　　　　　　　　　　　　　　　　　(　　)
3. 各类汽车维修企业都有企业负责人和专职检验员。　　　　　　　(　　)
4. 各类汽车维修企业都必须有停车场。　　　　　　　　　　　　　(　　)
5. 整车维修一类汽车维修企业的生产厂房面积不小于800m^2。　　　(　　)
6. 整车维修企业的有些设备也可以外协解决。　　　　　　　　　　(　　)
7. 鼓励汽车维修企业优先聘用获得国家职业资格的持证人员。　　　(　　)
8. 从事汽车维修业务的租赁厂房的租赁期不得少于6个月。　　　　(　　)
9. 申请从事机动车维修经营的,应当向省级道路运输管理机构提出申请。(　　)
10. 一类、二类汽车维修企业必须有属于自己的停车场,不得占用公共用地,三类汽车维修企业可以借用公共用地停车。　　　　　　　　　　　　　　　(　　)
11. 企业理念识别系统是CIS的基本精神所在,也是整个系统动作的原动力。(　　)
12. 企业行为识别系统是以企业精神和经营思想为内蕴动力。　　　(　　)
13. 企业理念识别系统是企业识别系统CIS的视觉符号,是企业形象的视觉传递形式,它是CIS最有效、最直接的表达。　　　　　　　　　　　　　　　(　　)

三、简答题

1．市场调研有何意义？

2．厂址选择原则是什么？

3．汽车维修企业组织机构设置的原则是什么？

4．经营战略原则包括哪四个原则？

5．企业标志应具有哪些特点？

6．企业视觉识别系统主要应用要素有哪几大类？

四、问答题

1．机动车维修经营者需要提交的备案资料包括哪些？

2．适合汽车维修企业的六种经营战略分别是什么？

3．企业理念识别系统的组成部分主要有哪些内容？

4．特约维修服务站应具备哪些条件？

5．企业行为识别系统（BIS）的内容主要包括哪些？

6．汽车维修业有哪些类型？

五、叙述题

1．概括汽车维修企业的开业筹备工作。

2．申请从事汽车维修经营业务的应当符合哪些条件？

2-5 项目二复习思考题答案

一、填空题

1. 室内调研；询问法 观察法 试验法
2. 市郊孤立汽车服务经营区域 半饱和汽车服务经营区 汽车城或汽车服务中心
3. 人员 组织管理 质量管理 安全生产 环境保护 设施 设备
4. 30
5. 300~500 500~800
6. 市场渗透战略 市场开发战略 产品开发战略 多样化经营战略
7. 维修项目 服务 人员 渠道 时间 形象
8. 企业形象系统；企业理念识别系统 企业行为识别系统 企业视觉识别系统
9. 企业理念识别系统
10. 信念 信条 警语 口号 标语 守则 企业歌

二、判断题

1. ×　2. √　3. ×　4. ×　5. √　6. √　7. √　8. ×　9. ×　10. ×
11. √　12. ×　13. √

三、简答题

1. 市场调研有何意义？

答：市场调研的意义有四个方面：①明确企业发展方向；②进行服务产品定位；③进行消费者分析；④进行竞争者观察。

2. 厂址选择原则是什么？

答：厂址选择原则：①够用、方便、低成本原则；②既要节约用地、又要预留企业发展空间原则。

3. 汽车维修企业组织机构设置的原则是什么？

答：组织机构设置的原则：①管理跨度原则；②精简高效原则；③逐级管理原则；④逐级负责原则；⑤扁平化原则。

4. 经营战略原则包括哪四个原则？

答：经营战略原则又包括创新原则、服务原则、用户至上原则、盈利原则四个原则。

5. 企业标志应具有哪些特点？

答：企业标志应具有识别性、系统性、统一性、形象性、时代性5个主要特点。

6. 企业视觉识别系统主要应用要素有哪几大类？

答：企业视觉识别系统主要应用要素有办公用品、标识标牌、交通工具类、事务性用品、广告载体类、商品及包装类、服饰类、展示陈列类等八大类。

四、问答题

1. 机动车维修经营者需要提交的备案资料包括哪些？

答：机动车维修经营者需要提交的备案资料包括以下九项：①《机动车维修经营备案表》；②维修经营者的营业执照复印件；③企业法定代表人或个体经营者身份证；④经办人身份证、委托书（如非法定代表人或经营者前来办理的提交）；⑤经营场地（含生产厂房和业务接待室）、停车场面积材料、土地使用权及产权证明等相关材料；⑥技术人员汇总表，以及各相关人员的学历、技术职称或职业资格证明等相关材料；⑦维修设备设施汇总表，维修检测设备及计量设备检定合格证明等相关材料；⑧维修管理制度等相关材料；⑨环境保护措施等相关材料。

2．适合汽车维修企业的六种经营战略分别是什么？

答：适合汽车维修企业的六种经营战略分别是：①"精、专"的经营战略；②寻找市场空隙战略；③经营特色战略；④联合经营战略；⑤连锁经营战略；⑥特许经营战略。

3．企业理念识别系统的组成部分主要有哪些内容？

答：企业理念识别系统由企业宗旨、企业目标、企业使命、企业作风、企业理念、企业精神、主题价值观、系列价值观、企业经营哲学、企业道德体系等几部分组成。

4．特约维修服务站应具备哪些条件？

答：（略）

5．企业行为识别系统（BIS）的内容主要包括哪些？

答：企业行为识别系统分为内部行为识别系统和外部行为识别系统。外部行为识别系统包括市场调查、营销策略、促销活动、公共关系、广告传播、公益活动等；内部行为识别系统包括企业管理组织、行为规范、员工教育、福利激励以及产品开发和公害对策等。

6．汽车维修企业有哪些类型？

答：按照行业管理划分为汽车整车维修企业和汽车专项维修业户，按照规模大小不同汽车整车维修企业分为一类汽车整车维修企业和二类汽车整车维修企业；汽车维修企业按经营形式可分为3S或4S特约维修站、连锁（加盟）经营店和传统的汽车维修厂；按经营项目分为专业维修、汽车养护、汽车美容护理、汽车装饰、汽车改装、汽车俱乐部、二手车经营。

五、叙述题

1．概括汽车维修企业的开业筹备工作。

答：（略）

2．申请从事汽车维修经营业务的应当符合哪些条件？

答：（略）

3-1 维修看板

服 务 总 看 板

比亚迪汽车_____服务店_____　　　　　　　　　　　____年____月____日

序号	车牌号	业务接待	交修时间	预计交车时间	车辆维修进度				完工时间	备注
					机修	电工	钣金	喷漆		
1										
2										
3										
4										
5										
6										
7										
8										
9										
10										
11										
12										
13										
14										
15										

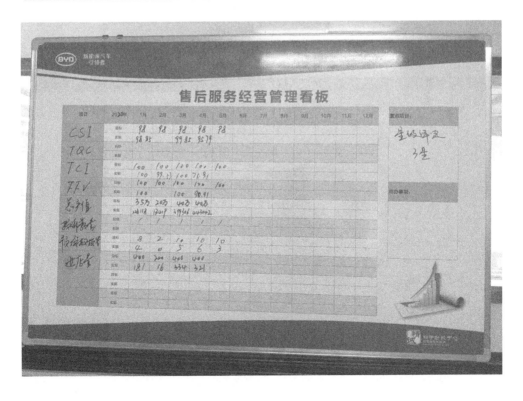

学习活页册

车间维修时间管理看板

比亚迪汽车_____服务店　　　　　　　　　　　　　年　月　日

等待派工		维修工位	车号	完工时间	车号	完工时间	车号	完工时间	车号	完工时间	备注
时间	车号										
		机工一组									
		机工二组									
		机工三组									
		机工四组									
		电工一组									
		电工二组									
		钣金一组									
		钣金二组									
		油漆一组									
		油漆二组									

预约车辆		等待客户答复		等待备件		待交车辆	
时间	车号	时间	车辆	时间	车辆	时间	车辆

· 21 ·

3-2 派 工 单

派 工 单

车型_____ 车号_____ 维修类别_____ 承修车间_____ 班组_____ 工单号_____

车主单位_____ 联系人及电话_____ 送修时行驶里程_____

序号	主要作业项目	作业成绩要求	定额工时	要求完工时间	主修人 竣工签字	检验员 竣工签字
备注						

派工员_____ 派工日期_____

3-3　一汽—大众特约服务站的任务委托书

一汽—大众特约服务站的任务委托书

客户：　　　　　　　　　　　　　　　　委托书号：

地址：　　　　　　　　　　　　　　　　生产日期：

联系人：　　　　　　　　　　　　　　　送修日期：

电话：　　　　　　移动电话：　　　　　约定交车：

牌照号	收音机密码	颜色	底盘号	发动机号	万千米	领证日期	付款方式
车型				旧件带走	是　否	油　箱	满空
维修工位	维修项目名称		性质	工时	工时费	主修人	备注
备件估价							

检查员：　　　　　机修　　　钣金　　　油漆

*注：客户凭此委托书提车，请妥善保管

站长：

地址：　　　　　　　　　　　　　　　　服务顾问：

电话：　　　　　　　　　　　　　　　　制单：

说明：请您带走随车贵重物品

　　　同意以上的维修项目及费用请签字

　　　请您结清费用后取车　　　　　　　　　客户签名：_____

姓名 工序	自检	互检	备注	增加修理项目	应修但未修理项目 （我服务站为了您的行车安全，特别提醒）
机修					
钣金					
喷漆					
路试				用户签名：____	用户签名：____

3-4 预约登记表

预约登记表

客户姓名		车号		客户档案编号	
联系电话		客户服务信用权限			
预约时间					
是否变更预约时间					
预约服务项目					
服务接待		库管		车间主管	

3-5 长安汽车预约登记表

服务预约登记表												日期：年 日 服务站
序号	日期	用户姓名	购车日期	行驶里程	联系电话	预约内容	所需备件	备件编号	约定日期	时间段	预约人	如期履约
合计：	人次				如期履约率：	%						

注：用户如期来站，则"如期履约"栏填："√"，否则填"×"。

3-6 比亚迪汽车维修预约登记表

预 约 登 记 表

编号：20 -- -- --

比亚迪汽车____服务店　　　服务顾问：　　　　　　　　　　年　月　日

顾客基本情况				
顾客姓名		联系电话		
车型		里程数		
车牌号码		购车日期		
预约情况				
预约进站时间	月　日　时　分	预计交车时间	月　日　时　分	
预约内容				
客户描述：				
故障初步诊断：				
所需配件（备件号）、工时：				
维修费用估价：				
客户其他要求：				
预约上门取车时间	月　日　时　分	预约上门取车地点		交车人	
预约上门交车时间	月　日　时　分	预约上门交车地点		收车人	
取车/交车人签名			顾客或交接人签名		
备注：				

3-7 汽车大修进厂检验单

汽车大修进厂检验单

进厂日期			进厂编号		
厂牌车型			牌照号码		
发动机号码			底盘号码		
送修单位			地址		
联系电话			送修人		
用户报修及车况介绍	此车系驶入或拖入＿＿＿＿＿＿ 总行驶里程＿＿＿＿＿＿km 已进行过整车大修＿＿＿＿＿＿次 发动机大修＿＿＿＿＿＿次 进厂前主要问题是＿＿＿＿＿＿ 此次要求＿＿＿＿＿＿				
检查发现主要问题及重点修理部位					
整车装备及附属设施（完整"√"，缺少"△"，损坏"×"）					
	检验项目	状况	检验项目	状况	检验项目	状况
车内附属设施	收音（录）机		点烟器		电风扇	
	CD机		座套		转向盘套	
	天线		座（靠）垫		遮阳板	
	电视、音箱		脚垫		防盗锁	
	车载电话		前后标		仪表板	
	钥匙		饰物		随车工具	
底盘部分	离合器		转向机		前、后桥	
	手动变速器		转向操纵机构		横拉杆	
	自动变速器		转向传动机构		减振器	
	传动轴		车架及车身		制动系统	
	驱动桥		内外蒙皮		驻车制动系统	
	分动器		悬架			
电气	灯光		暖风电动机			
	仪表		防盗系统			
	电气线路		低压报警器			
其他	驾驶舱		内外装饰			
	客车车箱		油漆涂层			
	门窗玻璃		备胎			
备注					

进厂检验签字： 年 月 日

3-8 一汽—大众奥迪接车检查表

Audi Top Service
奥迪卓·悦服务

一汽—大众奥迪接车检查表

是否预约：是□ 否□　　日期　　　　　用户　　　　　车牌号

用户是否进行全面检查：是□ 否□			
基本检查			
检查提供提示	随车工具：齐□ 缺□	备用胎：有□ 无□	轮毂罩：＿＿＿个	电器故障：有□ 无□
	外部清洗：是□ 否□	内部清洗：是□ 否□	旧件返还：是□ 否□	燃油表显示 
	保养手册：有□ 无□	车轮防盗螺栓扳手：有□ 无□		
	行驶里程：＿＿＿＿km	车辆主副钥匙：＿＿＿把		
车内饰目测：正副驾驶座椅/内饰破损：		轮胎磨损情况：	
车内安全检查：			
车辆初始状态：电台频率：＿＿＿　空调温度：＿＿＿　其他：＿＿＿			
车身和油漆检查（用相应的符号记录检查结果） ×石击　○凹凸　△划伤　■车身损坏			
总结			
用户需求：			
备注			

服务顾问签字：　　　　　用户签名：　　　　　车内有无贵重物品：有□ 无□

*注：若用户进行全面检查，请配合使用全面检查车辆检查表

一汽—大众

Audi Top Service
奥迪卓·悦服务

一汽—大众奥迪接车检查表（全面检查使用）

是否预约：是□ 否□　　日期　　　　用户　　　　车牌号

检查结果：正常"√"/不正常"×"　　维修"√"/不维修"×"

预检检查项目					预检检查项目				
位置	序号	检查项目	是否正常	是否维修	位置	序号	检查项目	是否正常	是否维修
		一、地面检查项目——举升前				4	车门铰链机构		
车辆前部	1	驻车灯/小灯				5	转向助力油位		
	2	转向信号灯（注意颜色）			车辆外部	6	玻璃清洗液液位		
	3	双闪警告灯				7	制动液		
	4	近光灯（高/低）				8	冷却液		
	5	近光灯				9	空调滤芯		
	6	前雾灯					二、举升1.5m		
	7	喇叭				1	四轮花纹深度-左前　　mm		
	8	前照灯清洗				2	四轮花纹深度-左后　　mm		
	9	前风窗清洗（喷嘴角度）				3	四轮花纹深度-右前　　mm		
	10	前刮水片磨损程度			轮胎及制动片	4	四轮花纹深度-右后　　mm		
车辆后部	1	后行车灯/尾灯				5	气嘴防尘帽		
	2	牌照灯				6	轮胎损伤		
	3	转向信号灯（注意颜色）				7	轮辋损伤		
	4	双闪警告灯				8	前制动盘/片厚度　　mm		
	5	制动灯（高位制动灯）				9	后制动盘/片厚度　　mm		
	6	倒车灯					三、完全举起		
	7	后雾灯				1	发动机护板/泄漏		
	8	后停车辅助				2	变速器护板/泄漏		
	9	行李舱照明灯				3	减振器		
	10	后风窗清洗（喷嘴角度）				4	半轴防尘套		
	11	后刮水片磨损程度			车辆底部	5	转向防尘套		
车辆内部	1	仪表板警告灯				6	油管/油路及泄漏	1	
	2	转向/转向问题				7	车身下护板	2	
	3	驻车制动				8	排气密封性	3	
	4	起动机/起动				9	制动管线	4	
	5	座椅及安全带					四、降回地面		
	6	玻璃升降				1	四轮气压-左前		
	7	化妆镜			轮胎气压	2	四轮气压-左后		
	8	点烟器				3	四轮气压-右前		
	9	中控开关				4	四轮气压-右后		
	10	其他内饰（请注明）			工具		行李舱工具/备胎齐全		
车辆外部	1	车门及锁止机构							
	2	发动机舱盖开锁机构							
	3	行李舱锁止机构							

其他项目/备注

检查人签字：

一汽—大众

3-9　比亚迪车辆外观检查报告

车辆外观检查报告

顾客姓名：		派工单号：		业务接待：	检查日期：	
检查项目			检查结果（划√）			
			OK	NG 问题点		
车内	驾驶人座椅&内饰			坏	脏污	
	燃油表			(E + + + F)		
	喇叭/警告/指示灯			故障		
	电动车窗/座椅/天窗/后视镜			故障		
车辆左前部	刮水器胶条			老化	变形	
	风窗玻璃			划伤	裂纹	
	轮胎&车轮			磨损	损坏	压力低
	车门&翼子板			划伤	凹坑	
车辆前部	发动机舱盖&保险杠			划伤	凹坑	
车辆右前部	车门&翼子板			划伤	凹坑	
	刮水器胶条			老化	变形	
	风窗玻璃			划伤	裂纹	
	轮胎&车轮			磨损	损坏	压力低
车辆右后部	轮胎&车轮			磨损	损坏	压力低
	车门&翼子板			划伤	凹坑	
	工具，备胎					
	行李舱&保险杠			划伤	凹坑	
	排气消声器			损坏		
	油箱注油口盖			损坏		
车辆左后部	车门&翼子板			划伤	凹坑	
	轮胎&车轮			磨损	损坏	压力低
车辆内部是否有贵重物品			（有）（无）	（需要寄存物品）	（不需要寄存物品）	

故障部位描述：直接在相关部位标出划伤，凹痕，或损坏

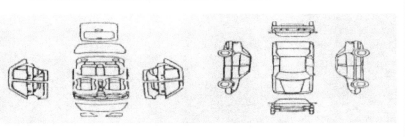

感谢您的光顾！请您确认以上检查结果。　　　顾客签名：

3-10　比亚迪车辆环检问诊单

3-11 甘肃交通学院汽车创客空间智能检测单

甘肃交通学院汽车创客空间智能检测单

检测单号：	JOD20200423001	打印时间：	2020-04-23 16:49:33
服务顾问	郑先学	进厂时间	2020-04-23 16:43
车主	杨永刚（杨哥）	预计交车	2020-04-23 17:43
车型	福特 蒙迪欧致胜		
车主电话	18693177355	车牌号	甘A01323
VIN码	LVSHBFDC0BF163951		
送修人		进厂油量	小于1/4
联系方式		进厂里程	68000km
车主描述			

车辆环视图

▲划痕　●凹陷　■裂痕　✕损坏

警告灯 - 亮起

无

处理意见： 正常

备注：

处理意见： 择期处理

备注：

人工检测

序号	检测部件	检测项目	检测结果	建议处理	择期处理	急需处理	备注
9	灭火器	灭火器	遗失		√		

服务顾问签名：　　　检测技师签名：　　　客户签名：

联系地址： 甘肃省兰州市安宁区甘肃省兰州市安宁区邱家湾128号
联系方式： 18909318807 18993091118*8322787

完整检测报告扫码查看

3-12　上海大众接车检查单

接车检查单

客户姓名/单位		车牌号		行驶里程	km

客户描述

- 保　养：首次保养☐　小保养☐　常规保养☐　验车保养☐　换机油机滤☐　换三滤机油☐　换机油☐
- 发动机：发不出☐　抖或嗦☐　加速不良☐　动力不足☐　油耗高☐　易熄火☐　怠速不稳☐
- 异　响：发动机☐　底盘☐　行驶☐　变速器☐　制动☐　仪表台☐　座椅车门☐
- 灯　亮：机油黄灯☐　机油红灯☐　冷却液温度灯☐　ABS☐　气囊☐　转向机灯☐　EPC灯☐
- 空　调：不制冷☐　异响☐　有异味☐　漏水☐　冷却液☐　车身☐　天窗☐
- 漏　油：发动机☐　变速器☐　制动☐　汽油☐　事故☐　保险事故整形油漆☐　局部整形补漆☐
- 其　他：_____

随车物品	1		备胎检查	是☐ 否☐	燃油存量检查
	2				
	3		是否洗车	是☐ 否☐	
	4	（提醒用户妥善保管好车上的贵重物品）			

是否需要送车	是☐ 否☐	送车地址：
是否需要带走旧件	是☐ 否☐	放置地址：

车辆外观检查　　**车辆内饰检查**

- ▼凹凸☐　　▽污渍☐
- ▲划痕☐　　△破损☐
- ◆石击☐　　○色斑☐
- ●油漆☐　　○变形☐

进一步检查☐　　　　预检☐

检查结果	
维修方案	

日期		服务顾问签字：		客户签字：		兰州金阜康汽车销售服务有限公司

交车检查结果：车辆外观☐　车内无零件/工具遗漏☐　内饰（音响、空调、收音机、功能开关）☐
发动机舱（清洁、液位）☐　行李舱☐　维修表单☐　旧件☐

3-13　汽车维修合同

汽车维修合同

托修方：庆阳市华通汽车运输有限公司　　合同编号：2019001771

承修方：庆阳市正鑫汽车维修服务有限公司　　签订地点：庆化大道南段

一、车辆型号：

车种	楚胜-CSC5255GYYS	牌照号	甘M26805(黄色)	发动机型号	
车型	重型罐式货车	底盘号	LZGCL2M40CX013025	1611K242459	

二、车辆交接期限：

送修		接车	
日期	2019-11-28 16:32:58	日期	2019-11-28
地点	庆化大道南段	地点	庆化大道南段

三、维修类别及项目：二维合同1.发动机附离合器；2.底盘；3.车身；4.电系；5.轮胎；6.竣工检验。

四、托修时已行驶里程：

五、预计维修总金额：360元，其中工时费360元。

六、配件提供方式：车主自备

七、质量保险期：维修车辆自出厂之日起，在正常行驶的情况下30日内或行驶5000km时出现如下维修质量问题由承修方负责***

八、验收标准及方式：国际

九、结算方式及期限：现金结账

十、违约责任：一方违约自负

十一、解决合同纠纷的方式：协商、调节、仲裁

十二、双方商定的其他条款：***

说明：
1. 签订本合同的范围：汽车大修，主要总成大修，二级维护及维修费在一千元以上的。
2. 本合同结算时凭维修工时费、材料明细表，按实际发生金额结算。
3. 在维修过程中，发现其他故障需要增加维修项目及延长维修期限时，承修方以书面形式通知托修方，托修方接通知后30天内给予书面答复，否则视为同意。

托修方单位名称（章）：　　　　　　承修方单位名称（章）：

法定代表人：　　　　　　　　　　　法定代表人：

代理人：　　　　　　　　　　　　　代理人：

　　　　　　　　　　　　　　　　　签订日期：

3-14 兰州新奥驰泰汽车销售服务有限公司任务委托书

兰州新奥驰泰汽车销售服务有限公司
任务委托书

客　户	杨鹂					委托书号	3-20200519568
地　址	甘肃省渭源县李家店乡郭环村杨家湾社47号						
联系人	杨刚					进厂日期	2020-05-19 11:13
电　话		移动电话：17752****81				约定交车	2020-05-19 19:15
牌照号	颜色	底盘号	发动机号		公里	购车日期	旧件带走	是否洗车
甘A56J59	魔力黑	WAUAFC4M4HB020920	CYR024288		107893	2017-01-16	是	是
车型	Q7 quat. 2.0T 185kw					油　箱	满 # 空
生产日期	2016-10-02					付款方式	现金
客户描述	夏季服务活动检测						

维修项目

项目代码	项目名称	工时费	工时	性质	主修人	项目属性	项目备注
ZJ140801	欢迎选择预约服务及替代交通方式	0.00	0.00	正常	徐万福	项目	
ZJ140800	欢迎使用免费洗车服务及悦享60分快保服务	0.00	0.00	正常	徐万福	项目	
01MA1402	夏季服务活动检测	0.00	0.00	正常	徐万福	项目	

小计　　0.00

建议维修项目

建议委托书	建议维修项目代码	建议维修项目名称	工时费
3-20200519568	1065564654	建议客户下次117893km之间保养	
3-20200519568	1154648462	以下项目客户不同意本次维修	
3-20200519568	1265564564	建议更换空气滤芯	
3-20200519568	1354564534	建议更换空调滤芯	
3-20200519568	1486546546	建议更换火花塞	
3-20200519568	1545667864	建议更换变速器油	
3-20200519568	1645455454	建议更换制动液	
3-20200519568	1788946454	建议更换防冻液	
3-20200519568	1874686456	建议清洗节气门	
3-20200519568	1944564534	建议清洗进气燃油道	
3-20200519568	2054679653	建议清洗空调风道	
3-20200519568	2154645545	建议拆洗三元催化	
3-20200519568	2264540464	建议使用燃油添加剂	
3-20200519568	2345646465	建议更换压缩机多楔带	

预估费用合计：0.00　　　　*注：已告知客户备件附件渠道来源

互检(班组长)	机修	钣金	油漆	终检(质检员)	机修	钣金	油漆
服务总监	辛龙龙						

地　址：兰州市安宁区北滨河西路88号　　　　服务顾问：张亚明
电　话：0931-7706088　　　　　　　　　　制　单：张亚明

说　明：已告知客户备件附件渠道来源
重要提示：车辆路试时若发生交通事故，需用本车保险理赔。
经销商会根据泰中国法律要求和为客户提供更好服务的目的收集客户个人信息，包括但不限于姓名、电话、地址、邮编、身份证号码、维修信息、购买信息。经销商会将收集到的客户信息提供一汽-大众（包括一汽-大众服务、一汽-大众授权的第三方）研究、致电、发送信息。经销商和一汽-大众（包括一汽-大众服务、一汽-大众授权的第三方）可能会使用客户信息，包括但不限于分析、研究、致电、发送信息。经销商和一汽-大众可能会根据法律的有关规定、或者行政、司法机构要求，向第三方或者行政、司法机构披露客户信息。经销商、一汽-大众（包括一汽-大众服务、一汽-大众授权的第三方）会尽到高度审慎的注意义务，采取严密的技术措施防止信息泄露。

客户签名：_____

欢迎使用"奥迪服务小程序"
已告知客户维修所使用备件/附件的渠道来源

学习活页册

Audi Top Service
奥迪卓·悦服务

兰州新奥驰泰汽车销售服务有限公司
任务委托书

客　户	杨瑞			委托书号：	3-20200519568		
地　址	甘肃省渭源县李家店乡郭坪村杨家湾社47号						
联系人	杨刚			进厂日期：	2020-05-19 11:13		
电　话		移动电话：	17752****81	约定交车：	2020-05-19 19:15		
牌照号	颜色	底盘号	发动机号	公里	购车日期	旧件带走	是否洗车
甘A56J59	魔力黑	WAUAFC4M4HD020920	CYR024288	107893	2017-01-16	是	是
车型	Q7 quat. 2.0T 185kw					油　箱	满 # 空
生产日期	2016-10-02					付款方式	现金
客户描述	夏季服务活动检测						

维修项目

项目代码	项目名称	工时费	material	性质	主修人	项目属性	项目备注
ZJ140801	欢迎选择预约服务及替代交通方式	0.00	0.00	正常	徐万福	项目	
ZJ140800	欢迎使用免费洗车服务及悦亨60分快保服务	0.00	0.00	正常	徐万福	项目	
01MA1402	夏季服务活动检测	0.00	0.00	正常	徐万福	项目	
小计			0.00				

建议维修项目

建议委托书	建议维修项目代码	建议维修项目名称	工时费
3-20200519568	1065564654	建议客户下次117893km之前保养	
3-20200519568	1154648462	以下项目客户不同意本次维修	
3-20200519568	1265564564	建议更换空气滤芯	
3-20200519568	1354564534	建议更换空调滤芯	
3-20200519568	1456564546	建议更换火花塞	
3-20200519568	1545667864	建议更换变速器油	
3-20200519568	1645455454	建议更换制动液	
3-20200519568	1788946454	建议更换防冻液	
3-20200519568	1874686456	建议清洗节气门	
3-20200519568	1944564534	建议清洗进气燃油道	
3-20200519568	2054564564	建议清洗空调风道	
3-20200519568	2154645545	建议拆洗三元催化	
3-20200519568	2264564648	建议使用燃油添加剂	
3-20200519568	2345646465	建议更换压缩机多楔带	

预估费用合计：	0.00			*注：	已告知客户备件附件渠道来源		
互检(班组长)：		机修	钣金	油漆	终检(质检员) 机修	钣金	油漆
服务总监：	辛龙龙						
地　址：	兰州市安宁区北滨河西路88号				服务顾问：	张臣明	
电　话：	0931-7706088				制　单：	张臣明	
说　明：	已告知客户备件附件渠道来源						

重要提示：车辆路试时若发生交通事故，需用本车保险理赔。
经销商会根据中国法律要求并为向客户提供更好服务的目的的收集客户个人信息，包括但不限于姓名、电话、地址、邮编、身份证号码、维修信息、购买信息。经销商会将收集到的客户信息提供给 汽一大众（包括 汽一大众股东、 汽一大众授权的第三方），经销商和一汽一大众(包括一汽一大众股东、一汽一大众授权的第三方)可能会使用客户信息，包括但不限于分析、研究、致电、发送信息。经销商和一汽一大众可能会根据法律的有关规定，或者行政、司法机构要求，向第三方或者行政、司法机构披露客户信息。经销商、一汽一大众（包括一汽一大众股东、一汽一大众授权的第三方）会尽到高度审慎的注意义务、采取严密的技术措施防止信息泄露。

客户签名：

欢迎使用"奥迪服务小程序"
已告知客户维修所使用备件/附件的渠道来源

3-15　长安汽车维修派工单

维修派工单　　　　　　　　　　　　　　　　　长安汽车

服务中心：　　　　　　　日期：　　　　　　　服务专员：

客户信息	□客户　□送修人	地址		联系电话	
车辆信息	车牌号	车型	VIN	发动机号	里程数
作业信息	车辆进站时间		付款方式　□现金　□信用卡　□其他		旧件是否带走　□是　□否
互动检查	是否有贵重物品　是　否		油箱　□空　□<1/4 油量　□半箱　□<3/4　□满箱		

车身状况漆面检查，损伤部位下图标注　　　　　　客户故障描述

（车辆俯视图）

检查结果	
车身检查	
车内检查	
发动机仓	
底盘检查	

维修项目	维修项目	备件	索赔	材料费	工时费	小计	维修人	检查人
			是 否					
			是 否					
			是 否			费用小计		
	预计交车时间：							
	预估费用：		客户签字：					

新增维修项目	维修项目	备件	索赔	材料费	工时费	小计	维修人	检查人
			是 否					
			是 否					
			是 否					
	新增维修时间：					费用小计		
	新增维修费用：		客户签字：					

预估交车时间		预估费用	工时费	总计	
			材料费		

客户评价	□满意	□不满意	不满意原因：□服务态度　□维修质量　□备件保供 □服务环境　□维修时间　□维修费用
质检员签字：			实际交车时间：

备注：1. 此表一式三联，客户、维修、财务各一联。
　　　2. 长安汽车24小时客服热线：400-888-6677；长安汽车24小时道路救援热线：400-678-0012

3-16 比亚迪车辆委托维修估价派工单

比亚迪汽车 车辆委托维修估价派工单

派工单号	优先工作	业务接待

比亚迪汽车_____服务店　地　址：_____　电　话：_____　传　真：_____

顾客信息				车辆信息	
姓名				车　型：	VIN码：
地址				车牌号：	发动机号：
电话	家(H)	办公室	手机(M)	购车日期：	行驶里程：
				业务接待	
报修时间：	承诺交车时间：		追加项目时间：	追加后完工时间：	实际完工时间：

序号	报修项目	维修项目	工时费	更换配件	类别
1					
2					
3					
4					
5					
6					
7					
8					
9					
10					
11					

（第二联：客户联）

建议维修项目	维修费用预估：		如果同意本估价单的预估费用请签字确认！	
	其中工时费：			
	其中零件费：		顾客签名：	
	其中其他费用：			
	维修大类		班组	技师
	□发动机大修　□底盘大修　□事故大修			
	□一般维修　□保修　□返修　□其他			
	类　别			
	□首保　□定期保养　□机电维修			
	□钣金　□油漆			
	保险公司赔付车辆　□是　□否			

车辆清洁	项　目	完成情况	维修班组签名：
	车辆外部清洁、清洗		
	清洁车辆内部		
检验员最后检查	所有要求的工作都完成了吗？　□		签字：
	车内外是否清洁？　□		日期：

3-17 甘肃交通学院汽车创客空间委托单

甘肃交通学院汽车创客空间委托单

工单号：GD20200423004	业务类别：维修	服务顾问：祁先学	创建人：祁先学

客户信息

客户名称：王一雯老师		车牌：甘AN8572	车型：福特 Edge [锐界]
客户电话：13993192248	送修人：	送修人电话：	VIN码：
进厂日期：2020-04-23 16:38	交车日期：2020-04-23 17:38	进厂里程：15000km	下次保养里程：0KM
客户陈诉：			

施工信息

项目	工时	工时费（元）	主修员	质检	总检	备注
普通洗车 SUV	1.0	40.00	王克军			
					工时费小计：	￥40.00
					预估合计：	￥40.00

诊断信息

诊断结果及建议	维修项目	知晓	维修	暂不处理
		☐	☐	☐
		☐	☐	☐
		☐	☐	☐
		☐	☐	☐
		☐	☐	☐

备注：

诊断技师签名：	服务顾问签名：	客户签名：	
维修厂名称：甘肃交通学院汽车创客空间	联系电话：18909318807	24小时救援电话：	18993091118*8322787
地址：甘肃省兰州市安宁区甘肃省兰州市安宁区邱家湾128号			

3-18 奥迪兰州新奥驰泰汽车销售服务有限公司结算单

兰州新奥驰泰汽车销售服务有限公司

结算单

3-19　甘肃永宁汽车销售服务有限公司结算单

甘肃永宁汽车销售服务有限公司结算单

打印日期：2020-06-10

服务店代码	BYDGS029W	工单类型	索赔			
维修类型	一般维修	打印日期	2020-06-10			
制单人						
服务顾问	李星	结算单号	BYDGS029WB0200600097	预约单号		
顾客姓名	马昊邦	顾客手机	18599850906	送修人	马昊邦	送修人手机 18599850906
送修时间	2020-06-10 10:04:06	交车时间	2020-06-10 10:04:28	行驶总里程	15046.00	购车日期 2019-10-18
品牌	比亚迪	车系	全新一代唐燃油	车型	BYD6490STA1智联尊享型(5座黑内饰)	车牌号 新ARS070
VIN	LC0C34DG5K1021044			发动机号	BYD487ZQA A19013767	
工单备注						
送修问题	检修					
检查结果	检修					

维修项目

序号	收费区分	项目/故障描述/代码	工时/数量	派工技师	单价	金额
1		车辆健诊服务	1.0		240.00	免费
2		售后服务六件套	1.0		6.00	免费
3	OEM索赔	WSTFNC00101GH00 更换前舱线束	6.0	张宁宁	0.00	免费
4	OEM索赔	WSTFNE00101GH00 更换发动机线束Ⅰ	6.0	张宁宁	0.00	免费

维修材料

序号	收费区分	材料名称	材料编码	数量	单价	金额
1	OEM索赔	STFA-4011100A-D1_前舱线束_M00666	12638668-00	1.0	0.00	免费
2	OEM索赔	STFA-4001010_发动机线束Ⅰ_M00666	12234750-00	1.0	0.00	免费

费用统计

工时费：0.00　　材料费：0.00　　附加费用：0.00
辅料管理费：0.00　　去零金额：0.00　　合计金额：0.00
总计人民币（大写）：零元整
备用车补助：　　拖运费：

注：该项目及应付金额经双方核实，顾客付款即表示认可以上维修项目及费用

税号：　　银行账号：101282000080863　　开户行：兰州银行股份有限公司庆阳路支行
邮编：730000　　电话：0931-7613536　　传真：0931-7613533

维修建议
下次保养里程：　　预计下次保养日期：
建议项目：
建议备件：

取车时，已向您归还以下借用物品：
☐行驶证　☐保养手册

取车人签字：　　2020年6月10日　1时

24小时救援热线：0931-7613536/13919237291

服务店地址：甘肃省兰州市安宁区北滨河路银滩大桥东北侧

3-20 甘肃交通学院汽车创客空间结算单

甘肃交通学院汽车创客空间结算单

工单号: GD20200419004	业务类别: 维修	服务顾问: 祁先学	创建人: 祁先学

客户信息

客户名称: 冯光业		车牌: 甘NAF655	车型: 奥迪 Q5
客户电话: 15193769536	送修人:	送修人电话:	VIN码: LFV3B28R3C3069301
进厂日期: 2020-04-19	交车日期: 2020-04-19	进厂里程: 129374.00km	下次保养里程: 0.00km

施工信息

项目	工时	单价/元	工时费/元	折扣	折后金额/元	备注
后杠喷漆	3.00	100.00	300.00	0.00	0.00	
左后门喷漆	3.00	100.00	300.00	0.00	0.00	
左后翼子板整形修复	3.00	100.00	300.00	0.00	0.00	
左后翼子板喷漆	3.00	100.00	300.00	0.00	0.00	
	工时小计: 12.00	工时费小计: ¥1200.00		优惠小计: ¥1200.00	折后金额小计: ¥0.00	

材料	单位	数量	单价/元	材料费/元	折扣	折后金额/元	备注
后杠 （电眼及越野版）	个	1.0	1500.00	1500.00	1.00	1500.00	
后杠导向槽	个	1.0	220.00	220.00	1.00	220.00	
后杠导流板	个	1.0	950.00	950.00	1.00	950.00	
后翼子板内衬	个	1.0	210.00	210.00	1.00	210.00	
运费27	个	1.0	27.00	27.00	1.00	27.00	
	材料小计: 5.0		金额小计: ¥2907.00		优惠小计: ¥0.00	折后金额小计: ¥2907.00	

结算信息

合计金额: ¥4107.00	优惠金额: ¥1200.00	储值卡消费: ¥0.00	
实付金额: ¥0.00	待付金额: ¥2907.00	收银金额: ¥0.00	大写: 零元整

备注:

客户签名: 　　　　　　　　注: 该项目及应收金额经双方核实后，客户签字生效

维修厂名称: 甘肃交通学院汽车创客空间　　联系电话: 18909318807　18993091118*8322787

地址: 甘肃省兰州市安宁区甘肃省兰州市安宁区邱家湾128号

由于自带材料引起的任何相关问题（除了因安装不规范造成的故障责任由施工方承担外，其他因材料质量等因素引起的故障责任，如：对车辆本身造成的伤害，车辆行驶过程中造成的损害、以及出现交通事故产生的损害等）都由送修方承担，与施工方无关，恳请悉知！

3-21　服务规范管理

1．服务用语规范

维修企业常用服务用语如下。
1）接电话时,首先问"您好"。
2）要求客户提供证件或询问时,要"请"字在先,结束时说"谢谢您"。
3）因某种原因表示歉意时,要说"很抱歉""对不起"。
4）客户对你表示谢意,应回答"别客气"。
5）在办理业务中,因某种原因需暂时离开或暂停一下,应向客户说"对不起,稍候"。
6）若因故离开岗位,回来后应向客户说"对不起,让您久等了"。
7）共用语:"您好""请""谢谢""对不起""请原谅""很抱歉""别客气""没关系""欢迎光临""请多提宝贵意见""让您久等了""谢谢合作""欢迎再来""再见"。

2．身体语言规范

1）眼神诚实自信。
2）走路抬头挺胸。
3）手臂摆动得体自然,不做作。
4）面部肌肉放松,不紧张。
5）表情友好和善。
6）与人交谈对视时让人感到自在。
7）与客户保持合适距离,应不远不近。
8）与客户谈话身体略微前倾,不要双臂交叉胸前。
9）谈话时充满兴致。
10）移动身体自然,不别扭,不随意。

3．微笑服务规范

微笑服务是业务接待的基本服务手段。
1）与客户交谈时要保持微笑。
2）客户不满意时要保持微笑。
3）电话服务时也要微笑,让客户感觉到你在微笑。

4．仪表形象规范

1）服装整洁、得体。
2）整体修饰职业化。
3）头发长短合适,不怪异。
4）牙齿清洁、指甲干净。
5）皮鞋擦亮。
6）气味清新。

7）女工作人员要化妆得体，不浓妆艳抹。

5．电话服务规范

据说一个人对另一个人的印象取决于见面的前 3s，而在电话里接待员问候客户的方式决定了客户对本企业的感觉。因此，企业的电话服务规范应统一，不应一人一个样。

（1）接听电话

1）铃响三声应接听。三声之后，客户耐心就会减退，甚全对企业产生怀疑。

2）问候来电者。可用"您好""早上好"等。

3）自报单位。也可以报上自己的名字。

4）询问客户需要什么帮助。

接听电话，可以说："您好！××汽车维修厂，我能为您做些什么？"

（2）如何让客户等候

客户询问的事情或找的人需等待时，要妥善处理。

1）告诉客户需等待的原因。如配件需查询，找的服务顾问不在等。

2）告诉客户大约需要等待的时间。

3）时间长可以稍后给客户回电话。

4）向客户表示感谢。

（3）记录电话

企业应建立电话记录，不可随意找一张纸记录，否则过后很容易遗忘，不知丢到了什么地方，那样会很误事。电话记录应包括如下内容：

1）客户姓名、电话或手机号。

2）时间。

3）电话内容。

4）若需外出服务，应详细记录地址、车号、车的颜色、故障现象等。

（4）结束电话

1）重复电话记录的主要内容。

2）结束电话时，务必感谢来电或抱歉打扰，这会给客户留下良好印象。

3）让客户先挂断电话。

4）立即落实电话记录。

6．与客户交谈规范

1）态度真诚。谈话态度应真挚、稳重、热情，不可冷淡、傲慢。

2）精神专注。专注是对人的一种尊重，交谈时不可东张西望、心不在焉。

3）语言得体。语言应简洁明了，不要含糊其辞或啰唆。

4）内容适宜。谈话内容应是有益的，不要谈及对方反感的问题。

5）谦恭适度。谈话要谦虚，适当地赞扬对方也是可以的，但不可溜须拍马，曲意逢迎。

3-22　服务接待经典话术

　　欢迎光临，您好！××先生（或女士），很高兴再次见到您。我是您的服务顾问××，希望您对我还有印象，这是我的名片！张××，感谢您通过预约方式进行本次保养。您这次预约的两万 km 的常规保养，同时参加季节性的免费检查活动，您还有其他的需要吗？

　　那好，现在我想邀请您和我一起进行接车环车检查，包括内部和外观的检查，以确保不会在保养维修的过程中遗漏任何的问题！请问您车里有没有什么私人物品，需要整理一下，贵重的物品您随身携带好。由于您是预约的顾客，我将放置预约标示牌，以优先安排您的车辆！为确保在保养维修的过程中保护您爱车的内饰，我需要铺设防护用品，请您稍等！

　　我们首先进行车辆内部的检查（喇叭、仪表板、中控锁、四门玻璃升降、音响、空调）：

　　××先生（女士），我是否可以检查一下您的车内储物箱，您的储物箱内有没有什么贵重物品，请不要把贵重物品遗留在车内（记得把发动机舱与行李舱的开关打开）。

　　××先生（女士），车辆内部已检查完毕，情况良好！车辆目前行驶里程是 19800km，需要提醒一下的是，在保养维修的过程当中，车辆的行驶里程会有少量的增加。开关、仪表板、内饰等功能检查一切正常，均没有问题！像全新的车一样！看得出来您是非常的爱护车辆啊！

　　××先生（女士），我想了解一下，车辆在行驶中是否有油耗增高，轻微抖动等现象呢？

　　××先生（女士），您的油表快到红线了，保养完您可记得要加油了！

　　嗯好，我们现在来检查一下外观，您这边请！

　　前方——我们来检查一下发动机，发动机就像我们人的心脏，是最重要的，一定要认真检查，玻璃清洗液、防冻液、助力油、制动液都没有问题，再来看一下机油，先生（女士）您看，机油颜色已经很深了，说明机油已经变质了，确实需要更换了，及时更换机油可以减少发动机的磨损，延长发动机的使用寿命。

　　右方——车门、玻璃升降开关，擦痕有无。

　　行李舱——××先生（女士）我是否可以和您一起查看一下行李舱的备胎和应急工具？以便您能在紧急情况下使用。您的应急工具都在，备胎也是全新的，一会儿我们的技师师傅会检查备胎的气压并调整的。请问您的备胎是冲氮气的吗？好的我记下了！

　　左后方——车门、玻璃升降开关，擦痕有无。

　　请您再确认一下，贵重物品有没有在车内，请您一定随身携带。

　　环车检查我们做完了，请问您还有其他的需要吗？（没有。）

　　嗯，好的，那麻烦您在检查单上签字确认一下！请随身携带您的行驶证和保修手册随我到里面办一下相关手续！您这边请！（在左前方或右前方指领！）

　　您请坐！请问您想喝点什么？小王，麻烦你帮××先生（女士）倒杯水。

　　××先生（女士），麻烦您给我保修手册和行驶证，我需要跟您核对一下电脑中的记录：您的车辆所有人是张××，您的地址是奎文区东风街 123 号，您的车辆上次保养时间是在 3个月前做的 15000km 的保养，您这次需要做 20000km 的保养，需要更换发动机机油、机油滤清器和空气滤清器！

　　这样我帮您核算一下保养维修的价格，您的车辆需要更换发动机机油、机油滤清器和空气滤清器，工时费是 100 元，零件费是 260 元，总金额预计在 360 元。季节性的检查活动是免费的，您看费用还清楚吗？

好，××先生（女士），我们为每一位顾客都提供免费的清洗车辆的服务，您看您的车辆需要清洗吗？因为洗车的顾客较多，洗车大概需要 15min 左右。嗯好。这样保养和季节性的检查活动大概需要 1h，加上洗车大概需要 1.5h 左右。现在是 11 点，在 12:15 左右就可以交车了。这次更换下来的旧零件我会放在行李舱的左侧，您看可以吗？嗯，好。

那请问您在结算付款时用现金付款还是刷卡付款？好。

请问您还有其他的需要吗？好，如果没有的话，请您在这签字确认一下！谢谢您！

那我送您到我们的客户休息室，您这边请！

这是我们的客户休息室，这是我们的服务员小王，这位先生（女士）在这需要等候多于 1h，麻烦您招呼一下！××先生（女士），你想喝点什么？好，小王帮××先生（或女士）倒杯水。我们这里可以上网、看电视，最新的报纸杂志都可以阅读，哦对了，我们的休息室是无烟的，那边有吸烟区！保养过程中，您可以通过屏幕显示器和透明玻璃窗来了解您车保养进度。我也会随时向您汇报车辆状态！如果发生任何变化，我都会在第一时间向您汇报。您先请坐，我先帮您派工，咱们一会儿见！

3-23　项目三复习思考题

一、名词解释

1．汽车维修企业生产管理
2．计划
3．调度
4．安全生产
5．车辆维修生产能力
6．维修服务核心流程
7．综合作业法
8．专业分工作业法

二、填空题

1．汽车维修生产的基础管理包括_____、_____、_____、_____管理等。它是保障汽车维修生产_____、____、_____完成的重要保障。

2．车辆维修生产计划按计划所辖的范围，可以分为_____、_____等；按计划时期可以分为____、____、____、____维修生产计划；一般生产计划还可以分为____、_____、____或阶段性等几种，也有以____、____、_____来区分生产计划的。

3．调度在企业生产运作中具有____、____、____、____的四大作用。

4．目前国内汽车维修企业所采用的生产调度方式通常有_____和_____两种形式。

5．维修看板主要有_____、_____、_____等。

6．汽车维修企业常见的调度形式有_____调度和_____调度。

7．维修调度在组织维修生产过程中要确保维修工作过程的_____、确保维修生产过程的_____、确保维修生产过程的_____。

8．汽车维修作业的劳动组合可分_____和_____两种。

9．维修车间的安全工作包括_____的安全和_____的安全。

10．标准全面的维修服务流程应当包括____、____、____、____、____、_____、_____七个过程。

11．“三不落地"是指_____、_____和_____不落地。

12．维修生产管理中应当遵循的三个原则是_____、_____、_____。

13．汽车维修的收费内容主要包括工时费用、材料费用和其他费用三项。其中汽车维修材料费用是指汽车维修过程中合理消耗的材料的费用，一般分为_____、____和____三类。其他费用主要指_____、_____、_____等。

14．奔驰汽车售后服务核心流程包括_____、_____、_____、_____、_____、_____、_____、_____八个环节。

15．比亚迪售后服务核心流程包_____、_____、_____、_____、_____、_____六个环节。

16．预约分为_____预约和_____预约。
17．预约看板的主要内容包括_____、_____、_____、_____、_____等。
18．汽车维修企业维修质量实行_____、_____和_____的三检制度。

三、选择题

1．在调度管理组织体系，管理的主体是（　　）。
A．物　　　　　B．人　　　　　C．时间　　　　　D．环境
2．大多数汽车维修企业的调度机构一般可以分为（　　）级。
A．2　　　　　B．3　　　　　C．4　　　　　D．5
3．派工单上没有（　　）的签字。
A．总经理　　　B．主修人　　　C．派工员　　　D．质检员
4．通知客户取车属于（　　）环节。
A．预约　　　B．交车/结算　　　C．准备工作　　　D．质检/内部交车
5．当用户提车离厂后，维修企业应在（　　）之内进行跟踪回访。
A．三天　　　B．十天　　　C．一周　　　D．二周
6．在汽车维修竣工后，（　　）应清理车辆卫生，做好收尾工作。
A．服务顾问　　B．主修人　　　C．学徒　　　D．质检员
7．欢迎板在顾客到来之前应放置于迎接顾客的（　　），或置于在服务接待区入口明显位置。
A．通道口　　　B．大门　　　C．车间门口　　　D．接待大厅门口
8．维修工作结束后，（　　）要对车辆性能进行终检。
A．服务顾问　　B．服务经理　　C．专职检验员　　D．技术总监
9．（　　）全面负责竣工车辆的质量把关工作。
A．服务顾问　　B．服务经理　　C．专职检验员　　D．技术总监
10．完工审查是由业务接待来完成的。
A．业务接待　　B．服务经理　　C．维修工　　　D．技术总监

四、判断题

1．汽车维修企业的生产计划通常采用滚动编制方式。　　　　　　　　（　　）
2．调度能够通过车辆维修进度看板对维修车辆在车间的状态进行控制。（　　）
3．"预约"是业务接待的职责。　　　　　　　　　　　　　　　　　　（　　）
4．在"接车/制单"环节中最主要的工作之一是同用户签订任务委托书。（　　）
5．任务委托书也称作维修合同。　　　　　　　　　　　　　　　　　（　　）
6．停车场内车速不得高于5km/h，场内不准试车。　　　　　　　　　（　　）
7．生产车间内只能停放在修车辆和待修车辆。　　　　　　　　　　　（　　）
8．停车场内车辆应靠边停放、排列整齐并保持不少于0.6m的车距，车头向着通道，并留出安全通道。　　　　　　　　　　　　　　　　　　　　　　　　　（　　）
9．在汽车维修竣工后，服务顾问应清理车辆卫生，做好收尾工作。　　（　　）
10．汽车维修企业售后服务核心流程环节的划分是完全相同的。　　　（　　）

11．本田汽车售后服务核心流程分为七个环节。　　　　　　　　（　　）
12．长安汽车售后服务核心流程包括预约、迎接客户、互动检查等 11 个环节。（　　）
13．客户主动向维修企业打电话，对于客户来说是主动的，称为主动预约。（　　）
14．维修人员接到任务委托书或派工单后，应当及时、全面、准确的完成维修项目，不能超出维修范围进行作业。　　　　　　　　　　　　　　　　　（　　）
15．维修工发现维修内容与车辆的实际情况不完全相符时，应立即亲自征求意见，用户同意后方可更改维修内容。　　　　　　　　　　　　　　　　　（　　）
16．维修人员尽量一次性提供维修建议，避免多次变更维修内容、时间和费用。
　　　　　　　　　　　　　　　　　　　　　　　　　　　　　　　（　　）
17．质检人员只能在质量检验单上签字，不需要在任务委托书上签字。（　　）
18．对于检验不合格的车辆，应及时通知客户需要返工返修，以减少客户抱怨。
　　　　　　　　　　　　　　　　　　　　　　　　　　　　　　　（　　）
19．交车服务顾问不能是原接车服务顾问。　　　　　　　　　　（　　）
20．团队管理模式比传统管理模式更先进。　　　　　　　　　　（　　）

五、简答题

1．编制生产计划的依据是什么？
2．编制维修生产计划应考虑的因素有哪些？
3．维修调度在组织维修生产过程中要做到哪"三个确保"？
4．企业的安全生产方针是什么？
5．落实安全教育与安全责任制的措施有哪些？
6．维修服务核心流程的作用是什么？
7．"丰田七步法服务程序"包括哪些环节？
8．任务委托书的主要内容有哪些？
9．汽车维修企业标准售后服务核心流程包括哪些环节？
10．预约看板应当设置在哪些位置？他们的作用分别是什么？
11．预约有哪些好处？

六、综述题

1．对汽车维修作业劳动组合两种作业法进行比较。
2．概括预约实施规范。
3．概括预约要求。
4．概括接车及制单实施规范。
5．概括接车及制单工作注意事项。
6．概括维修及进行工作实施规范。
7．以模拟实际的方式，填写一张"一汽—大众特约服务站的任务委托书"。
8．绘制交车流程图。
9．概括交车及结算实施规范。
10．概括跟踪回访实施规范。
11．概括跟踪回访注意事项。
12．对传统管理模式与团队管理模式的比较。

3-24 项目三复习思考题参考答案

一、名词解释

1．汽车维修企业生产管理：指对汽车维修企业生产活动的计划、组织和控制所进行的管理。

2．计划：是运用脑力制定政策、方针、方案、程序及细则的过程。

3．调度：系指在各种活动中安排、处置事务的意思，具体来说就是根据某一预定目标，在组织实施过程中按照预想计划，随时掌握动态变化，集中控制关键和主要环节、协调平衡上下左右相关各方达到衔接一致，保证预期目标的实现。

4．安全生产：所谓安全生产，就是为保证企业生产过程正常进行，必须在日常的生产经营管理活动中保障职工人身安全及机器设备安全，防止出现人身事故或设备事故，避免财产损失。

5．车辆维修生产能力：是指维修企业在计划期内可以提供的有效生产工时量。

6．维修服务核心流程：对维修服务核心流程狭义的理解是从车辆进厂接待开始，经过开任务委托书、派工、维修作业、质量检验、试车、结算、车辆交付出厂这样一个过程，这也是多数修理企业常见的传统流程。而对维修服务流程广义的理解是不但包括从车辆进厂到出厂的这样一个传统的全过程，而且还包括车辆进厂前的预约、准备工作和车辆交付出厂后的跟踪回访工作。

7．综合作业法：是指在实行定位作业（车架位置固定不变）、就车修理的汽车修理企业中，除了车辆的车身与车架的维修作业（如钣金和油漆、锻焊、轮胎等）由专业工种完成外，其余机电修理作业（如发动机、底盘、电器的维修作业）均由一个班组包干完成。

8．专业分工作业法：是指在实行流水作业（车架沿流水线移动）、总成互换修理（综合拆装、总成互换）的汽车维修企业中，根据汽车维修工艺流程的先后程序和流水作业要求，将车辆所有维修作业沿着流水线划分为若干工位，待修汽车在流水线上依靠本身动力或利用其他驱动力有节奏的连续或间歇移动；各维修技工及各专用设备则分别安排在流水线两侧的指定工位上，每个工位只承担某一特定的维修作业（各维修工位的专业分工细化程度取决于汽车维修企业的生产规模）。

二、填空题

1．生产计划　生产调度　生产进度与生产统计　生产安全以及劳动；顺利　快速　高效

2．厂或车间的维修生产计划　单车或单台总成的维修生产计划；年度　季度　月度　周或日；长期　中期　短期；大日程　中日程　小日程

3．组织　指挥　控制　协调

4．《派工单》传票制度　《派工单》公示制度

5．售后服务经营管理看板　服务总看板　车间派工预览看板

6．现场会　看板

7．连续性　协调性　均衡性。

8．综合性作业法　专业分工作业法

9．车辆维修技术　人员

10．预约　准备工作　接车/制单　维修/进行工作　质检/内部交车　交车/结算　跟踪回访

11．零件　工具　油水

12．以用户满意为导向　以维修质量为导向　以企业效益为导向。

13．配件费用　辅助材料费用　油料费用；材料管理费　外协加工费

14．预约服务　接待服务　初步检测　确认工单　监督工作进度　终检　解释工作　跟踪服务

15．预约　接待　维修　质量控制　交车　跟踪回访

16．主动　被动

17．预约时间　车牌号码　客户姓名　服务顾问　服务项目

18．自检　互检　终检

三、选择题

1．B　2．B　3．A　4．D　5．C　6．B　7．A　8．C　9．C　10．A

四、判断题

1．√　2．√　3．×　4．√　5．√　6．√　7．×　8．√　9．×　10．×　11．×　12．√　13．×　14．√　15．×　16．√　17．×　18．×　19．×　20．×

五、简答题

1．编制生产计划的依据是什么？

答：编制生产计划的依据是应该是企业根据客户资料统计的维修量和预计的维修增量、季节性的维修需求、阶段性的活动安排、突发性的事件处理等对不同维修工种的工作量的需求，以及对企业的场地、人力、设备、设施和各工种的实际生产能力的需求。

2．编制维修生产计划应考虑的因素有哪些？

答：编制维修生产计划应考虑的因素如下：

① 各种生产形态（订单维修生产与预约维修生产或小修、维护、大修等）。

② 当地过去5年的车辆销售量（保有量）和销售量（保有量）增长率。

③ 当地未来3年预计的车辆销售量（保有量）和销售量（保有量）增长率。

④ 本企业去年的维修量和维修项目结构。

⑤ 本企业的作业工位数量、场地面积、工具设备和检测仪器的种类和数量。

⑥ 车间、部门、班组人员的结构，管理人员和技师、技工的数量以及技能状况。

⑦ 员工的工作时间和工作效率，客户送修车辆车况和需要维修作业的时间。

⑧ 季节性的维修需求、时段性的活动安排、突发性的事件处理等对各工种的不平衡需求。

3．维修调度在组织维修生产过程中要做到哪"三个确保"？

答：维修调度在组织维修生产过程中要做到"三个确保"：确保维修工作过程的连续性、确保维修生产过程的协调性、确保维修生产过程的均衡性。

4．企业的安全生产方针是什么？

答：企业的安全生产方针是预防为主、安全第一、综合治理。

5．落实安全教育与安全责任制的措施有哪些？

答：落实安全教育与安全责任制的措施如下：①组织安全生产、开展安全教育。②建立安全生产责任制度。③严格遵守安全技术操作规程。④加装安全防护装置。

6．维修服务核心流程的作用是什么？

答：维修服务核心流程的作用：①明确服务人员的分工，通过电话预约、跟踪回访、处理好用户抱怨等手段主动加强与用户的关系。②服务过程程序化、服务行为规范化、服务结果标准化。③提高内部工作效率。④为用户提供快速、可靠、方便、一致、高效的服务。

7．"丰田七步法服务程序"包括哪些环节？

答：丰田汽车售后服务核心流程包括预约服务、接待、填写修理单、调度生产、质量控制、交车、追踪服务七个环节，也称"丰田七步法服务程序"

8．任务委托书的主要内容有哪些？

答：任务委托书的主要内容有用户信息、车辆信息、维修企业信息、维修作业任务信息、附加信息和用户签字。用户信息包括用户名称、联系方式等；车辆信息包括牌照号、车型、颜色、底盘号、发动机号、上牌日期、行驶里程等；维修企业信息包括企业名称、电话，以便用户联系方便。维修作业信息包括进厂时间、预计完工时间、维修项目、工时费、预计配件材料费；附加信息是指用户是否自带配件、用户是否带走旧件等，这些都需要同用户作一个准确地约定。

9．汽车维修企业标准售后服务核心流程包括哪些环节？

答：汽车维修企业标准售后服务核心流程包括预约、准备工作、接车及制单、维修及进行工作、质检及内部交车、交车及结算、跟踪回访七个环节。

10．预约看板应当设置在哪些位置？他们的作用分别是什么？

答：预约看板应当在服务前台、车间、库房三个位置设置，前台看板是向客户传递服务意识，使预约客户产生被重视的感觉；车间预约看板为生产调度看板，提醒车间主管进行调度时要考虑预约车辆的情况；库房看板是提醒库管员注意库存，防止出现预约客户缺件的意外情况。

11．预约有哪些好处？

答：预约的好处如下：①顾客可以根据自己的情况灵活安排车辆的保养、维修，方便快捷。②车辆进厂后可以直接得到服务，大大减少了中间的不必要的时间浪费及顾客的等待时间。③预约的客户还可以享受工时或备件折扣优惠。④提高设备和工位的利用率，减少能力闲置和资源浪费。⑤便于及时订购备件，减少备件库存。⑥便于企业做好充分准备，减少由于维修需求的突然性而导致的非作业时间延长，提高工作效率。⑦通过强化预约服务，提高维修服务工作的计划性和规范性，从而提高服务水平。

六、综述题

（答案略）

4-1　二级维护竣工检验记录单

托修方			车牌号		车型	
	项目	评价	项目	评价	项目	评价
外观状况	清洁		发动机装备		离合器	
	紧固		转向机构		变速器、传动轴、主减速器	
	润滑		轮胎		牵引连接装置和锁止机构	
	密封		悬架		前照灯	
	附属设施		减振器		信号指示装置	
	发动机工作状况		车桥		仪表	
故障诊断	车载诊断系(OBD)故障信息	□无　□有　故障信息描述：_____				评价：
	转向盘最大自由转动量/(°)		评价：	转向轮横向侧滑量/(m/km)	第一转向轴：	评价：
					第二转向轴：	评价：

制动性能		车轴	一轴	二轴	三轴	四轴	五轴	六轴
	台架	轴制动率（%）	结果					
			评价					
		制动不平衡率（%）	结果					
			评价					
		整车参数	项目	整车制动率（%）			驻车制动率（%）	
			结果					
			评价					
	路试	初速度/(km/h)	参数	制动距离/m		MPDD/(m/s²)	制动稳定性	
			结果					
			评价					

前照灯性能	参数	灯高/mm	远光灯光强/cd		远光偏移/(mm/10m)				近光偏移/(mm/10m)			
			结果/cd	评价	垂直	评价	水平	评价	垂直	评价	水平	评价
	左外											
	左内											
	右外											
	右内											

排气污染物	汽油车	怠速	CO（%）：	HC（×10⁻⁶）：	评价
		高怠速	CO（%）：	HC（×10⁻⁶）：	评价
	柴油车	自由加速	光吸收系数/m⁻¹：①　②　③	平均/m⁻¹：	评价
			烟度值/BSU：①　②　③	平均/BSU：	评价

检验结论：

检验员签字：　　　　　　年　月　日

注：1. 检验数据在"结果"栏填写。合格在"评价"栏划"〇"，不合格在"评价"栏划"×"，无此项目填"—"。
　　2. 制动性能检验选择"台架"或"路试"。路试制动性能采用[制动距离]或[充分发出的平均减速度 MFDD]评价。

4-2 项目四复习思考题

一、填空题

1. 汽车维护作业内容主要包括____、____、____、____、____以及发现和消除汽车运行故障和隐患等。
2. 汽车维护的指导原则是"_____、_____、_____"。
3. 汽车维护可分为定期维护和特殊维护两类，根据《汽车维护、检测、诊断技术规范》有关规定，定期维护分为_____、_____、_____；特殊维护包括_____、_____。
4. 二级维护作业中心内容除_____外，以_____、_____为主，并拆检轮胎，进行轮胎换位。
5. 汽车维护工艺的组织按作业人员分工区分为_____和_____两种形式；按工作地点布置区分为_____和_____两种。
6. 汽车检测可分为：_____、_____与_____三类。

二、判断题

1. 汽车维护是为维持汽车完好技术状况或工作能力而进行的技术作业。（　）
2. 一级维护工作是由驾驶人完成的。（　）
3. 车辆进行级维护需要进行检测。（　）
4. 车辆的走合前、走合中、走合后的维护内容是相同的。（　）
5. 汽车修理应贯彻以预防为主、视情修理的原则。（　）
6. 汽车修理就是为恢复汽车完好技术状况（或工作能力）和使用寿命而进行的技术作业。（　）
7. 汽车大修的间隔里程定额一般为15万～20万 km。（　）
8. 货车以发动机总成为主，结合车架总成或其他三个总成符合大修条件。（　）
9. 汽车修理作业形式是按汽车和总成在修理过程中的相对位置来区分，有定位作业法、流水作业法两种。（　）
10. 定位作业法一般适用于规模不大或修理车型较杂的汽车修理厂。（　）

三、选择题

1. （　）不属于一级维护作业范围。
   A．润滑　　　　B．紧固　　　　C．检查　　　　D．调整
2. 二级维护的周期为（　）。
   A．10000～12000km（或2～3个月）　B．1500～2000km（或10～20天）
   C．1500～2500km（或10～25天）　　D．30000～60000km（或6～12个月）
3. 汽车大修后一次大修间隔里程定额应为前一次大修间隔里程定额的（　）。
   A．50%～60%　　B．75%～85%　　C．80%～95%　　D．100%
4. 发动机大修竣工后，气缸压缩压力应符合原设计规定，各缸压缩压力差，汽油机应

不超过各缸平均压力的（　　），柴油机应不超过 10%。
　　A．10%　　　　　　B．5%　　　　　　C．8%　　　　　　D．15%
5．发生行车交通责任事故由（　　）负责处理。
　　A．设备管理部门　　B．质量管理部门　　C．车队　　　　　D．经营管理部门

四、问答题

1．汽车维修企业技术管理有的具体工作有哪些？

2．汽车维修企业技术管理的岗位职责有哪些？

3．二级维护作业项目的具体内容有哪些？

4．汽车和总成大修的送修标志是什么？

5．汽车和总成的送修规定有哪些？

五、分析题

1．对三种汽车修理基本方法进行比较。

2．以发动机大修竣工检验为例，说明总成技术检验主要内容。

4-3　项目四复习思考题参考答案

一、填空题

1. 清洁　补给　润滑　坚固　检查　调整
2. 预防为主　定期检测　周期维护
3. 日常维护　一级维护　二级维护；走合期维护　季节维护
4. 一级维护作业　检查　调整
5. 全能工段式　专业工段式；尽头式工段　直通式工段
6. 安全环保检测　综合性能检测　故障检测

二、判断题

1. √　2. ×　3. √　4. ×　5. √　6. √　7. √　8. ×　9. √　10. √

三、选择题

1. D　2. A　3. B　4. C　5. C

四、问答题

1. 汽车维修企业技术管理有的具体工作有哪些？

答：汽车维修企业技术管理有的具体工作有七个方面：①建立技术管理组织机构。②建立技术管理制度及技术责任制度。③坚持技术为生产服务的原则。④搞好汽车维修的机具设备管理。⑤搞好修旧利废与技术革新。⑥搞好技术教育和技术培训。⑦做好技术基础工作：a）建立健全各级技术责任制度；b）建立健全生产技术管理过程中的各种原始记录；c）建立健全生产技术管理过程中的各种技术文件，包括生产用图纸资料、各工种各设备的安全技术操作规程，汽车维修工艺规范，以及各类企业技术标准等；d）参与制订与考核企业各项技术经济定额；e）搞好技术资料与技术档案管理；f）参与技术责任事故处理等。

2. 汽车维修企业技术管理的岗位职责有哪些？

答：汽车维修企业技术管理的岗位职责有：①执行上级颁布的技术管理制度，制订本企业各级技术管理部门及技术人员的技术责任制度。②编制并实施本企业的科技发展规划和年度技术措施计划（包括企业设备购置和维修计划），搞好本企业的技术改造和技术革新工作，推广新技术、新工艺、新材料、新设备；开发新产品。③解决本企业生产经营管理中的疑难技术问题和质量问题，努力提高产品质量，并努力降低产品成本。④切实做好本企业技术管理的各项基础工作；参与制订并实施本企业技术经济定额。⑤领导并组织本企业的科技工作和技术培训工作，做好本企业技术职务的评定和聘任。

3. 二级维护作业项目的具体内容有哪些？

答：（略）

4. 汽车和总成大修的送修标志是什么？

答：（略）

5．汽车和总成的送修规定有哪些？

答：（略）

五、分析题

1．对三种汽车修理基本方法进行比较。

答：（略）

2．以发动机大修竣工检验为例，说明总成技术检验主要内容。

答：（略）

5-1 项目五复习思考题

一、填空题

1. 产品的内在质量特性包括：_____、_____、_____、_____、_____。
2. 质量管理的发展过程包括：_____、_____、_____三个阶段。
3. 全面质量管理的基本特点是"三全一多"，即_____、_____、_____，而其管理方法是_____。
4. 按工作性质建立 QC 小组有_____、_____、_____三种形式。
5. 汽车维修质量包括维修的_____质量和_____质量两个方面。
6. 机动车维修经营者对机动车进行二级维护、总成修理、整车修理的，应当实行____检验、_____检验和_____检验制度。
7. 质量检验的职能有_____、_____、_____。
8. 汽车维修质量检验的"三单一证"是分别指_____、_____、_____、_____。
9. 汽车维修企业的质量考核常用指标有_____、_____、_____、_____等。其中_____和_____不仅可用以考核企业的产品质量，还可以考核企业的工作质量。
10. 按照汽车维修制度规定，车辆进厂维修过程应贯彻_____的原则。
11. 汽车和危险货物运输车辆整车修理或总成修理质量保证期为车辆行驶_____km 或者_____日；二级维护质量保证期为车辆行驶_____km 或者____日；一级维护、小修及专项修理质量保证期为车辆行驶_____km 或者____日。
12. _____是指产品质量等同或者高于装车零部件标准要求，且具有良好装车性能的配件。
13. 执法人员在机动车维修经营场所实施监督检查时，应当有_____人员参加，并向当事人出示交通运输部监制的交通行政执法证件。

二、判断题

1. 汽车维修企业的质量既包含维修作业质量又包含维修服务质量。（ ）
2. 所谓质量，是人们在工作和生活中逐步形成的，用以评价产品或工作优劣程度的概念。（ ）
3. 产品使用寿命属于产品的外在质量特征。（ ）
4. 服务质量不仅包括在产品售前、售中及售后服务过程中对用户开展的所有服务工作，还包括企业内部开展的，在整个生产经营管理过程中所有服务工作的总和。（ ）
5. 原材料、外协外购零部件进厂入库检验可以有非专业人员进行。（ ）
6. 汽车维修竣工出厂合格证是承修单位对汽车维修竣工，经过技术鉴定并符合相应标准后的汽车所开具的质量凭证。由运输管理部门签发。（ ）
7. 合格率是一定时期内维修合格的车辆在已维修车辆总数中所占的比例。（ ）
8. 全面质量管理又称 TQC，是维修企业为了保证和提高维修质量，综合运用的一整套质量管理体系、方法和手段所进行的系统管理活动。（ ）

9. 全面质量管理的基本特点是"三全一多"。( )
10. 维修质量的好坏一定要有一个明确公开的衡量标准，每个人都可以把自己的工作结果与之对照，从而知道自己做得是好是坏。( )
11. 汽车维修质量检验的目的是为了对汽车维修过程实行全面质量控制。( )
12. 按检验职责分为自检、互检和专职检验，亦称"三检制度"。( )
13. 国家标准是国家对本国经济发展有重大意义的工农业产品、工程建设和各种计量单位所做的技术规定。它由地方标准化行政主管部门制定。( )
14. 产品质量是检验出来的，而不是人做出来的。( )
15. PDCA 四个阶段实际上是相互联系和相互交叉的。( )
16. 我国机动车维修实行竣工出厂质量保证制度。( )
17. 机动车维修配件实行追溯制度。( )
18. 车辆在经过维修并竣工出厂后，在用户正常使用的情况下，承修方承诺其质量保证项目不发生维修质量事故。( )
19. 机动车维修经营者是机动车维修质量责任主体。( )
20. 机动车维修经营者对于换下的配件、总成，应当自行处理。( )
21. 二级维护质量保证期为车辆行驶 2000km 或者 10 日。( )
22. 机动车维修经营者应当将原厂配件、同质配件和修复配件分别标识，明码标价，供用户选择。( )
23. 在质量保证期和承诺的质量保证期内，因维修质量原因造成机动车无法正常使用，且承修方在 5 日内不能或者无法提供因非维修原因而造成机动车无法使用的相关证据的，机动车维修经营者应当及时无偿返修，不得故意拖延或者无理拒绝。( )
24. 质量保证期要在任务委托书或汽车维修合同中公示。( )
25. 承修方承诺的质量保证期不得大于国家规定的行驶时间或行驶里程。( )
26. 摩托车总成修理质量保证期为摩托车行驶 7000km 或者 80 日。( )
27. 摩托车维护、小修及专项修理质量保证期为 800km 或者 10 日。( )
28. 汽车小修及专项修理质量保证期为车辆行驶 3000km 或者 10 日。( )
29. 机动车托修方有权查阅机动车维修档案。( )

三、选择题

1．企业为使产品或服务达到规定质量而进行全部管理活动的总称是指（ ）。
A．质量职能　　　　　B．质量责任　　　　　C．质量方针
2．全面质量管理概念是由（ ）人提出的。
A．中国　　　　　B．美国　　　　　C．英国　　　　　D．德国
3．汽车维修竣工出厂合格证是承修单位对汽车维修竣工，经过技术鉴定并符合相应标准后的汽车所开具的质量凭证。由（ ）签发。
A．运管部门　　　　　B．承修厂家　　　　　C．技术监督部门
4．汽车整车修理或者总成修理质量保证期为汽车行驶（ ）。
A．100 日或行驶 20000km

B. 120 日或者 20000km

C. 2 天或行驶 300km

5. PDCA 工作循环是全面质量管理的工作程序，P 是指（   ）。

A. 计划　　　　　　B. 执行　　　　　　C. 检查　　　　　　D. 处理

6. 全面质量管理的一个重要特点就在于管理的（   ）。

A. 全面性　　　　　B. 安全性　　　　　C. 复杂性　　　　　D. 统一性

7. 汽车维修检验的任务（   ）。

A. 判定质量合格与不合格　　　　　　　　B. 重在过程

C. 全员参与　　　　　　　　　　　　　　D. 检查修理工水平

8. 汽车维修进厂检验记录单、（   ）及竣工检验记录单（简称三单），是汽车维修质量检验的基础原始记录。

A. 接车单　　　　　B. 过程检验记录单　　C. 承修单　　　　　D. 派工单

9. 汽车维修质量监督是汽车维修质量保证体系中的一个重要环节，是（   ）从事汽车维修行业管理工作的中心任务之一。

A. 公安机关　　　　　　　　　　　　　　B. 工商行政管理机构

C. 道路运政管理机构　　　　　　　　　　D. 维修企业

10. 汽车维修行业的质量监督的作用是（   ）。

A. 保护经营者的合法性　　B. 保障客户的合法权益　　C. 开展企业间的公平竞争

11. 汽车维修督查的方法有（   ）。

A. 实行抽检制度　　　　　B. 加强检验员考核　　　　C. 开展维修质量创优活动

12. （   ）是机动车维修质量责任主体。

A. 运管部门　　　　　　　B. 机动车维修经营者　　　C. 技术监督部门

13. 投诉处理时间一般在（   ）个工作日完毕；情况复杂的，经批准可在（   ）日内完毕，但应当告之相关人员。

A. 15　30　　　　　B. 10　30　　　　　C. 15　15　　　　　D. 15　60

14. 在质量保证期内，机动车因同一故障或维修项目经（   ）次修理仍不能正常使用的，机动车维修经营者应当负责联系其他机动车维修经营者，并承担相应修理费用。

A. 2　　　　　　　　B. 3　　　　　　　　C. 4　　　　　　　　D. 5

四、简答题

1. 什么是全面质量管理？

2. QC 小组的活动中选课题要注意哪些方面的问题？

3．汽车维修质量检验包括哪几个工作步骤？

4．维修前诊断检验的主要内容包括哪些？

五、问答题

1．加强企业质量管理的重要性意义是什么？

2．汽车维修质量管理的任务是什么？

3．汽车维修行业监督管理采用的主要方法有哪些？

4．维修质量管理机构的主要职责是什么？

5．质量检验工作的职能有哪些？

6．汽车维修质量检验人员素质要求有哪些？

7．什么是一次检验合格率？

六、综述题

1．总结 PDCA 循环的"四个阶段""八个步骤"。

2．总结概括机动车维修质量保证期的相关规定。

3．概括汽车维修行业主要的监管规定。

5-2　项目五复习思考题参考答案

一、填空题

1．产品使用性能　产品使用寿命　产品使用可靠性　产品使用安全性　产品使用经济性

2．质量检验　统计质量控制　全面质量管理

3．全面的　全过程的　全员的；多种多样的

4．现场型小组　攻关型小组　管理型小组

5．技术　服务

6．维修前诊断　维修过程　竣工质量

7．保证职能　预防职能　信息职能

8．进厂检验单　维修过程检验单　维修竣工检验单　维修竣工出厂合格证

9．产品或项次合格率　一次检验合格率　返工返修率；一次检验合格率　返修率

10．"漏报不漏修，漏修不漏检"

11．20000　100；5000　30；2000　10

12．同质配件

13．2 名以上

二、判断题

1．√　2．√　3．×　4．√　5．×　6．√　7．√　8．√　9．√　10．√
11．√　12．√　13．×　14．×　15．√　16．×　17．√　18．×　19．√　20．×
21．×　22．√　23．×　24．√　25．√　26．√　27．√　28．√　29．√

三、选择题

1．A　2．B　3．A　4．A　5．A　6．A　7．A　8．A　9．C　10．B　11．A
12．B　13．D　14．A

四、简答题

1．什么是全面质量管理？

答：所谓全面质量管理，就是从系统控制论的概念出发，把企业作为生产产品质量的整体，组织和依靠企业全体员工（即全员参与的）都参与企业产品质量管理的全过程（从产品开发设计、生产制造、使用维修到售后服务的全过程）中，并全面地管理和控制影响产品质量的所有因素（即生产技术、经营管理、政治思想教育全面结合），从而以最优的生产、最低的消耗、最佳的服务，为用户提供最满意的产品质量。简言之，所谓全面质量管理，就是通过全面的、全员的、全过程的质量保证体系，最经济地为用户提供最满意质量的产品和服务的一整套质量管理的体系、手段和方法。

2．QC 小组的活动中选课题要注意哪些方面的问题？

答：QC 小组的活动中选课题要注意以下四方面的问题：①选题的依据；②课题的类型；

③选题的范围；④选题的原则。

3．汽车维修质量检验包括哪几个工作步骤？

答：汽车维修质量检验的工作步骤包括：①明确汽车维修质量要求；②测试；③比较；④判定；⑤处理。

4．维修前诊断检验的主要内容包括哪些？

答：维修前诊断检验的主要内容包括：对进厂送修车辆进行外观检视；填写进厂预检单；注明车辆装备数量及状况；听取客户对车辆技术状况的口头反映；查阅该车技术档案和上次维修技术资料；检测或测试车辆的技术状况；确定故障原因及维修方案，签订维修合同，办理交接手续。

五、问答题

（答案略）

六、综述题

（答案略）

6-1 某汽车维修企业配件订购流程

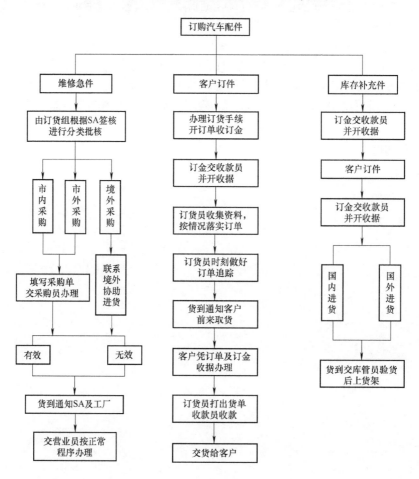

6-2　项目六复习思考题

一、填空题

1. 汽车维修物资管理是指对汽车维修经营活动所需的各种物资进行有计划的_____、_____、_____、_____、_____、_____和_____等一系列管理工作的总称。
2. 汽车维修企业所用的生产物资，通常分为_____、_____、_____等。
3. 汽车配件通常按照其价格的不同，可分为_____、_____、_____。
4. 汽车维修物资的采购管理，包括_____管理、_____管理和_____管理。
5. 选择汽车维修物资供应商时，要考虑供货商的_____、_____、_____、_____与_____等。
6. 库房在进行汽车维修物资的入库验收时，一定要把好____、____、____三个关，坚持"四不收"制度，即_____不收，_____不收，____不收，_____不收。在库房管理中要做好"十防""四不""一相符"，所谓"十防"是指____、____、_____、_____、_____、_____、_____；"四不"是指____、____、____、____；"一相符"是指_____。
7. 备件采购管理的一般程序为_____、_____、_____、_____、_____五个环节。
8. 汽车零部件按用途分为_____、_____、_____三大类。
9. 奥迪A8的气缸垫放在"01081225"这个位置，即它放在____库____区____架____层。
10. 库房管理经常采用_____、_____、_____、_____等科学管理办法。
11. 影响库存控制的因素主要有_____、_____、_____等。
12. 库存管理的内容主要包括_____、_____、_____三个方面。

二、判断题

1. 汽车维修物资及汽车维修设备属于汽车维修企业的生产资料。　　　　（　　）
2. 制订物资消耗定额要贯彻"平均先进"的原则。　　　　　　　　　　（　　）
3. 为了保证汽车维修过程的顺利进行，总是希望库存物资越多越好。　　（　　）
4. 保险储备定额是库存物资的最小储备量。　　　　　　　　　　　　　（　　）
5. 从采购的角度看，采购量越大而采购次数越少越好。　　　　　　　　（　　）
6. 汽车备件分类代码中的"4"，表示不规则件。　　　　　　　　　　　（　　）
7. "四号定位法"中的四个号分别代表"库、架、层、位"。　　　　　　（　　）
8. 盘点方法有日常盘点、循环盘点、定期盘点和重点盘点等。　　　　　（　　）
9. 随时随地都可以采购到的备件，其紧急采购天数为零，最低安全存量也就为零，也就是该备件不需要库存。　　　　　　　　　　　　　　　　　　　　　　　　（　　）
10. 库存控制的关键点有最低存量、订购点及订货量。　　　　　　　　（　　）

三、问答题

1. 汽车维修物资管理的意义和任务是什么？

2. 汽车维修企业库房盘点的主要内容有哪些方面？

3. 汽车备件采购中"五进、四不购、三坚持"原则的具体含义是什么？

4. 备件采购应坚持哪些原则？

5. 选择供应商应考虑哪些主要内容？

6. 备件入库要注意哪些事项？

7. 备件出库要注意哪些事项？

8. 对备件库的基本要求有哪些？

9. 备件库布局的原则有哪些？

10. 有效利用备件库空间的注意事项有哪些？

11. 位置码编号应注意哪些事项？

12. 库存管理的原则有哪些？

四、综述题

1．货架垂直式布局分为哪三种？试比较他们的优缺点。

2．概括备件库管理规定。

3．对比呆料和废料产生的原因和处理的方法。

4．试述 ABC 管理法的含义和基本原理。

6-3　项目六复习思考题参考答案

一、填空题

1. 采购　运输　验收　供应　保管　发放　合理使用　综合利用
2. 汽车配件　汽车维修用辅料　汽车维修用原材料
3. 低值易耗配件　一般配件　重要基础件及贵重总成
4. 采购计划　采购方式　采购点
5. 产品价格　产品质量　售后服务　位置　供应商的存货　供货政策
6. 数量　质量　单据；凭证不全　手续不齐　数量不符　质量不合格；防锈　防尘　防潮　防霉　防腐　防磨　防水　防燃　防变质　防漏电；不短缺　不损耗　不变质　不混号；账卡物相符
7. 接受采购计划　选择供应商　订货　订货跟踪　接货查收
8. 维修零件　精品　油类及化学品
9. 01　08　12　25
10. "分类分区"　"四号定位"　"立牌立卡"　"五五摆放"
11. 订货周期　消耗量　流通等级
12. 库存信息管理　库存控制　库存管理水平的评价

二、判断题

1. √　2. √　3. ×　4. √　5. ×　6. √　7. ×　8. √　9. √　10. √

三、问答题

（答案略）

四、综述题

（答案略）

7-1　项目七复习思考题

一、填空题

1. 6S 管理的内容是指_____、_____、_____、_____、_____、_____。
2. 整理是将工作场所的物品分为_____、_____、_____三类。
3. _____是把工作场所需要的物品按需要或要求的数量，摆放到规定位置，摆放整齐。
4. 在开展 6S 管理的过程中，要始终贯彻_____和_____的原则，从我做起，从优化做起。
5. 6S 活动是以现场为中心而推行的一项基础管理活动，坚持"三现"原则就是指在实施 6S 管理过程中，必须_____、_____、_____。
6. 在 6S 管理实施中，为了提高工作效率，执行现场物件_____、_____、_____时，要考虑_____、_____、_____的"三易"原则。
7. 6S 管理考核形式主要有_____、_____、_____、_____、_____。
8. 汽车维修企业在生产经营过程中，由于存在_____（如移动的车辆、使用的举升机）、_____（如维修工操作失误）、_____（如无驾驶证的维修工移动车辆），所以，就不可避免地会发生生产安全事故，因此，安全生产管理也是汽车维修企业的第一责任。
9. 我国安全生产的方针是_____、_____、_____。

二、判断题

1. 清扫的唯一作用就是把工作场所打扫干净。（　　）
2. 清洁不仅要求外表要清洁，而且精神上要"清洁"，要礼貌待人，尊重他人，助人为乐，友好和善。（　　）
3. 所谓"三现"是指现状、现场、现在。（　　）
4. 1 个月使用 2~3 次，属于一般使用频率。（　　）
5. 从业人员应当执行机动车维修安全生产操作规程，不得违章作业。（　　）
6. 每个维修工位要有足够的面积和高度，一般轿车维修工位的面积不小于 4m×7m，高度不小于 4m。（　　）
7. 维修车间的地面应采用水泥、水磨石、塑胶或瓷砖地面。（　　）
8. 汽车烤漆的时间一般为 30~40min，温度一般为 60~70℃。（　　）

三、简答题

1. 清扫的目的是什么？

2．清洁的目的是什么？

3．6S 管理实施应注意哪些事项？

4．6S 管理实施的原则有哪些？

5．6S 管理实施的方法有哪些？

6．安全生产管理中的"五到位、五落实"的含义是什么？

四、论述题

1．概述 6S 管理的作用。

2．概括与维修人员有关的不安全因素及安全措施。

3．概括与维修场地有关的不安全因素及安全措施。

7-2　项目七复习思考题答案

一、填空题

1. 整理（SEIRI）　整顿（SEITON）　清扫（SEISO）　清洁（SEIKETSU）　素养（SHITSUKE）　安全（SECURITY 或 Safety）
2. 经常用的　不经常用的　不再使用的
3. 整顿
4. 自主管理　优化管理
5. 分析现状　亲临现场　查看现物
6. 定位　定量　定容；易取　易放　易管理
7. 早会考评　板报考评　例会考评　客户考评　奖惩考评
8. 物的不安全状态　人的不安全因素　管理缺陷
9. 安全第一　预防为主　综合治理

二、判断题

1. ×　2. √　3. ×　4. √　5. √　6. √　7. ×　8. √

三、简答题

1. 清扫的目的是什么？

答：清扫的目的是使员工保持一个良好的工作情绪，并保证稳定汽车维修质量，提高一次维修成功率，降低返修率。

2. 清洁的目的是什么？

答：清洁的目的是消除工作场所产生脏、乱、差的源头，使整理、整顿和清扫工作成为一种惯例和制度，是标准化的基础，也是一个企业形成企业文化的开始。

3. 6S 管理实施应注意哪些事项？

答：6S 管理实施应注意以下事项：

① 6S 管理要长期坚持，整理、整顿不能平日不做，而靠临时突击将物品整理摆放一下；创造良好的工作环境，不能靠购置几件新设备、刷刷墙面；素养形成更不能靠一个会议解决问题。

② 6S 管理要依靠全体员工自己动手，持之以恒来实施，并在实施过程中不断培养全体员工的 6S 意识，提高 6S 管理水平。

4. 6S 管理实施的原则有哪些？

答：6S 管理实施的原则：自我管理的原则；坚持"三现"原则；勤俭办厂的原则；持之以恒原则；兼顾"三易"原则。

5. 6S 管理实施的方法有哪些？

答：6S 管理实施的方法有：检查表法；红色标签警示战略法；目标管理法；PDCA 循

环法；看板管理法。

6．安全生产管理中的"五到位、五落实"的含义是什么？

答："五到位、五落实"即：安全投入到位、安全培训到位、基础管理到位、应急救援到位；落实党政同责、落实一岗双责、落实安全生产组织领导机构、落实安全管理力量、落实安全生产报告制度。

四、论述题

（答案略）

8-1 人力资源管理与传统劳动人事管理的比较

有一定规模的企业都应当设置人力资源开发与管理专业部门,即使是比较小的企业,也要有人专职或兼职从事这项工作。其实人力资源开发与管理,并不仅仅是人力资源管理与开发专业部门和专职人员的事,也是企业各级管理者,特别是高层管理者分内的事。

在过去,我国企业里把管理人的部门叫作人事劳动部门,现在企业都称其为人力资源部。人力资源开发与管理取代人事劳动管理这不是简单的名词置换,人力资源开发与管理同传统的人事劳动相比,传统的劳动人事管理仅是劳动力管理,而现代企业的人力资源管理却包括了人力管理与人力开发两个方面。现代企业所设立的人力资源开发部与传统的劳动人事管理部门相比,并不是一个简单的名词置换,虽然其管理对象同样是人,但其管理思想、管理理论、管理性质和管理方法都有根本的区别。

1. 管理的形式不同

传统的劳动人事管理,一般是将干部和工人分开管理,劳资处分管工人,主要的工作是制定工人劳动定额、劳动报酬的分配方式等,主要的任务是工人的劳动管理;干部处分管干部,主要的工作是干部的调迁、定岗定编、工资等,主要任务是干部的人事管理。现在,很多企业认识到既有做法的不足,开始学习国外企业的管理方法。将它的人事管理和劳动管理合为一体,统称为劳动人事部门或人力资源管理部门,企业内部人员统称为员工。其工作内容方面,既管理工人又管理干部,既管理劳动又管理人事。

2. 基本职能不同

传统劳动人事管理的职能主要是具体事务性的技术管理。现代的人力资源管理的职能包括企业战略性的管理职能、技术性的管理职能两个方面。

3. 对人的看法不同

传统的劳动人事管理,仅仅将人看作是一种"物"。正如科学管理之父泰罗所说,人如同上满了油的"齿轮"。因此,对人的管理,仅仅是将人看作是一种能说话"机器"。现代的人力资源管理则认为,人不再是一种一般的资源,而是一种特殊的资源,是一种人力资本。这种活性资本性质的资源,不同于任何物力资源,因为人有思想、有知识技能、有主观能动性,能够主动改造物质世界,推动生产发展,创造财富和价值,而所有这些,物力资源统统没有。

传统的劳动人事管理把人看作为"经济人",认为干活就是单纯为了挣钱,对人的管理大多立足于控制与奖惩上。现代的人力资源管理把人看作为"社会人",认为人力资源是企业生存和发展的最基本资源;且认为人除了有基本的物质要求外,还会有社会的、感情的、复杂的较高层次的多种要求(如友谊、尊重和信任等)。因此人力资源管理侧重于提高士气,使其自觉地提高劳动生产效率,为企业利益努力效劳。

企业管理者应该平等对待下属,尽力安排好员工的生活与工作条件,处理好人际关系,体现为员工服务的理念。

4. 管理对象和管理方法不同

传统的劳动人事管理虽然表面上上管人的，但实际上却是管事的，其日常工作只是按照领导指示，执行招收员工和安排工作。

现代人力资源管理才是真正管人的，在用人方面，不仅着眼于短期用人，还要考虑长期的人才储备与开发。既要有利于人才使用，也要有利于企业发展，开发利用现有的人力资源（例如根据其特长、兴趣、特点和能力，灵活地量才使用，并尽可能提高其素质，开发其潜能，激发其活力，调动其积极性等）。还要搞好人力资源储备，并积极主动地根据企业的发展规划，善于识别人才和善于使用人才，做好人的政治思想工作。正因为如此．现代企业的人力资源管理人员不仅要有人事管理知识，而且还要有相当的专业技术和领导艺术。

5. 所处地位不同

传统的劳动人事管理仅是被动型、战术型、静态型、管事型的管理，它仅属于非生产或非效益的中间执行层级。

现代的人力资源管理却是主动型、战略型、动态型、领导型的管理，它在现代企业中处于生产性和效益性的上层领导层级。

传统的人事劳动管理是战术性的，工作着重点是完成当前的工作任务。现代人力资源管理是战略与战术相结合的，不仅要为实施企业战略完成当前的工作任务，更要根据企业战略搞好人力资源开发规划，把工作的着眼点放在企业未来的发展上。

传统的人事劳动管理是静态的，把人调了进来，安排下去，该干什么就干什么，就可以不管了。现代人力资源管理则不同，人员到岗后，要根据人的兴趣、特点、能力，特别是根据能力，做好同其岗位相吻合工作。能力低，岗位高，工作固然做不好；能力高，岗位低，工作也做不好。要根据人的能力安排岗位，使其工作具有挑战性，岗位具有竞争性，促进人的能力不断提高。

传统人事劳动管理是机械性的管理，照章办事。现代人力资源管理是科学性、技术性、艺术性相结合的。在现代企业里，在市场竞争的条件下，人事工作不是什么人都可以干的。其工作已经科学化、技术化、专业化。如搞人力资源规划就要熟悉预测与规划技术，把企业长远发展的许多不确定因素确定下来，并把这些因素转化为对人力资源的需求。员工招聘从过去看看档案就把人调进来的老办法已经不行了。招聘面试的时候，不仅要观其表、量其脑（能力、知识），还要测其心，也就是不仅要了解其智力因素，还要测量其心理素质。

传统人事劳动管理是被动反映型的，是领导让干什么就干什么，如让把什么人调进来就把什么人调进来，一切照领导指示办。现代人力资源管理则始于人力资源开发规划，要调进什么人，培训、开发什么人才都事先有规划，是按规划行事，主动去做。

传统的人事劳动管理是执行性的，人事劳动部门是同其他部门平行的，属于中间执行层。在现代企业里却把人力资源开发部门的领导摆在董事、总经理或副总经理层能级上，参与企业经营决策。

由此可见，现代的人力资源管理的根本点，就是"以人为本的战略性激励"，它不是管人，而是爱人、善待人、尊重人、理解人。

8-2 某品牌汽车 4S 店销售经理岗位说明书

岗位名称	销售经理	部门名称	销售部	岗位编号	
直接上级	品牌项目部总经理	直接下级	销售主管	岗位定员	1
薪资等级	管理 4 级	核准人		填写日期	2020 年 5 月 28 日
岗位组织结构	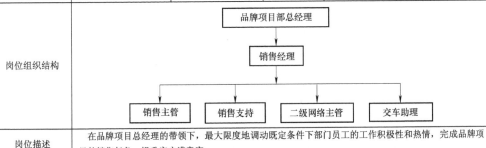					
岗位描述	在品牌项目总经理的带领下,最大限度地调动既定条件下部门员工的工作积极性和热情,完成品牌项目的销售任务,提升客户满意度。				
岗位职责	1. 搜集营销信息,分析市场趋势,协助总经理制定品牌项目年度、月度销售计划和各项商务销售政策; 2. 根据品牌项目销售计划按区域进行合理分配,监督并指导各区域完成销售目标; 3. 负责销售部全面工作,拟定和完善部门内各岗位职责、工作标准、业务管理制度和流程; 4. 完成公司和汽车制造厂下达的客户满意度(CSI)指标并不断提升; 5. 根据市场销售的不同情况,及时、合理、准确地向上级领导提出调整销售和奖励政策等建议,保证品牌项目经营业绩的完成; 6. 负责组织销售部员工业务能力和素质培训,组织相关人员参加各类培训并负责转训、培训结果的检查和培训人员的管理; 7. 经品牌项目总经理批准后,负责向汽车制造厂申报年度、季度、月度汽车销售计划并进行经常性业务联系; 8. 负责按规定要求及时向上级领导和汽车制造厂反馈所需各类信息、报表; 9. 配合市场部进行推广、展示、促销等营销活动; 10. 负责品牌区域市场协调管理和二级网点的开发及管理; 11. 负责品牌项目客户档案管理等客户关系管理工作; 12. 负责部门销售费用使用的审核,严格控制部门费用,合理降低成本; 13. 负责部门内人员、车辆、车辆驾驶的管理(含试乘试驾车辆); 14. 负责部门员工的招聘面试、考核实施工作,协助人力资源部完成员工招聘、异动、离职等人事工作流程手续的办理; 15. 负责与公司内部相关单位、部门的沟通与协调,处理相关问题并对处理结果进行反馈; 16. 负责处理客户抱怨、投诉和临时突发事件,提升客户满意度,达到集团公司或汽车制造厂制定的 SSI 考核目标; 17. 负责公司政策的上传下达工作,指导部门人员开展工作,接受其工作汇报,协助解决工作疑难,并对其工作进行检查、监督和考核; 18. 负责组织、主持部门工作会议,就会议中提出的问题,拟定解决方案并组织落实; 19. 负责部门工作任务分配和劳动纪律的管理; 20. 负责执行品牌项目各销售网点的 5S 管理,定期不定期对现场进行监督和检查; 21. 负责销售业务部门的生产安全管理和资产管理的工作; 22. 参加各类培训并负责转训,参加相关工作会议及工作中的问题提改进建议; 23. 负责公司各项数据、资料的保密,不向无关人员提供资料及数据; 24. 遵守公司各项管理规章制度,爱护公司财物,文明服务,爱岗敬业,维护公司良好形象; 25. 完成领导交办的其他工作。				

(续)

工作权限	1. 部门销售任务的分配权和调整权； 2. 各项商务销售政策制定、调整的建议权； 3. 部门费用使用报销的审核权； 4. 部门内部工作的检查、监督、考核权； 5. 下属员工招聘录用、异动、离职前审核权和晋升、调薪、辞退、奖惩的建议权； 6. 直接下属业务工作的考核、指导、监督权。
工作协作关系	公司内部协调关系：集团公司各职能部门和品牌项目部各部门
	公司外部协调关系：汽车制造厂和政府相关职能行政部门等
任职资格	
教育背景	大专及以上学历，汽车类、管理关及其他相关专业
经验要求	四年以上汽车销售相关经验，两年以上同职位工作经历
知识要求	具有丰富的汽车知识，接受过财务管理，人事管理、市场营销管理方面知识培训
技能能力	1. 熟悉汽车行业市场现状和发展态势，熟悉本省汽车市场； 2. 具有丰富的销售团队管理方面的实战经验，对汽车品牌专管有深刻的理解； 3. 具备良好的领导能力、观察力、分析力、应变和计划执行能力； 4. 善于制定目标和计划，具备一定的组织运作能力和良好的沟通协调能力； 5. 较强的表达能力和独立处理问题的能力，出色的业务拓展能力和谈判能力； 6. 具备较高道德观和社会责任感，有激情、有创新； 7. 能熟练运用电脑，持 C 证以上驾驶证。
性格态度	性格沉稳、大方、诚实、严谨，积极主动，善于处理人际关系； 具有良好的责任感和团队精神。
工作条件	
工作场所：办公室及工作场所	
环境状况：基本舒适	
危险性：基本无危险，无职业病危险	
岗位轮换与职业发展规划	
轮换岗位	品牌项目部及其他部门经理
职业发展通道	品牌项目总经理

8-3　某品牌汽车 4S 店服务顾问绩效考核表

考核月份		姓名		标准分	评价得分	评价人	说明
考核项目	考核内容						
行为规范 20分	遵守公司关于工作纪律和安全保密有关规定，否则每次每项扣2分			4			
	遵守公司关于考勤和培训的有关规定，否则每次每项扣2分			4			
	遵守公司关于工作态度的规定，否则每次每项扣1分			3			
	行为规范遵守公司关于着装和仪容的有关规定，否则每次每项扣1分			3			
	遵守公司关于行为举止和基本礼仪的规定，否则每次每项扣1分			3			
	遵守公司关于环保、节约的规定，否则每次每项扣1分			3			
	小计得分			20			
工作质量 80分	故障诊断准确率或事故定损准确率95%，低一个百分点，扣1分			10			
	用户合理投诉，因个人原因每投诉1项，扣2分			10			
	按照规范接待、单据填写完整、正确、及时，否则每次每项扣1分			7			
	因失职导致客户流失，每辆车扣5分			10			
	个人入场车数完成率，得分等于10×入场车数完成率			10			
	个人服务收入完成率，得分等于10×服务收入完成率			10			
	按照公司及厂家的要求，准确、及时处理相关数据、报表			3			
	对工作充满激情，锲而不舍			2			
	对工作的失误能够勇于承担责任、并改正错误，避免第2次发生			2			
	能够并可以回收的物品没有回收			2			
	个人工作区域和卫生责任区干净、整洁、有序、安全，没有多余的物品			2			
	月度工作计划和总结符合要求			2			
	学习与工作相关的知识和提高自己的技能，并用于工作实际			2			
	上级交办的临时性工作完成的质量、数量			3			
	总经理交办工作完成的质量、数量（总经理评价）			5			
	小计得分			80			
关键事件 ±20分	积极参与疑难问题的解决，提出合理化建议，并有效实施，酌情加分						特别业绩及表现
	关键事件非本职工作为公司创造效益或节约成本，酌情加分						
	其他						
	小计得分						
总计得分		评分人					
沟通确认							

部门经理：＿＿＿＿＿＿　　　人事行政经理：＿＿＿＿＿＿　　　总经理：＿＿＿＿＿＿

8-4 某品牌汽车 4S 店销售顾问绩效考核表

考核月份		姓名		标准分	评价得分	评价人	说明
考核项目		考核内容					
行为规范 20 分	遵守公司关于工作纪律和安全保密有关规定,否则每次每项扣 2 分			4			
	遵守公司关于考勤和培训的有关规定,否则每次每项扣 2 分			4			
	遵守公司关于工作态度的规定,否则每次每项扣 1 分			3			
	行为规范遵守公司关于着装和仪容的有关规定,否则每次每项扣 1 分			3			
	遵守公司关于行为举止和基本礼仪的规定,否则每次每项扣 1 分			3			
	遵守公司关于环保、节约的规定,否则每次每项扣 1 分			3			
	小计得分			20			
工作质量 80 分	工作安排有序,报表、凭证、台账准确、及时、完整,每错、漏、迟、乱 1 次,扣 1 分			10			
	客户记录准确、及时、完整,每错、漏、迟、乱 1 次,扣 1 分			10			
	销售工作按照规范流程操作,否则,每次扣 1 分			10			
	所负责的展车干净、整洁,内外饰品摆放符合标准,否则每项扣 1 分			5			
	促进业务正常开展,意向客户联系紧密,因个人原因造成业务中断,每次扣 5 分			5			
	接待礼仪、行为举止符合规范标准,否则每项扣 1 分			10			
	个人工作区域和卫生责任区干净、整治、有序、安全,没有多余的物品			5			
	交车 7 天后进行电话回访,通知客户首保和二保,否则每错、漏、迟、乱 1 次,扣 1 分			5			
	对工作充满热情,锲而不舍			2			
	对工作的失误能够勇于承担责任,并改正错误,避免第 2 次发生			2			
	能够并可以回收的物品没有回收			2			
	月度工作计划和总结符合要求			2			
	学习与工作相关的知识和提高自己的技能,并用于工作实际			2			
	上级交办的临时性工作完成的质量、数量			5			
	总经理交办工作完成的质量、数量(总经理评价)			5			
	小计得分			80			
关键事件 ±20 分	积极参与疑难问题的解决,提出合理化建议,并有效实施,酌情加分					特别业绩及表现	
	关键事件非本职工作为公司创造效益或节约成本,酌情加分						
	其他						
	小计得分						
总计得分		评分人					
沟通确认							

部门经理:_____ 人事行政经理:_____ 总经理:_____

8-5　项目八复习思考题

一、名词解释

1．人力资源
2．人力资源管理
3．组织
4．报酬
5．激励

二、填空题

1．人力资源体现在它的____、____、____、____和____等诸方面。
2．人力资源管理具有_____、_____、_____、_____的特点。
3．人力资源管理的"四大"基本功能分别是_____、_____、_____、_____。
4．组织机构设置的原则是_____、_____、_____。
5．岗位研究就是对每一个员工所做的工作进行研究，研究的内容有四个层次：_____、_____、_____、_____。
6．岗位研究的五种活动分别是_____、_____、_____、_____、_____。
7．对企业进行岗位研究之后，需要写出岗位说明书。其内容大致包括_____、_____、_____、_____、_____及_____、_____、_____、_____等几个方面。
8．人力资源状况包括现有人员的_____、_____、_____以及_____。
9．人力资源规划的控制包括_____、_____。
10．绩效考评常用方法有_____、_____、_____、_____、_____。

三、判断题

1．人力资源管理就是为了使企业的人力与物力、财力保持最佳的配合，并恰当地引导、控制和协调人的理想、心理和行为，充分发挥人的主观能动性，人尽其才、人尽其用、人事相宜，实现企业最终的企业目标。　　　　　　　　　　　　　　　　　(　　)
2．人力资源规划涉及的范围很广，只能运用于整个汽车维修企业。　(　　)
3．员工替换过程的成本一般为离职员工薪水的 1 倍左右。　　　　(　　)
4．员工招聘要把握以岗定员、双向选择、公开公正的原则。　　　(　　)
5．绩效考评是指企业领导对员工工作的考核。　　　　　　　　　(　　)
6．报酬就是工资。　　　　　　　　　　　　　　　　　　　　　(　　)
7．报酬越高激励效果越好。　　　　　　　　　　　　　　　　　(　　)

四、简答题

1. 人力资源有哪些特性?

2. 人力资源管理常用的基本原理有哪些?

3. 人力资源管理的任务是什么?

4. 组织设计的步骤包括哪些?

5. 组织设计的具体内容有哪些?

6. 人力资源规划在维修企业中的作用有哪些?

7. 人力资源需求常用的预测方法有哪几种?

8. 员工培训有哪些必要性?

9. 汽车维修企业专业培训有什么特点?

10. 常见的工资制度有哪些?

五、分析题

1. 分析比较人力资源管理与传统劳动人事管理的区别。

2. 分析并绘制整车维修一类企业的组织机构图。

3．分析概括解决汽车维修企业人力资源供求不平衡的具体措施。

4．你所在的企业现行的绩效考评工作存在问题吗？如何解决？

5．分析绩效考评过程中，可能会出现以下几个方面问题和解决的措施。

6．分析比较七种激励理论的特点。

7．总结常用的激励方法，并说说你希望获得哪些激励方案。

8-6 项目八复习思考题参考答案

一、名词解释

1．人力资源：指在一定时间、空间条件下，现实的和潜在的劳动力的数量和素质的总称。

2．人力资源管理：指企业为了实现其既定目标，运用现代管理措施和手段．对人力资源的取得、开发、培训、使用和激励等方面进行规划、组织、控制、协调的一系列活动的综合过程。

3．组织：就是人们为了达到特定的目标，将分散的人按照一定的方式组合起来，形成一个有机的整体，相应的建立一定的机构和运行机制。

4．报酬：指完成某项工作应得到的回报。

5．激励：就是通过高水平的努力实现企业目标的意愿，而这种努力以能够满足员工个体的某些需要为条件。

二、填空题

1．体质　知识　智力　经验　技能
2．综合性　实践性　发展性　社会性
3．选择人　培育人　使用人　激励人
4．目标明确　功能模块清晰　分工明确
5．任务　职位　职务　职业
6．岗位调查　岗位分析　岗位设计　岗位评价　岗位分类归级
7．岗位基本信息　工作目标与职责　工作内容　工作的时间特征　工作完成结果建议参考标准　所需教育背景　需要的工作经历　专业技能证书　专门的培训　体能要求
8．数量　质量　结构　人员分布状况
9．整体性控制　操作性控制
10．民意测验法　共同确定法　配对比较法　等差图表法　要素评定法　欧德伟法　情景模拟法

三、判断题

1．√　2．×　3．×　4．√　5．×　6．×　7．×

四、简答题

1．人力资源有哪些特性？

答：人国资源的特性主要有①具有自有性，即不可剥夺性；②具有生物性；③具有主观能动性；④具有时代性；⑤具有时效性；⑥具有知识性和智力性；⑦具有开发的持续性；⑧具有再生性；⑨具有生产性和消费性的双重性。

2．人力资源管理常用的基本原理有哪些？

答：人力资源管理常用的基本原理有能位匹配原理、互补优化原理、动态适应原理、激

励强化原理、公平竞争原理。

3．人力资源管理的任务是什么？

答：人力资源管理的任务是①人力资源规划；②岗位分析；③人力资源的合理配置；④员工招聘；⑤人力资源的维护；⑥人力资源的开发。

4．组织设计的步骤包括哪些？

答：（略）

5．组织设计的具体内容有哪些？

答：（略）

6．人力资源规划在维修企业中的作用有哪些？

答：（略）

7．人力资源需求常用的预测方法有哪几种？

答：人力资源需求常用的预测方法有：德尔菲法（即专家征询法也称集体预测方法）、转换比率分析法、回归分析法、计量模型分析法四种。

8．员工培训有哪些必要性？

答：员工培训是提高企业整体素质的主要途径；员工培训是保证高质量维修的基础；可以提高员工工作的能动性；可以促使员工认同企业文化，做到与企业荣辱与共。

9．汽车维修企业专业培训有什么特点？

答：（略）

10．常见的工资制度有哪些？

答：常见的工资制度有岗位技能工资制、结构工资制、提成工资制、计件或计时工资制。

五、分析题

（略）

9-1 比亚迪车辆费用结算单

比亚迪汽车　　　　　　车　辆　费　用　结　算　单　　编号：20 - - -

比亚迪汽车_____服务店　　　　　　　　　　　结算日期：__年__月__日

顾客信息				车辆信息	
姓名				车　型：	VIN码：
地址				车牌号：	发动机号：
电话	家(H)	办公室	手机(M)	购车日期：	行驶里程：
				业务接待姓名	

维修项目及工时费用：

序号	维修项目	工时数	工时费	维修类别
1.				
2.				
3.				
4.				
5.				
6.				
7.				
8.				
9.				
10.				

维修使用材料：

序号	零件号	备件名称	数量	单价	合计	发料类别
1.						
2.						
3.						
4.						
5.						
6.						
7.						
8.						
9.					发料人签字：	
10.						

其他费用：

工时费用合计：
材料费用合计：
其他费用合计：
总费用合计：

　地　址：_____　电话：_____　传真：_____

9-2 甘肃永宁汽车销售服务有限公司结算单

9-3 项目九复习思考题

一、填空题

1. 国内现行的转账结算办法主要有_____、_____、_____、_____、_____、_____、_____等。
2. 支票分为_____和_____两种，仅限于_____或_____使用。
3. _____是汽车维修企业最要经济指标之一，它直接反映企业的经济状况，是企业_____的主要来源，是衡量企业经营成果的重要标志。该指标分为_____和____两种。
4. 汽车维修企业的经营成本包括_____和_____，期间费用包括_____、_____和_____。
5. 汽车维修企业的利润总额包括_____、_____、_____三部分。
6. 量本利分析法是按照_____进行成本分析的方法，它将成本分为_____和_____两部分。其分析内容包括_____和_____两方面。
7. 财务管理是组织企业_____，处理企业_____的一系列管理活动的总称。
8. 财务管理的基本程序包括_____、_____、_____、_____、_____五个方面。
9. 风险按个别投资主体划分，可分为_____、_____，按形成原因划分，可分为_____、_____。
10. 按照标准的不同尺度，标准成本可分为_____、_____、_____、_____、和_____五类。
11. 汽车维修企业财务分析的内容包括_____、_____、_____以及_____、_____。
12. 财务综合分析的方法有_____、_____两种。

二、简答题

1. 简述企业现金使用的范围。

2. 简述企业财务管理的原则。

3. 什么是资金时间价值？其本质是什么？

4. 汽车维修企业经营者在成本管理中应重点作好哪些工作？

5. 简述标准成本的实施程序。

6. 简述税后利润的分配程序。

9-4 项目九复习思考题参考答案

一、填空题

1．支票结算　银行本票结算　银行汇票结算　商业汇票结算　委托收款结算　汇兑结算　托收承付结算
2．现金支票　转账支票；同城　指定票据交换地区内
3．营业收入　现金流入量；主营业务收入　副营业务收入
4．直接成本　间接成本；营业费用　管理费用　财务费用
5．营业利润　投资净收益　营业外收支净额
6．成本性态；固定成本　变动成本；保本分析　保利分析
7．财务活动　财务关系
8．财务预测　财务决策　财务计划　财务控制　财务分析与考核
9．市场风险　公司特有风险；经营风险　财务风险
10．理想标准成本　宽松标准成本　基本标准成本　现实标准成本　预期标准成本
11．偿债能力分析　经营能力分析　盈利能力分析；财务状况的趋势分析　综合分析。
12．沃尔评分法　杜邦分析法

二、简答题

1．简述企业现金使用的范围。

答：现金使用范围：包括职工工资、各种工资性津贴；个人劳务报酬，包括稿费和讲课费及其他专门工作的报酬；支付给个人的奖金，包括根据国家规定颁发给个人的科学技术、文化艺术、体育等各种奖金；各种劳保、福利费以及国家规定的对个人的其他支出，如转业、复员、退伍、退职、退休费和其他按规定发给个人的其他费用；出差人员必须随身携带的差旅费；向个人购买农副产品和其他物资支付的价款；支付各单位间在转结算起点以下的零星支出；中国人民银行确定需要支付现金的其他支出。

2．简述企业财务管理的原则。

答：企业财务管理的原则有成本效益原则、风险收益均衡原则、资金合理配置原则、利益关系协调原则。

3．什么是资金时间价值？其本质是什么？

答：一定量的资金经历一定时期的投资和再投资后所产生的增值额。简言之，资金时间价值就是一定量资金在不同时点上价值量的增值量。它是剩余价值的转化形式，从量的规定性来看，资金的时间价值用相对数表示时，就是没有风险和没有通货膨胀条件下的社会平均资金利润率（在特定情况下，也可视同借款利率）。

4．汽车维修企业经营者在成本管理中应重点作好哪些工作？

答：汽车维修企业的生产经营管理者在成本管理中应重点抓好以下各项：

① 加强企业成本管理的思想教育和组织领导工作；落实成本管理责任制，明确各职能人员的岗位责任。

② 加强定额管理（抓好各项技术经济定额的制订和修订），并严格考核各职能部门的定额执行情况。

③ 合理确定成本目标，抓好成本预测，编制成本与费用计划；同时实施分级归口管理，随时追踪和监督检查成本费用的执行情况。

④ 严格按成本计划开支，严格遵守成本开支范围，严格控制生产费用与生产成本。

⑤ 对于企业的新老产品要规划一定时期的成本目标，并遵照技术与经济相结合的原则，对比分析为实现成本目标所采取的各种技术方案，从中选择最佳方案。

⑥ 定期开展企业的技术经济活动分析，抓好企业的成本分析。

5．简述标准成本的实施程序。

答：标准成本制度的核心即按标准成本记录和反映产品成本的形成过程和结果，并借以实现对成本的事前、事中和事后的控制。其基本实施程序如下：

① 正确制定各成本项目的标准成本。

② 实际成本和标准成本的比较。

③ 分析原因，纠正偏差。

以上三个程序是相互影响，相互联系的，三者缺一不可。没有成本标准，成本控制就失去了方向和依据，不进行监督和纠正偏差，成本控制就不可能起到作用。

6．简述税后利润的分配程序。

答：在交纳所得税后的税后利润中，按照下列次序和原则实行分配：

① 支付被没收的财产损失，支付滞纳金和罚款。

② 弥补企业以前的亏损。

③ 提取法定公积金与公益金。

④ 向投资者分配利润。